Grundstücksmiete

Von

Dr. Fritz Kiefersauer
Bezirksamtmann

1924
München, Berlin und Leipzig
J. Schweitzer Verlag (Arthur Sellier)

Kiefersauer, Grundstücksmiete

II. Teil:

Mietzinsbildung und Mietzinssteuer

Erläutert von

Dr. Fritz Kiefersauer
Bezirksamtmann

1924
München, Berlin und Leipzig
J. Schweitzer Verlag (Arthur Sellier)

Druck von Dr. F. P. Datterer & Cie., Freising-München

Geleitwort zum Teil II.

Das vorliegende Bändchen enthält das Recht der Mietzinsbildung, deren wichtigste Grundlage in Bayern nach wie vor das Reichsmietengesetz bildet. Bei der engen Verknüpfung der Mietzinsbildung mit der Mietzinssteuer durch die Dritte Steuernotverordnung mußte die Besteuerung des Hausbesitzes in die Darstellung einbezogen werden, wobei auch auf die Behandlung des Aufwertungs-(Geldentwertungs-)problems sowohl im Interesse des besseren Verständnisses der steuerlichen Belastung des Hausbesitzes als auch im Interesse einer richtigen Beurteilung der angemessenen Höhe der gesetzlichen Miete nicht verzichtet werden konnte (S. 62—78).

Das für die Wohnungsnutzung maßgebende Recht ist ergänzt durch die Erläuterung der in Bayern für die unmittelbare staatliche Unterstützung des Wohnungsbaues geltenden Grundsätze.

Im Anhang zu Teil I und II sind die wichtigsten der bereits kommentierten Gesetze und Verordnungen im Texte zusammengestellt; daneben finden wirtschaftlich bedeutsame Nebengesetze zum Grundstücksverkehrsrecht, z. B. die Verordnung über den Verkehr mit landwirtschaftlichen Grundstücken entsprechende Erläuterung.

Den Abschluß bildet eine kurze Erläuterung der Bestimmungen des BGB. über die Miete.

Hilpoltstein, im Mai 1924.

Der Verfasser.

Inhaltsübersicht.

C. Recht der Mietzinsbildung.

D. Erhebung und Verwendung der Mietzinssteuer.

Anhang zu Teil I und II.

---

*) Mit Erläuterungen.

C. Recht der Mietzinsbildung.

I. Reichsmietengesetz.

Vom 24. März 1922 (RGBl. S. 273).

Einleitung.*)

A. Gesetz und Recht.

Das Reichsmietengesetz vom 24. März 1922 (RGBl. S. 273), an dessen Verfassungsmäßigkeit nicht zu zweifeln ist (wie hier Stern, BayZfR. 1922, 217, Stümper, LZ. 1922, 484, mit Einschränkungen auch Bornhak, DJZ. 1922, 219) weist eine einfache Gliederung des Stoffes auf; es regeln

§§ 1—6 die gesetzliche Miete und ihre Berechnung,
§§ 7—9 die Behandlung der großen Instandsetzungsarbeiten,
§ 10 die Sonderstellung der gewerblichen Betriebe,
§§ 12, 13 die Sonderbestimmungen für Sammelheizung, Warmwasserversorgung und Nebenleistungen,
§ 14 die Bemessung der Untermiete,
§ 16 die Fälle der Nichtanwendung des Gesetzes,
§ 17 die Mietervertretung,
§ 18 das Mietenverzeichnis und endlich
§§ 19—24 die Schlußbestimmungen des Gesetzes.

Im einzelnen ergibt sich:

I. **Räumlich** erstreckt sich das RMG. auf das ganze Deutsche Reich. Ein Einheitsrecht ist damit indes leider nicht geschaffen; der landesrechtlichen Regelung ist in weitem Umfang Raum gegeben. Das RMG. bildet, ähnlich wie die frühere Mieterschutzgesetzgebung, zunächst nur den Rahmen, in dem die landesrechtliche Entwicklung sich zu bewegen hat. Zahlreiche Bestimmungen des RMG. (z. B. § 1 Abs. IV, § 2 Abs. I Satz 3 und 4, § 5 Satz 2, § 6 Abs. II, IV, § 7, § 11, § 12, § 14, § 17 Abs. II, § 18) sind teils nur durchführbar, wenn sie durch landesrechtliche Bestimmungen ergänzt werden, teils sollen ihre Grundsätze nach dem Willen des Gesetzgebers durch landesrechtliche Anordnungen erweitert werden.

*) *Die Einleitung ist bereits im Juli 1922 geschrieben; sie ist im wesentlichen unverändert gelassen, nur einige Ergänzungen wurden in Anmerkungen (mit Buchstabenbezeichnung) beigefügt.*

Neben dieser ergänzenden gesetzgeberischen Arbeit der Landesbehörden ist diesen im RMG. selbst auch die Befugnis zur selbständigen Regelung der Mietzinsbildung in folgenden Fällen vorbehalten:

1. Berechnung der gesetzlichen Zuschläge: es kann angeordnet werden, daß die Berechnung der gesetzlichen Zuschläge (§ 3) in bestimmten Gemeinden oder Gemeindeteilen nach anderen Grundsätzen erfolgen soll, als im RMG. vorgesehen ist, insbesondere, daß die Zuschläge für einzelne Mieträume besonders zu berechnen sind (§ 22 Satz 2 RMG.).

   Zur Anordnung einer von den Grundsätzen des RMG. abweichenden[a]) Berechnungsart ist die oberste Landesbehörde im allgemeinen ohne Mitwirkung des Reichsarbeitsministers befugt; in dem Sonderfall des § 7 Abs. IV bedarf aber auch die Anordnung einer anderen Berechnung des Zuschlages für große Instandsetzungsarbeiten der Zustimmung des Reichsarbeitsministers.

2. Räumlicher Geltungsbereich des RMG.: nach Anhörung des Reichsarbeitsministers kann die oberste Landesbehörde anordnen, daß bestimmte Gemeinden oder Gemeindeteile oder bestimmte Arten von Mieträumen von den Bestimmungen dieses Gesetzes auszunehmen sind (§ 22 Satz 3).

3. Einführung der Zwangsmiete: während nach dem Grundgedanken des RMG. die Einführung der gesetzlichen Miete grundsätzlich dem Willen einer der beiden Vertragsteile überlassen ist, kann die oberste Landesbehörde nach Anhörung des Reichsarbeitsministers anordnen, daß für das Land oder für bestimmte Gemeinden oder Gemeindeteile die gesetzliche Miete für alle Mietverhältnisse gelten soll. Soweit bekannt, ist die Zwangsmiete in keinem der Länder eingeführt worden.

Die Ausübung der Befugnisse der obersten Landesbehörde ist nur im Falle des § 7 Abs. IV an die Zustimmung des Reichsarbeitsministers gebunden, während in den zu 2 und 3 dargestellten Fällen nur eine Anhörung des Reichsarbeitsministers vorgesehen ist, so daß tatsächlich die Um- und Weiterbildung des Rechtes der Mietzinsbildung der Einflußnahme durch die Reichsregierung fast völlig entzogen ist. Dazu kommt, daß nach § 27 der dritten StNVO. die Länder ermächtigt sind, die Mietzinsbildung völlig abweichend vom RMG. zu regeln und daß sie mit Zustimmung der Reichsregierung hierbei auch vom sonstigen bürgerlichen Recht abweichen können.

II. **Der sachliche Geltungsbereich**[b]) des RMG. erstreckt sich grundsätzlich nur auf Mietverhältnisse, d. h. auf Rechtsverhältnisse, deren Gegenstand die entgeltliche Überlassung einer Sache zum Gebrauch bildet (§ 535 BGB.). Die Bestimmungen des RMG. finden deshalb keine

---

[a]) Außerhalb des RMG. gestattet dies nunmehr § 27 der dritten SteuerNVO. vom 14. Febr. 1924; vgl. dazu Kiefersauer, LZ. 1924, 158.

[b]) Vgl. dazu die Vorbem. C zum Mieterschutzgesetz (1. Abschnitt) Teil I S. 12.

Anwendung auf Pachtverhältnisse, auf Dienstwohnungen oder sonstige auf Grund eines Dienst- oder Arbeitsverhältnisses, eines Ausnahmerechtes (Art. 32ff. bayer. AGzBGB.) überlassenen Räume. Die Anwendung des Gesetzes ist beschränkt auf Mietverträge über Gebäude oder Gebäudeteile; für die Miete beweglicher Sachen gilt das RMG. nicht. Andererseits kann der Geltungsbereich des Gesetzes nicht durch Abschluß von Verträgen eingeschränkt werden, die unter Umgehung oder zum Zwecke der Umgehung des Gesetzes abgeschlossen werden (§ 19 RMG.).

Demgemäß wird bei allen Rechtsverhältnissen über Gebäude oder Gebäudeteile, auch wenn sie sich offensichtlich nicht als Mietrechtsverhältnisse darstellen, die Anwendbarkeit des Gesetzes unter dem Gesichtspunkt des § 19 RMG. zu prüfen sein.

Die Vorschriften dieses Gesetzes greifen auch gegenüber der Untermiete d. h. der Weitervermietung von Räumen durch den Mieter (§ 549 BGB., § 14 Abs. I RMG.) Platz; die hiefür geltenden Sondervorschriften sind durch § 14 Abs. II RMG. ausgedehnt auch auf die Fälle, in denen der Eigentümer eines Hauses oder eine andere Person, die auf Grund eines Erbbaurechts, Nießbrauchs oder eines ähnlichen Rechtsverhältnisses ein Grundstück innehat, Teile der von ihm benutzten Räume vermietet.

Darüber hinaus wird vom Gesetz in gewisser Beziehung auch die Eigenbenutzung von Räumen seitens des Hauseigentümers berührt. Das Reichsgesetz selbst enthält darüber keine ausdrückliche Vorschrift; die Vorschriften über die Berechnung der gesetzlichen Miete (Grundmiete zuzüglich Zuschlägen für Betriebs- und Instandsetzungskosten) setzen jedoch voraus, daß die vom Hauseigentümer benutzten Räume bei der Bemessung der Zuschläge miteinbezogen werden. § 6 der bayer. AusfBest. bringt diesen Gedanken, der bereits dem Reichsgesetz zugrunde liegt (vgl. § 7 Abs. II RMG.), unmittelbar zum Ausdruck: „Sind Abzüge von der Friedensmiete oder Zuschläge zur Grundmiete im Einzelfalle zu berechnen, so sind hierfür alle Räume des Anwesens, insbesondere auch die vom Vermieter selbst benützten Räume, sowie Räume, für welche nicht die gesetzliche Miete zu bezahlen ist, nach Maßgabe der gesetzlichen Miete, die sich für sie errechnen würde, heranzuziehen.“ Die Einbeziehung der vom Hauseigentümer benutzten Räume ist im übrigen auch durch das Reichsgesetz für den Fall durch ausdrückliche Gesetzesvorschrift vorgesehen, daß bei offenbarem Mißverhältnis der Friedensmieten eines Hauses innerhalb ihres Gesamtbetrages ein gegenseitiger Ausgleich stattfinden kann (§ 2 Abs. V RMG.).

Von diesen Ausnahmen abgesehen gilt jedoch der Grundsatz: das Reichsmietengesetz gilt nur für **Mietverhältnisse** über Gebäude oder Gebäudeteile; es regelt die Grundsätze, die für die Mietzinsbildung maßgebend sein sollen. Wo demnach ein Mietrechtsverhältnis nicht vorliegt und auch eine Umgehung des Gesetzes nicht anzunehmen ist (§ 19 RMG.), gelten die Vorschriften des Gesetzes nicht. Eine allgemeine Nutzungswertfeststellung, die sich vor allem auf die vom Eigentümer benutzten Räume erstrecken müßte, ist vom Reichsmietengesetz weder beabsichtigt noch auf der gegebenen Grundlage allgemein durchführbar[1]).

Neben dieser rechtlichen Begrenzung des Geltungsbereiches des RMG. stellt § 16 Abs. I auch Beschränkungen für die tatsächliche Anwendung des Gesetzes auf. Hiernach finden die Vorschriften des Reichsmietengesetzes keine Anwendung auf:

1. Neubauten, die nach dem 1. Juli 1918 bezugsfertig geworden sind oder künftig bezugsfertig werden,
2. durch Um- oder Einbauten neugeschaffene Räume unter der gleichen Voraussetzung,
3. Räume in Gebäuden, die im Eigentume des Reichs, eines Landes oder einer sonstigen Körperschaft des öffentlichen Rechts stehen und entweder
   a) öffentlichen Zwecken oder
   b) zur Unterbringung von Angehörigen der Verwaltung dienen.

   An Stelle der tatsächlichen Zweckverwendung genügt die Zweckbestimmung, wenn die Gebäude bereits vor dem 1. Oktober 1918 im Eigentum der vorbezeichneten Körperschaften gestanden sind.

   Wegen der Anwendung der Grundsätze dieses Gesetzes auf die Bemessung der Dienstwohnungen der bayer. Staatsbeamten (einschl. der Volksschullehrer) vgl. MinBek. vom 25. Sept. 1923 GVBl. S. 342.
4. Räume in den Gebäuden gemeinnütziger Bauvereinigungen nach Maßgabe des § 16 Abs. I Satz 3.

III. Die **Rechtsgestaltung** im einzelnen. Mit der Feststellung des äußeren Rahmens des RMG. sind die Rechtsbeziehungen des Reichsmietengesetzes zu den bestehenden Normen des Mietrechtes noch keineswegs klargestellt. Erforderlich ist vor allem eine Betrachtung der für die Mietzinsbildung maßgebenden Gesichtspunkte. Hier kommt zweierlei in Betracht:

1. Die Anpassung der gesetzlichen Miete an das bestehende Vertragsrecht. Das RMG. führt den Begriff der gesetzlichen Miete in § 1 Abs. I Satz 1 dadurch ein, daß es den Mieter wie den Vermieter eines Gebäudes oder Gebäudeteiles für berechtigt erklärt, jederzeit dem anderen Vertragsteile gegenüber zu erklären, daß die Höhe des Mietzinses nach den Vorschriften dieses Gesetzes berechnet werden soll. An diese Erklärung ist eine Rechtsfolge geknüpft, die von einem bestimmten Zeitpunkt an kraft Gesetzes eintritt. Sinn

[1]) Die Notwendigkeit und Zweckmäßigkeit der allgemeinen Nutzungswertfeststellung (Kiefersauer, Ztschr. f. W. 1920, 249) ist damit nicht in Abrede gestellt; zu lösen bleibt die Frage der Mietpreisbildung steuerpolitisch grundsätzlich (vgl. Kiefersauer, Wohnungsabgabe S. 44) und wohnungspolitisch überall da, wo die Grundsätze des RMG. entweder versagen (vgl. § 3 Abs. II) oder tatsächlich nicht zur Anwendung kommen (§§ 14, 16 RMG.), obgleich der Schutz der Mieter gesetzlich gewährleistet ist.

und Tragweite der gesetzlichen Regelung lassen sich aus diesem Rechtssatz ohne weiteres erkennen:

a) der allgemeine Grundsatz des bürgerlichen Rechtes, die Idee der Vertragsfreiheit, gilt nunmehr auch für das Mietrecht; die einschränkenden Bestimmungen der Landesrechte (z. B. § 3 der bayer. MSchBek.) sind damit beseitigt[2]), sofern nicht eine oberste Landesbehörde von der Möglichkeit des § 22 Satz 3 RMG. Gebrauch macht und die gesetzliche Miete als Zwangsmiete einführt.

b) Die rechtliche Gebundenheit der Vertragsgegner ist ohne Rücksicht auf besondere Parteivereinbarungen (§ 19 Abs. I RMG.) hinsichtlich des Mietpreises in jedem Fall nur eine bedingte: jeder Vertragsteil kann jederzeit durch einseitige Erklärung eine Erhöhung oder Ermäßigung des vereinbarten Mietzinses dadurch herbeiführen, daß er die Berechnung des Mietzinses nach den Vorschriften des RMG. verlangt.

Wenngleich nunmehr seit dem 1. Juli 1922 den Vertragsparteien grundsätzlich die Möglichkeit offen steht, auch im Geltungsbereich des RMG. den Mietpreis nach Belieben — allgemeine Rechtsgrundsätze wie der des § 138 BGB. sind aber auch hier zur Anwendung zu bringen — zu vereinbaren, so hat das RMG. dennoch jedem Vertragsteil das unentziehbare Recht gegeben, durch einseitige Erklärung gegenüber dem Vertragsgegner den vertraglichen Mietzins der gesetzlichen Miete anzupassen. Diese Anpassungsmöglichkeit, die nach gewisser Richtung und mit gewissem Vorbehalt die clausula r. s. st. zum Gesetzesrecht (vgl. RG. 26. Juni 1923 BayZfR. 1923, 209) erhoben hat, bedeutet rechtlich die teilweise Beseitigung der vertraglichen Gebundenheit und der Vertragstreue, sie bedeutet wirtschaftlich die Anpassung bestehender Rechtsverhältnisse an die wirtschaftliche Entwicklung. Der Gedanke ist zweifellos an sich durchaus berechtigt; es kann sich folgerichtig nur darum handeln, ob erstens der Zeitpunkt geeignet ist, einen solchen Gedanken der grundsätzlich anders gestalteten Rechtsordnung einzufügen (darüber Anm. 5 zu § 1) und zweitens, ob auch der Maßstab der Abänderung der Vertragsmiete, die gesetzliche Miete, den berechtigten Anforderungen des Wirtschaftslebens entsprechen wird.

2. Die Berechnung der gesetzlichen Miete geht grundsätzlich davon aus, daß die rechtlich unteilbare Vertragsmiete in gewisse Bestandteile zu zerlegen ist. § 535 BGB. verpflichtet den Mieter zur Entrichtung des vereinbarten Mietzinses; an dieser Verpflichtung hält auch das RMG. fest. Es gewährt aber die Möglichkeit, durch Vertrag bestimmten Mietzins durch eine einseitige empfangsbedürftige Willenserklärung gemäß § 1 Abs. I RMG. abzuändern. Die hiernach mögliche Änderung des ursprünglichen Vertragsinhaltes ohne oder gegen die Zustimmung des anderen Vertragsteiles stellt eine Neugestaltung des Mietrechtes in allen jenen

---

[2]) Kiefersauer, BayZfR. 1922, 137.

Fällen dar, in denen das RMG. Platz greift. Diese Abänderung des ursprünglichen Vertragsinhaltes ist beschränkt auf die Vereinbarung des Mietzinses; alle übrigen Vereinbarungen in Ansehung des zwischen Mieter und Vermieter begründeten Rechtsverhältnisses bleiben — abgesehen von § 20 — durch das RMG. unberührt. Nur dürfen Vereinbarungen nicht getroffen werden, die auf eine Beseitigung oder Beschränkung des Rechts auf die gesetzliche Miete abzielen (§ 19).

Die Zerlegung des nach dem Rechte des BGB. einheitlichen Mietzinses in einzelne Bestandteile, in Grundmiete, Friedensmiete und gesetzliche Miete, in Abzüge und Zuschläge, ändert zunächst an der rechtlichen Natur der Miete nichts; grundsätzlich bleiben daher auch die an dem Mietzins bestehenden Rechte Dritter (Pfandrechte usw.) auch nach Umwandlung der Vertragsmiete in die gesetzliche Miete fortbestehen. Das Gesetz will in dieser Beziehung die Rechtslage nicht ändern; deshalb bestimmt auch § 15 RMG., daß die auf Grund dieses Gesetzes vom Mieteinigungsamte getroffenen Entscheidungen als vereinbarte Bestimmungen des Mietvertrages zu gelten haben.

Die gesetzliche Regelung, die die einzelnen Zuschläge erfahren haben, lassen jedoch erkennen, daß die Einführung der „gesetzlichen Miete" in zahlreichen Beziehungen eine Änderung der durch den Mietvertrag begründeten Rechtsgrundlage zur Folge hat. Die Berechnung der gesetzlichen Miete ist scheinbar sehr einfach; sie erfordert nach dem RMG.[3])

a) die Feststellung der „Grundmiete" d. h. der Friedensmiete am 1. Juli 1914 abzüglich eines Hundertsatzes für friedensmäßige Betriebs- und Instandsetzungskosten sowie Nebenleistungen,

b) die Berechnung der zur Grundmiete tretenden Zuschläge für erhöhte Zinsbelastung, für die Kosten des Betriebs und der laufenden Instandsetzungsarbeiten sowie für Schaffung von Mitteln für große Instandsetzungsarbeiten.

Diese Zerlegung der nach § 535 BGB. einheitlichen Leistung des Mieters, die in der Entrichtung des vereinbarten Mietzinses besteht, ist nicht Selbstzweck des Gesetzes: sie dient lediglich dazu, einen bestimmten Verwendungszwang für einzelne Teile des Mietzinses durchzuführen, wobei allerdings auch eine Anpassung einzelner Mietzinsbestandteile an die Entwicklung der wirtschaftlichen Verhältnisse beabsichtigt ist.

Ausführungen über die Rechtsnatur der einzelnen Zuschläge, wie sie hier ursprünglich vorgesehen waren, können mit Rücksicht auf die Vereinfachung der Regelung durch die bayVO. vom 28. März 1924 unterbleiben. Die VO. verzichtet vor allem, was ich schon seit fünf Jahren gefordert habe, auf die getrennte Behandlung der Kostenaufbringung für laufende und grosse Instandsetzungsarbeiten.

---

[3]) Auf Grund der §§ 27 u. 31 der dritten StNVO. ist in Bayern die VO. vom 28. März 1924 erlassen worden, die ab 1. April 1924 die gesetzliche Miete unter Verzicht auf einzelne Zuschläge des RMG. als Goldmarkbetrag der Friedensmiete — ausgedrückt in Hundertsätzen — einführt.

IV. **Verhältnis zu den Steuergesetzen.** Die Verknüpfung wohnungspolitischer Maßnahmen mit der Veranlagung des bebauten Grundbesitzes zur Haussteuer ist eine Forderung, die ich an die Spitze meiner Vorschläge „Zur Reform des Wohnungswesens" (S. 29) gestellt und immer wieder vertreten habe (Kiefersauer, Wohnungsabgabe S. 54, 58, 151 ff.). Das Problem der Mieteinschätzung ist zu schwierig, als daß ohne Gefährdung des Erfolges im Sinne einer gerechten Einstufung der Bauten mehrere Behörden gleichzeitig an der Verwirklichung arbeiten können. Es ist unerträglich, wenn, wie in Bayern, die Mieteinigungsämter, die Bezirksverwaltungsbehörden (Kiefersauer, BayGemVZ. 1920, 61 u. 85; 1921, 505 u. 533) und die Finanzbehörden sich gleichzeitig mit der Nutzungswertfeststellung befassen.

Einen Fortschritt bedeutet es von diesem Gesichtspunkt aus betrachtet, daß nunmehr in Bayern die Feststellungen der Mieteinigungsämter hinsichtlich der Friedensmiete nunmehr auch für die Veranlagung der Haussteuer und anderer Steuern, die auf dem bebauten Grund und Boden ruhen, nutzbar gemacht werden sollen. Die Verordnung vom 31. März 1924 (StAnz. Nr. 77) bestimmt, daß bei der Mietsteuer (im Gegensatz zu der Arealsteuer) mit Wirkung vom 1. April 1924 an die Steuerschuldigkeit unter Zugrundelegung der Friedensmiete nach Maßgabe des § 2 RMG. als Haussteuerverhältniszahl berechnet wird. Zu einer Beseitigung der veralteten Arealsteuer (§ 4 Abs. 1 Buchst. b des Haussteuergesetzes, dazu Kiefersauer, Zur Reform des Wohnungswesens S. 33) hat sich der Gesetzgeber noch nicht entschließen können. Soweit die Haussteuer als Arealsteuer — die Zahl der Arealsteuergemeinden wird auch heute noch die der Mietsteuergemeinden erheblich übersteigen, vgl. Breunig, Ertragsteuergesetze S. 70 — erhoben wird, können daher die Grundsätze des § 2 RMG. zur Erfassung der Steuerwerte nicht herangezogen werden.

Noch ist das Anwendungsgebiet einer fortschrittlichen Mieteinschätzung räumlich eng begrenzt, eine Erweiterung wäre — nicht zuletzt vom fiskalischen Standpunkt aus — dringend erforderlich, zumal hier eine stärkere steuerliche Belastung zumeist ohne Verbindung mit einer Mietzinserhöhung (Eigenhäuser) und damit ohne jede Gefahr einer Inflationswirkung (Kiefersauer, BayGemVZ. 1924, 270 u. Anm. 3 zu Ziffer 1 VO. vom 28. März 1924 [unten III]) möglich wäre. Vom steuertechnischen und zugleich vom wohnungspolitischen Standpunkt aus wäre es freilich am zweckmäßigsten (Kiefersauer, Ztschr. f. W. 1920, 249), wenn das Problem der Mieteinschätzung durch Einführung einer allgemeinen Nutzungswertfeststellung auf der Grundlage des objektiven Wertes gelöst und damit die Weiterbildung des Haussteuerkatasters zu einem allgemeinen Wohnungskataster im Sinne meiner Reformvorschläge vom Jahre 1919 durchgeführt würde (Kiefersauer, Wohnungsabgabe S. 149).

B. Gesetz und Wirtschaft.

Die Entwicklung des Wohnungswesens steht im Mittelpunkt des öffentlichen Interesses. Zahlreiche Gesetze und Verordnungen suchen seit dem Jahre 1917 die gegenwärtig unheilvolle Entwicklung dieses Teilgebietes des Wirtschaftslebens aufzuhalten oder in ihrer Wirkung abzuschwächen. Das Ziel der reichs- und landesrechtlichen Wohnungspolitik war ursprünglich[4]) nur die Bekämpfung ungebührlicher Mietzinssteigerungen und die Niedrighaltung der Mietpreise. Unabhängig von diesen gesetzgeberischen Maßnahmen wurde mit der Bundesratsverordnung vom 31. Oktober 1918 die finanzielle Förderung des Wohnungsbaues durch Gewährung von Baukostenzuschüssen aus öffentlichen Mitteln in die Wege geleitet. Zwischen der gesetzgeberischen Regelung der Wohnungsnutzung (Mieterschutz- und Wohnungsmangelverordnungen) und der Förderung des Wohnungsbaues durch Baukostenzuschüsse und Reichs- oder Landeswohnungsdarlehen bestand keinerlei innerer Zusammenhang. Hierin liegt die Ursache begründet, weshalb — abgesehen von den unheilvollen Folgen des Währungsverfalls im Jahre 1923 — beiden Teilmaßnahmen ein nennenswerter Erfolg nicht beschieden sein konnte; auf die Notwendigkeit, das Problem der Wohnungsnot nicht allein vom Standpunkt der Baukostenfrage, sondern auch aus dem Gesichtspunkt der Wohnungsnutzung zu behandeln, wurde von mir bereits im Jahre 1919 hingewiesen[5]). Damals wurde auch die Notwendigkeit betont, die Kosten der Instandsetzung der Wohnungen durch eine organisatorische Maßnahme auf **breitester** Grundlage, nämlich im Rahmen einer alle Hauseigentümer zusammenfassenden Wohnungsabnutzungsversicherung aufzubringen[6]) und auf diesem Wege dem drohenden Verfall der Häuser in wirksamer Weise unter behördlicher Kontrolle entgegenzuarbeiten. Der Gedanke, der Hofmanns „Wohngenossenschaften" (Ztschr. f. W. 1920 S. 242) zugrunde liegt, war hier in weit durchgreifenderer Form bereits theoretisch verarbeitet. Zu den gleichzeitig mit meiner Idee der Wohnungsabnutzungsversicherung erschienenen Vorschlägen Kampffmeyers habe ich bereits 1919 in der Zeitschrift für Wohnungswesen (S. 539) eingehend Stellung genommen und eine vorurteilsfreie Vergleichung der Vorschläge Georg Heyers und meiner Reformideen läßt ohne weiteres erkennen, daß das Urteil eines Kritikers (Ztschr. f. W. 1921 S. 71), meine Gedanken seien „auf dem Boden der Heyerschen Ideen gewachsen", durchaus fehl geht, ganz abgesehen davon, daß ich Heyers Gedankengänge[7]) damals überhaupt noch nicht kannte. Die Grundzüge meiner Wohnungsreform sind etwa folgende:

1. Notwendigkeit der Durchführung einer allgemeinen Nutzungswertfeststellung auf der Grundlage des objektiven[8]) Wertes unter Ausdehnung der Nutzungswertermittlung auf die Eigenhäuser, d. h. die vom Eigentümer selbst benutzten Räume und Einführung eines besonderen Wohnungskatasters zur Festhaltung der Ergebnisse dieser Wertfeststellung.

---

[4]) Vgl. Kiefersauer, Zur Reform des Wohnungswesens S. 11.

[5]) Kiefersauer a. a. O. S. 6 u. Ztschr. f. W. 1919, 511.

[6]) Kiefersauer a. a. O. S. 38 und Ztschr. f. W. 1919, 514, 540; 1920, 37, 182ff.; BayGemVZ. 1920, 479ff., 497ff.; 1921, 793ff.; Kiefersauer-Scherer S. 97.

[7]) Vgl. hierzu Krüger, RMG. Einleitung S. 44.

[8]) Kiefersauer, Ztschr. f. W. 1920, 249.

2. Aufbau einer wirtschaftlichen[9]) Organisation in Form einer genossenschaftsähnlichen straffen Zusammenfassung aller Mieter, Vermieter und Eigenhausbesitzer zum Zwecke
der gemeinsamen Aufbringung der Kosten für Betrieb und Instandhaltung der Gebäude (Wohnungsabnutzungsversicherung),
der gemeinsamen Deckung von Gebäudebrandschäden (Gebäudebrandversicherung) sowie
der gemeinsamen Aufbringung der dem bebauten Grund und Boden auferlegten öffentlichen Lasten, insbesondere der Reparationsabgaben, der Wohnungsabgabe und der allgemeinen Steuern der Länder und Gemeinden
durch **Erhebung einer einzigen großen Abgabe** in Form eines Teiles des festgestellten Nutzungswertes, dessen Größe den jeweiligen Bedürfnissen der Organisation anzupassen ist unter grundsätzlicher Bevorzugung der Wohnräume zu Lasten der Nichtwohnräume.

Diese Reformvorschläge verfolgen wohnungspolitische Ziele ebenso wie steuerpolitische, sie sind auf eine gesunde Neuordnung der Wohnungsnutzung ebenso gerichtet wie auf eine ausgiebige Förderung des Wohnungsbaues. Abweichend von der gesetzlichen Regelung, die die Wohnungsabgabe im Vollzug des Reichsgesetzes vom 26. Juni 1921/6. März 1922 in den einzelnen Ländern erfahren hat[10]), wird hier die Gewährung von Mietbeihilfen in den Mittelpunkt der finanziellen Hilfsmaßnahmen zur Unterstützung der Wohnungs-Neubautätigkeit gestellt[11]).

Das Reichsmietengesetz kann weder selbst als ein den wirtschaftlichen Bedürfnissen entsprechendes Gesetz noch als zweckentsprechende Teilregelung eines bestimmten wirtschaftlichen Abschnittes angesehen werden. Die Grundgedanken des Systems, insbesondere der Gedanke der Dreiteilung der Miete, konnten weder in Zeiten normaler Währungsverhältnisse noch gar in Zeiten des Währungsverfalles standhalten; auf die Schwierigkeiten einer solch komplizierten Regelung habe ich zu Anfang der Beratung der gesetzlichen Regelung der Mietpreisbildung im Reichsarbeitsministerium (April 1920) bereits nachdrücklich hingewiesen.

Eine klare Beurteilung der wirtschaftlichen Auswirkungen dieses Gesetzes erfordert eine Auseinandersetzung über die Frage der Notwendigkeit und Zweckmäßigkeit der öffentlichen Wohnungsbewirtschaftung überhaupt. In der Generaldebatte des 13. Ausschusses des Reichstages[12]) wurde diese Frage — wie so oft — eingehend erörtert; man sprach sich auf der einen Seite ebenso heftig gegen die Sozialisierung wie auf der anderen Seite für eine Sozialisierung des Wohnungswesens aus, alles natürlich vom politischen Standpunkt aus beleuchtet. Über meine Stellung zu dem sog. Sozialisierungsgedanken auf dem Gebiete

---

[9]) Vgl. Kiefersauer-Scherer, Einleitung S. XXXXI.
[10]) Kiefersauer, Wohnungsabgabe u. Wohnungsbau S. 33.
[11]) Kiefersauer S. 71, 155, 188 und BayGemVB. 1921, 793.
[12]) Bericht dieses Ausschusses S. 1—4, Reichstag 1920/22 Druckf. Nr. 3395.

des Wohnungswesens habe ich mich früher[13]) bereits eingehend geäußert: die Sozialisierung dieses Wirtschaftszweiges muß aus wirtschaftlichen Gesichtspunkten abgelehnt werden. An dem Eigentum des Einzelnen soll nicht gerüttelt werden; Privateigentum soll künftig fortbestehen, es kann und darf nicht durch ein Eigentumsrecht des Staates oder einer sonstigen Körperschaft ersetzt werden. Dennoch scheint mir die Frage der Gebundenheit der Wohnungswirtschaft, wie sie in der von mir vorgeschlagenen Regelung der Wohnungsnutzung aufgeworfen wird, der Erörterung bedürftig. Diese Wohnungsnutzung ist keine Sozialisierung: der Hauseigentümer bleibt verfügungsberechtigt, er kann also das Gebäude veräußern, verpfänden usw; lediglich in einer Richtung, nämlich hinsichtlich der Nutzung der Räume durch Dritte, ist er durch bestimmte Vorschriften beschränkt. Der hier vorgeschlagene Gedanke führt zu einer neuartigen allgemeinen Rechtsform, zu dem Begriff des beschränkten Eigentums, zu einer Teilung des Eigentumsbegriffes überhaupt[14]), dem für die Raumnutzung die Umgestaltung des schuldrechtlichen Mietverhältnisses in ein dingliches Recht entsprechen würde[c]). Der dem Berggesetz, dem Wasserrecht, dem Lehens- und Fideikommißrecht zugrunde liegende Gedanke der Beschränkung der ausschließlichen rechtlichen Herrschaft des Eigentümers bedarf in der künftigen Rechtsordnung des weiteren Ausbaues. § 903 BGB. läßt dieser Rechtsentwicklung Raum: die unumschränkte Herrschaft des Eigentümers gilt nur insoweit als nicht „das Gesetz oder Rechte Dritter entgegenstehen". Sowohl nach Reichsrecht (z. B. §§ 226, 823, 904, 962 BGB., Art. 52—54 EGzBGB., Telegraphenwegegesetz, Süßstoffgesetz usw.) wie nach Landesrecht auf Grund der Art. 115, 116, 117, 119 EGzBGB. gelten derzeit schon zahlreiche öffentlichrechtliche und privatrechtliche Eigentumsbeschränkungen. Es ist wohl noch nie jemand auf den Gedanken gekommen, in diesen Beschränkungen etwa „die Anbahnung der Sozialisierung" zu sehen. Deshalb kann bei vorurteilsfreier Würdigung meiner Vorschläge zur Regelung der Wohnungsnutzung auch der eifrigste Verfechter der freien Wirtschaft in diesen Vorschlägen eine Sozialisierung des Hausbesitzes nicht erblicken. Freie Wirtschaft liegt übrigens nach unseren Sprachbegriffen auch dann noch vor, wenn beim Zusammenschluß mehrerer Wirtschaftsgruppen eine Bindung hinsichtlich Preisbildung, Absatzgebiet, Produktionsart und -umfang vereinbart ist (Kartellrecht); wegen dieser Beschränkungen, die nicht immer auf vollkommen freiem Willen beruhen, wird man derartige wirtschaftliche Vereinigungen wohl kaum als Sozialisierungseinrichtungen bezeichnen können. So wenig als diese Zusammenschlußbestrebungen, die wir in unseren Tagen mehr denn jemals in den Formen der Kartelle, Trusts, ja der Fusionen beobachten können, mit der Sozialisierungsidee irgend etwas zu tun haben, ihr vielmehr entgegenarbeiten, ebensowenig dürfen meine Vorschläge zur Reform des Wohnungswesens als Sozialisierungsmaßnahmen oder auch nur als deren Vorläufer bezeichnet werden. Ein Blick auf die künftige Entwicklungsrichtung unseres Wirtschaftslebens läßt deutlich erkennen, daß alles sich für den Kampf zwischen Erzeuger

---

[13]) Kiefersauer-Scherer Einleitung S. XIff.

[14]) Kiefersauer, Wohnungsabgabe u. Wohnungsbau S. 63.

[c]) Vgl. dazu Teil I S. 3ff., 10.

und Verbraucher rüstet. Diese natürlich sich bildenden Kampforganisationen müssen, da sie aufeinander angewiesen sind, miteinander in Fühlung treten und durch wirtschaftliche Vereinbarungen die vorhandenen Gegensätze zu mildern suchen. Dem gleichen Grundgedanken folgt die von mir vorgeschlagene Organisation, die in der Zusammenfassung aller Mieter (= Verbraucher) und Vermieter (= Erzeuger) sowie der zwischen beiden Kategorien stehenden Eigenhausbesitzer jener unausbleiblichen wirtschaftlichen Entwicklung vorausgreift und demgemäß keinerlei künstliches Experiment auf dem Gebiete des Wirtschaftslebens darstellt, sich vielmehr der natürlichen Wirtschaftsordnung anpaßt[15].

Solche Entwicklungstendenzen zu verfolgen und sich ihnen in den gesetzgeberischen Maßnahmen anzupassen, ist vornehmste Aufgabe einer jeden Staatsregierung. Nicht was nach dem Gutdünken einer oder mehrerer Parteien politisch wünschenswert wäre, sondern was wirtschaftlich notwendig d. h. im Rahmen der natürlichen Wirtschaftsordnung gelegen und entwicklungsfähig ist, muß Gegenstand gesetzlicher Regelung werden. Die Not der Zeit verlangt eine Beseitigung der Zersplitterung unseres Wirtschaftslebens durch Rationalisierung. Ordnen sich die Eingriffe des Staates den Entwicklungstendenzen des Wirtschaftslebens ein, so mag der Staat dabei auch seine lebensnotwendigen steuerlichen Interessen wahren.

Steuererheben ist eine lebensnotwendige Aufgabe des Staates. Die Steuer wird um so ergiebiger sein, je mehr sich ihre Erhebungsform dem Stande des Wirtschaftslebens anpassen läßt. Durch organisatorische Vorwegnahme wirtschaftlicher Entwicklungsformen läßt sich eine Steuerquelle schaffen, die in ihrer Wirkung die der „Steuergemeinschaft" Bernhards[16]) übertrifft. Meine Reformvorschläge ermöglichen nicht nur, sie beabsichtigen vielmehr unmittelbar eine kräftige steuerpolitische Ausnutzung der Wirtschaftsentwicklung. Auch aus diesem Grunde dürften sie Reformvorschlägen vorzuziehen sein, die lediglich wohnungspolitische Ziele verfolgen.

Im einzelnen darf zur Beleuchtung der wirtschaftlichen Tragweite des Gesetzes ausgeführt werden:

I. Das Zuschlagssystem des Gesetzes ist auf dem Gedanken aufgebaut, daß der Vermieter in der Lage ist, sich den erforderlichen Kredit selbst zu beschaffen, wenn er nur durch die Zuschläge gemäß §§ 3—7 RMG. die erforderlichen Mittel zur Verzinsung und Tilgung der Kreditsumme erhält. Der Gedanke ist irrig, die Grundlage des Gesetzes deshalb schwankend; denn in Zeiten steigender Geldknappheit und erhöhter Kreditnot wird kein Vermieter allein auf die ihm nach dem Gesetze zustehenden Ansprüche hin, die ohnehin nur auf höchstens vier Jahre garantiert sind (§ 24 Abs. 2 RMG.), die erforderlichen Leihgelder erhalten. Die trüben Erfahrungen mit den zweiten Hypotheken aus der Vorkriegszeit hätten vor solchen Hoffnungen warnen müssen.

Zuerst muß das Problem der Kreditbeschaffung durch den Gesetzgeber gelöst sein, ehe er an das Vorhandensein des Kredits

---

[15]) Vgl. meine Einleitung bei Kiefersauer-Scherer XXXXIII.

[16]) Vgl. darüber Kiefersauer, Wohnungsabgabe und Wohnungsbau S. 71.

Folgerungen knüpft. Wenn der Gesetzgeber sich scheut, durch Schaffung einer eigenen wirtschaftlichen Organisation die Kreditbeschaffung unabhängig von der allgemeinen Kreditlage für das Sondergebiet des Wohnungswesens selbständig zu regeln, so hätte doch wenigstens durch staatliche Eingriffe[d]) in das Kreditwesen einigermaßen der Kreditbeschaffung vorgearbeitet werden müssen. Man hätte z. B.[17]) alle mit der Realkreditgewährung sich befassenden Unternehmungen — in erster Linie Hypothekenbanken, Sparkassen, Kreditgenossenschaften — durch Gesetz verpflichten können, einen bestimmten Teil ihrer Hypothekarkreditgeschäfte — vielleicht auch nur vorübergehend für die nächste Zeit — als Reparaturdarlehen im Sinne des RMG. abzuschließen. Bei der unzureichenden Kreditunterlage, wie sie das Gesetz bietet, wäre eine solche Maßnahme allerdings zu einer schweren Benachteiligung dieser Kreditinstitute geworden. Das Gesetz hat eben auf jede organisatorische Tätigkeit, auf jede Maßnahme verzichtet, die das ganze Instandhaltungsproblem auf einer tragfähigen breiten Grundlage zu lösen versucht. Die Bildung des Ausgleichsfonds im Sinne des § 7 Abs. III RMG. zeigt nur einen schwachen durchaus ungenügenden Ansatz zur organisatorischen Lösung des Problems in dieser Richtung[e]).

Gleichweit von jeder organisatorischen Betätigung entfernt, versucht der Staat das Problem der Wohnungsnutzung (einschließlich der Reparaturfrage) und des Wohnungsbaues, deren wirtschaftliche Zusammenhänge oben erörtert wurden, auf diametral entgegengesetzten Wegen zu lösen:

die Wohnungsnutzung, im engeren Sinne die Aufbringung der Kosten für Betrieb und Instandsetzung des Hauses, soll ausschließlich Sache des einzelnen Vermieters sein, dem durch Gewährung erhöhter Zuschläge zur Miete die Mittel zur Kostenaufbringung bzw. zur Verzinsung und Tilgung der anderwärts zu beschaffenden Reparaturgelder gewährt werden sollen,

die Wohnungsbautätigkeit dagegen soll durch Gewährung von Darlehen aus öffentlichen Mitteln gefördert werden, die ursprünglich ohne jede Deckung aus Staatsmitteln in Form der „Baukostenzuschüsse" gegeben wurden.

Hier reiner Staatsaufwand, dort private Leistung, die eine ausreichende — aber derzeit noch nicht vorhandene — Kreditbeschaffung zur Voraussetzung hat. Erst die Einführung der Wohnungsabgabe hat hier, offenbar unbewußt, ein Bindeglied zwischen der gesetzgeberischen Behandlung des Problems der Wohnungsnutzung und des Wohnungsbaues geschaffen. Es ist zu hoffen, daß die Ausgestaltung der Wohnungsabgabe[18]) die beiden eng verbundenen Probleme einer einheitlichen Lösung zuführen wird[19]).

---

[d]) *Über die folgenschwere Belastung des Kredits infolge der Behandlung des Aufwertungsproblems durch die dritte StNVO. vgl. Kiefersauer, BayZfR. 1924, 70.*

[17]) Kiefersauer, Ztschr. f. W. 1920, 343.

[e]) Die bayerische Regierung hat inzwischen versucht, durch Ausbau des Ausgleichsfonds die Mittel für die Instandsetzung der Gebäude zu gewinnen (vgl. die Anm. zu § 7 Abs. III RMG.).

[18]) Kiefersauer, Wohnungsabgabe und Wohnungsbau S. 64.

[19]) *Vgl. nunmehr — nach Aufhebung der Wohnungsbauabgabe — die*

Auf die Notwendigkeit der Schaffung einer breiten Grundlage zur Lösung der Frage der Instandhaltung der Wohnungen habe ich vor mehr als fünf Jahren erstmals durch den Vorschlag der Einführung einer Versicherung der Wohnungsinstandhaltung (Wohnungsabnutzungsversicherung) hingewiesen und immer wieder betont[20]. Über die rein genossenschaftliche Lösung des Problems, die hier nicht möglich wäre, hinaus ist hier in der Zwangsversicherung unter Einbeziehung aller Mieter, Vermieter und Eigenhausbesitzer eine höher entwickelte Form genossenschaftsähnlichen Zusammenschlusses geboten. Die Form der Versicherung ist als Schutz gegen die natürliche Abnutzung der Mietsache eine Sachlebensversicherung besonderer Art, die alle wesentlichen Momente einer richtigen Versicherungsart enthält: das Gefahrenmoment und die Zuführung eines den Schaden ganz oder teilweise deckenden Betrages an den Versicherten (dazu Geiler, Sachlebensversicherungen JW. 1923, 1011). Lediglich der Kreis der Versicherten ist weiter ausgedehnt: neben dem Vermieter (Eigentümer) und dem bloßen Eigenhausbesitzer ist auch der Mieter in die Versicherung einbezogen, obwohl dessen Gebrauchsabnutzung, soweit sie eine Folge vertragsmäßiger Nutzung ist, nach § 548 BGB. nicht von ihm, sondern vom Vermieter rechtlich zu vertreten und daher wirtschaftlich zu tragen ist. Die Verwertung des rein genossenschaftlichen Gedankens in der Reparaturenfrage ist nachträglich auch entschieden von Hofmann und Brumby vertreten worden[21].

II. Soweit die vom RMG. nicht gelöste Kernfrage des Wohnungsproblems. Die gesetzliche Neuordnung des Rechtes der Mietzinsbildung steht somit auf schwankender Grundlage. Die hieraus entspringende Unsicherheit des gesetzgeberischen Erfolges wird aber gesteigert durch eine Fülle von Unklarheiten in einzelnen Bestimmungen. Nur einzelne grundsätzliche — auch nach der landesrechtlichen Umstellung noch wichtige — Fragen sollen hier erörtert werden:

1. Die Friedensmiete, gleichviel ob vertraglich geregelt (§ 2 Abs. I RMG.) oder fingiert (§ 2 Abs. IV RMG.) bildet grundsätzlich den Ausgangspunkt für die Berechnung der gesetzlichen Miete. Vertragliche Regelung, begründet in Zeiten freier Wirtschaft mit ihren unmeßbaren Einflüssen, wird gleichgestellt mit der Mietpreisfestsetzung durch eine amtliche Stelle und zwar für eine mehrere Jahre zurückliegende Zeit, in der selbst schon der Begriff der „Ortsüblichkeit" ein schwankender gewesen war. Es ist ohne weiteres einleuchtend, daß die Zurückführung der gesetzlichen Miete auf diese Friedensmiete höchstens ein Notbehelf sein kann, gerechtfertigt in Zeiten drängender Not, ungerecht und hart[22]) aber in einer Zeit, wo für die Ermittlung der Nutzungswerte nach objektiven Merkmalen ausreichender behördlicher Apparat zur Verfügung stünde.

Neuregelung der Mietzinssteuer auf Grund der §§ 26 ff., 61 der dritten StNVO. durch die VO. vom 31. März 1924.

[20]) Kiefersauer, Zur Reform des Wohnungswesens (1919) S. 38; Ztschr. f. W. 1919, 514, 540; 1920, 182; BayGemVZ. 1920, 479, 497; Kiefersauer-Scherer a. a. O. S. XXVI.

[21]) Brumby, Reichsmietengesetz S. 100, 140; Hofmann, Ztschr. f. W. 1920, 242.

[22]) Kiefersauer, Ztschr. f. W. 1920, 250; Wohnungsabgabe S. 68.

Die steuerpolitische Staatsnotwendigkeit wird voraussichtlich von selbst dazu führen, daß eine solche allgemeine Nutzungswertfeststellung dem unübersichtlichen Zustand ein Ende machen wird. Wenn das RMG. es für angemessen erachtet, vertragliche und fingierte Friedensmiete zur Grundlage des Aufbaues der gesetzlichen Miete zu machen, dann darf man sich nicht darüber wundern, daß die gesetzliche Miete unter Mietern ebenso wie unter Vermietern Unzufriedenheit hervorrufen wird, weil das Gesetz den Mieter dem Zufall (ob vertragliche oder fingierte Miete maßgebend ist) preisgibt und dem Vermieter angesichts der generellen Zuschläge unter Umständen nicht das gibt, was er zur Instandhaltung seines Hauses bedarf. Es ist naturgemäß für beide Vertragsteile von wesentlicher Bedeutung, ob eine Vertragsmiete vorliegt, die billig oder teuer sein kann, oder ob eine, in ihrem Ergebnis unberechenbare Feststellung der Friedensmiete nach § 2 Abs. IV RMG. notwendig sein wird. Von einer Anpassung der gesetzlichen Miete an den Wert der Raumnutzung, die angesichts der einheitlichen Richtlinien des Gesetzes für die Berechnung der gesetzlichen Miete gefordert werden muß, kann keine Rede sein.

2. Die verschiedenartige Behandlung, noch mehr die Unterscheidung zwischen großen und kleinen Instandsetzungsarbeiten führt zu mancherlei Schwierigkeiten beim Vollzug des Gesetzes. Die Anlegung gesonderter „Hauskontis" ist für ländliche Verhältnisse unmöglich und auch bei den an sich gleichförmigen städtischen Häusern ist ihre Durchführung nicht nur sehr umständlich, sondern auch sehr kostspielig. Der Preußische Städtebund hat es daher von vornherein abgelehnt, für jedes Haus besondere Rechnungskonten anzulegen (Ausschußverhandlungen, Reichstagdrucksache 1920/22 Nr. 3395 S. 19).

Wirtschaftlich richtig erscheint daher nur die Erhebung eines einzigen Zuschlages für große und kleine Instandsetzungsarbeiten[f]) und zwar als Teil der großen allgemeinen Abgabe (vgl. Kiefersauer-Scherer S. 97).

3. Wohnungen und andere Räume (Nichtwohnungen) sind mit der einzigen Ausnahme des § 10 RMG. im Gesetz vollkommen gleichmäßig behandelt. Das erscheint in Zeiten höchster Wohnungsnot befremdend. Befremdend nicht etwa, weil die unter Umständen stärkere Abnutzung gewerblicher Räume und damit die Notwendigkeit der Entrichtung eines höheren Mietzinses durch den Mieter verkannt würde, sondern weil eine stärkere Belastung der Nichtwohnräume zugunsten der Wohnräume wünschenswert ist. Dieser Gedanke kann nicht nur steuerpolitisch verwertet werden, wie ich dies in meiner Wohnungsabnutzungsversicherung und insbesondere in meiner Stellungnahme zur Wohnungsabgabe dargetan habe; die Durchführung dieses Gedankens ist vornehmlich auch aus wohnungspolitischen Gründen zweckmäßig. Die Förderung des Wohnungsbaues erfolgt mittelbar dadurch, daß man nur für Wohnungsbauten, nicht aber für Geschäftshäuser öffentliche Mittel zur Verfügung stellt; für die Wohnungsnutzung gilt das gleiche: im Rahmen der von mir vorgeschlagenen Organisation werden die Nichtwohnräume zugunsten der Wohnräume mit einer Abgabe in dop-

---

[f]) Zustimmend nunmehr auch Anacker, Ztschr. f. Kommunalwirtschaft 1923, 648 und die bayer. VO. vom 28. März 1924.

pelter Höhe belastet[23]); wird eine einzige hohe Abgabe in diesem Sinne erhoben, so wird die Mehrbelastung der Nichtwohnräume deren unerwünschte Ausdehnung verhindern und zugleich größere Mittel für die Wohnungsbautätigkeit zur Verfügung stellen.

Im Gegensatz zu diesen wohnungspolitischen Ideen steht die Regelung, die nach dem RMG. für gewerbliche Räume Platz greift: über die normalen Instandsetzungszuschläge hinaus sind für diese Räume zwei weitere Zuschläge in § 10 RMG. vorgesehen: der besondere Zuschlag des § 10 Abs. I und der weitere Zuschlag nach § 10 Abs. II RMG. Während der Gesetzgeber entsprechend dem Grundgedanken des Gesetzes[24]) es sonst ängstlich vermeidet, dem Vermieter eine höhere Verzinsung seines Eigenkapitals (vgl. § 3 Ziffer 1 RMG.) zu gewähren, soll der Vermieter gewerblicher Räume davon ausgenommen sein: Bevorzugung der Vermieter von Nichtwohnräumen in Zeiten höchster Wohnungsnot. Die Möglichkeit der Abstufung einzelner Zuschläge nach Gruppen und Klassen von Mieträumen (§ 3 Abs. II RMG.) kann demgegenüber nicht in Betracht kommen.

4. Das Mietenverzeichnis des § 18 RMG. ist nach Form und Inhalt eine fakultative Einrichtung. Solange nicht die Führung eines förmlichen Mietkatasters durch die Mieteinigungsämter vorgeschrieben, die rechtliche Bedeutung seines Inhaltes gesetzlich anerkannt und klargelegt ist, darf eine wesentliche Bedeutung dieser Einrichtung für die Wohnungswirtschaft nicht erwartet werden[25]).

Die Regelung des Reichsmietengesetzes und die sich hieran und an die Ermächtigung des § 27 der dritten StNVO. anschließende landesrechtliche Behandlung des Problems der Mietzinsbildung und der Mietzinssteuer bedeutet im übrigen nur einen Ausschnitt aus dem viel umfassenderen Problem des Mietwesens. Dies gilt nicht nur für die Bemessung der Höhe[26]) des Mietzinses und der Zeit seiner Entrichtung (Teil I S. 93), sondern auch von der sonstigen Gestaltung des Mietrechtsverhältnisses überhaupt. Für den gesamten hiernach in Betracht kommenden Fragenkomplex ist aber wiederum von ausschlaggebender Bedeutung, welche Entwicklung das Wirtschaftsleben im allgemeinen und die Rechtsordnung im besonderen nehmen wird[27]). Läßt man sich mit Oswald Spengler bei der Betrachtung der Rechtsentwicklung von dem Gedanken des dynamischen Rechtes[28]) leiten, so kann man als Gegenstück hierzu im Wirtschaftsleben den hiefür richtunggebenden Gedanken des Gegensatzes zwischen Erzeuger und Verbraucher als Dynamik der künftigen Wirtschaftsordnung bezeichnen.

---

[23]) Kiefersauer, Zur Reform des Wohnungswesens S. 34; Ztschr. f. W. 1920, 184; BayGemVZ. 1920, 484; 1921, 797.

[24]) „Mietpreissteigerungen sollen nur insoweit zugelassen werden, als sie durch die Steigerung der für das Haus aufzuwendenden Ausgaben notwendig geworden sind." Begr. S. 11.

[25]) Vgl. Kiefersauer-Scherer a. a. O. S. 83.

[26]) Dazu Kiefersauer, BayGemVZ. 1924, 270 (vor Erscheinen der VO. vom 28. März 1924 geschrieben).

[27]) Wegen des Einflusses der politischen Lage des Volkes vgl. Überblick (Teil I S. 9).

[28]) Dazu Gebhard, BayZfR. 1923, 201.

Dieser Grundeinstellung des Wirtschaftslebens werden sich — unabhängig von jeder marxistischen Idee — nicht nur die Organisationsformen des Wirtschaftslebens, also auch das Organisationsprinzip des Wohnungs- und insbesondere des Mietwesens, sondern auch die Dynamik der Rechtsordnung, ausgedrückt durch die rechtliche Organisation der Miete, anzupassen haben. Hierin liegt der Keim einer künftigen Mietrechtsordnung, die sich durchsetzen wird, mag auch heute noch der Freiheitsgedanke in wirtschaftlicher Beziehung den Unabhängigkeitsbegriff des Eigentums als Retter in der Not in den Vordergrund des politischen und wirtschaftlichen Denkens stellen.

Der Reichstag hat das folgende Gesetz beschlossen, das mit Zustimmung des Reichsrats hiermit verkündet wird:

Gesetzliche Miete [1].

§ 1.

I Der Vermieter wie der Mieter [2] eines Gebäudes oder Gebäudeteils [3] kann jederzeit [4] dem anderen Vertragsteile gegenüber erklären [5] [6], daß die Höhe des Mietzinses [13] nach den Vorschriften dieses Gesetzes berechnet werden soll (gesetzliche Miete). Die Erklärung bedarf der schriftlichen Form. Sie hat die Wirkung [7], daß die gesetzliche Miete von dem ersten Termin ab, für den die Kündigung nach § 565 des Bürgerlichen Gesetzbuchs zulässig sein würde, an die Stelle des vereinbarten Mietzinses [13] tritt.

II Kommt ein Einverständnis über die Höhe der gesetzlichen Miete nicht zustande, so entscheidet auf Antrag eines Vertragsteils das Mieteinigungsamt [8].

III Auf Verlangen der Gemeindebehörde hat das Mieteinigungsamt Mietzinsvereinbarungen über Gebäude oder Gebäudeteile nachzuprüfen und, wenn der vereinbarte Mietzins im Vergleich zu der gesetzlichen Miete für einen Vertragsteil eine schwere Unbilligkeit darstellt, an Stelle des vereinbarten Mietzinses die gesetzliche Miete festzusetzen [9].

IV Die oberste Landesbehörde kann für das ganze Land oder für bestimmte Gemeinden oder Gemeindeteile anordnen, daß das Mieteinigungsamt die Nachprüfung und Festsetzung auch von Amts wegen vornehmen kann [10]; sie kann weiter anordnen [11], daß Vereinbarungen über die Höhe des Mietzinses der Gemeindebehörde oder dem Mieteinigungsamt anzuzeigen sind.

V Diese Vorschriften finden auch Anwendung[12], wenn der bisherige Mietzins[13] durch das Mieteinigungsamt festgesetzt oder auf Grund landesrechtlicher Vorschriften zu berechnen war.

Bay VollzV. §§ 1, 2, 33, 35 sowie Ziff. 1 der VO. vom 28. März 1924.

1. Der Begriff der gesetzlichen Miete ist im Gesetze genau umschrieben. Die MEA. haben sich bei ihren Entscheidungen an die Bestimmungen des Gesetzes über die Mietpreisbildung zu halten; Abweichungen sind unzulässig.

Die dem RMG. geläufige Zerlegung des vereinbarten Mietzinses in Grundmiete (§ 2 Abs. 1) und Zuschlägen hiezu entfällt in der Hauptsache künftig nach Ziff. 1 der bayer. VO. vom 28. März 1924; hiernach besteht die gesetzliche Miete nur mehr aus einem nach dem Hundertsatz der Friedensmiete festgesetzten Goldmarkbetrag der Friedensmiete. Hierin ist die Vergütung für Zinsendienst (einschl. Erhöhung der Kosten für Erneuerung der Belastung), für die Betriebskosten sowie für die Kosten der Instandhaltung jeder Art (laufende und große Arbeiten) enthalten. Unberührt bleiben die Sonderzuschläge für die gewerblichen Räume (§ 10 Abs. 2 RMG., Ziff. 4 der VO.) sowie die Kostenbestreitung für Sammelheizung und Warmwasserversorgung sowie für die in § 4 Ziff. 4 der AusfBest. aufgezählten Nebenleistungen. Diese Kosten werden nach Maßgabe der §§ 27 ff. AusfBest. wie bisher umgelegt.

Scheidet hiernach für die Berechnung der gesetzlichen Miete die Zerlegung in Grundmiete und Zuschläge nach §§ 3 und 7 RMG. aus, bleibt die begriffliche Scheidung der Anteile der gesetzlichen Miete in Betriebskosten einerseits, in laufende und große Instandsetzungskosten andererseits für die Verwendung der Anteile auch künftig noch maßgebend (Ziff. 1 Satz 2 VO.).

Weitergehend kann man mit Rücksicht auf Ziff. 3 Abs. 2 VO. unterscheiden zwischen

a) der unveränderten Friedensmiete — in Gebäuden ohne Sammelheizung und Warmwasserversorgung und bei Mietverhältnissen, bei denen Nebenleistungen der in § 4 Ziff. 4 AusfBest. bezeichneten Art nicht in Betracht kommen — und

b) der verminderten Friedensmiete — Grundmiete im engeren Sinn nach § 2 Abs. 1 Satz 3 RMG. —, bei der bestimmte Abzüge zu machen sind.

Eine Vereinfachung der Regelung tritt hier gegenüber den Bestimmungen des RMG. nicht ein, weil der Begriff „Friedensmiete" in verschiedenem Sinne gebraucht wird.

Im übrigen gilt folgendes:

1. Die gesetzliche Miete ist keine absolut feststehende Größe: sie ist räumlich gebunden an das einzelne Gebäude, insofern die für die Höhe der Zuschläge maßgebende Grundmiete wenigstens grundsätzlich auf der individuell vereinbarten Friedensmiete aufgebaut ist, sie ist ferner zeitlich abhängig von der jeweiligen Höhe der Zuschläge, die den wirtschaftlichen Verhältnissen jeweils Rechnung tragen muß (§§ 3, 11). Ihre Berechnung nach den Vor-

schriften des RMG. ist zunächst den Beteiligten überlassen; erst bei Streitigkeiten über die Höhe der gesetzlichen Miete tritt das MEA. in Tätigkeit (§ 1 Abs. II).

2. Die gesetzliche Miete trägt grundsätzlich den persönlichen Verhältnissen der Vertragsparteien nicht Rechnung: in Abweichung von den Gesichtspunkten des bisherigen Mieterschutzrechtes muß das MEA. bei der Feststellung der gesetzlichen Miete die wirtschaftliche Leistungsfähigkeit für beide Teile völlig außer Acht lassen. Das billige Ermessen scheidet aus. Die von mir ZtschrfW. 1920, 35 erhobene und begründete Forderung nach Entscheidung nach objektiven Gesichtspunkten ist damit teilweise Gesetzesrecht geworden (vgl. auch Kiefersauer, BayGemVZ. 1920, 63).

3. Die gesetzliche Miete trägt der tatsächlichen Raumnutzung, also dem objektiven Mietwert, nur in geringem Umfang Rechnung: sie knüpft lediglich an die Friedensmiete (§ 2 Abs. 1 u. 4) an. Die Tatsache, daß hiernach die Grundmiete regelmäßig — Ausnahme Abs. 4 — auf Preisbildungen beruht, die aus der Zeit freier Wirtschaftsentwicklung herrühren, bleibt unbeachtet.

4. Die „gesetzliche" Miete tritt nicht kraft Gesetzes ein, sondern nur auf Grund schriftlicher Erklärung eines Vertragsteiles, die dem anderen Vertragsteil gegenüber abzugeben ist. Solange der Mieter, der vertragsmäßig eine höhere als die gesetzliche Miete zu entrichten hat, eine Erklärung nach § 1 RMG. nicht abgegeben hat, kann er sich gegenüber der Mietzinsklage des Vermieters nicht auf eine Ermäßigung auf die gesetzliche Miete berufen (RG. 103, 311). Der Zeitpunkt, von dem ab die gesetzliche Miete zufolge der Erklärungsabgabe gilt, bestimmt sich nach der Regel des § 1 Abs. 1.

2. Nur Mietverhältnisse kommen in Betracht. Beruht die Überlassung des Gebäudes oder Gebäudeteils auf anderem Rechtsgrund, z. B. auf Dienstvertrag oder auf Pachtvertrag, so gilt das RMG. nicht. Auch das durch den Zwangsmietvertrag (§ 4 WMG.) begründete Rechtsverhältnis ist ein Mietverhältnis (RG. 18. Sept. 1922 JW. 1923, 765[6]), obgleich hier das Rechtsverhältnis nicht auf übereinstimmender Willenserklärung der Parteien, sondern auf dem vom MEA. ausgesprochenen autoritativen Staatsbefehl beruht (I 158).

Wegen der Abgrenzung der Miete von anderen Rechtsverhältnissen, insbesondere von der Pacht, vgl. § 1 Anm. 1 MSchG. (I 18).

Zu den Rechtsverhältnissen, die vom RMG. unberührt bleiben, zählen neben den Pachtverhältnissen insbesondere die entgeltliche oder unentgeltliche Benutzung von Gebäuden (Gebäudeteilen) auf Grund dinglichen Rechts z. B. Nießbrauch, beschränkt persönlicher Dienstbarkeit (vgl. aber § 14).

Auf die bloß tatsächliche Innehabung von Räumen z. B. bei Überlassung auf Ruf und Widerruf (RG. WarnRspr. 1921 Nr. 141) erstreckt sich das RMG. nicht. Das Gleiche gilt, wenn auf Grund Übergabevertrages — mag es sich dabei um einen Leibgedingsvertrag (Leibzucht-, Altenteils- oder Auszugsvertrag) im Sinne der Art. 32ff. bayer. AGzBGB. handeln oder nicht, z. B. bei Abnährungsverträgen überhaupt — die weitere Benutzung von Räumen des Anwesens dem bisherigen Eigentümer oder dessen Angehörigen auf Lebensdauer eingeräumt wurde, es sei denn, daß der Abschluß eines förmlichen Mietvertrages nachgewiesen werden kann. Es entscheiden die Umstände des einzelnen Falles; ein besonders niedriger, insbesondere stets gleichbleibender Mietzins wird regelmäßig die Annahme begründen, daß die Beteiligten einen Mietvertrag nicht haben schließen wollen. Nicht die Bezeichnung des Rechtsverhältnisses, sondern der tatsächliche Inhalt des Vertrages ist entscheidend (OLG. Stuttgart JW. 1920, 157 und I 18). Liegt hiernach ein Mietverhältnis vor, so kann nur noch in Frage kommen, ob die besonderen Umstände des Falles die Geltendmachung der gesetzlichen Miete ausschließen: dies gilt z. B. dann, wenn der Verkäufer eines Hauses die Überlassung bisher benutzter Räume für sich oder Familienangehörige zu einem bestimmten Mietpreis ausbedungen hat (ebenso Stern, BayZfR. 1923, 135, ferner KG. JW. 1923, 1044[11]).

Wegen der besonderen Behandlung der Werkwohnungen nach Auflösung des Dienst- oder Arbeitsverhältnisses §§ 20—23 MSchG.

Wegen der Anwendung der Grundsätze des RMG. auf die Berechnung der Mietentschädigung für staatliche Dienstwohnungen s. bayer. Bek. vom 25. Sept. 1923 GVBl. S. 342.

Wesentlich ist auch für das RMG., daß Verträge, die unter Umgehung oder zum Zwecke der Umgehung des Gesetzes abgeschlossen werden, trotz ihrer vom Mietverhältnis abweichenden rechtlichen Gestaltung den Vorschriften dieses Gesetzes unterstellt sind, § 19 (vgl. auch § 49 MSchG.). Wegen der Auslegung dieser Vorschrift vgl. § 1 Anm. 1 und § 49 Anm. 2 MSchG. I 18 u. 126).

Für das RMG. kommt weiterhin in Betracht, daß auch Vertragsverhältnisse, die rechtlich nicht als Miete anzusehen sind, die Berechnung der gesetzlichen Miete innerhalb des Gebäudes beeinflussen, beim Zuschlag für große Instandsetzungsarbeiten (§ 7 Abs. 2 u. 4), im Ausgleichsverfahren nach § 2 Abs. 5 RMG. usw., siehe auch § 6 bayer. AusfBest.

Gesetzliche Miete und vertragliche Miete (§ 535 BGB.) können in einem und demselben Gebäude nebeneinander bestehen, sofern nur verschiedene Mietverhältnisse in Betracht kommen. Dagegen kann für ein einheitliches Mietverhältnis nur ein einheitlicher Mietzins — die Vertragsmiete oder die gesetzliche Miete — gegeben sein; dies gilt auch dann, wenn das Mietverhältnis Räume umfaßt, die zum Teil den Vorschriften dieses Gesetzes nicht unterliegen (vgl. § 14 Anm. 3). Wenn z. B. dem Mieter einer Vierzimmerwohnung eine neugebaute Dachkammer (§ 16) zu den bisherigen Räumen zugewiesen ist; in diesen Fällen wird zunächst zu prüfen sein, ob ein einheitliches Mietverhältnis gegeben ist oder ob nicht vielmehr zwei getrennte Mietverträge vorliegen. Im letzteren Fall gilt die gesetzliche Miete nur für den früheren Mietvertrag, für den neuen dagegen nicht. Ist nur ein einheitliches Mietverhältnis gegeben, so entscheidet trotz § 16 der Hauptzweck des Vertrages d. i. die Nutzung der bisherigen Räume (Wohnung) bewirkt die Ausdehnung der gesetzlichen Miete auf das ganze Mietverhältnis, also auch auf die Miete für die Dachkammer. Vgl. auch § 14 Anm. 3. Von diesem Gesichtspunkt aus muß das MEA. bei einem einheitlichen Mietverhältnis über Geschäftsräume und Inventar seine Entscheidung auch auf das Inventar ausdehnen und darf sich hinsichtlich des letzteren nicht für unzuständig erklären (KG. JW. 1923, 772[17]). Vgl. Anm. 5 a. E.

Darüber, ob ein Mietverhältnis oder ein anderes Rechtsverhältnis im einzelnen Fall vorliegt (§ 1), ob eine Umgehung des Gesetzes (§ 19), ob ein Ausnahmefall des § 16 RMG. vorliegt, entscheiden endgültig die ordentlichen Gerichte. Würde das MEA. die gesetzliche Miete für ein Rechtsverhältnis festsetzen, das ein Mietverhältnis nicht darstellt, so würde das MEA. damit den Rahmen seiner Zuständigkeit überschreiten; eine solche Entscheidung wäre für das Gericht nicht bindend (RG. 101, 53, 115; 105, 59). Andererseits würde die Entscheidung des MEA., daß es sich für unzuständig erkläre (z. B. wegen irriger Annahme eines Pachtverhältnisses) das ordentliche Gericht nicht zuständig machen, da das MEA. seine Rechtsauffassung jederzeit nachprüfen kann (RG. JW. 1923, 772[17]), vgl. auch § 1 MSchG. Anm. 8.

Mieter wie Vermieter können wie nach bisherigem Recht nicht nur physische, sondern auch juristische Personen sein.

Wegen der Gültigkeit des Mietvertrages, wenn einer von mehreren Vertragsgegnern geschäftsunfähig ist, entscheiden, insbesondere hinsichtlich der Anwendbarkeit des § 139 BGB., die Umstände des einzelnen Falles. RG. 4. Mai 1920 DJZ. 1920, 659. Über Gültigkeit des Mietvertrages bei zwei Vertragsurkunden verschiedenen Inhalts RG. Rspr. 27, 159.

3. Mietverhältnisse an beweglichen Sachen, insbesondere Kajüten und andere Räume auf Schiffen, Wohnwägen usw. fallen nicht unter das RMG.; ebensowenig Baracken, soweit sie nur für vorübergehende Zwecke bestimmt sind, z. B. für Unterbringung von Arbeitern beim Straßen-, Brücken- und Wasserbau (vgl. Kiefersauer, Wohnungsabgabe S. 168).

Wegen des Begriffes „Gebäude" vgl. § 1 Anm. 2 MSchG. I 22. Als Gebäudeteil kommt nur ein Raum oder Raumteil in Betracht, nicht aber z. B. Wandflächen des Hauses, die zu Reklamezwecken vermietet werden.

Nicht hieher zählen weiterhin offene oder umfriedete Lagerplätze. Liegt ein einheitliches Mietverhältnis vor, das neben Gebäudeteilen (Räumen) auch Grundflächen, z. B. Gärten, Hofräume usw., umfaßt, so entscheidet der Hauptzweck des Gebrauchsverhältnisses; jedenfalls ist es unzulässig, die verschiedenen Bestandteile des Mietverhältnisses je nach der besonderen Benutzungsart verschieden zu behandeln (vgl. § 1 MSchG. Anm. 1). Die Zweckverwendung des Raumes ist unerheblich: gewerbliche sowie landwirtschaftliche Betriebsräume (Geschäftsräume, Fabriken, Läden, Werkstätten, Scheunen, Stallungen) unterliegen dem RMG. ebenso wie Wohnräume. Wegen der Sonderzuschläge für gewerbliche Räume s. § 20.

4. Jederzeit bedeutet zunächst: die Erklärung kann während der Dauer des Mietverhältnisses — unbeschränkt und unbeschränkbar § 19 — zu einem beliebigen Zeitpunkt (vgl. auch Anm. 5) abgegeben werden. Die Rechtswirkung d. h. der Zeitpunkt, von dem ab die gesetzliche Miete zu entrichten ist, tritt unabhängig von dem Willen des Erklärenden nach der Vorschrift des § 1 Abs. 1 Satz 3 kraft Gesetzes ein.

Ist hienach der Mietvertrag abgeschlossen, das Mietverhältnis also begründet, so kann z. B. der Mieter die gesetzliche Miete schon zu einem Zeitpunkt verlangen, zu dem er vereinbarungsgemäß noch gar nicht im Besitze der Mietsache ist. Unerheblich ist auch, daß der Mieter sich im

Mietvertrag verpflichtet hatte, von den ihm nach diesem Gesetz zustehenden Rechten keinen Gebrauch zu machen; da eine solche Verpflichtung nach § 19 unwirksam ist, beschränkt sie die Rechte des Mieters in keiner Weise. Gleichgültig ist deshalb auch, ob das Mietverhältnis auf bestimmte oder unbestimmte Zeit, auf kürzere oder längere Dauer abgeschlossen ist, ob das Kündigungsrecht eines Vertragsteiles beschränkt ist oder nicht; auch der Vermieter, der nur im Wege der Aufhebungsklage nach §§ 1—4 MSchG. die Beendigung des Mietverhältnisses herbeiführen kann, ist befugt, die gesetzliche Miete zu verlangen.

Endlich steht weder eine vertragliche Festlegung des Mietzinses noch dessen Feststellung durch das MEA. auf Grund des bisherigen Rechtes der Befugnis beider Vertragsteile aus § 1 entgegen. Wegen der Ausnahme beim Verkauf eines Hauses vgl. Anm. 2.

Im übrigen gilt für die Abgabe der Erklärung nach § 1 folgende Einschränkung:

1. sie ist erst nach dem Inkrafttreten des Gesetzes rechtswirksam abgegeben worden. Keine Konvaleszenz zum 1. Juli 1922; möglich aber vorher die Einführung der gesetzlichen Miete durch Vereinbarung: sie ist alsdann eine nach den Vorschriften dieses Gesetzes zu berechnende „vereinbarte" Miete (§ 565 BGB.);
2. sie ist wirkungslos, solange die zuständige Stelle die Hundertsätze der Zuschläge nicht festgesetzt und ortsüblich bekanntgegeben hat (unentschieden Meyerowitz, JW. 1923, 718). Änderungen der Hundertsätze wirken erst vom nächsten Monatsersten ab, sofern nicht ein späterer Zeitpunkt festgesetzt ist (§ 11); daher ist eine rückwirkende Festsetzung der Höhe der Zuschläge ausgeschlossen.

5. Die Erklärung der gesetzlichen Miete ist ein von der Bindung des Vertragswillens, die sonst das Mietverhältnis beherrscht, unabhängiger Rechtsbehelf; ob ein Vertragsteil hievon Gebrauch machen will, ist seinem Ermessen anheimgegeben.

Die nach § 22 zulässige Einführung der gesetzlichen Miete als Zwangsmiete, die eine Erklärung überflüssig machen würde, ist, soweit bekannt, in keinem der deutschen Länder erfolgt.

Für die Miete gilt daher grundsätzlich volle Vertragsfreiheit; soweit nicht Maßnahmen zur Bekämpfung des Wohnungsmangels die Rechte der Vertragsteile einschränken (insbesondere der Zwangsmietvertrag § 4 WMG.), gilt keine Beschränkung des Vertragsrechtes. Auch das RMG. überläßt es grundsätzlich den Parteien, sich über die Höhe der zu zahlenden Miete zu einigen. Eine behördliche Genehmigung ist nirgends mehr erfordert. Trotzdem läßt sich die gesetzliche Miete als eine starke Einengung des Grundsatzes der Vertragsfreiheit bezeichnen (ebenso Lindemann, Recht 1922, 55).

Die gesetzliche Miete ist nach dem Willen des Gesetzes (vgl. § 3 Abs. 2, 11) die den jeweiligen wirtschaftlichen Verhältnissen angepaßte, angemessene Miete (vgl. auch Exkurs zu § 16). Sie bildet darum auch den Vergleichsmaßstab für andere Verhältnisse, z. B. für die Kostenberechnung auf Grund des § 46 MSchG., für die Bemessung der Leistungen der Inhaber von Zuschuß-Wohnungen (Ziff. 4 und 6 der „Bestimmungen" s. unten D III). Auch für die Angemessenheit der Mietzinse der dem RMG. nach § 16 nicht unterliegenden Bauten wird die gesetzliche

Miete — selbstverständlich unter Zugrundelegung einer den erhöhten Herstellungskosten entsprechenden höheren Grundmiete — einen brauchbaren Vergleichsmaßstab bilden können; dies gilt insbesondere dann, wenn es sich um die Feststellung strafbaren Mietwuchers handelt.

Vertragsmiete und gesetzliche Miete können sich während der Dauer des Mietverhältnisses ablösen (§ 15 Anm. 2); dabei ist aber zu beachten, daß die Ablösung der gesetzlichen Miete durch die Vertragsmiete immer eine übereinstimmende Willenserklärung voraussetzt, daher niemals durch einseitige Erklärung eines Vertragsteiles möglich ist wie im umgekehrten Falle. Auch kann, wenn einmal die Erklärung nach § 1 abgegeben ist, diese Erklärung nicht wieder einseitig zurückgenommen werden: die gesetzliche Miete kann ohne die Zustimmung des anderen Vertragsteiles während der Vertragsdauer nicht wieder beseitigt werden (ebenso Cosack 7. Aufl. Bd. I S. 717). Nur die Beendigung des Mietverhältnisses oder die Aufhebung des RMG. kann eine Änderung schaffen.

Seiner wirtschaftlichen Wirkung nach wird der Rechtsbehelf der gesetzlichen Miete vornehmlich für den Vermieter die Erzielung von Mieterträgnissen zur Folge haben, die — abgesehen von der unveränderlichen Grundmiete — den wirtschaftlichen Verhältnissen im allgemeinen angepaßt sind. Damit ist zum Teil der von der Rechtsprechung des Reichsgerichts für das Recht der gegenseitigen Verträge vorsichtig und mit mannigfachen Vorbehalten entwickelten Lehre von dem Einfluß der Veränderung der wirtschaftlichen Verhältnisse auf den Vertragsinhalt eine bestimmte gesetzliche Form für das Mietverhältnis gegeben: der Vermieter kann im Rahmen des RMG. vom Mieter die Erhöhung der Gegenleistung für die weitere Gebrauchsgewährung verlangen, ohne für den Einzelfall die Gesichtspunkte der Unmöglichkeit der Leistung, der Zumutbarkeit der Leistung, der Verschiebung des Leistungsinhaltes, der Anwendung der clausula rebus sic stantibus, des Synallagmas oder der Geschäftsgrundlage nachweisen zu müssen. Vgl. hierüber und über das Verhältnis der clausula r. s. st. zur gesetzlichen Miete Exkurs zu § 16. Die gesetzliche Miete ist ein Rechtsbehelf, der ohne eine andere Voraussetzung als die des Bestehens eines Mietverhältnisses ausgeübt werden kann. Er ist an keine Voraussehbarkeit der wirtschaftlichen Entwicklung gebunden, er beruht auch nicht auf dem Verhältnis von Leistung und Gegenleistung: eben deshalb kann er sowohl zum Vorteil des einen Vertragsteiles als auch zum Schaden dieses Vertragsteiles sich auswirken. Ob der Erklärende mit der gesetzlichen Miete wirtschaftlich besser fährt als bei der bisherigen Vereinbarung oder nicht, ist für die Rechtswirkung unerheblich; deshalb kann er die Erklärung nach § 1 auch dann nicht widerrufen, wenn seine Erwartungen sich nicht erfüllt haben, seine Berechnung falsch war. Auch eine Anfechtung nach § 119 BGB. ist nicht möglich, weil hier regelmäßig ein unbeachtlicher Irrtum im Beweggrund anzunehmen sein wird (ebenso Linz, JW. 1923, 40).

Durch die Erklärung der gesetzlichen Miete übt die Vertragspartei das ihr zustehende Recht aus; da dieses Recht „jederzeit" also ohne Rücksicht auf die persönlichen Verhältnisse des anderen Vertragsteiles geltend gemacht werden kann, in seiner Ausübung überdies noch durch § 19 in besonderem Maße geschützt ist, kann darin niemals eine Schikane erblickt werden (§ 226 BGB.). Ebensowenig verstößt das Verlangen der gesetzlichen Miete gegen Treu und Glauben (§§ 157, 242 BGB.); diese Vorschriften sind nicht anwendbar, weil § 1 RMG. es zuläßt, daß durch einseitige Willenserklärung der vertragliche Leistungsinhalt verändert wird, eine vertragliche Leistung im Sinne der §§ 157, 242 BGB. also gar nicht mehr gegeben ist. Der Grundsatz der Vertragstreue ist für das Gebiet des Mietrechts insoweit beseitigt. Dies gilt selbst dann, wenn z. B. der Mieter kurze Zeit vor der Abgabe der Erklärung nach § 1 in rechtsverbindlicher Weise sich zur Zahlung des vereinbarten Mietzinses verpflichtet hatte (vgl. Kiefersauer, BayZfR. 1922, 138; zustimmend Stern, BayZfR. 1922, 217) oder wenn der Vermieter in dem Mietvertrag — sei es vor oder nach dem Inkrafttreten des RMG. — auf die Geltendmachung einer höheren Mietzinsforderung ausdrücklich verzichtet hatte, da selbst wohlerworbene Rechte durch § 1 RMG. erfaßt werden (RG. JW. 1923, 766 [7]).

Die Erklärung ist auf die Inanspruchnahme der gesetzlichen Miete zu beschränken. Fordert z. B. der Vermieter die gesetzliche Miete und zugleich die weitere Übernahme der Instandhaltung durch den Vermieter, so tritt die Rechtswirkung des § 1 nicht ein, weil eine Erklärung der im § 1 bezeichneten Art nicht vorliegt. Der Eintritt der gesetzlichen Miete hat nach dem Gesetz den Wegfall der Instandsetzungsleistungen des Mieters zur Folge (§ 20), mag deren Übernahme auch bisher nach dem Vertrag dem Mieter obgelegen haben. Einer Zurückweisung des Verlangens des Vermieters bedarf es an sich nicht. Da aber die Erklärung des Vermieters als Vertragsangebot aufgefaßt werden kann, dessen Annahme auch stillschweigend (vgl. § 1 MSchG. Anm. 4) erfolgen kann, wird es sich für den Mieter empfehlen, die Erklärung, die mehr als die gesetzliche Miete verlangt, zurückzuweisen.

Der Mietzins berechnet sich nach den Vorschriften dieses Gesetzes, wird also gesetzliche Miete zufolge der Erklärung eines Vertragsteiles. Die Ausführung dieser Rechtsfolge geschieht entweder dadurch, daß die beiden Parteien sich über die Höhe, berechnet nach den Vorschriften dieses Gesetzes, einigen oder dadurch, daß sie Entscheidung beim MEA. (Abs. 2) beantragen. In beiden Fällen handelt es sich nur mehr um die Durchführung einer bereits eingetretenen Rechtsfolge. Daraus erhellt, daß eine Anfechtung des die Einigung darstellenden Rechtsgeschäftes wegen Irrtum, Drohung usw. zwar zulässig ist, aber trotz bewirkter Vernichtung der Einigung eine Beseitigung der Rechtsfolge der Erklärung nicht zur Folge hat: die gesetzliche Miete beherrscht auch weiterhin das Vertragsverhältnis. Kommt eine neuerliche Einigung über die Höhe der Miete nicht zustande, so bleibt nurmehr Entscheidung durch das MEA. übrig, die jeder Vertragsteil, also auch der Gegner des Erklärenden herbeiführen kann. Dies ist von Bedeutung, wenn der Erklärende sich über die Höhe der gesetzlichen Miete getäuscht hat und nunmehr kein Interesse an deren Durchführung mehr hat.

Die gesetzliche Miete gilt in allen Fällen, gleichviel ob eine Berechnung durch die Parteien oder eine Feststellung durch das MEA. stattgefunden hat, als vereinbarter Mietzins; für Zahlungszeit und Zahlungsort gelten daher die gleichen Bestimmungen wie für die Vertragsmiete (ebenso Lindemann, Recht 1922, 55). Vgl. auch I 93.

Schwierigkeiten ergeben sich, wenn bei einem einheitlichen Mietverhältnis (vgl. § 1 MSchG. Anm. 1) neben der Raumnutzung auch noch die Benutzung anderer Grundstücksbestandteile, z. B. Gärten, Hofräume in Frage steht (KG. Rspr. 43, 58) oder wenn sich die Zuständigkeit des MEA. zufolge des einheitlichen Rechtsverhältnisses auch auf Inventarstücke erstreckt (KG. JW. 1923, 772[17]). Da die gesetzliche Miete nur die Raummiete umfaßt, so gelten die als Ersatz für Betriebs- und Instandsetzungskosten nach dem RMG. oder auf Grund des § 22 RMG. landesrechtlich festgesetzten Zuschläge nicht auch für jene Mietzinsteile (Teile der Friedensmiete), die als Entgelt für die Benutzung des Gartens, der Inventarstücke usw. anzusehen sind. Das MEA. ist vielmehr im Rahmen des nach § 1 Abs. 2 RMG. anhängigen Verfahrens befugt und auf Antrag eines Vertragsteiles verpflichtet, diesen besonderen Mietzinsbestandteil selbständig — ähnlich wie im Falle des § 315 BGB. das ordentliche Gericht — der Geldentwertung anzupassen. Es darf sich nicht für unzuständig erklären; auch das ordentliche Gericht ist hiefür nicht zuständig (KG. JW. 1923, 772[17]). Die Entscheidung über diesen Punkt ist nach § 41 MSchG. selbständig durch Rechtsbeschwerde anfechtbar. Diese Grundsätze gelten auch dann, wenn z. B. über die Gartenbenutzung eine besondere Abmachung getroffen ist, sofern nur die wirtschaftliche Unselbständigkeit im Verhältnis zu dem Vertrag über das Haus die Einheit des Vertrages und die überragende Bedeutung der Hausbenutzung erkennen läßt (so KG. Rspr. 43, 58).

6. Das Verlangen nach gesetzlicher Miete ist ein einseitiges empfangsbedürftiges Formalrechtsgeschäft, das unabhängig vom Willen des andern Vertragsteils rechtliche Wirkungen äußert. Die Voraussetzungen sind

a) Beobachtung der richtigen Form,

b) Zugehen der Erklärung an den Adressaten.

Zu a. Das RMG. verlangt schriftliche Form. Gem. § 126 BGB. ist erforderlich, daß der Inhalt der Erklärung entweder handschriftlich oder mit der Maschine geschrieben oder gedruckt und von dem Erklärenden eigenhändig durch Namensunterschrift oder mittels gerichtlich oder notariell beglaubigten Handzeichens unterzeichnet ist. Der Text braucht nicht vom Aussteller geschrieben zu sein; er kann sogar vom Gegner herrühren, indem etwa ein Mieter Formulare des Hausbesitzervereins benützt (RG. 57, 67; 76, 193). Dagegen muß die Unterschrift unter allen Umständen vom Aussteller hergestellt sein. Unterzeichnung durch mechanische Vervielfältigung (etwa durch einen Gummistempel) genügt nicht. Unterschrift durch einen Bevollmächtigten setzt voraus, daß sich das Vollmachtsverhältnis aus der Urkunde ergibt (RG. 80, 400). Die Genehmigung des Vollmachtgebers vorausgesetzt, ist auch Unterzeichnung mit dessen Namen durch den Bevollmächtigten zulässig. Die Ehefrau kann nicht ohne weiteres als Bevollmächtigte des Mannes gelten, soweit nicht nach den Verhältnissen, in denen die Eheleute leben, die Vornahme derartiger Geschäfte für den Mann zu ihrem häuslichen Wirkungskreise gehört (§ 1357 BGB.). Der mit der Frau in gesetzlichem Güterstand lebende Mann ist jedenfalls kraft eigenen Rechts befugt, im eingebrachten Hause seiner Ehefrau die gesetzliche Miete zu verlangen (§ 1374 BGB.). Die Frau bedarf hiezu gemäß § 1396 BGB. der Genehmigung des Mannes (vgl. Büchler, JW. 1922, 1312). Der Vater kann als Nutznießer am Kindesvermögen (§ 1663 BGB.) und in seiner Eigenschaft als gesetzlicher Vertreter des minderjährigen Kindes die gesetzliche Miete verlangen.

Bei einer Personenmehrheit (z. B. Erbengemeinschaft) müssen entweder alle Beteiligten einzeln oder gemeinsam die Erklärung abgeben, es sei denn, daß ein vertragliches oder gesetzliches Vertretungsverhältnis (z. B. bei Gesellschaften) vorliegt (vgl. Lindemann, Recht 1922, 55 und RG. 90, 328).

Es genügt die Privatschriftlichkeit des Verlangens. Eine notarielle Beurkundung ist nicht nötig und wegen der Kosten auch unzweckmäßig. Doch muß die Beglaubigung des Handzeichens stets durch gerichtlichen oder (z. B. in Bayern) durch notariellen Akt geschehen, wenn der Erklärende des Schreibens unkundig ist.

Diese Formvorschrift ist zwingenden Rechts. Anders als in der vom Gesetz vorgeschriebenen Form der Schriftlichkeit kann ein Vertragsteil gegen den Willen des andern den von ihm gewünschten Erfolg, die gesetzliche Miete in seinem Vertragsverhältnis zur Geltung zu bringen, nicht erreichen. Ist die Form nicht beobachtet, so kann die Erklärung höchstens als gewöhnlicher Vertragsantrag betrachtet werden, welcher der Annahme durch den andern Teil bedarf, um rechtswirksam zu werden. Erfolgt eine derartige Annahme nicht, so ist die formlose Erklärung gemäß § 125 BGB. unwirksam. Andererseits darf die Herbeiführung der gesetzlichen Miete auch nicht durch eine Erschwerung der Form z. B. eingeschriebenen Brief beschränkt werden; eine solche Vereinbarung wäre nach § 19 nichtig (ebenso Lindemann, Recht 1922, 55).

Zu b. Ein dem § 1 entsprechendes Schriftstück äußert aber noch keine Wirksamkeit, solange es dem andern Teil nicht zugegangen ist (§ 130 BGB.). Dies gilt sogar, wenn der Adressat bei der Niederschrift des Verlangens zugegen gewesen wäre (RG. 61, 415). Das Schriftstück ist zugegangen, wenn es in ein solches räumliches Verhältnis zum Adressaten gekommen ist, daß es nach Anschauung des Lebens und unter Voraussetzung normaler Verhältnisse vom Adressaten abhängt, ob er Kenntnis vom Inhalt des Schriftstücks nehmen will oder nicht. Daher ist es zugegangen, wenn es dem Adressaten persönlich oder durch einen Boten übergeben ist (selbst wenn der Adressat das Schriftstück sofort zurückgibt oder wegwirft), RG. 61, 415; 68, 409 oder auch wenn der Brief dem Adressaten angeboten, von ihm aber zurückgewiesen wird (es sei denn, daß der Brief mit Strafporto belastet ist), ferner wenn der Brief sich im Briefkasten an der Wohnung oder den Geschäftsräumen des Adressaten befindet (Rspr. 20, 58) oder in der Wohnung des Adressaten an eine Person abgegeben ist, welche Briefe für den Adressaten entgegenzunehmen pflegt (RG. 50, 194; 56, 263). Immerhin aber muß die Übermittlung an eine hierzu geeignete Persönlichkeit in der Wohnung oder im eigenen Geschäftslokal des Empfängers erfolgt sein (RG. 97, 336). Ob der Adressat das Schriftstück tatsächlich liest oder nicht, oder ob er gar mit dessen Inhalt einverstanden ist oder nicht, darauf kommt es nicht an.

7. Die Erklärung ist ihrem Inhalt nach und in ihrer Wirkung beschränkt auf die Mietzinsvereinbarung; andere Regelungen des bestehenden Mietvertragsverhältnisses bleiben unberührt. Wegen der Rückwirkung der Erklärung auf die vertraglichen Leistungen insbesondere des Vermieters vgl. § 20 RMG. Die zeitliche Wirkung der gesetzlichen Miete ist vom Zeitpunkt des Zugehens des schriftlichen Verlangens an eine verschiedene, je nachdem der Mietzins in dem betreffenden Mietverhältnis bemessen ist (§ 565 BGB.). Nicht gemeint und gewollt ist, daß die gesetzliche Kündigung in dem betreffenden Mietverhältnis gelten soll, sondern das Gesetz wünscht für die zeitliche Wirkung der gesetzlichen Miete gesetzestechnisch die „entsprechende Anwendung" des § 565 BGB. Die Anwendung der gesetzlichen Kündigungsfristen greift daher auch dann Platz, wenn im Mietvertrag eine andere Kündigungsfrist vertraglich festgelegt oder eine Kündigung des Mietverhältnisses überhaupt ausgeschlossen ist. Die gesetzliche Miete kann daher auch bei langfristigen Mietverträgen, die meist unkündbar sind, mit einer Vierteljahresfrist durchgesetzt werden. Für die Frage, von welchem Zeitpunkt an die gesetzliche Miete Platz greift, ist es unerheblich, ob der Mietzins im Voraus oder erst nachträglich zu entrichten ist. Es kommt nur darauf an, nach welchen Zeiträumen die Miete bemessen ist.

Die Bemessung des Mietzinses ist etwas anderes als die Bezahlung (Entrichtung). Die Bemessung kann mit der Bezahlung übereinstimmen, muß es aber nicht. Das BGB. unterscheidet, wie sich aus § 551 Abs. 2 ergibt, sehr wohl zwischen der Bemessung und der Entrichtung des Mietzinses; demgemäß gilt § 565 Abs. 1 Satz 2 nicht für den Fall, daß der Mietzins auf ein Jahr bemessen, aber monatlich zu entrichten ist (RG. 64, 270). In den sogen. Hausbesitzer-Mietvertragsformularen ist der Mietzins in der Regel auf ein Jahr bemessen, d. h. festgesetzt, während er in halb- oder vierteljährigen, vielleicht gar nur in monatlichen Raten bezahlt zu werden braucht (vgl. § 30 MSchG. Anm. 3). Bei Einzelzimmern und Kleinwohnungen wird Bemessung und Zahlung häufig zusammenfallen, z. B. wenn der Mietpreis auf wöchentlich 25 Mk. oder monatlich 100 Mk. festgesetzt ist und auch so bezahlt wird (vgl. Kiefersauer, BayZfR. 1922, 138; zustimmend Stern, BayZfR. 1922, 218 Anm. 7).

Im einzelnen gilt in entsprechender Anwendung der Fristen des § 565 BGB. folgendes:

1. bei wöchentlicher Bemessung des Mietzinses muß das schriftliche Verlangen nach gesetzlicher Miete spätestens am 1. Werktag der Woche dem andern Teil zugegangen sein, damit die gesetzliche Miete vom nächsten Sonntag ab an Stelle der bisherigen Miete tritt;
2. bei monatlicher Bemessung des Mietpreises muß das schriftliche Verlangen nach gesetzlicher Miete spätestens am 15. ds. Mts. dem andern Teil zugegangen sein, damit die gesetzliche Miete vom nächsten Monatsersten ab an Stelle der bisherigen Miete tritt;
3. bei Bemessung nach einem ganzen, nach einem halben oder einem Vierteljahr muß das schriftliche Verlangen nach gesetzlicher Miete spätestens am 3. Werktag des Kalendervierteljahrs dem andern Teil zugegangen sein, damit die gesetzliche Miete vom nächsten Kalendervierteljahrsersten ab an Stelle der bisherigen Miete tritt. Das Gleiche gilt, wenn der Mietzins für eine längere Zeit, z. B. drei Jahre bemessen ist.

Eine Versäumung dieser Fristen hat zur Folge, daß die gesetzliche Miete erst zu den nächsten Zeitpunkten, auf welche nach dem Gesetz gekündigt werden könnte, eintritt.

Die Entscheidung darüber, von welchem Zeitpunkt an die gesetzliche Miete Geltung hat, unterliegt im Streitfall der Nachprüfung durch die ordentlichen Gerichte (vgl. Anm. 2 u. 8).

Es ist selbstverständlich zulässig, daß die Parteien im Wege der vertraglichen Vereinbarung die gesetzliche Miete von einem früheren oder späteren Zeitpunkt ab wirksam werden lassen können (vgl. aber auch Anm. 4).

Wegen der Zahlungspflicht des Mieters bis zur Entscheidung des MEA. über die Höhe des als gesetzliche Miete zu zahlenden Mietzinses vgl. Anm. 8 a. E.

8. Die Zuständigkeit des Mieteinigungsamts erstreckt sich ausschließlich nur auf Streitigkeiten über die ziffernmäßige Höhe der gesetzlichen Miete, also nicht darauf, ob überhaupt gesetzliche Miete oder von welchem Zeitpunkt an sie gilt, sondern nur darauf, wie hoch die gesetzliche Miete sich berechnet.

Im Vollzuge des RMG. kann das MEA. dem Mieter auch nicht andere Leistungen auferlegen, wie dies z. B. auf Grund des § 2 MSchVO. bisher möglich gewesen ist (vgl. Kiefersauer-Scherer S. 25).

Nach der ganzen Art der Berechnung kann hier eine Tätigkeit des MEA. nur in Betracht kommen:

a) wenn Streit oder Ungewißheit über die Friedensmiete besteht (§ 2 Abs. III, IV);
b) wenn Streit über abzugspflichtige Nebenleistungen (Höhe der Grundmiete) besteht (§ 2 Abs. I);
c) bei Umlegung großer Instandsetzungskosten (§ 7 Abs. IV) oder Nebenleistungen (§ 12);
d) wenn der Vermieter für gewerbliche Räume den Sonderzuschlag nach § 10 Abs. I verlangt.

Die Abschläge und Zuschläge sind für das MEA. ebenso, wie für die Parteien gegebene Größen, von denen nicht etwa aus Gründen der Billigkeit abgewichen werden kann. Vgl. § 11. Auch bei Streitigkeiten über die Höhe der nach § 14 zu berechnenden Miete, insbesondere der Untermiete, ist das MEA. nur in dem oben bezeichneten Umfang zur Entscheidung zuständig.

Die auf Grund dieses Gesetzes vom MEA. getroffenen Entscheidungen gelten als vereinbarte Bestimmungen des Mietvertrags (§ 15) und sind von den ordentlichen Gerichten zu beachten.

Soweit das RMG. nach obigen Ausführungen die MEA. mit der Entscheidung betraut hat, ist eine Entscheidung der ordentlichen Gerichte nicht möglich. Daher ist eine Feststellungsklage über die Höhe der gesetzlichen Miete grundsätzlich ausgeschlossen (Abs. VI der amtlichen Begründung zu § 1). Dagegen kann im Wege der Feststellungsklage vor dem ordentlichen Gericht eine Entscheidung darüber herbeigeführt werden, ob ein Mietverhältnis vorliegt, ob das Reichsmietengesetz überhaupt Anwendung findet (§§ 16, 19), endlich darüber, von welchem Zeitpunkt an die gesetzliche Miete gilt. Entscheidungen des MEA., die außerhalb seiner Zuständigkeit — begründet durch das RMG., MSchG. oder WMG. vgl. Vorbem. vor Abschnitt 2 des MSchG. — liegen, sind für die ordentlichen Gerichte nicht bindend (RG. 101, 115; RG. Recht 1922 Nr. 475, 476; RG. bei WarnRspr. 1922 Nr. 118). Die Gemeindeaufsichtsbehörden haben nicht über die Höhe der gesetzlichen Miete zu entscheiden.

Solange das MEA. eine Entscheidung nicht getroffen hat, ist der Vermieter nicht berechtigt, die gesetzliche Miete vom Mieter einzufordern; dieser gerät mit seiner Leistung nicht in Verzug, insbesondere ist auch eine Anwendung des § 3 MSchG. ausgeschlossen (vgl. § 35 bay. AusfBest.).

Die Entscheidungen des MEA. sind nicht vollstreckbar; ausnahmsweise ist der Vergleich vor dem MEA. in § 45 MSchG. als geeigneter Vollstreckungstitel erklärt.

9. Amtliche Mietzinsnachprüfung ist nur möglich auf Antrag der Gemeindebehörde und zwar auch gegen den Willen des Mieters oder des Vermieters. Das MEA. ist zur Nachprüfung verpflichtet, wenn die Gemeindebehörde es verlangt. Die Nachprüfung beschränkt sich auf die Frage, ob der vereinbarte Mietzins im Vergleich zu der gesetzlichen Miete für einen Vertragsteil eine schwere Unbilligkeit darstellt.

Eine solche ist dann anzunehmen, wenn die Abweichung der vereinbarten von der gesetzlichen Miete so stark ist, daß nach Treu und Glauben mit Rücksicht auf die Verkehrssitte (§ 242 BGB.) die Festsetzung des Mietverhältnisses zu dem vereinbarten Mietzins einem der beiden Vertragsteile nicht zugemutet werden kann: in Betracht kommt sowohl ein ungewöhnlich hoher als auch ein außergewöhnlich niedriger Mietzins. Persönliche Verhältnisse der Parteien können hier, obwohl die gesetzliche Miete hierauf keine Rücksicht nimmt (Anm. 1), unter Umständen für die Beurteilung der „schweren Unbilligkeit" in Betracht gezogen werden müssen. Für das Maß der Herabsetzung dürfen die persönliche Leistungsfähigkeit des Mieters nicht maßgebend sein: hier entscheidet ausschließlich die gesetzliche Miete.

Hinsichtlich des Zeitpunktes, von dem ab die Festsetzung der gesetzlichen Miete gilt, ist zu beachten, daß das MEA. keine weitergehenden Befugnisse haben kann als die Parteien selbst. Eine Festsetzung mit rückwirkender Kraft ist deshalb nicht zulässig. Ist in dem Beschluß des MEA. ein Zeitpunkt, insbesondere ein späterer, nicht bestimmt, so gilt die gesetzliche Miete vom Tage des Erlasses der Entscheidung an (Verkündung oder Zustellung).

10. Vgl. § 1 bayer. AusfBest. Der Grundgedanke des Abs. 4 beruht auf der Nachprüfung der Mietzinse im öffentlichen Interesse, ohne Rücksicht auf die Interessen der Vertragsteile. Dieser Gesichtspunkt (vgl. Kiefersauer-Scherer S. 68ff.) ist durch die Regelung des § 1 der bayer. AusfBest. leider völlig beiseite geschoben.

11. Vgl. § 2 bayer. AusfBest.: Die Anordnungsbefugnis ist hier den Stadt- und Gemeinderäten übertragen.

12. Nach § 24 Abs. 1 Satz 2 gilt ein auf Grund der bisherigen Vorschriften festgesetzter Mietzins als vereinbart. Daraus ergäbe sich bereits die Anwendbarkeit des § 1 auch ohne die Vorschrift des Abs. 5; letztere stellt lediglich klar, daß die gesetzliche Miete auch in den dort bezeichneten Fällen verlangt werden kann. Das Gleiche gilt für die Nachprüfung der Mieten von Amts wegen oder auf Verlangen der Gemeinde. Endlich bedarf keiner besonderen Erwähnung, daß auch die freie Mietzinsvereinbarung in diesen Fällen möglich ist.

13. Mietzins. Der Begriff des Mietzinses im Sinne des RMG. ist grundsätzlich der gleiche wie in den §§ 535—570 BGB., also theoretisch jede Art des Entgeltes, nicht notwendigerweise eine Geldleistung. Deshalb kann ein Mietverhältnis auch dann vorliegen, wenn als Entgelt z. B. die Leistung von Diensten ausschließlich oder neben einer Geldleistung vom Mieter versprochen wird. Immerhin wird in solchen Fällen zu prüfen sein, ob nicht im Grunde ein anderes Vertragsverhältnis vorliegt, insbesondere ein gemischter Vertrag vorliegt, für den die Grundsätze mehrerer Vertragstypen einschlägig sein können (hierzu vgl. Teil I S. 20ff.). Hier genügt es festzustellen, daß sowohl das BGB. als auch insbesondere das RMG. tatsächlich nur auf den Fall zugeschnitten sind, daß der Mietzins in Geld entrichtet wird. Nur bei der in Geld bestimmten Gegenleistung können die Vorschriften der beiden Gesetze — vgl. Minderung des Mietzinses nach §§ 537, 472 BGB., Berechnung der Zuschläge nach §§ 3ff. RMG. — unmittelbar zur Anwendung kommen, bei anderen Entgeltsleistungen nur entsprechend. Als geldliche Leistung ist auch jener Mietzins anzusehen, der ganz oder teilweise in dem Anteil am Gewinn des Mieters besteht (partiarisches Rechtsgeschäft). Vgl. § 10 Abs. 2 RMG. und Ziff. 4 der VO. vom 28. März 1924.

Soweit hiernach ein Mietverhältnis — insbesondere bei einheitlich zu beurteilendem Rechtsverhältnis Anm. 2 — vorliegt, werden die Leistungen des Mieters, die nicht in Geld festgesetzt sind, nach der entsprechend (vgl. auch § 537 BGB.) anwendbaren Regel des § 473 BGB. nach dem Werte am Stichtage — 1. Juli 1914 § 2 RMG. — in Geld zu veranschlagen sein. Die hiernach nach freiem Ermessen zu bildende Geldsumme bildet zusammen mit dem etwa noch vereinbarten Geld-Mietzins die Grundlage der Berechnung der gesetzlichen Miete nach § 2 RMG.

Berechnung der gesetzlichen Miete.

§ 2[1].

I Bei Berechnung[2] der gesetzlichen Miete ist von dem Mietzins auszugehen, der für die mit dem 1. Juli 1914 beginnende Mietzeit vereinbart war (Friedensmiete)[3]. Der in der Friedensmiete für Betriebs- und Instandsetzungskosten enthaltene Betrag ist abzurechnen. Das gleiche gilt für Vergütungen, die in der Friedensmiete für die Heizstoffe für Sammelheizung oder Warmwasserversorgung[4] oder für andere von der obersten Landesbehörde bestimmte Nebenleistungen (z. B. Glasversicherung) enthalten sind. Die oberste Landesbehörde hat für die abzurechnenden Beträge Hundertsätze der Friedensmiete festzusetzen. Der sich nach Abzug dieser Hundertsätze ergebende Betrag bildet die Grundmiete[5].

II Der Vermieter hat dem Mieter auf Verlangen Auskunft über die Höhe der Friedensmiete zu geben[6]. Insbesondere hat der Vermieter einen in seinem Besitze befindlichen Mietvertrag über die Räume, aus dem die Höhe der Friedensmiete hervorgeht, dem Mieter auf Verlangen vorzulegen.

III Besteht über die Höhe der Friedensmiete Streit, so ist sie auf Antrag eines Vertragsteils von dem Mieteinigungsamt festzustellen[7].

IV War eine Friedensmiete nicht vereinbart oder läßt sie sich nicht mehr feststellen, oder weicht sie aus besonderen, in der damaligen Beschaffenheit des Raumes oder den damaligen Verhältnissen der Vertragsteile liegenden Gründen in außergewöhnlichem Umfange von dem damaligen ortsüblichen Mietzins ab, so hat das Mieteinigungsamt auf Antrag eines Vertragsteils als Friedensmiete den ortsüblichen Mietzins festzusetzen. Das gleiche gilt für Gebäude und Gebäudeteile, die nach dem 1. Juli 1914 bezugsfertig geworden oder in erheblicher Weise baulich verändert sind oder zu wesentlich anderen Zwecken verwendet werden, sofern diese Umstände einen abweichenden Mietzins rechtfertigen[8]. Als ortsüblich ist der Mietzins anzusehen, der für die mit dem 1. Juli 1914 beginnende Zeit in der Gemeinde für Räume gleicher Art und Lage regelmäßig vereinbart war[9]. Bei Bauten, deren Fertigstellung in der Zeit vom 1. Juli 1914 bis zum 30. Juni 1918 erfolgte, hat das Mieteinigungsamt die Friedensmiete in der Höhe festzusetzen, welche den gegen die Friedenszeit erhöhten Baukosten entspricht[8].

V Stehen in einem Gebäude die Friedensmieten der einzelnen Wohnungen oder Räume in einem offenbaren Mißverhältnis zueinander, so hat das Mieteinigungsamt auf Antrag eines Vertragsteils die Friedensmieten innerhalb ihres Gesamtbetrags gegeneinander auszugleichen[10]. Für das Wertverhältnis ist die Ortsüblichkeit am 1. Juli 1914 maßgebend.

VI Der ortsübliche Mietzins ist nach Abs. 4 auch dann festzusetzen, wenn eine Festsetzung des ortsüblichen Mietzinses auf Grund landesrechtlicher Vorschriften erfolgt war[11].

Bay VV. §§ 3 mit 7, 34 sowie Ziff. 1 und 3 der VO. v. 28. März 1924.

1. § 2 legt die Grundlage fest, auf der das Zuschlagssystem der gesetzlichen Miete aufgebaut ist: die Friedensmiete und den von ihr abgeleiteten Begriff der Grundmiete. Wegen der Einschränkung des Begriffes der Grundmiete durch die VO. vom 28. März 1924 vgl. § 1 Anm. 1 RMG. Die Friedensmiete oder ihr Surrogat (Abs. IV) bildet den Grundpfeiler des ganzen Systems der gesetzlichen Miete. Ihrer begrifflichen Darstellung dienen die Bestimmungen der Abs. I, IV, VI. Zu ihrer Sicherung ist in Abs. II eine Auskunftspflicht des Vermieters festgelegt. Ausnahmsweise ist im Vollzuge des RMG. die Mietzinsbildung auf die Friedensmiete nicht zurückzuführen

1. bei der Festsetzung der Untermiete (§ 14 Abs. 1 RMG.),
2. in den Fällen des § 14 Abs. 2 RMG.

Die Friedensmiete, sei es die vertragliche oder die fingierte, ist grundsätzlich als gegebene Größe der Berechnung der gesetzlichen Miete zugrunde zu legen. Ausnahmsweise läßt das Gesetz aber auch eine Korrektur dieser Friedensmiete im Wege des Ausgleichs nach Abs. V zu. Dadurch ist die Möglichkeit gegeben, die Friedensmiete und damit die gesetzliche Miete von Räumen innerhalb des Gesamtbetrages der Friedensmiete eines Hauses dem tatsächlichen Nutzungswert der Räume anzupassen. Unerträglich erscheint jedoch die Beschränkung des Mietenausgleichs auf der Basis des tatsächlichen Gesamtbetrages, weil dieser Betrag bei Hereinziehung der fingierten Friedensmiete nach Abs. IV zum Teil auf amtlichen Feststellungen, zum Teil auf Vertragsrecht beruht; erst eine selbständige Nutzungswertfeststellung auf der Grundlage des objektiven Wertes würde dem Ausgleichsgedanken des Abs. IV in vollkommener Weise Rechnung tragen.

Wegen der amtlichen Mietpreisbildung außerhalb des RMG. vgl. Einleitung A. IV.

2. Die Berechnungsgrundsätze dieses Gesetzes sind zwingend für die Berechnung durch die Beteiligten ebenso wie für das MEA.; für dieses scheidet insoweit das billige Ermessen aus, es ist durch das Gesetz beschränkt (vgl. §§ 37, 40 Anm. 4 MSchG.).

Den Vertragsteilen steht es auch frei, die vertragliche („vereinbarte") Miete nach den Vorschriften dieses Gesetzes zu berechnen; dieser Mietzins beruht aber auf Vertrag, hat also nicht die Wirkungen der Einführung der gesetzlichen Miete (insbesondere gilt § 20 nicht). Das Schema der gesetzlichen Miete ist folgendes: Grundmiete (= Friedensmiete mit Abschlägen) § 2, Zuschläge zur Grundmiete §§ 3, 7, 10 sowie der Anteil an den Nebenleistungen § 12.

Der Gedanke einer Zerlegung des Mietzinses in einen unbeweglichen Teil (Grundmiete) und in einen beweglichen Teil (Zuschlag) ist von mir seit Jahren vertreten worden (Kiefersauer, Zur Reform des Wohnungswesens 1919 S. 32, 38 und ZtschrfW. 1920, 37), allerdings nicht in der schematischen Form des RMG., das nur auf die Bedürfnisse des einzelnen Hauses (§ 7 Abs. 4) oder gar auf Durchschnittsbedürfnisse (§ 3) abstellt. Maßgebend für die Mietzinsbildung muß das höchste Bedürfnis innerhalb eines Gemeinschaftskreises sein, in dem alle für einen und einer für alle einzustehen hat: die Idee der breitesten Grundlage, verkörpert in der Organisation der Wohnungsabnutzungsversicherung. Ohne solche Grundlage besteht die Gefahr, daß trotz schwerster Belastung Einzelner eine ausreichende Instandsetzung und Instandhaltung der Wohnhäuser unmöglich ist. Durchbrechungen des Systems, wie in § 10 Abs. 2, müßten unter allen Umständen vermieden werden.

Wegen der Kombination des Zuschlagssystems mit dem Umlegungsverfahren vgl. § 22.

In Bayern scheint die Idee der breiten Grundlage allmählich durchzudringen; auf Grund des § 7 Abs. 3 (Ausgleichsfonds) sollen weite Kreise der Raumnutznießer an der Aufbringung der Kosten für Reparaturen sich beteiligen (§ 26 AusfBest.).

Die Normen der §§ 2—13 sind nicht zwingend in folgenden Fällen:

a) bei Festsetzung der gesetzlichen Miete für Untermietverhältnisse: hier ist maßgebend das Verhältnis zum Hauptmietzins, § 14 Abs. 1;

b) bei Festsetzung der gesetzlichen Miete in den Fällen des § 14 Abs. 2: hier greift selbständige Mietzinsfeststellung Platz;

c) bei der amtlichen Mietzinsfeststellung durch das Mieteinigungsamt oder das ordentliche Gericht außerhalb des RMG., soweit nicht ausdrücklich die Festsetzung der gesetzlichen Miete angeordnet ist (vgl. §§ 4 Abs. 2, 19 Abs. 3, 21 MSchG.). Das Gleiche gilt für die Festsetzung des Zwangsmietvertrages auf Grund des § 4 WMG. Hier entscheidet das MEA. nach „billigem Ermessen" (§ 40 MSchG.).

Für Wohnräume und Nichtwohnräume gelten die Berechnungsgrundsätze des Gesetzes gleichmäßig; ausgenommen die Regelung der Sonderzuschläge für gewerbliche Räume. Wegen der Berechtigung der Forderung nach einer stärkeren Belastung der Nichtwohnräume zugunsten der Wohnräume vgl. Kiefersauer, Wohnungsabgabe S. 160, 161 und BayGemVZ. 1921, 973).

Wegen der Schwierigkeiten der Berechnung bei Mietverhältnissen, die sich neben Räume auch auf Gärten usw. erstrecken, s. § 1 Anm. 5 a. E.

3. Ausgangspunkt für die Berechnung der gesetzlichen Miete ist die Friedensmiete. Wegen der gegen dieses Zurückgreifen auf die Vorkriegszeit, für die ganz andere wirtschaftliche Bedingungen maßgebend waren als heute, zu erhebenden Bedenken vgl. Kiefersauer, ZtschrfW. 1920, 250 und Einleitung B II 1; ferner Gerson, EA. 1922, 127 und Kiefersauer, BayGemVZ. 1922, 219, 247.

Die Friedensmiete umfaßt die gesamte Entgeltsleistung für die Gebrauchsüberlassung; andere als Geldleistungen, z. B. Dienstleistungen usw., sind bei der Ermittlung der Friedensmiete in Geld zu veranschlagen. Dies gilt insbesondere auch für die vertragliche Übernahme von Leistungen, zu denen der Mieter kraft Gesetzes oder Ortsgebrauch nicht verpflichtet war; hat z. B. der Mieter die Instandsetzung der Wohnung vertraglich selbst übernommen, so muß dieser Umstand bei der Ermittlung der Grundmiete dadurch berücksichtigt werden, daß Kosten (Hundertsätze Abs. 1 Satz 4) für Instandsetzung nicht abzurechnen sind.

Maßgebend ist der tatsächlich für den vom 1. Juli 1914 ab laufenden Zeitabschnitt (§§ 551ff. BGB.) vereinbarte Mietzins, gleichviel ob der Mietzins im voraus oder nachträglich bezahlt wurde. Wann die Vereinbarung selbst getroffen wurde, ist unerheblich; auch wenn nachträglich, etwa im Dezember 1914, aus irgend welchen Gründen eine Erhöhung oder Minderung des bereits bezahlten Mietzinses mit Wirkung vom 1. Juli 1914 vereinbart worden ist, gilt der erhöhte oder abgeminderte Mietzins als Friedensmiete.

War eine gleitende Miete vereinbart, etwa in der Art, daß die Miete am 1. Oktober jeden Jahres um so und so viel Mark sich erhöht, so ist lediglich der am 1. Juli 1914 zu zahlende Mietzins, umgerechnet auf den Jahresbetrag, der Berechnung zugrunde zu legen; die am 1. Oktober 1914 oder später eintretende Erhöhung bleibt grundsätzlich außer Betracht (a. M. Wehner, DJZ. 1923, 105, der jeden der beiden Mietzinse, d. i. die Juli- und Oktobermiete, gelten lassen will).

Die Stichtagberechnung ist auch dann durchzuführen, wenn sie zu offensichtlich unerwünschten Ergebnissen führt: wenn z. B. im Juni 1914 ein Mietzins über ein am 1. August 1914 beginnendes Mietverhältnis vereinbart wurde, so gilt dieser Mietzins nicht als Friedensmiete. Waren die Räume bereits bis zum 1. August vermietet, so ist der in dem früheren Mietverhältnis zum 1. Juli vereinbarte Mietzins als Friedensmiete maßgebend; waren sie nicht vermietet (leerstehend oder noch nicht bezugsfertig), so ist die Friedensmiete nach Abs. 4 Satz 1 (nicht vereinbart) bzw. Satz 2 (noch nicht bezugsfertig) festzusetzen.

Unerheblich ist im übrigen, wann der Mieter in den Besitz der Räume gelangt ist: erforderlich ist lediglich ein rechtswirksam begründetes Mietverhältnis, das am 1. Juli bereits wirksam (im Sinne einer rechtlichen Begründung) geworden war.

Wegen der Goldmarkbestimmung nach der bayer. VO. vom 28. März 1924 vgl. Ziff. 3 VO.

Wegen der Voraussetzungen, unter denen die Friedensmiete festzusetzen ist, vgl. Abs. 4.

4. Nur soweit ein Betrag für Betriebs- und Instandsetzungskosten sowie für Heizstoffe und Nebenleistungen in der Friedensmiete tatsächlich enthalten war, ist eine Abrechnung zulässig und geboten (vgl. Anm. 3). Die Form der Abrechnung — Festsetzung in Hundertsätzen Satz 4 — steht der Durchführung dieses Gesichtspunktes selbst entgegen.

Betriebskosten (§ 4), Instandsetzungskosten (§§ 3, 5) und Nebenleistungen sind keine festen Begriffe: das Gesetz selbst bezeichnet in Abs. 1 Satz 3 die Glasversicherung als Nebenleistung, obwohl die Versicherungskosten nach § 4 zu den Betriebskosten zählen.

Zum Begriff der Heizstoffe zählen auch die Kosten für die Anfuhr, nicht aber die Kosten für die Bedienung oder Instandhaltung der Heizanlage (Betriebs- oder Instandsetzungskosten). Nur Heizstoffe für Sammelheizung und Warmwasserversorgung kommen in Betracht, nicht auch andere Heizstoffe. Bedienungs- und Instandhaltungskosten sind Nebenleistungen (§ 4 Ziff. 4b AusfBest.) soweit es sich nicht um umfangreichere Arbeiten handelt, die nach § 16 Ziff. 5 AusfBest. als große Instandsetzungskosten gelten.

Andere Nebenleistungen als Heizstoffe dürfen nur insoweit berücksichtigt werden, als sie durch die oberste Landesbehörde als solche bezeichnet sind. Für Bayern ist § 4 Ziff. 4 d. AusfBest. maßgebend.

Die Abzüge für Betriebs- und Instandsetzungskosten von der Friedensmiete entfallen ab 1. April 1924 nach Ziff. 1 VO. vom 28. März 1924 (vgl. Anm. 1 zu § 1 RMG.).

5. Die Grundmiete des RMG. enthält die Beträge für Verzinsung (wegen der Steigerung vgl. § 3 Ziff. 1) der auf dem Grundstück ruhenden normalen Belastung aus der Vorkriegszeit, die Verzinsung des Eigenkapitals des Vermieters, eine Risikoprämie sowie einen Betrag für Abschreibung, wenn diese Beträge in die Friedensmiete einkalkuliert waren.

Wegen der Beseitigung des Begriffes der Grundmiete und wegen des doppelten Sinnes des Begriffes „Friedensmiete" in der bayer. VO. vom 28. März 1924 vgl. § 1 RMG. Anm. 1.

Die Miete wird nunmehr ausschließlich nach Goldmark berechnet (Ziff. 1 VO. Anm. 3).

6. Die Verpflichtung zur Auskunfterteilung beschränkt sich auf die mündliche oder schriftliche Mitteilung desjenigen, was dem Vermieter über die Höhe der Friedensmiete bekannt ist. Nur die Vorlage des Mietvertrages (Satz 2), nicht aber jene der Geschäftsbücher oder sonstigen Aufschreibungen ist vorgesehen. Die Vorlage des Mietvertrages erschöpft sich nach den §§ 810, 811 BGB. in der Gewährung der Einsichtnahme und zwar in der Regel an dem Orte, an dem sich der Mietvertrag befindet. Eine Überlassung des Mietvertrages oder eine Herausgabe desselben an den Mieter ist nicht vorgeschrieben.

Eine Ausdehnung der Verpflichtung auf den früheren Vermieter ist nicht zulässig. Ebensowenig eine Ausdehnung auf die Friedensmiete anderer Räume (Räume anderer Mieter oder des Hauseigentümers), es sei denn, daß das Umlegungsverfahren dies notwendig macht (§§ 6, 15 bayer. AusfBest.). Vgl. aber das Ausgleichsverfahren nach Abs. 5.

7. Das Gesetz unterscheidet zwischen Feststellen und Festsetzen der Friedensmiete durch das MEA. Erstere Entscheidung ist rein deklaratorischer Natur, letztere hat konstitutive d. i. rechtschaffende (rechtsgestaltende) Wirkung. Die Feststellung erfolgt, wenn die rechtlichen Unterlagen für die Ermittlung der Friedensmiete (Abs. 1) gegeben sind, die Parteien aber über die Höhe der Friedensmiete sich nicht einigen können (Abs. 3).

Die Festsetzung der Friedensmiete erfolgt ausschließlich in den Fällen des Abs. 4. Die Entscheidung des MEA. schafft ein bis dahin noch nicht vorhandenes Rechtsverhältnis zwischen den Parteien, das die Grundlage für die Berechnung der gesetzlichen Miete bildet und ohne die Entscheidung auf Grund der Rechtsordnung allein nicht zur Entstehung gekommen wäre. Die nachträgliche Erhöhung der Friedensmiete durch das MEA. hat keine rückwirkende Kraft (AG. Neukölln Recht 1921 Nr. 1490).

In beiden Fällen wird das MEA. nur auf Antrag eines der Vertragsteile (nicht auch eines Dritten, nicht von Amts wegen) tätig. Ist eine Feststellung der Friedensmiete nicht möglich, so ist der Antrag abzuweisen, es sei denn, daß eine Partei mit dem ursprünglichen Antrag oder später zugleich auch Antrag auf Festsetzung (auch eventuell) gestellt hatte. Der Übergang von der Feststellung zur Festsetzung der Friedensmiete darf nicht von Amts wegen erfolgen.

Der Antrag auf Feststellung oder Festsetzung der Friedensmiete ist erst zulässig, wenn ein Vertragsteil die Erklärung nach § 1 abgeben hat: ein früherer Antrag ist mangels Interesses an der Feststellung (Festsetzung) abzulehnen, da das MEA. nicht dazu da ist, tätig zu werden, um einer Partei die Entschließung zu erleichtern, ob sie die gesetzliche Miete verlangen will oder nicht. Die bloße Befürchtung, daß die gesetzliche Miete künftig von der Gegenpartei verlangt werden könne oder die Hoffnung, daß die Geltendmachung dieses Rechts den eigenen Interessen dienen würde, gewährt noch kein Recht auf richterlichen Schutz (siehe § 9 MSchG.).

8. Die Festsetzung der Friedensmiete bedeutet im Verhältnis zur Feststellung der Friedensmiete (Abs. 3) die Ausnahme und ist als solche an nachstehende engbegrenzte Voraussetzungen gebunden; die Möglichkeit der Feststellung ist nur in folgenden Fällen gegeben:

1. beim Mangel einer Vereinbarung zum 1. Juli 1914. Z. B. der Hauseigentümer hat die Räume selbst benutzt, er hat sie an Verwandte unentgeltlich überlassen, die Räume standen damals leer, die Mietzinsvereinbarung war aus rechtlichen Gründen unwirksam;
2. beim Mangel einer Feststellungsmöglichkeit: erforderlich ist, daß eine Vereinbarung über die Friedensmiete nicht mit Sicherheit nachgewiesen werden kann; vor Anwendung des Abs. 4 müssen alle Möglichkeiten der Beweiserhebung für eine Feststellung nach Abs. 3 erschöpft sein;
3. beim Nachweis außergewöhnlicher Abweichung vom ortsüblichen Mietzins: Voraussetzung ist, daß eine Vereinbarung des Mietzinses für den 1. Juli 1914 vorliegt. Die Abweichung muß eine außergewöhnliche, d. h. über das normale Maß der ortsüblichen Unterschiede hinausgehen; wann dies der Fall ist, ist Tatfrage. Die Abweichung muß außerdem beruhen
   a) entweder auf der am 1. Juli 1914 bestandenen Beschaffenheit der Mieträume, z. B. neuerbaute Räume waren noch nicht ausgetrocknet (Trockenmieter), das Haus war mit Hausschwamm behaftet (über Hausschwamm-Bezeichnungen vgl. Mahlke, JW. 1923, 745),
   b) oder auf den damaligen Verhältnissen der Vertragsteile, z. B. persönliche, verwandtschaftliche, freundschaftliche, geschäftliche Beziehungen, Bedürftigkeit, insbesondere Notlage des Mieters.

   Unbeachtlich ist für sich allein die Tatsache, daß in der Gemeinde am 1. Juli 1914 ein besonders starkes Angebot von Räumen der betreffenden Art bestanden hat und deshalb verbilligend auf die Mietpreise wirkte, z. B. der Vermieter vermietete eine Wohnung billiger, weil sie längere Zeit leer gestanden hat. Daß die Friedensmiete objektiv unzureichend für eine ordentliche Wirtschaft bemessen war, ist an sich unerheblich.

   Den Nachweis über die oben bezeichneten Voraussetzungen hat der Antragsteller zu erbringen (a. M. Genthe § 2 Anm. 12)
4. bei später fertiggestellten Bauten: das Gesetz stellt darauf ab, in welchem Zeitpunkt die Räume bezugsfertig geworden sind. Die Feststellung dieses Zeitpunktes erfolgt bei Wohnungen durch die Ortspolizeibehörde nach § 9 der bayer. Verordnung über Wohnungsaufsicht vom 10. Februar 1901 (GVBl. S. 73) durch Ausstellung des Beziehbarkeitszeugnisses.

   Den später bezugsfertig gewordenen Gebäuden und Gebäudeteilen stehen gleich solche Räume, die in erheblicher Weise baulich verändert worden sind. Voraussetzung ist eine bauliche Maßnahme erheblichen Umfangs; es genügt also nicht das bloße Einziehen von Wänden, Einbau von Türen, das Setzen von Öfen, die Einrichtung der Schwemmkanalisation, der Wasserleitung, der Gasleitung oder des elektrischen Lichtes (s. auch § 33 Anm. 1 MSchG.).

Für später fertig gestellte Bauten gilt folgendes:

a) bei den in der Zeit vom 1. Juli 1914 bis 30. Juni 1918 (einschließlich) fertiggestellten Bauten hat das MEA. bei der Festsetzung der hier fingierten Friedensmiete die gegen die Vorkriegszeit erhöhten Baukosten zu berücksichtigen: höhere Verzinsung und entsprechende Abschreibungsquote müssen hier in Ansatz gebracht werden. Die festgesetzte Friedensmiete ist alsdann keine Friedensmiete mehr;

b) Bauten, die erst nach dem 1. Juli 1918 bezugsfertig geworden sind, fallen gemäß § 16 nicht unter dieses Gesetz. Trotz des entgegenstehenden Wortlautes werden auch die am 1. Juli 1918 bezugsfertig gewordenen Bauten hieher zählen (vgl. § 33 MSchG. Anm. 1);

5. bei wesentlicher Änderung der Zweckverwendung nach dem 1. Juli 1914. Z. B. Wohnräume werden als Geschäftsräume verwendet und umgekehrt. In der Regel werden mit der anderweitigen Zweckverwendung bauliche Änderungen verbunden sein, so daß Ziffer 4 zur Anwendung kommt.

Zu Ziffer 4 und 5 muß nachgewiesen werden, daß die Veränderungen einen abweichenden Mietzins rechtfertigen. Es ist also der Mietwert maßgebend; weicht dieser vom ortsüblichen Mietzins nicht ab, so verbleibt es bei der Vereinbarung der Friedensmiete.

9. Ortsüblicher Mietzins. Der Begriff ist trotz der Umschreibung in Satz 4 ein höchst unklarer (vgl. Kiefersauer-Scherer S. 76, 86). Die Erwägungen (Bedarfsempfindungen), die für die Mietpreisbildung in der Vorkriegszeit maßgebend waren, lassen sich durch amtliche Feststellung nicht fassen; sie sind nicht meßbar (vgl. Kiefersauer, BayGemVZ. 1920, 86). Der Vollzug dieser Vorschrift wird immer auf eine gefühlsmäßige Entscheidung hinauslaufen, solange nicht fest umgrenzte Ermittlungsgrundsätze für die Mietwertfeststellung aufgestellt sind. Daß nur Räume gleicher Art und gleicher Lage als Vergleichsmaßstab herangezogen werden können, ist selbstverständlich; nicht minder wichtig sind aber Ausstattung und Größe der Räume. Wegen Festhaltung der Ermittlungsergebnisse in Wohnungskatastern (Mietenverzeichnissen) vgl. § 18 und Kiefersauer-Scherer S. 83.

10. Diese Vorschrift ist unzweckmäßig und geht in ihrer Wirkung wohl weit über das vom Gesetzgeber beabsichtigte Ziel hinaus. Sie setzt voraus, daß die Gesamtmiete des Hauses unverändert bleibt. Der Antrag aus Abs. 5 ist neben dem Antrag auf Festsetzung der Friedensmiete aus Abs. 4 möglich; dieser Antrag ist zuerst durchzuführen, selbst auf die Gefahr hin, daß eine Regelung nach Abs. 5 die ursprüngliche Entscheidung des MEA. wieder umstößt (ebenso Stern, RMG. Ziff. VII zu § 2).

Der Ausgleich kann nicht von Amts wegen, sondern nur auf Antrag vorgenommen werden. Wird ein Antrag gestellt, so muß das MEA. Abs. 5 durchführen. Der Ausgleich berührt nur die Friedensmiete; es bleibt den Vertragsteilen unbenommen, trotz des Ausgleiches eine andere Mietpreisvereinbarung zu treffen. Abs. 5 schafft nur eine andere Berechnungsgrundlage für die gesetzliche Miete für die Vertragsteile, die von der Befugnis des § 1 Gebrauch machen wollen.

11. Vgl. § 1 Abs. 5. Die Vorschrift gilt für die Feststellung der Friedensmiete auch dann, wenn das MEA. auf Grund des § 7 Abs. 2 MSchBek. die ortsübliche Miete bereits ermittelt hatte.

§ 3.

I Zu der Grundmiete (§ 2 Abs. 1) treten Zuschläge[1] für

1. die Steigerung der Zinsen einer in der Vorkriegszeit vorhandenen Belastung des damaligen Grundstückswerts, soweit die Belastung in dem Bezirk, für den der Zuschlag festgesetzt wird, allgemein üblich war, und die Steigerung der Kosten für die Erneuerung dieser Belastung[2],
2. die Betriebskosten[3],
3. die Kosten für laufende Instandsetzungsarbeiten[4].

II Die Zuschläge zu 2 und 3 müssen der jeweiligen Höhe der Betriebskosten und der Kosten für laufende Instandsetzungsarbeiten Rechnung tragen[5]. Sie sind in Hundertsätzen der Grundmiete festzusetzen und können nach Gruppen und Klassen von Mieträumen abgestuft werden.

BayVollzV. §§ 13, 14 und VO. vom 28. März 1924 Ziff. 1 u. 2.

1. Die Zuschläge sind ausschließliche; sie sind nicht erweiterungsfähig, insbesondere ist die Erhebung eines Zuschlages wegen Untervermietung unzulässig (vgl. wegen der Weiterzahlung bereits bewilligter Zuschläge § 53 MSchG.). Die Zuschläge müssen sowohl von den Vertragsteilen als auch vom MEA. bei der Berechnung der gesetzlichen Miete berücksichtigt werden. Die Zuschläge dürfen nur zur Grundmiete, nicht auch zur Friedensmiete erhoben werden. Ein Verzicht auf einen der Zuschläge bewirkt, daß die gesetzliche Miete nicht mehr als solche, sondern nur mehr als Vertragsmiete gilt; § 20 RMG. fände in einem solchen Falle keine Anwendung. Wegen der Möglichkeit der Gewährung von Mietzuschlägen bei Genehmigung der Untervermietung z. B. der Geltung der MSchVO., vgl. Cohn, JW. 1922, 784 und Bub, JW. 1922, 1312.

Die Zuschläge sind zu gewähren ohne Rücksicht auf die Leistungsfähigkeit der Vertragsteile; das billige Ermessen des MEA. kann hieran nichts ändern (§ 40 MSchG. Anm. 4). Abweichend von § 8 Abs. 1 MSchBek. können auch besondere Verhältnisse eine Ausnahme nicht begründen: die Entscheidung des MEA. erfolgt lediglich nach objektiven Gesichtspunkten (vgl. § 1 Anm. 1; zustimmend Genthe § 3 Anm. 1).

Die Ermittlung der Zuschläge erfolgt für das ganze Haus (Kiefersauer-Scherer S. 77), selbst unter Einbeziehung der Mieter, die nicht die gesetzliche Miete bezahlen und unter Einbeziehung des im Hause wohnenden Vermieters (§ 6 bayer. AusfBest.). Die Zuschläge müssen auf das ganze Anwesen ausgeschlagen werden; auch soweit eine Beteiligung des einzelnen Mieters an einer Einrichtung nicht gegeben ist (z. B. der Ladenmieter benutzt die Wasserleitung nicht) ist er zur Zahlung der Zuschläge verpflichtet. Für die Zuschläge für Betriebskosten und für die Kosten für laufende Instandsetzungsarbeiten folgt dies daraus, daß diese Zuschläge nach Abs. 2 unter allen Umständen in Hundertsätzen der Grundmiete festzusetzen, also nur nach Durchschnittssätzen zu ermitteln sind. Nach dieser Richtung besteht ein wesentlicher Unterschied gegenüber dem Umlegungsverfahren, in dem nur die Kosten umgelegt werden dürfen, die dem Vermieter für einzelne Mieter aus Anlaß des Gebrauchs seiner Räume erwachsen sind (vgl. § 22 Anm. 2). Das Umlegungsverfahren ändert daher in seiner Durchführung zum Teil wesentlich die Grundsätze des RMG. über die Kostenaufbringung (vgl. Kiefersauer, LZ. 1924, 158).

Die Zuschläge des § 3 sind Teil des Mietzinses und daher wie diese dem Recht des Hypothekengläubigers unterworfen (vgl. § 3 Anm. 3 MSchG.). Wegen der Durchführung des Zwangsverfahrens vgl. § 6. Wegen der Aufrechnung vgl. § 28 MSchG. und Erl.

2. Der Zuschlag ist ein Durchschnittszuschlag, lediglich bestimmt zur Entschädigung des Vermieters für die Steigerung der Zinsen — die Entschädigung für die Verzinsung der Belastung sowie für die Verzinsung (einschließlich Zinssteigerung) des Eigenkapitals des Vermieters ist bereits in der Grundmiete enthalten (vgl. § 2 Anm. 5) — einer üblichen Belastung der Häuser in der Vorkriegszeit. Ausgeschlossen bleiben Belastungen, die bereits in der Vorkriegszeit im Grundstückswert keine Deckung gefunden haben, ferner Belastungen, die später im Zusammenhang mit der Geldentwertung eingetragen worden sind. In jedem Fall kommen nur die allgemein üblichen Belastungen, etwa bis zu 80% des Grundstückswertes, nicht aber die konkrete Belastung eines Grundstückes in Betracht. Kosten der Erneuerung der Belastung müssen gleichfalls mit abgegolten werden.

3. Begriff § 4.

4. Begriff § 5.

5. Die Hundertsätze sind also jeweils der Veränderung der wirtschaftlichen Verhältnisse anzupassen; ob im einzelnen Fall der Satz ausreicht, ist für die rechtliche Beurteilung unerheblich (§ 10 bayer. AusfBest. Anm. 2 und RG. 26. Juni 1923 BayZfR. 1923, 210).

§ 4.

I Betriebskosten sind [1] für das Haus zu entrichtende Steuern, öffentliche Abgaben, Versicherungsgebühren, Verwaltungskosten und ähnliche Unkosten.

II Die Kosten der Heizstoffe für Sammelheizung und Warmwasserversorgung und die von der obersten Landesbehörde nach

§ 2 Abs. 1 Satz 3 bestimmten Nebenleistungen sind nicht zu berücksichtigen[2 3].

BayVV. §§ 14, 15 und VO. vom 28. März 1924 Ziff. 2.

1. Die Aufzählung ist keine erschöpfende. Die Vorschrift entspricht im allgemeinen dem § 8 Abs. III der früheren MSchBek., ohne daß aber wie dort nur auf die Mehrbelastung abgestellt ist. In Betracht kommen:

Steuern und zwar nur jene, die den Hausbesitz als solchen treffen; nicht hieher gehört deshalb die Einkommensteuer und die aus ihr — für die Religionsgesellschaften — zulässigen Umlagen aus der Einkommensteuer. Die wichtigste der hier in Betracht kommenden Steuer ist die Haussteuer, erhoben nach dem Haussteuergesetz vom 17. August 1918 (mit Änderungen vom 16. August 1919 GVBl. S. 565, vom 27. Juli 1921 GVBl. S. 412, sowie vom 18. Juli 1923 GVBl. S. 237) in Verbindung mit der VO. vom 31. März 1924 (unten D II). Die Grundsteuer — vier Goldpfennig von jeder Einheit der Steuerverhältniszahl (VO. vom 5. Mai 1924 StAnz. Nr. 104) — kommt nur insoweit in Betracht, als sie das Haus selbst (überbaute Grundfläche sowie Hofräume) betrifft; nicht hieher zählen deshalb die auf landwirtschaftlich, gärtnerisch oder forstwirtschaftlich genutzten Grundstücke des Vermieters treffenden Teile der Grundsteuer. Wegen der Umstellung der Veranlagung auf die Friedensmiete vgl. Einl. A IV. Dagegen ist das Reichsnotopfer (Reichsnotzins) keine nur den Hausbesitz treffende Belastung, wohl aber die auf Grund der Rentenbankverordnung vom 15. Oktober 1923 (RGBl. I S. 963) auch für die bebauten Grundstücke in Aussicht genommene Rentenbankgrundschuld, die als öffentliche Reallast anzusehen ist (dazu Stillschweig, JW. 1924, 124). Die an Stelle der Wohnungsabgabe tretende Mietzinssteuer (§ 61 StNVO.) wird in Bayern als Haussteuer erhoben.

Abgaben, gleichviel ob sie öffentlichrechtlicher Natur sind oder nicht: Bezirks- und Kreisumlagen, Gemeindeumlagen, Kultusumlagen, Wasserzins, Kanal-, Hausunratabfuhr-, Straßenreinigungs-, Kaminreinigungsgebühren.

Versicherungsgebühren: Beiträge zur Brandversicherung, Baunot-, Haftpflicht- und Wasserleitungsschädenversicherung.

Verwaltungs- und ähnliche Unkosten (Beiträge für die Wach- und Schließgesellschaft, für Treppenbeleuchtung, für Reinigung der Treppen und Fluren usw.). Wegen der Möglichkeit hieher gehörende Kosten als Nebenleistungen festzusetzen vgl. § 2 Anm. 4. Auch das dem Vermieter für eigene Tätigkeit zustehende Entgelt zählt zu den Verwaltungskosten (Stern, BayZfR. 1922, 220).

Als Betriebskosten können nicht Beträge für Abschreibung des Grundstückswertes in Ansatz gebracht werden.

2. Hiefür gilt die besondere Regelung des § 12.

3. Über die Behandlung der Betriebskosten im allgemeinen Stümper, BayGemVZ. 1923, 375. Wegen der rechtlichen Zulässigkeit des Umlegungsverfahrens s. § 3 Anm. 1.

§ 5[1].

Als laufende Instandsetzungsarbeiten[2] gelten nicht die vollständige Erneuerung der Dachrinnen und Ablaufrohre, das Umdecken des Daches, der Abputz oder Anstrich des Hauses im Äußeren, der Neuanstrich des ganzen Treppenhauses im Inneren, die Erneuerung der Heizanlage bei Sammelheizung und Warmwasserversorgung (große Instandsetzungsarbeiten). Die oberste Landesbehörde kann bestimmen, daß auch ähnliche außerordentliche, einen größeren Kostenaufwand erfordernde Instandsetzungsarbeiten, soweit sie zur ordnungsmäßigen Erhaltung des Hauses als solchen erforderlich sind, als große Instandsetzungsarbeiten gelten sollen[3 4].

BayVollzV. § 16 und VO. vom 28. März 1924 Ziff. 1 Satz 2.

1. Der Begriff der großen Instandsetzungsarbeiten ergibt sich aus § 5 RMG. in Verbindung mit der landesrechtlichen Regelung. Der Begriff ist nicht erweiterungsfähig. Sammelreparaturen fallen nicht unter diesen Begriff: die Zusammenlegung mehrerer laufenden Instandsetzungsarbeiten erfüllt weder rechtlich noch wirtschaftlich den Begriff einer großen Instandsetzungsarbeit.

Der Instandsetzung ist die Instandhaltung gleich zu achten (§ 536 BGB.); beide Begriffe sind der Erhaltungspflicht des Vermieters (§§ 535, 536 BGB.) zu entnehmen. Demgemäß reicht die Verpflichtung des Mieters zur Entrichtung von Instandsetzungszuschlägen nach § 3 Ziff. 3 und § 7 nicht weiter als die Verpflichtung des Vermieters zur Wiederherstellung der Mietsache; dies ist z. B. wichtig für den Fall der Zerstörung der Mietsache durch Brand: nur soweit dem Vermieter die Wiederherstellung zugemutet werden kann, das Mietverhältnis also nicht ganz oder teilweise beendet (Mittelstein S. 197, 403) ist, greift auch das RMG. Platz (über die Grenzen der Wiederaufbaupflicht des Vermieters Warneyer, BGB. Bd. 1 S. 893 N. 26 und RG. 28. Juni 1918 LZ. 1919, 153). Da hiernach das Ziel des RMG. — die Erhaltung bestehender Räume — nur unvollkommen erreicht wird, bedarf das Gesetz auch nach dieser Richtung der Ergänzung, etwa durch Einführung des Zwanges zur Gebäudebrandversicherung, deren organisatorische Verbindung mit der Wohnungsreform von mir von Anfang an angestrebt worden ist (vgl. Einleitung B und BayGemVZ. 1921, 796).

Die Instandsetzung zielt lediglich auf die völlige oder annähernde Wiederherstellung eines bisher vorhandenen Zustandes ab (a. M. offenbar OLG. Karlsruhe Rspr. 28, 145, wo die vertragliche Übernahme der Instandsetzung von Geschäftsräumen durch den Mieter auch auf neue Einrichtungen bezogen wird). Im Gegensatz hiezu stehen daher Neubauten, Einrichtungen oder ähnliche Maßnahmen, die das Haus, gleichviel ob in oder außerhalb des dem Mieter zur Verfügung stehenden Raumes, gegenüber dem bisherigen Zustand verändern. Hiefür sind im Gesetz keinerlei Zuschläge vorgesehen; die Beteiligung der Mieter an der Aufbringung der Kosten für Neueinrichtungen bleibt der

Vereinbarung der Beteiligten überlassen. Gegen den Willen der Mieter vorgenommene Einrichtungen (z. B. Einrichtung des elektrischen Lichtes) können eine Mietpreiserhöhung ohne Einverständnis des Mieters nicht rechtfertigen. Eine Änderung der Friedensmiete ist nur möglich, wenn es sich um erhebliche bauliche Veränderungen handelt. Vgl. § 2 Anm. 8 Ziff. 4.

Wegen der Unzweckmäßigkeit der Unterscheidung zwischen laufenden und großen Instandsetzungsarbeiten vgl. Kiefersauer-Scherer S. 80, 97. Die Verordnung vom 28. März 1924 hebt die Unterscheidung wohl für die Kostenberechnung, nicht aber für die Verwendung auf (vgl. Ziff. 1 Vorbem. 1).

2. Als laufende Instandsetzungsarbeiten, deren Begriff als bekannt vom Gesetzgeber vorausgesetzt ist, kommen in Betracht:

a) Arbeiten innerhalb der Mieträume: Tünchen der Wände und Decken, Streichen der Fußböden, Fenster und Türen, Tapezieren, Reparaturen an Öfen und Herden, an der Wasserleitung, Gasleitung, Stromleitung (einschließlich der Sicherungen), Ausbessern der Fensterscheiben, Verkitten der Fenster usw.

b) Arbeiten außerhalb der eigentlichen Mieträume: Tünchen, Reparaturen im Treppenhaus (ausgenommen Neuanstrich), im Keller, auf dem Dachboden, auf dem Dach, ausgenommen die Fälle des Satzes 1; soweit es sich aber um Teilarbeiten der in Satz 1 angeführten Art der Instandsetzung handelt, liegt eine laufende Instandsetzungsarbeit vor.

Weitere Ausnahmen finden sich in § 16 bayer. AusfBest.

3. Die Ausführung von Instandsetzungsarbeiten jeder Art hat sich mit Rücksicht auf die schwierigen wirtschaftlichen Verhältnisse auf das unbedingt gebotene Maß zu beschränken; für Luxusarbeiten sind die Zuschläge des RMG. nicht bestimmt. Ansprüche, wie sie in der Vorkriegszeit üblich waren, müssen unter Umständen eingeschränkt werden. Die Vornahme von sog. Schönheitsreparaturen ist unter Umständen als notwendige Instandsetzungsarbeit anzusehen. Im Streitfalle entscheidet die Bezirksverwaltungsbehörde in den Fällen der §§ 6 und 8 RMG., § 35 bayer. AusfBest.

4. Wegen der Beschränkung der Aufrechnungsbefugnis des Mieters bei vertraglichem Ausschluß der Aufrechnung vgl. § 28 MSchG. Anm. 2.

§ 6.

I Der Instandsetzungszuschlag[1] (§ 3) ist von dem Vermieter für die erforderlichen[2] laufenden Instandsetzungsarbeiten sachgemäß zu verwenden[3]. Der Vermieter hat der Mietervertretung auf Antrag die Verwendung der Gelder nachzuweisen[4].

II Hat der Vermieter die Ausführung notwendiger laufender Instandsetzungsarbeiten unterlassen oder die Gelder nicht sachgemäß verwendet, so hat eine von der obersten Landesbehörde zu bestimmende Stelle auf Antrag des Mieters oder von Amts wegen die sachgemäße Ausführung der Instandsetzungsarbeiten durch geeignete Anordnungen zu sichern[5]. Sie kann[6] insbesondere anordnen, daß die Mieter einen entsprechenden Teil des Mietzinses nicht an den Vermieter, sondern an die Stelle selbst oder eine andere Stelle zu entrichten haben; der hiernach zu zahlende Betrag darf nicht höher sein als der Instandsetzungszuschlag (§ 3). Ist eine solche Anordnung getroffen, so erlischt insoweit der Anspruch des Vermieters auf Zahlung des Mietzinses; nicht verwendete Beträge sind dem Vermieter herauszugeben[7].

III Vor einer Anordnung nach Abs. 2 sind beide Vertragsteile zu hören[8]. Handelt es sich dabei um schwierigere heiztechnische Fragen für Heizanlagen größeren Umfangs, so soll vor der Entscheidung eine geeignete sachverständige Stelle gehört werden.

IV Die oberste Landesbehörde regelt das Verfahren im einzelnen; sie kann insbesondere anordnen, daß die Beträge von den Mietern wie Gemeindeabgaben beigetrieben werden können[9 10].

Bay Vollz VO. §§ 17, 18 und VO. vom 28. März 1924 Ziff. 1. Über den Vorbehalt weiterer Vollz Vorschriften zu Abs. 2 vgl. Ziff. 3 Abs. 2 der MinBekm. vom 29. April 1924 über die Maimiete.

1. Der Instandsetzungszuschlag des § 3 ist gleich dem Zins- und Betriebszuschlag Bestandteil des Mietzinses und als solcher der Haftung der Hypothekgläubiger gemäß §§ 1123, 1124, 1125 BGB. unterworfen. Hinsichtlich der Abtretbarkeit und damit der Pfändbarkeit des Instandsetzungszuschlags (§ 851 ZPO.) gelten die Bestimmungen des BGB. § 399 BGB. ist nicht anwendbar, da der Zuschlag als solcher trotz der (obligatorischen) Zweckbestimmung des § 6 Abs. 1 RMG. ohne Veränderung des Leistungsinhalts abgetreten werden kann (einschränkend Stümper, LZ. 1922, 491). Denn § 6 Abs. 1 Satz 1 bedeutet inhaltlich nichts anderes als eine Wiederholung und nähere Ausführung (Spezialisierung) der dem Vermieter bereits nach § 536 BGB. obliegenden Verpflichtung zur Erhaltung der Mietsache in gebrauchsfähigem Zustand; die hieraus sich allgemein ergebende sachgemäße Verwendung des Mietzinses ist für den Instandsetzungszuschlag als obligatorische Leistung des Vermieters besonders hervorgehoben (Stillschweig, JW. 1922, 760). Der Zuschlag ist also regelmäßig abtretbar und pfändbar; Ausnahme Anm. 7.

2. Der Verwendungszwang, der auch nach Inkrafttreten der VO. vom 28. März 1924 unbeschränkt gilt, ist an sich nicht weitergehend als die in § 536 BGB. gesetzlich festgelegte Verpflichtung des Vermieters zur Erhaltung des Mietraumes in dem zum vertragsmäßigen Gebrauch erforderlichen Zustand. Hiernach hat der Vermieter alle jene Instandsetzungsarbeiten in und außerhalb des Mietraumes auf seine eigenen Kosten (Mittelstein S. 195; Cosack Bd. I S. 717) vornehmen zu lassen, die zur Erfüllung dieser gesetzlichen Verpflichtung erforderlich sind. Was hiernach aus Mitteln des Instandsetzungszuschlages zu bestreiten ist, ist Tatfrage. Das RMG. begrenzt zunächst die Verpflichtung auf laufende Instandsetzungsarbeiten (§ 5); es scheiden ferner alle Betriebsausgaben aus, für die der Betriebskostenzuschlag gewährt wird (§ 4). Für die hiernach verbleibenden Instandsetzungsarbeiten gilt der Grundsatz, daß sie zur Erhaltung des vertragsmäßigen Gebrauchs der Mietsache erforderlich sein müssen (vgl. JW. 1922, 814). Die Verpflichtung des Vermieters besteht auch gegenüber den nicht unmittelbar beteiligten Mietern in dem Sinne, daß auch deren Räume nicht schadhaft werden (RG. 102, 231). Bedeutsam ist in dieser Beziehung auch die Absicht des Gesetzes, dem Verfall der Häuser vorzubeugen bzw. entgegenzutreten; von diesem Gesichtspunkt aus wird man den erforderlichen laufenden Instandsetzungsarbeiten auch solche Arbeiten zuzählen müssen, die geeignet sind, größere Reparaturen zu vermeiden, z. B. Außenanstrich der Fenster.

Ob die Vornahme der Reparatur schon vor dem Inkrafttreten des RMG. (so Genthe § 6 Anm. 3) oder vor Einführung der gesetzlichen Miete in das Mietverhältnis notwendig war, ist unerheblich.

Die Verpflichtung des Vermieters zur Bestreitung der erforderlichen laufenden Instandsetzungsarbeiten ist bei Eintritt der gesetzlichen Miete eine unbedingte; anderweitige Vereinbarungen treten nach § 20 außer Kraft. Die Verpflichtung des Vermieters ist nicht auf die Mittel des Instandsetzungszuschlages beschränkt (§ 20 Anm. 2).

Ob eine Instandsetzungsarbeit notwendig oder erforderlich ist, darüber entscheidet im Falle des § 6 die Bezirkspolizeibehörde (vgl. auch § 28 MSchG.); da durch den besonderen Rechtsbehelf des § 6 der zivilrechtliche, bei den ordentlichen Gerichten verfolgbare Anspruch auf Durchführung der notwendigen Instandsetzungsarbeiten nicht berührt wird (Anm. 5), so besteht die Möglichkeit, daß das Gericht und die Verwaltungsbehörde über ein und dieselbe Frage, nämlich die Notwendigkeit der Instandsetzungsarbeit, verschiedene Entscheidungen treffen. Eine Bindung der einen Stelle durch die Entscheidung der anderen Stelle tritt in keinem Falle ein; der Vermieter kann daher die Entscheidung des MEA. nicht durch eine Feststellungsklage bei Gericht (§ 256 ZPO.) umgehen (ebenso Stern, BayZfR. 1923, 138). Aussetzung nach § 148 ZPO. wird bei Doppelstreit zweckmäßig sein.

3. Die sachgemäße Verwendung des Instandsetzungszuschlages bedeutet, daß der Vermieter verpflichtet ist, unter dem Gesichtspunkt der Erhaltung der Mietsache in gebrauchsfähigem Zustand alle die Aufwendungen zu machen, die nach der im Verkehr erforderlichen Sorgfalt (§ 276 BGB.) als notwendig anzusehen sind. Darnach ist nicht nur der Umfang der laufenden Instandsetzungsarbeiten abzugrenzen, sondern auch die Reihenfolge der Arbeiten zu bestimmen. Unsachgemäß handelt, wer minder notwendige Reparaturarbeiten vor vordringlichen ausführen läßt. Reparaturen, die den Bestand des Hauses als solchen sichern, sind im allgemeinen vor jenen in den Räumen des einzelnen Mieters, die nur dessen Interessen dienen, auszuführen. Im übrigen ist die Verpflichtung des Vermieters nach § 242 BGB. zu beurteilen; hiernach hat er den Instandsetzungszuschlag so zu verwenden, wie Treu und Glauben mit Rück-

sicht auf die Verkehrssitte es erfordern. Aus dem gleichen Gesichtspunkt kann die Vermieterleistung bei unverhältnismäßig hohen Kosten für die Instandhaltung beschränkt oder hinfällig werden (Rspr. 22, 261; vgl. hieher auch § 5 RMG. Anm. 1).

Die Verwendungspflicht beschränkt sich auf die Bestreitung der Kosten, die für die erforderlichen Instandsetzungsarbeiten aufzuwenden sind; sie schließt nicht in sich eine Verpflichtung des Vermieters, die nicht verwendeten Beträge des Instandsetzungszuschlages für später anfallende Reparaturarbeiten anzusammeln. Ein Zwang zur Bildung eines Reparaturfonds besteht für laufende Instandsetzungsarbeiten nicht. Der Vermieter ist vielmehr befugt, überschüssige Mittel eines Jahres frei zur Befriedigung seiner eigenen Bedürfnisse zu verwenden. Er ist andererseits aber auch verpflichtet über den Instandsetzungszuschlag hinaus die erforderlichen Aufwendungen für laufende Instandsetzungsarbeiten aus eigenen Mitteln zu bestreiten (vgl. auch amtl. Begr. S. 15).

4. Wo eine Mietervertretung nicht besteht oder nicht ordnungsgemäß zustande gekommen ist, entfällt für den Vermieter die Verpflichtung, die Verwendung der Gelder nachzuweisen. Der einzelne Mieter hat hierauf keinen Anspruch; abweichend die Bek. vom 29. April 1924 über die Maimiete (Ziff. 3).

Die Nachweispflicht des Vermieters ist sachlich beschränkt auf den Nachweis über die tatsächlich für laufende Instandsetzungsarbeiten verwendeten Gelder. Die Mietervertretung kann nicht etwa Auskunft darüber verlangen, ob und welche weitere Mittel des Zuschlages noch zur Verfügung stehen. Sie hat auch keinerlei Einfluß darauf, wie die Gelder zu verwenden bzw. in welcher Reihenfolge die Reparaturen auszuführen sind. Hierfür kommt § 6 Abs. 2 in Betracht.

Verweigert der Vermieter den Nachweis, so ist Klage vor dem ordentlichen Gericht möglich. Die Verpflichtung des Vermieters ist nur nach Treu und Glauben (§ 242 BGB.) zu erfüllen; es kann also z. B. die Mietervertretung nicht das ihr zustehende Recht dadurch mißbrauchen, daß sie wiederholt in kurzen Zeitabschnitten Nachweis verlangt. Die Leistung eines Offenbarungseides kann mangels Voraussetzung der §§ 259, 260 BGB. und auch wegen der verhältnismäßig geringen Bedeutung der Angelegenheiten mit Rücksicht auf Abs. 2 des § 6 RMG. nicht in Betracht gezogen werden.

Die Nichterfüllung der Verpflichtung des Vermieters aus § 6 Abs. 1 ist durch die Anordnung des bayer. Generalstaatskommissars vom 26. Oktober 1923 (StAnz. Nr. 251) unter Strafe (Geldstrafe ohne Höchstmaß) gestellt. Die Anordnung gilt auch nach Aufhebung des bayer. Generalstaatskommissariats bis zur anderweitigen Regelung (vgl. Ziff. V, 1 der Verordnung vom 18. Februar 1924 StAnz. Nr. 42).

5. Die privatrechtlichen Rechtsbehelfe des Mieters nach §§ 537, 538 BGB. bleiben durch das RMG. unberührt. Daneben — und zwar soweit die Voraussetzungen die gleichen sind, wahlweise — steht dem Mieter das Recht auf Einleitung des Verwaltungsverfahrens nach Abs. 2 zu. Beide Rechtsbehelfe dienen dem Zweck, die Durchführung der notwendigen Instandsetzungsarbeiten zu sichern. Die Anordnungen nach Abs. 2 werden ohne Rücksicht darauf, ob ein privatrechtlicher Anspruch des Mieters gegen den Vermieter besteht, lediglich nach objektiven Gesichtspunkten der allgemeinen Wohnwirtschaft getroffen (vgl. Anm. 2 und 10).

Voraussetzung für die Einleitung des Verwaltungszwangsverfahrens nach Abs. 2 ist, daß der Vermieter die Ausführung der notwendigen Instandsetzungsarbeiten unterläßt. Unterlassen bedeutet hier sowohl die Nichtausführung der notwendigen Instandsetzungsarbeiten überhaupt als auch die Durchführung weniger dringender Arbeiten unter Zurückstellung notwendiger. Die Worte des Gesetzes: „oder die Gelder nicht sachgemäß verwendet" haben keinerlei selbständige Bedeutung; sie sind überflüssig. Die bloße Tatsache der Unterlassung der Ausführung notwendiger Instandsetzungsarbeiten genügt. Verschulden des Vermieters ist unerheblich: auch wenn die Arbeiten mangels ausreichender Geldmittel unterbleiben, kann der Antrag nach Abs. 2 gestellt werden. Ein verwaltungsrechtlich verfolgbarer Anspruch des Mieters auf Einleitung des Zwangsverfahrens besteht nicht; ebensowenig ist der ordentliche Rechtsweg zur Erzwingung der von der Stelle getroffenen Anordnungen zulässig.

Die Prüfung der Verwaltungsstelle erstreckt sich nur darauf, ob eine laufende Instandsetzungsarbeit, die zur Erhaltung der Mietsache in gebrauchsfähigem Zustand notwendig war, nicht ausgeführt wurde. Von Amts wegen wird die Stelle nur in den seltenen Fällen einzugreifen haben, wo es sich um die Erhaltung bestehenden Wohnraumes oder um Wahrung feuer-, sicherheits- oder gesundheitspolizeilicher Interessen handelt.

Bei Ausscheidung des auf die laufenden Instandsetzungsarbeiten treffenden Anteils nach Ziff. 1 Satz 2 der VO. vom 28. März 1924 wird die Durchführung im Wege der Verrechnung die Regel bilden (vgl. Ziff. 3 der MinBek. vom 29. März 1924 über die Aprilmiete).

Art und Umfang der Sicherungsmaßnahme als solchen ist im Gesetz nicht beschränkt. Die Verwaltungsstelle kann daher

a) den Vermieter unter Androhung weiterer Maßnahmen innerhalb einer angemessenen, genau zu bestimmenden Frist zur Ausführung bestimmter Instandsetzungsarbeiten auffordern;
b) nach fruchtlosem Ablauf der Frist die Arbeiten durch geeignete Handwerker ausführen lassen.

Im letzteren Fall muß die Stelle auch für die Aufbringung und Deckung der erforderlichen Mittel Sorge tragen; sie kann hiefür entweder die Gelder aus eigenen Mitteln vorschießen oder, soweit dies nicht möglich ist (z. B. in Bayern den Bezirksämtern, die über Mittel nicht verfügen), die Instandsetzungsarbeiten auf einen solchen Umfang einschränken, daß die Durchführung aus den eingehenden Instandsetzungszuschlägen bestritten werden kann. Damit ist die Durchführung des § 6 praktisch erfolglos; hier zeigt sich der Grundfehler des Gesetzes: die Frage der Kreditbeschaffung ist vom Gesetz nicht nur nicht gelöst, sondern in völliger Verkennung der bestehenden wirtschaftlichen Verhältnisse als ein Problem vorausgesetzt, das keinerlei Schwierigkeiten bietet (Einleitung B).

Die gleichen Schwierigkeiten ergeben sich bei der Deckung der Kosten (vgl. aber auch Anm. 10).

Nicht als zulässig ist es zu erachten, daß die Stelle die Arbeiten ausführen läßt und gleichzeitig anordnet, daß der M i e t e r die Kosten zu zahlen hat und berechtigt ist, sie bei der nächsten Mietzahlung von der Miete abzuziehen (so E b e l § 6 Anm. 5). Denn zu dieser Art der Kostendeckung bedarf es nicht der Mithilfe einer Verwaltungsstelle; hiefür genügen an sich die Rechtsbehelfe der §§ 537 ff. BGB.

6. Zulässig sind alle Maßnahmen, durch die eine Verwendung der Instandsetzungsbeträge zur Instandhaltung des Hauses erreicht wird. Satz 2 bietet nur ein Beispiel.

7. Die Zahlungspflicht des Mieters hinsichtlich dieses Teilbetrages wird ihrem Rechtsgrunde nach nicht verändert: der Mieter entrichtet den Teilbetrag des Mietzinses an die Stelle nach wie vor auf Grund seiner V e r p f l i c h t u n g a u s d e m M i e t v e r h ä l t n i s. Ein öffentlichrechtlicher Anspruch wird durch die Anordnung nicht begründet (a. M. E b e l § 6 Anm. 7; G e n t h e § 6 Anm. 5); die Anordnung bewirkt lediglich eine Änderung in der Person des Leistungsempfängers. Auch die Möglichkeit der zwangsweisen Beitreibung der Teilforderung nach den Vorschriften über die Beitreibung von Gemeindeabgaben läßt keinerlei Schlüsse auf die Rechtsnatur des Anspruches zu, da sowohl öffentlichrechtliche Forderungen in prozessualer Hinsicht als bürgerliche Rechtsstreitigkeiten wie auch privatrechtliche Ansprüche nach den Grundsätzen öffentlichrechtlicher Forderungen behandelt werden können. Trotz des Ausdruckes des Gesetzes tritt in Wirklichkeit keine materielle Rechtsvernichtung des Teilanspruches des Vermieters ein, sondern lediglich ein Forderungsübergang: demgemäß erlischt auch nicht das Pfandrecht des Hypothekengläubigers (a. M. E b e l § 6 Anm. 7); die Zweckgebundenheit des Teilbetrages macht jedoch hier ausnahmsweise (Anm. 1) die Ausübung des Pfandrechtes unmöglich (§§ 399, 1274, 1257 BGB.).

8. Dem Mieter wie dem Vermieter ist Gelegenheit zur Äußerung zu geben; schriftliche Einvernahme genügt. Hat die Mietervertretung an Stelle des Mieters nach § 17 Abs. 2 den Antrag gestellt, so wird auch diese zu den etwaigen Verhandlungen beizuziehen sein.

9. Vgl. §§ 17, 18 bayer. AusfBest.

10. Läßt die Gemeindebehörde oder die Bezirksverwaltungsbehörde notwendige Instandsetzungsarbeiten auf ihre Kosten ausführen, so steht ihr auf Grund der §§ 677, 679, 683 BGB. ein E r s a t z a n s p r u c h f ü r a l l e A u f w e n d u n g e n, die sie den Umständen n a c h f ü r e r f o r d e r l i c h h a l t e n d u r f t e (§ 670). Denn die E r h a l t u n g d e r H ä u s e r in gebrauchsfähigem Zustand liegt nicht nur im Interesse des Vermieters (Geschäftsherrn), § 677, sie stellt zugleich eine Pflicht des Geschäftsherrn dar, deren Erfüllung i m ö f f e n t l i c h e n I n t e r e s s e liegt (vgl. S t a u d i n g e r § 679 Anm. 1 a β), so daß ein der Geschäftsführung etwa entgegenstehender Wille des Vermieters nach §§ 679, 683 BGB. nicht in Betracht kommt und daher auch den Ersatzanspruch der ausführenden Behörde nicht schmälert. Wann die Vornahme einer Instandsetzungsarbeit im öffentlichen Interesse liegt, ist nach den Umständen des einzelnen Falles zu beurteilen. Notwendig ist unter Umständen die Beseitigung drohender Baufälligkeit, während andererseits das Interesse des Mieters an dem gebrauchsfähigen Zustand nicht immer mit dem öffentlichen Interesse zusammenfallen muß (z. B. hinsichtlich der Schönheitsarbeiten). Richtlinie bildet die Notwendigkeit der Reparaturvornahme (vgl. Anm. 2) im Interesse der Erhaltung des Hauses und der Wohnung im einfachen Zustand der Gebrauchsfähigkeit. Auf diesem Wege läßt sich offenbar der Zweck des § 6 leichter und mit mehr Aussicht auf Erfolg erreichen. Für den Mieter selbst gilt das gleiche hinsichtlich der Verwendungen, die er nicht ausschließlich im eigenen Interesse auf die Mietsache macht, auf Grund des § 547 BGB. und zwar ohne Rücksicht darauf, ob es sich um notwendige oder andere Verwendungen handelt. Der Mieter kann seinen Anspruch aus § 547 der „Stelle“ abtreten; es ist dies aber nicht notwendig, da die Vorschriften über Geschäftsführung ohne Auftrag unmittelbar eine ausreichende Grundlage für den Anspruch der Stelle auf Ersatz der Aufwendungen bildet.

Über den Ersatzanspruch nach Grund und Betrag entscheiden die ordentlichen Gerichte.

Große Instandsetzungsarbeiten[1].

§ 7.

I Zur Schaffung von Mitteln für große Instandsetzungsarbeiten ist von den Mietern ein weiterer Zuschlag in einem Hundertsatz der Grundmiete zu zahlen, der von der obersten Landesbehörde festzusetzen ist. Dieser Zuschlag ist von dem Vermieter auf ein für sein Haus oder seinen Hausbesitz besonders einzurichtendes Hauskonto einzuzahlen und lediglich für große Instandsetzungsarbeiten an den Gebäuden des Vermieters zu verwenden. Eine Verfügung des Vermieters über das Hauskonto bedarf der Zustimmung der Mieter. Wird die Zustimmung verweigert, so kann sie auf Antrag des Vermieters durch eine von der obersten Landesbehörde zu bestimmende Stelle ersetzt werden. Die oberste Landesbehörde trifft nähere Anordnungen über die Zustimmung der Mieter sowie über die Einrichtung sowie die Verwendung des Hauskontos. Sie kann insbesondere anordnen, daß die Mieter den Zuschlag nicht an den Vermieter, sondern unmittelbar auf das Hauskonto einzuzahlen haben. Ist eine solche Anordnung getroffen, so erlischt insoweit der Anspruch des Vermieters auf Zahlung des Zuschlags. § 6 Abs. 4 findet Anwendung[2].

II Die oberste Landesbehörde kann ferner anordnen[3], daß der Vermieter für nicht vermietete Räume sowie für Räume, für welche nicht die gesetzliche Miete zu zahlen ist, den entsprechenden Betrag auf das Hauskonto einzuzahlen hat. § 6 Abs. 4 findet Anwendung.

III Gemeinden und Gemeindeverbände können mit Zustimmung der obersten Landesbehörde einen Ausgleichsfonds einrichten, aus dem für große Instandsetzungsarbeiten, die mit den im Abs. 1 bestimmten Zuschlägen nicht gedeckt werden können, an wirtschaftlich Schwache Beihilfen nach billigem Ermessen gewährt werden. Die Mittel hierzu sind durch einen besonderen Zuschlag zu dem nach den §§ 6, 9 des Gesetzes über die Erhebung einer Abgabe zur Förderung des Wohnungsbaues vom 26. Juni 1921 (Reichsgesetzbl. S. 773) den Gemeinden (Gemeindeverbänden) zufließenden Zuschlag zu der Abgabe zur Förderung des Wohnungsbaues zu beschaffen. Die oberste Landesbehörde kann die Höhe des Zuschlags bestimmen, sie kann ferner nähere Vorschriften über die Verwaltung und Verwendung der Mittel erlassen. Über einen Antrag auf Gewährung von Mitteln aus dem Ausgleichsfonds ist unter Hinzuziehung von Vermieter- und Mietervertretern zu entscheiden. Sind örtliche Vermieter- und Mietervereinigungen vorhanden, so sind die von diesen benannten Vertreter zu hören. Der Ausgleichsfonds ist steuerfrei[4].

IV Mit Zustimmung des Reichsarbeitsministers kann die oberste Landesbehörde Ausnahmen von dem Grundsatz des Abs. 1 zulassen. Soweit eine solche Ausnahme zugelassen ist, ist auf Antrag eines Vertragsteils vom Mieteinigungsamt ein Zuschlag[5] unter Berücksichtigung der Bedürfnisse des Gebäudes für eine im Einzelfall seit Oktober 1920 ausgeführte oder in den nächsten zwölf Monaten erforderlich werdende große Instandsetzungsarbeit zu bestimmen.

BayVollzV. §§ 19—26, aufgehoben bis auf § 26 durch die VO. vom 28. März 1924.

1. Auch der Zuschlag für große Instandsetzungsarbeiten ist Bestandteil des vom Mieter nach § 535 BGB. zu entrichtenden Mietzinses (ebenso Du Chesne, JW. 1923, 739); trotz der äußerlichen Abtrennung der Regelung im Gesetz gehört dieser Zuschlag zu der gesetzlichen Miete, da diese ohne den Zuschlag für die großen Instandsetzungsarbeiten unvollständig wäre (a. M. Stillschweig, JW. 1922, 760ff.; Genthe, Exkurs zu §§ 6 u. 7; Lindemann, Recht 1922, 55). § 7 bringt eine Regelung in dreifacher Richtung

a) die Anlegung von Hauskonten Abs. 1, 2,
b) die Bestimmung des Zuschlages im einzelnen Fall Abs. 4 — nach dem Willen des Gesetzes die Ausnahme, in der Praxis die Regel —,
c) die Schaffung eines Ausgleichsfonds Abs. 3.

Ausnahmen von dem Grundsatz, daß Zuschläge für große Instandsetzungskosten zu gewähren sind (vgl. § 3 Anm. 1) finden sich in § 9. Vgl. auch § 53 MSchG. Durchführung im Verwaltungszwangsverfahren § 8. Wegen des in der Regelung des § 7 zu erblickenden Ansatzes zu dinglicher Konstruktion des Mietverhältnisses vgl. Du Chesne, JW. 1923, 739.

Auch der Zuschlag des § 7 beruht auf dem Mietverhältnis; § 7 bildet keinen selbständigen Rechtstitel für die Zahlung dieses Zuschlages. Man könnte diesen Anspruch, selbst wenn man § 7 als Rechtsgrundlage ansehen wollte, keinesfalls als einen öffentlichrechtlichen Anspruch anerkennen, „geschaffen im Zeichen der Wohnungsnot und aus der Erkenntnis, daß die Gesamtheit des Volkes ein Interesse an der Erhaltung der Wohnungen und Häuser habe" (so Genthe, Exkurs zu §§ 6 u. 7 A u. C). Das RMG. befaßt sich lediglich mit dem Recht der Mietzinsbildung, betrifft also ausschließlich die auf bürgerlichrechtliche Grundlage gestellten Beziehungen zwischen Mieter und Vermieter; Abänderungen der Grundsätze des BGB., auch wenn sie im öffentlichen Interesse vorgenommen werden, verlassen nicht den Boden des Privatrechts. Es ist gerade ein besonderes Merkmal des Wohnungsnotrechtes, daß es die Privatrechtsordnung mit öffentlichrechtlichen Normen durchdringt (s. Teil I 4).

Die privatrechtlichen Rechtsbehelfe des Mieters aus den §§ 537 ff. BGB. erstrecken sich nicht auf die Zuschläge des § 7, da diese einer ausdrücklichen Zweckverwendung unterworfen sind (Abs. 1 u. 4): der Vermieter hat im Falle des Abs. 1 Satz 6 nur einen Anspruch auf Einzahlung auf das Hauskonto, im übrigen ist er selbst zur Einzahlung der Zuschläge auf das Hauskonto verpflichtet.

Eine befriedigende Regelung der Reparaturfrage bringt das Gesetz nicht: die Einführung des Hauskontos erfordert ein umständliches Verfahren, das in keinem Verhältnis zu dem zu erzielenden Erfolg steht. Die Weiterentwicklung kann m. E. nur von dem Grundgedanken des Abs. 3 (Ausgleichsfonds) ausgehen. Nur die Zusammenfassung aller Beteiligten auf genossenschaftlicher Grundlage kann die dringend notwendige breite Grundlage schaffen. In Bayern sind Ansätze zu einer Ausgestaltung oder wenigstens Auswertung des Grundgedankens des Abs. 3 bereits vorhanden (Anm. 5). Voraussetzung einer gedeihlichen Entwicklung ist allerdings die Lösung der Kreditfrage (vgl. Einl. B I).

Die Verordnung vom 28. März 1924 hat die Einrichtung des Hauskontos, die niemals praktisch geworden sein dürfte, beseitigt.

2. Die Einrichtung des Hauskontos ist in Zeiten fortschreitender Geldentwertung wertlos geworden. In Bayern ist sie der Anordnung der Gemeindebehörde in Gemeinden mit mehr als 10000 Einwohnern anheimgestellt, § 19 AusfBest.

Mit Rücksicht auf die Zweckgebundenheit des Zuschlages (vgl. Anm. 1) ist eine Abtretung oder Verpfändung des Zuschlages durch den Vermieter für unzulässig zu erachten; ebenso ist eine Pfändung des Anspruchs des Vermieters auf den Zuschlag unwirksam.

Wegen der landesrechtlichen Regelung s. §§ 19—25 bayer. AusfBest.; wegen der Wirkung einer Anordnung nach Satz 6 vgl. § 6 Anm. 7.

Die Mittel des Hauskontos gehören zum Vermögen des Vermieters; der Vermieter ist lediglich in der Verfügung über das Konto beschränkt. Die Beschränkung bezweckt den Schutz bestimmter Personen, nämlich der Mieter; sie ist daher als Veräußerungsverbot im Sinne des § 135 BGB. anzusehen. Verfügung ohne Zustimmung der Mieter bewirkt daher nicht absolute Ungültigkeit; die Verfügung ist vielmehr nur den Mietern gegenüber unwirksam; vgl. § 772 ZPO., § 13 KO.

Wegen Anhörung der Mietervertretung im Falle des Satzes 4 vgl. § 17 Anm. 2.

3. Vgl. § 21 Abs. 2 bayer. AusfBest. In Betracht kommen hier Räume, die der Vermieter selbst benutzt, die leer stehen oder Dritten auf Grund eines anderen Rechtsverhältnisses überlassen sind.

4. Die Errichtung eines Ausgleichsfonds ist den Gemeinden anheimgegeben (vgl. § 26 bayer. AusfBest.). Sie ist auch dann zulässig, wenn Hauskonten gemäß Abs. 1 nicht eingerichtet sind (ebenso Stern, BayZfR. 1922, 221). Die Beihilfen können in Form von Darlehen oder von Zuschüssen ohne Rückzahlungsverpflichtung gewährt werden. Empfangsberechtigt sind wirtschaftlich schwache Vermieter, ein Begriff, der nach dem Grundgedanken des Gesetzes regelmäßig auf alle Vermieter, die ausschließlich oder überwiegend die gesetzliche Miete empfangen, angewendet werden kann; daß die gesetzliche Miete entrichtet wird, ist nicht unbedingt notwendig, doch kann und wird zur Bedingung gemacht werden, daß die Mietzinsen ihrer Höhe nach die Sätze der gesetzlichen Miete erreichen.

Wegen der Erhebung der Wohnungsbauabgabe in den einzelnen Ländern vgl. Kiefersauer, Wohnungsabgabe S. 34 und die Neufassung des Gesetzes vom 28. März 1923 (RGBl. I S. 238). Mit Wirkung vom 1. April 1924 an ist die Wohnungsbauabgabe ersetzt durch die Mietzinssteuer (§§ 61, 27 ff. der dritten Steuernotverordnung); die Einrichtung eines Ausgleichsfonds dürfte hiernach gegenstandslos werden, so daß auch Abs. 3 trotz Aufrechterhaltung des § 26 BB. praktisch nicht mehr gilt.

5. Der Zuschlag nach Abs. 4 ist ebenso wie jener nach Abs. 1 Bestandteil der gesetzlichen Miete. An Stelle des generellen Zuschlages nach Abs. 1 tritt hier der individuelle, den Bedürfnissen des einzelnen Falles Rechnung tragende Zuschlag. Es wird je nach Bedarf vom MEA. festgesetzt. Vor der Entscheidung über den Antrag des Vermieters soll die Mietervertretung (§ 17 Abs. 2 Satz 4) gehört werden; dieser steht im Gegensatz zum Falle des § 6 ein selbständiges Antragsrecht nicht zu. Nur die notwendigen Instandsetzungsarbeiten dürfen ausgeführt werden; dabei wird auch zu würdigen sein, ob der Vermieter durch schuldhaftes Unterlassen der Reparatur deren Kosten vermehrt hat. In diesem Fall wird ein Teil der Kosten dem Vermieter zur Bestreitung aus eigenen Mitteln zu überweisen sein. Die Vorschrift darf jedenfalls nicht dazu führen, daß der Vermieter über das unmittelbare Bedürfnis hinaus auf Kosten der Mieter das Haus instandsetzt, oder daß Versäumnisse früherer Jahre auf Kosten der Mieter wieder gutgemacht werden (§ 20). Die Entscheidung über die Voraussetzung des Abs. 4, insbesondere über die Höhe des zu gewährenden Zuschlages trifft das MEA. nach billigem Ermessen (§ 40 Abs. 3 MSchG.).

Im übrigen bemißt sich die Höhe des Zuschlages danach, innerhalb welcher Zeit einerseits die Instandsetzungsarbeit erneut vorzunehmen ist, andererseits das aufzuwendende Kapital zu verzinsen und zu tilgen ist (vgl. § 25 AusfBest.).

Seit Inkrafttreten der VO. vom 28. März 1924 (unten III) ist auch der Zuschlag nach Abs. 4 RMG. gegenstandslos geworden.

§ 8[1].

Läßt der Vermieter troß Aufforderung durch die Gemeindebehörde eine notwendige große Instandsetzungsarbeit innerhalb einer angemessenen, von der Gemeindebehörde bei der Aufforderung zu bestimmenden Frist nicht ausführen, so ist die Gemeindebehörde berechtigt, die Arbeit selbst vorzunehmen[2]. Im Falle des § 7 Abs. 1 kann die Gemeindebehörde die erforderlichen Mittel von dem Hauskonto in Anspruch nehmen. Im Falle des § 7 Abs. 4 ist sie zur Stellung des Antrags bei dem Mieteinigungsamt berechtigt[3]. Das Mieteinigungsamt kann anordnen, daß die Mieter den Zuschlag nicht an den Vermieter, sondern an die Gemeindebehörde zu entrichten haben; ist eine solche Anordnung getroffen, so erlischt insoweit der Anspruch des Vermieters auf Zahlung des Betrags[5]. Die Gemeindebehörde kann die Beträge von den Mietern wie Gemeindeabgaben beitreiben lassen.

BayVV. § 33.

1. Wegen des Ersatzanspruches der Gemeinde bzw. Bezirkspolizeibehörde aus dem Gesichtspunkt der Geschäftsführung ohne Auftrag vgl. § 6 Anm. 10. Daneben hat die Gemeindebehörde auch wohnungspolizeiliche Befugnisse auf Grund der Art. 73 PStGB. und § 10 der Bek. vom 17. Oktober 1901 betr. Wohnungsaufsicht. Maßnahmen aus dem Gesichtspunkte der Gesundheits- und Sittenpolizei (Art. 73 Abs. 2 PStGB.) bleiben vom RMG. unberührt, ObLG. 28. Jan. 1924 BayZfR. 1924, 92.

2. Voraussetzung für die zwangsweise Ausführung der Arbeiten ist hier vorgängige Aufforderung durch die Bezirkspolizeibehörde (§ 33 bayer. AusfBest.); Fristsetzung ist vorgeschrieben, nicht aber die Androhung der Ausführung durch die Gemeinde. Nur wegen notwendiger, d. h. zur unbedingten Erhaltung des vertragsmäßigen Mietgebrauchs erforderlicher Instandsetzungsarbeiten (§ 6 Bem. 2) ist das Zwangsverfahren zulässig. Ob diese Voraussetzung gegeben ist, darüber entscheidet die Gemeindebehörde nach freiem Ermessen. Nachprüfung durch die Gemeindeaufsichtsbehörde nach Art. 13 SV. ist als zulässig zu erachten.

3. Mittelbeschaffung: durch Inanspruchnahme des Hauskontos (§ 7 Abs. 1) oder wo eine Regelung nach § 7 Abs. 4 Platz greift, durch Beantragung der Festsetzung eines Zuschlages. Das Antragsrecht umfaßt auch das Beschwerderecht nach § 41 MSchG. Wegen der Beseitigung des Hauskontos durch die VO. vom 28. März 1924 vgl. § 7 RMG. Anm. 1.

Den praktisch wichtigeren Fall regelt Satz 4 und 5: Das RMG. kann die unmittelbare Zahlung des Zuschlages an die Gemeinde anordnen. Da der Vollzug des § 7 Abs. 4 nur unvollständig wäre, wenn nicht auch der Vermieter selbst sowie Mieter, die nicht die gesetzliche Miete zahlen, zur Mittelaufbringung herangezogen werden könnten, müssen die Bestimmungen des § 7 Abs. 2 auch auf den Fall des Abs. 4 entsprechende

Anwendung finden. Der Stadt- bzw. Gemeinderat kann daher die zwangweise Beitreibung des Zuschlages nach den für die Gemeindeabgaben geltenden Bestimmungen auch beim Vermieter (§ 7 Abs. 2), nicht nur bei den Mietern anordnen. Ob das MEA. von der Befugnis nach Satz 4 Gebrauch machen will, darüber entscheidet es nach billigem Ermessen, eingeschränkt durch § 9.

§ 9.

I Hat der Vermieter das Gebäude erst nach dem 1. Januar 1920 erworben oder erwirbt er es erst nach dem Inkrafttreten dieses Gesetzes, so kann er die Gewährung von Mitteln für große Instandsetzungsarbeiten zur Beseitigung solcher Mängel nicht verlangen, die beim Erwerb des Gebäudes bereits vorhanden waren, und die er gekannt hat oder kennen mußte[1].

II Soweit der Vermieter mit Bezug auf das Gebäude Versicherungssummen, Vergütungen für Bergschäden oder Zuwendungen aus anderen Gründen zur Wiederherstellung des früheren Zustandes erhält, sind Mittel für große Instandsetzungsarbeiten nach § 7 nicht zu zahlen[2 3].

1. Die Vorschrift beruht auf einem Ausschußbeschluß; sie ist berechnet für den Fall, daß der Kaufpreis beim Vorhandensein von Mängeln regelmäßig geringer bemessen ist. In ihrer Wirkung ist sie nicht immer zweckmäßig, weil sie das Zwangsverfahren nach § 8 zum Teil ausschließt; denn wenn nach § 7 Abs. 4 ein Zuschlag nicht festgesetzt werden kann, entfällt deren Inanspruchnahme nach § 8 Satz 4. Es verbleibt nur die Möglichkeit im Falle des § 7 Abs. 1 die Mittel des Hauskontos in Anspruch zu nehmen; soweit ein Hauskonto eingerichtet ist, müssen die Mieter auch im Falle des § 9 Abs. 1 die Zuschläge entrichten, da nur die Inanspruchnahme der Mittel des Hauskontos dem Vermieter untersagt ist. Die Mieter sind daher in diesem Falle nicht entlastet.

Das Verbot der Gewährung von Mitteln bezieht sich auch auf die Beihilfen aus dem Ausgleichsfonds.

Erwerb im Sinne dieser Vorschrift ist nur rechtsgeschäftlicher Erwerb im Wege der Zwangsvollstreckung, nicht dagegen Erwerb durch Erbanfall.

Der Kenntnis ist die auf Fahrlässigkeit beruhende Nichtkenntnis (vgl. § 122 II BGB.) gleichzustellen. Maßgebend ist der Zeitpunkt des Eigentumserwerbes, also Auflassung und Eintragung im Grundbuch (§§ 873, 925 BGB.) oder Zuschlag (§ 90 ZVG.).

2. Die Inanspruchnahme der Mittel aus dem Hauskonto, dem Ausgleichsfonds und dem Sonderzuschlag des MEA. ist hiernach auf den durch die Entschädigung nicht gedeckten Teil beschränkt.

3. Die Bestimmung des § 9 steht in Widerspruch mit dem öffentlichen Interesse an der Erhaltung bestehender Häuser: da das Zwangsverfahren nach § 8 ausgeschlossen ist (Anm. 1) und eine andere Möglichkeit für die Gemeinde nicht besteht, gegen den Hauseigentümer vorzugehen, bedeutet die Vorschrift tatsächlich eine Erleichterung für den Hausbesitzer; sie fördert das Spekulantentum, das keinerlei Interesse an der Erhaltung der Häuser hat, deren Absicht nur dahin geht, die Häuser möglichst bald mit möglichst großem Gewinn wieder abzustoßen. Der Zweck der Vorschrift ist also verfehlt. Die Beschränkung der Gemeinde auf den Ersatzanspruch aus Geschäftsführung ohne Auftrag (vgl. § 6 Anm. 10) genügt nicht; der Gemeinde müßte hier wenigstens das Recht der zwangsweisen Beitreibung der Kosten verliehen werden, gegebenenfalls sogar das Recht der Enteignung.

Gewerbliche Betriebe.

§ 10.

I Sind Räume an den Unternehmer eines gewerblichen Betriebs vermietet, so kann das Mieteinigungsamt auf Antrag des Vermieters einen besonderen Zuschlag zu der gesetzlichen Miete festsetzen, wenn und soweit infolge der Eigenart des Betriebs besonders hohe Betriebs- und Instandsetzungskosten entstehen und die nach § 3 Abs. 1 Nr. 2 und 3 festgesetzten Zuschläge zur Deckung dieser Kosten nicht ausreichen [2].

II Für Räume, die zu gewerblichen Zwecken (§ 1 der Reichsgewerbeordnung) hergestellt sind oder mit Zustimmung der Gemeindebehörde für gewerbliche Zwecke verwendet werden, kann ein weiterer Zuschlag in Hundertsätzen der Grundmiete festgesetzt werden. Bei seiner Festsetzung ist auf die allgemeine Lage der Gewerbe sowie darauf Rücksicht zu nehmen, daß wirtschaftlich schwache Betriebe nicht in ihrer Existenz gefährdet werden. Der Zuschlag kann nach Klassen abgestuft werden [3, 4].

BayVO. vom 28. März 1924 Ziff. 4.

1. § 10 bringt zwei völlig verschiedenartige Zuschläge: den Individualzuschlag des Abs. 1 und den Sonderzuschlag des Abs. 2, der in keinem Zusammenhang mit der Erhaltungspflicht des Vermieters steht, sondern unter völliger Außerachtlassung des Grundgedankens des Gesetzes den Vermieter an den Geschäftserträgnissen des Mieters beteiligen will. Der Individualzuschlag gilt für Gewerbe jeder Art, während der Sonderzuschlag nach Abs. 2 auf Gewerbebetriebe im Sinne der Gewerbeordnung beschränkt ist (bestr.). Eine besondere praktische Bedeutung hat diese Streitfrage nicht, da auch die Gewerbeordnung den Begriff des Gewerbebetriebes nicht scharf abgrenzt.

Nicht hieher zählen: die Gewinnung roher Naturerzeugnisse (Land- und Forstwirtschaft, Weinbau, Tierzucht, Jagd- und Fischerei, Bergbau), ferner nicht die Ausübung öffentlichen Dienstes, endlich nicht Berufe, die eine höhere Bildung voraussetzen (wissenschaftliche, schriftstellerische, künstlerische, seelsorgerische Tätigkeit, insbesondere auch nicht die Berufstätigkeit des Arztes, Rechtsanwaltes und Privatlehrers). In Betracht kommen: industrielle und kaufmännische Betriebe, gleichviel, ob der

Betrieb im Großen oder im Kleinen, handwerksmäßig oder fabrikmäßig, in Fabriken, Werkstätten, Geschäftshäusern, Büroräumen oder Läden ausgeübt wird. Auch das Wirtschafts- und Verkehrsgewerbe ist dem § 10 unterstellt. Der Betrieb muß in jedem Fall ein gewerbsmäßiger, d. h. auf dauernde Erwerbserzielung gerichtet sein. Gemeinnützige Betriebe bleiben daher außer Betracht (§ 32 MSchG. Anm. 4).

Sind die Räume entgegen den Bestimmungen des § 2 WMG. ohne Genehmigung für gewerbliche Zwecke vermietet worden, so liegt nach § 31 MSchG.. ein rechtsunwirksamer Mietvertrag vor. Das MEA. darf in diesem Falle, weil ein Mietverhältnis nicht gegeben ist, die Zuschläge aus Abs. 1 und 2 nicht gewähren.

2. Der Individualzuschlag des Abs. 1 ist nicht zur Grundmiete, sondern nach dem Wortlaut des Gesetzes zur „gesetzlichen Miete" zu gewähren. Auch nach dieser Richtung (vgl. Anm. 1) ist das System durchbrochen. Nur bei besonders hohen Betriebs- und Instandsetzungskosten darf der Zuschlag zugebilligt werden; nicht jede Unzureichenheit der Zuschläge des § 3 genügen. Die Vorschrift darf nicht dazu führen, daß für gewerbliche Räume grundsätzlich der Individualzuschlag neben dem generellen Zuschlag des § 3 eingeführt wird. Auch darf der Zuschlag des Abs. 1 nur für die Dauer der durch bestimmte Tatsachen begründeten Erhöhung der Kosten zugebilligt werden. In Betracht kommen: starke Inanspruchnahme eines Lastenaufzuges, besonders hoher Wasserverbrauch, besondere Abnützung der Räume durch die Eigenart des Betriebes (Säuren, Gase).

3. In Bayern gegen zahlreiche gutachtliche Äußerungen eingeführt durch die MinBek. vom 12. Juni 1923; nunmehr ist Ziff. 4 der VO. maßgebend.

Entgegen dem Wortlaut des Gesetzes genügt nicht nur die Bestimmung zu gewerblichen Zwecken, die Räume müssen auch tatsächlich für diese Zwecke benutzt werden, wenn der Vermieter an den Erträgnissen des Betriebes beteiligt werden soll. Wegen der späteren Verordnung gilt nunmehr § 31 MSchG. Der Grundgedanke des Abs. 2 ist der, daß Gewerbetreibende derzeit vielfach sehr erhebliche Betriebsgewinne erzielen und daß es gerechtfertigt sei, wenn derartige Gewerbetreibende auch höhere Mieten bezahlten. Bei sinkender Konjunktur wäre demnach der Zuschlag abzusetzen oder zu vermindern. Der Betriebsinhaber kann jederzeit einen hierauf abzielenden Antrag stellen, dem, soweit er begründet ist (vgl. Satz 2), entsprochen werden muß.

4. Der Sonderzuschlag nach Abs. 1 ist zwar zur Deckung der Betriebs- und Instandsetzungskosten bestimmt, daher mit einem gewissen Verwendungszwang ausgestattet. Das Verwaltungszwangsverfahren nach § 6 findet aber auch nicht insoweit Anwendung, als es sich um laufende Instandsetzungsarbeiten handelt, da hiefür nur der regelmäßige Zuschlag des § 3 Ziff. 3 in Betracht kommt.

Festsetzung der Hundertsätze.

§ 11.

Die oberste Landesbehörde kann die in den §§ 2, 3, 7, 10 bezeichneten Hundertsätze für das Land oder für bestimmte Gemeinden oder Gemeindeteile selbst festsetzen oder die Festsetzung der Gemeindebehörde übertragen. Vor der Festsetzung der Hundertsätze sind Vermieter- und Mietervertreter zu hören; sind örtliche Vermieter- oder Mieterorganisationen vorhanden, so sind die von diesen benannten Vertreter zu hören[1]. Eine Änderung der Hundertsätze ist zulässig; ist die Festsetzung durch die Gemeindebehörde erfolgt, so kann auch die oberste Landesbehörde die Sätze ändern[2]. Die Änderung wirkt von dem auf den Zeitpunkt der Bekanntgabe folgenden nächsten Monatsersten oder von dem bei der Bekanntgabe bestimmten späteren Zeitpunkt[3]. Das Nähere über das Verfahren bestimmt die oberste Landesbehörde.[4]

1. Die Anhörung der Vermieter- und Mietervertreter ist zwingend; Unterlassung begründet Anfechtbarkeit der Festsetzung. Die Anhörung der Organisationsvertreter ist auch dann notwendig, wenn ein paritätisch zusammengesetzter Ausschuß die Änderung der Hundertsätze beschließt; es genügt nicht, wenn die in den Ausschuß gewählten Vertreter gehört werden.

Ordnungsgemäß gefaßte Beschlüsse des Gemeinderats sind „rechtsgültige Verordnungen" im Sinne des § 110 StGB. ObLG. 11. Dez. 1923 LZ. 1924, 238.

2. Die Änderung der Hundertsätze der in dem § 3 bezeichneten Zuschläge ist nicht nur zulässig, sondern bei Änderung der wirtschaftlichen Verhältnisse vorgeschrieben (§ 3 Abs. 2). Nicht nur die oberste Landesbehörde kann die Sätze ändern, sondern — soweit eine Festsetzung durch die Gemeindebehörde in Frage kommt — auch die der Gemeinde unmittelbar vorgesetzte Verwaltungsbehörde, da diese nach Art. 13 GV. zur Überwachung des den Gemeindebehörden übertragenen Gesetzesvollzuges allgemein berufen ist und eine Übertragung der Befugnisse aus dem RMG. auf die nicht paritätisch zusammengesetzten Organe der Gemeinden nur dann gerechtfertigt werden kann, wenn die Korrektur der Beschlüsse allgemein durch die Aufsichtsbehörde zulässig ist. Zweckmäßiger wäre allerdings (vgl. § 7 Abs. 2 bayer. AusfBest.) in allen Gemeinden sie einem „Ausschuß für Mietzinsbildung" zu übertragen, zumal nunmehr durch die Zuziehung von Beisitzern zum Amtsgericht als MEA. die Möglichkeit zur Bildung eines solchen Ausschusses auch in Gemeinden ohne gemeindliches MEA. geboten wäre (§§ 37, 38 MSchG.; Ziff. I 5 der bayer. AusfBest. hiezu). Der Änderung der Hundertsätze ist die Einführung des Umlegungsverfahrens gleichzuachten; auch der Wechsel zwischen beiden Systemen fällt unter § 11.

3. Der Zeitpunkt der Wirksamkeit der Änderung ist zwingenden Rechtes; er tritt kraft Gesetzes unabhängig davon ein, welche Kündigungsfristen nach Vertrag oder Gesetz (§§ 564, 565 BGB.) für das einzelne Mietverhältnis gelten. Eine rückwirkende Kraft kann der Festsetzung nicht verliehen werden. Maßgebend ist nicht der Erlaß des Beschlusses, sondern die ortsübliche Bekanntgabe. Unterbleibt diese, so bleibt die Änderung der Hundertsätze unwirksam: es gelten die bisherigen Hundertsätze auch weiterhin. Eine Konvaleszenz für den nächsten Termin ist nur möglich, wenn die Bekanntgabe rechtzeitig vor diesem Monatsersten nachgeholt wird.

Die Änderung des Hundertsatzes tritt kraft Gesetzes ein; eine besondere Erklärung des Vermieters (nach § 1) oder eine Mitwirkung des MEA. ist nicht erforderlich. Wird der Mietzins vorausbezahlt (vgl. § 30 MSchG.), so hat der Vermieter von dem Tage der Änderung an einen Anspruch auf Nachzahlung des entsprechenden Mehrbetrages.

Der Zeitpunkt der Wirksamkeit der Änderung kann auf einen späteren Termin, nicht aber auf einen früheren als in Satz 4 festgelegten Termin festgelegt werden. Der abweichende Termin ist im Beschluß zu bestimmen und mit bekannt zu geben.

Eine Ausnahme von dem Grundsatz des Satzes 4 hat einzutreten, wenn der Beschluß über die Festsetzung der Hundertsätze von vornherein ungesetzlich oder nichtig war, z. B. von einem nicht zuständigen Organ erlassen wurde oder entgegen den Vorschriften dieses Gesetzes einen ungesetzlichen Zuschlag eingeführt oder in einer dem § 3 Abs. 2 widersprechenden Höhe festgesetzt hat: hier muß es der vorgesetzten Behörde möglich sein, auch mit rückwirkender Kraft den Beschlußinhalt richtig zu stellen, da andernfalls für jede ungesetzliche Maßnahme ein zeitweiliger Bestand gesichert wäre, eine Wirkung, die der Vorschrift des Satzes 4 durchaus ferne liegt (unentschieden Stern, BayZfR. 1923, 130).

4. Durch die VO. vom 28. März 1924 ist eine völlige Veränderung der landesrechtlichen Regelung eingetreten; die Rechtsgrundlage hierfür bildet § 27 der dritten Steuernotverordnung (vgl. Anm. 1 und 3 zu Ziff. 1 der VO.).

Sammelheizung, Warmwasserversorgung und Nebenleistungen.

§ 12.

I Die Kosten der Heizstoffe für Sammelheizung und Warmwasserversorgung sowie für andere von der obersten Landesbehörde nach § 2 Abs. 1 Satz 3 bestimmte Nebenleistungen sind getrennt von der gesetzlichen Miete zu berechnen[1]. Soweit derartige Nebenleistungen (z. B. Glasversicherung) nur bei einzelnen Mietern entstehen, haben nur diese Mieter sie zu tragen.

II Die oberste Landesbehörde bestimmt, wie die Kosten der Heizstoffe für Sammelheizung und Warmwasserversorgung und die nach § 2 Abs. 1 Satz 3 bestimmten sonstigen Nebenleistungen auf die Mieter umzulegen sind. Sie kann anordnen, daß der Vermieter verpflichtet ist, dem Mieter Auskunft über die Höhe der Kosten der Heizstoffe oder der Nebenleistungen zu geben und die erforderlichen Belege vorzulegen.

BayVV. §§ 27 mit 29.

Soweit Kosten (vgl. § 2 Anm. 4 und LG. Berlin JW. 1924, 224[5]) der Heizstoffe für Sammelheizung und Warmwasserversorgung sowie die in § 4 Ziff. 4 bayer. AusfBest. bezeichneten Nebenleistungen des Vermieters in Frage kommen, sind sie durch die Zuschläge der §§ 3, 7 und 10 RMG. nicht abgegolten. Auch bei der vertraglichen Miete wurden derartige Nebenleistungen des Vermieters entweder durch einen entsprechend höher bemessenen Mietzins (vgl. RG. 75, 354 und OLG. Hamburg, Rspr. 30, 125) oder ausnahmsweise durch eine besondere Vergütung entschädigt. In jedem Fall, auch wenn die Vergütung in der Form der Vorausbezahlung einer festen Summe für die kalten Monate entrichtet wird, ist die Vergütung rechtlich als ein Teil des Mietzinses anzusehen, auf den sich auch das Pfandrecht des Vermieters erstreckt (Krieg, JW. 1922, 789; a. M. KG. in JW. 1921, 1368 [4] und 1922, 288). Rechtsirrig LG. Berlin II JW. 1923, 26 [2], das die Ausscheidung der Kosten für die Koksbeschaffung als Begründung einer Verpflichtung der Mieter aus dem Kaufvertrag betrachtet.

Auch bei der gesetzlichen Miete ist trotz der durch § 12 angeordneten besonderen Berechnung der Kosten die Vergütung Bestandteil des Mietzinses: das RMG. umfaßt auch die Vergütung, die über die bloße Raumnutzung hinausgeht (vgl. auch § 14 Anm. 1).

Wegen der Behandlung der Nebenleistungen bei der Feststellung der Grundmiete vgl. § 2 Anm. 4.

Der Umlegungsmaßstab für die Kosten der Heizstoffe bildet in Bayern der beheizte Raum (Kubikraum); doch ist in § 27 AusfBest. dem MEA. die Entscheidung nach billigem Ermessen überlassen. Wegen der anderen Nebenleistungen vgl. § 28 AusfBest.

Die Umlegung der Kosten für die Heizstoffe nach Abs. 2 läßt die Frage des Eigentums an den Heizstoffen an sich unberührt; haben dagegen die Mieter dem Vermieter den Betrag vorgeschossen, so kann man unter Umständen annehmen, daß der Vermieter als Beauftragter der Mieter den Kauf abgeschlossen hat: alsdann werden die Mieter mit der Einkellerung der Heizstoffe Eigentümer zur gesamten Hand (ebenso Ebert, DJZ. 1923, 293; Kauf kraft eigenen Rechts nimmt in jedem Fall an KG. 17. März 1924 DJZ. 1924, 402). Bei Vorschußleistungen der Mieter wird der Vermieter nicht Eigentümer der Vorschüsse (vgl. auch Ebert, DJZ. 1923, 426).

Unverändert durch die VO. vom 28. März 1924.

§ 13.

I Das Mieteinigungsamt kann, gleichviel ob ein Mietzins vereinbart oder die gesetzliche Miete zu zahlen ist, auf Antrag eines Vertragsteils anordnen, daß der Vermieter berechtigt oder verpflichtet ist, die Sammelheizung oder Warmwasserversorgung in gewissen Fällen ganz oder teilweise einzustellen.

II Ist eine solche Anordnung getroffen, so tritt eine entsprechende Minderung der für die Heizstoffe für Sammelheizung oder Warmwasserversorgung zu leistenden Vergütung ein.

Betriebsregelung für Sammelheizung und Warmwasserversorgung ohne Rücksicht darauf, ob gesetzliche Miete von den Mietern entrichtet wird oder nicht. Die Minderung der Vergütung bezieht sich sowohl auf die nach § 12 berechnete Vergütung als auch auf die in oder neben der vertraglichen Miete (§ 535 BGB.) zu leistende Entschädigung (vgl. Anm. zu § 12).

Einstellungszwang (gegen den Willen des Vermieters) und Einstellungsberechtigung (gegen den Willen der Mieter) ist auf Grund des § 13 möglich. Zeitweise oder dauernde Einstellung (für Stunden, Zimmer, Stockwerke) ist zulässig. Der Vermieter ist aber bei völliger Einstellung nicht verpflichtet, an Stelle der Heizanlagen Öfen zu setzen; dazu kann ihn auch das MEA. auf Grund des § 13 nicht verpflichten. Wegen teilweiser Einstellung vgl. Vidal, EA. Jahrg. 2 S. 153.

Ohne die Bestimmung des § 13 wäre kein Mieter verpflichtet, auf die Beheizung durch die Sammelheizungsanlage zu verzichten, da er einen Anspruch hierauf auf Grund seines Mietvertrages hat; dies gilt auch dann, wenn die übrigen Wohnungen des Hauses infolge Verzichtes der Mieter nicht beheizt werden (LG. Berlin JW. 1921, 760 [3] und JW. 1922, 822, RG. 30. Oktober 1922, JW. 1923, 771 [16]). Die Annahme eines Gemeinschaftsverhältnisses im Sinne des BGB. oder eines ähnlich zu behandelnden Rechtsverhältnisses (so Mittelstein, JW. 1921, 769 Fußnote; JW. 1922, 231 und 822 Fußnote) ist auch dann abzulehnen, wenn die Kosten der Heizstoffe gemeinschaftlich von allen Mietern aufzubringen sind. Man kann aber anderseits auch nicht, wie OLG. Frankfurt JW. 1922, 231, annehmen, daß infolge der grundlegenden Veränderung der Verhältnisse die vertragliche Verpflichtung des Mieters zur Entgegennahme der Heizung so grundlegend geändert worden sei, daß sie nicht mehr als die bei Vertragsabschluß erwartete Leistung zu erachten ist, so daß dem einzelnen Mieter die weitere Benutzung nicht zugemutet werden könne, wenn die Kosten der Heizstoffe mehr als das Doppelte des Jahresmietzinses ausmachen. Die Mehrkosten des Betriebes sind von dem Mieter selbst zu tragen (Ebert, DJZ. 1923, 293; a. M. Rödiger, EA. 1923, 236).

Der Mieter selbst könnte ohne Regelung nach § 13 die Annahme der Sammelheizung nicht verweigern; er ist auf Grund des Mietvertrages verpflichtet, die Sammelheizung entgegenzunehmen (OLG. Hamburg JW. 1922, 1541 [5])

Untermiete.

§ 14.

I Ist ein Mietraum weitervermietet [1], so muß der hierfür zu entrichtende Mietzins unter Berücksichtigung etwaiger Nebenleistungen, wie Überlassung von Einrichtungsgegenständen und Leistung von Diensten, in einem angemessenen Verhältnisse zu dem auf den Raum entfallenden Teile des Hauptmietzinses stehen. Die oberste Landesbehörde hat nähere Bestimmungen über die Berechnung der Untermiete zu treffen. § 1 gilt entsprechend.

II Absatz 1 gilt auch [2], wenn ein Hauseigentümer oder jemand, der ein Grundstück auf Grund eines Erbbaurechts, Nießbrauchs oder eines ähnlichen Rechtsverhältnisses inne hat, einen Teil des von ihm selbst im Hause benutzten Raumes vermietet[3 4].

BayVollzVV. § 30 und VO. vom 28. März 1924.

1. Da auch die Untermiete echte Miete ist, so finden die Vorschriften des RMG. auch ohne die ausdrückliche Bestimmung des Abs. 1 Satz 2 Anwendung. Die vereinbarte Untermiete kann demgemäß durch Erklärung nach § 1 mit der dort vorgesehenen Wirkung und zu dem dort bezeichneten Zeitpunkt in die gesetzliche Untermiete umgewandelt werden. Bei Streitigkeiten über die Höhe der gesetzlichen Untermiete entscheidet auf Antrag das MEA. Die amtliche Nachprüfung der Untermiete bemißt sich nach § 1 Abs. 3 und 4. Hervorzuheben ist, daß das Verlangen der gesetzlichen Untermiete nach § 1 der schriftlichen Form bedarf. Mit Rücksicht auf die Besonderheiten der Untermiete stellt jedoch das RMG. für die Berechnung der gesetzlichen Miete besondere Grundsätze auf, deren Anwendung für die Ermittlung der Mietzinshöhe sowohl durch die Vertragsteile als auch durch das MEA. zwingend vorgeschrieben ist: an Stelle der Feststellung der Friedensmiete (Grundmiete) tritt die Ermittlung des Verhältnisses des auf den Raum entfallenden Teiles des Hauptmietzinses. Der Hauptmietzins in seiner Gesamtheit, also einschließlich der Vergütung für Nebenleistungen, ist der Ermittlung zugrunde zu legen; immer aber gilt nur die gesetzliche, nicht die sonst vereinbarte Miete, da nur jene den Ausgangspunkt aller Mietzinsfestsetzungen des RMG. bilden kann.

§ 14 gilt für die Überlassung von Räumen durch den Vermieter, möbliert oder unmöbliert.

Zu ermitteln ist das angemessene Verhältnis des leeren Raumes zum Hauptmietzins; entscheidend für diese Ermittlung ist nicht nur die Größe des Raumes, sondern auch die Beschaffenheit (Fußböden, Läutwerk, Beleuchtungseinrichtung, Beheizungsmöglichkeit) und Lage des Raumes (Blick in den Garten, Hofraum, Straßenfront, Sonnenseite usw.). Von Bedeutung ist auch die Mitbenutzung sonstiger Räume des Hauptmieters (Abort, Korridor, zuweilen auch Küche); vgl. hierzu Kiefersauer, Wohnungsabgabe S. 143 ff.

Der hiernach ermittelte Entgelt für den leeren Raum des Untermieters wird ergänzt durch die weitere Vergütung (über die eigentliche Raumnutzung hinausgehende) für die vom Hauptmieter zu gewährenden Nebenleistungen:

1. für die Überlassung von Einrichtungsgegenständen (Verzinsungs- und Abschreibungsquote),
2. für Benutzung der Wäsche (Abnutzung),
3. für Bedienung und Reinigung,
4. für Beheizung und Beleuchtung,
5. für die Verabreichung von Mahlzeiten (Frühstück usw.).

In dieser Hinsicht ist die Aufstellung von Richtlinien möglich, § 30 Abs. 3 bayer. AusfBest. Maßgebend wird hiefür sein, daß im allgemeinen nur die tatsächlichen Aufwendungen zu vergüten sind, so daß die Verdienstmöglichkeit sich auf die Vergütung für persönliche Arbeitsleistungen in der Regel beschränken wird. Diese Nebenleistungen müssen der Geldentwertung entsprechend bemessen und angepaßt werden.

Wegen Einzelheiten vgl. Werner, Geschäftsleiter des MEA. Ludwigshafen a. Rh., Tätigkeitsbericht 1920, dessen sorgsame Ermittlungen auf dem Gebiete der Mietzinsrechnung die Beachtung weiter Kreise verdienen.

2. Vgl. hierzu § 24 Anm. 5 MSchG.

3. § 14 findet keine Anwendung auf die Vermietung ganzer Häuser mit Einrichtung; hier liegt in der Regel nicht ein Miet-, sondern ein Pachtverhältnis vor, da die Gewinnung von Erträgnissen durch Verwertung der Einrichtungsgegenstände in der Regel gegenüber der bloßen Raumüberlassung in den Vordergrund tritt (§ 1 MSchG. Anm. 1). Wo dies nicht der Fall, wo insbesondere neben dem Vertrag über die Raumnutzung eine besondere Vergütungsvereinbarung (selbständiger Vertrag) für die Überlassung der Einrichtungsgegenstände besteht, findet das RMG. auf diese Vereinbarung sui generis keine Anwendung. Eine Ausnahme gilt nur, wenn die Vergütung Bestandteil eines einheitlichen, auf Überlassung eines Raumes mit Ausstattung gerichteten Vertrages ist: hier greift der Gesichtspunkt der Einheitlichkeit des Rechtsverhältnisses (§ 1 Anm. 2; § 1 MSchG. Anm. 1) Platz und §§ 2, 12, 14 finden Anwendung. Eine Trennung der Vergütung findet nicht statt, da die Absicht des RMG. auf Ausschluß der Willkür und des Wuchers bei Vermietung von Räumen gerichtet ist.

4. Wegen der Unzulässigkeit eines Zuschlages zur Hauptmiete wegen Untervermietung vgl. § 3 Anm. 1, § 22 Anm. 2 RMG.

Entscheidungen des Mieteinigungsamts.

§ 15.

Die auf Grund dieses Gesetzes vom Mieteinigungsamte getroffenen Entscheidungen[1] gelten als vereinbarte[2] Bestimmungen des Mietvertrags.

1. In Betracht kommen alle Entscheidungen auf Grund des RMG., soweit sie sich ihrer Natur nach als eine der Parteivereinbarung unterliegende Anordnung darstellen.

2. Die Entscheidung wird einer vertraglichen Regelung gleichgeachtet: die übereinstimmende Willenserklärung der Parteien ist hier durch den Entscheidungssatz ersetzt, so daß auch eine entgegenstehende Parteiäußerung unbeachtlich ist. Jede der Parteien kann sich hiernach auf die Entscheidung ebenso wie auf eine Vertragsabrede berufen. Voraussetzung ist aber auch hier, daß das MEA. sich im Rahmen seiner Zuständigkeit (§ 1 MSchG. Anm. 8) gehalten hat; andernfalls ist die Entscheidung nichtig und hat nicht die Wirkung des § 15.

Die für die vertragliche Regelung vorgeschriebene Form (§ 566 BGB.) braucht hier nicht beachtet zu werden; auch der vorhandene schriftliche Mietvertrag bedarf keiner Abänderung, da die Wirkung des § 15 kraft Gesetzes eintritt. Dies gilt auch von besonderen Förmlichkeiten, die im Vertrage vereinbart sind.

Nach dem auch für das RMG. geltenden Grundsatz der Vertragsfreiheit kann trotz Entscheidung des RMG. durch Vereinbarung der Vertragsteile die Entscheidung jederzeit außer Wirksamkeit gesetzt werden; es kann insbesondere die gesetzliche Miete jederzeit durch den vertraglichen Mietzins (§ 535 BGB.) ersetzt werden (§ 1 Anm. 5). Nur Vereinbarungen, die gegen § 19 verstoßen, sind nichtig.

Ausnahmebestimmungen.

§ 16.

I Die Vorschriften dieses Gesetzes finden[1] auf Neubauten oder durch Um- oder Einbauten neugeschaffene Räume, wenn sie nach dem 1. Juli 1918 bezugsfertig geworden sind oder künftig bezugsfertig werden, keine Anwendung[2]. Das gleiche gilt für Räume in Gebäuden, die im Eigentume des Reichs, eines Landes oder einer sonstigen Körperschaft des öffentlichen Rechtes stehen und entweder öffentlichen Zwecken oder zur Unterbringung von Angehörigen der Verwaltung des Reichs, des Landes oder der Körperschaft dienen oder diesen Zwecken, falls die Gebäude bereits vor dem 1. Oktober 1918 im Eigentum der genannten Körperschaften standen, zu dienen bestimmt sind[3]. Die Vorschriften dieses Gesetzes finden ferner keine Anwendung auf die Abgabe von Räumen solcher Gesellschaften und Genossenschaften, deren Zweck ausschließlich darauf gerichtet ist, minderbemittelten Familien oder Personen gesunde und zweckmäßig eingerichtete Wohnungen in eigens erbauten oder angekauften Häusern zu billigen Preisen zu verschaffen, und bei denen die unter Ziffer 1 des Abschnitts „Befreiungen" der Nr. 1 des Tarifs zum Reichsstempelgesetz vom 3. Juli 1913 (Reichsgesetzbl. S. 639) in der Fassung des Gesetzes zur Änderung des Reichsstempelgesetzes vom 26. Juli 1918 (Reichsgesetzbl. S. 799) aufgeführten Voraussetzungen vorliegen; soweit derartige Gesellschaften und Genossenschaften einem Revisionsverband nicht angehören, entscheidet die oberste Landesbehörde, ob die in dem ersten Halbsatz genannten Voraussetzungen zutreffen[4 5 6].

II Auf Neubauten, die mit Zuschüssen aus den für die Wiederherstellung der während des Krieges zerstörten Gebiete bereitgestellten Mitteln errichtet sind, finden die Vorschriften dieses Gesetzes Anwendung.

1. Die Entscheidung darüber, ob die Voraussetzungen dieser Vorschrift gegeben sind, steht, abgesehen von der Sonderregelung in Abs. 1 Satz 3, dem ordentlichen Gericht, nicht dem MEA. zu (vgl. § 1 Anm. 2 a. E. und Anm. 8). Auch die Verwaltungsbehörden haben über die Anwendung des § 16 nicht zu entscheiden.

Wegen der Anwendung der Grundsätze des RMG. auf die Berechnung der Mietentschädigung (allgemeiner Wert) der Dienstwohnungen der bayerischen Staatsbeamten (einschließlich der Volksschullehrer) vgl. die Bek. vom 25. September 1923 (GVBl. S. 342); hier ist jedoch ein Höchstbetrag der Mietentschädigung nach Maßgabe des Ortszuschlages vorgesehen (MinBek. vom 8. April 1924 StAnz. Nr. 83).

Wegen der Ausdehnung des Mieterschutzes auf Zuschußhäuser vgl. Teil I S. 99 und die bayer. MinBek. vom 23. Februar 1924 (StAnz. Nr. 49), die den Wortlaut des § 33 Abs. 3 MSchG. übernommen hat. Das RMG. findet hier keine Anwendung.

2. Wörtlich gleichlautend mit § 12 WMG. und § 33 Abs. 1 Satz 1 MSchG. vgl. Anm. 1 dortselbst und § 2 Anm. 8. Der Fall, daß bei einem Mietverhältnis, das mit alten Räumen zugleich neue Räume im Sinne dieser Vorschrift umfaßt, ein einheitlicher Mietzins vereinbart ist, wird wohl kaum praktisch werden; es werden vielmehr regelmäßig verschiedene Mietzinsvereinbarungen und daher zumeist auch verschiedene, d. h. mehrere Mietverträge als vorliegend zu erachten sein (vgl. aber auch § 1 Anm. 2). Ausnahme von der Ausnahme Abs. 2.

3. Vgl. § 32 MSchG. Während hier der Eigentumserwerb vor dem 1. Oktober 1918 nicht in Betracht kommt, gilt § 16 nur für solche fiskalische Gebäude, die vor dem 1. Oktober 1918 im Eigentum der Körperschaft gestanden waren, falls sie den genannten Zwecken tatsächlich nicht dienen. § 16 ist deshalb an engere Voraussetzungen geknüpft als § 32 MSchG.; auch umfaßt § 16 nur Gebäude des Reiches, der Länder oder „sonstiger Körperschaften des öffentlichen Rechts" (vgl. Teil I S. 169), nicht aber auch privater Organisationen (§ 32 Abs. 4). § 16 findet keine Anwendung, wenn eine dieser Körperschaften in privaten Gebäuden für irgendwelche — private oder öffentliche — Zwecke, z. B. zu Postbetrieb (RG. vom 26. Juni 1923, BayZfR. 1923, 209), Kantinenbetrieb, Geschäftsbetrieb usw. Räume gemietet hat; steht das Eigentum selbst wiederum einer solchen Körperschaft zu, so gilt § 16 unbeschränkt (vgl. § 32 MSchG. Anm. 1).

4. Vgl. § 33 MSchG. Anm. 2.

5. Die Ausführungen zu § 33 MSchG. Anm. 4 gelten auch hier.

6. Wegen der Nachprüfung der Mieten bei Zuschußbauten vgl. Ziff. 4 u. 6 der Bestimmungen (unten D III).

§ 16 gilt für Zuschußbauten auch dann, wenn der Zuschuß zurückbezahlt worden ist.

Exkurs zu § 16: Folgen der Geldentwertung; Aufwertungsproblem.

Das Mietrechtsverhältnis beruht auf Vertrag — der Staatsbefehl als Rechtsgrundlage beim Zwangsmietverhältnis bildet eine Ausnahme. Als Vertragsverhältnis ist die Miete den allgemeinen Rechtsnormen unterworfen, die für jedes Schuldverhältnis maßgebend sind: die für gegenseitige Verträge entwickelten Grundgedanken der Unmöglichkeit der Erfüllung, der clausula rebus sic stantibus, der wirtschaftlichen Unmöglichkeit, der Geschäftsgrundlage, des Synallagmas usw. gelten deshalb grundsätzlich auch für das Mietverhältnis.

Uneingeschränkt wird diese Folgerung anzuerkennen sein für Mietverhältnisse, die außerhalb des RMG. stehen (§ 16 RMG.). Für alle jene Fälle, in denen die Einführung der gesetzlichen Miete in das Mietverhältnis durch Erklärung nach § 1 RMG. den Vertragsteilen freigestellt ist, wird man dagegen den hier gebotenen Rechtsbehelf als durchaus ausreichend anzusehen haben, zumal er an keinerlei besondere Tatbestände geknüpft ist (§ 1 RMG. Anm. 5). Im Geltungsbereich des RMG. ist deshalb die Anwendung des unter dem Namen clausula r. s. st. zusammengefaßten Rechtsbehelfes als ausgeschlossen zu betrachten. Die Gesetzgebung begegnet hier dem Bedürfnis des Vermieters nach einer angemessenen Gegenleistung und § 20 RMG. läßt „deutlich die Absicht des Gesetzgebers erkennen, erschöpfend die Mittel und Wege zu regeln, die ihm zur Bekämpfung der Mißstände aus der Geldentwertung geeignet erschienen“ (RG. III 26. Juni 1923, BayZfR. 1923, 209). Die schärfere Folge einer Vertragsaufhebung auch gegen den Willen eines Vertragsteiles wird man allgemein aus dem Gesichtspunkt der clausula r. s. st. nur da als geboten und gerechtfertigt ansehen dürfen, wo eine Ausgleichung der beiderseitigen Interessen nicht durch das mildere Mittel einer Änderung der Vertragsleistungen bei Fortbestand des Vertragsverhältnisses im übrigen möglich und zu erwarten ist. Zu der gleichen Beurteilung führt aber auch der Inhalt der Mieter- und Pachtschutzvorschriften; solange nach diesen Vorschriften ein billiger Ausgleich durch Erhöhung des Miet(Pacht)zinses noch möglich ist, muß daher dem Vermieter (Verpächter) die Lösung des Vertragsverhältnisses versagt werden. Diese könnte nur in den besonderen Ausnahmefällen in Frage kommen, in denen eine offenbar unbillige Miet(Pacht)zinsfestsetzung durch das MEA. (PEA.) vorliegt (RG. III 10. Nov. 1923 RG. 107, 151). Für die Mietzinsbildung im Geltungsbereich des RMG. kommen derartige Ausnahmefälle nicht in Betracht, da die Berechnung (Feststellung) der gesetzlichen Miete an bestimmte gesetzliche Normen gebunden ist, wirtschaftliche Erwägungen (RG. 104, 221) daher für die Entscheidung des MEA. nicht mehr maßgebend sind; eine Nachprüfung dieser Feststellung durch das ordentliche Gericht findet auf Antrag des Vermieters weder zum Zwecke anderweitiger Feststellung der Höhe des Mietzinses (§ 1 RMG. Anm. 8) noch auch zum Zwecke der Feststellung der Aufhebung des Mietverhältnisses wegen Veränderung der Wert- und Preisverhältnisse statt. Die von RG. III 24. März 1922 JW. 1922, 1321 = RG. 104, 218 betonte Selbständigkeit der Befugnisse des PEA. und des ordentlichen Gerichts mit der Folge der Möglichkeit der Anrufung des Gerichts trotz Entscheidung des PEA. ist für das nach dem RMG. erkennende MEA. in der Regel nicht anzuerkennen (vgl. § 1 MSchG. Anm. 8; wie hier wohl auch RG. BayZfR. 1923, 209).

Für die Würdigung der Mietzinsbildung außerhalb des RMG. ist von Bedeutung, daß die gesetzliche Miete d. h. die nach den jeweiligen Bestimmungen zu berechnende gesetzliche Miete grundsätzlich als angemessene Miete zu erachten ist (OLG. München Rspr. 42, 269; RG. BayZfR. 1923, 209). Demgemäß wird regelmäßig auch das ordentliche Gericht, dem ausschließlich die Beurteilung der Angemessenheit des Mietzinses zusteht, soweit nicht das RMA. auf Grund des § 1 RMG. entschieden hat (LG. Nürnberg JW. 1921, 1372 [5]; LG. Lübeck JW. 1922, 827 [13]), nur beim Vorliegen außergewöhnlicher Verhältnisse (RG. 100, 129; RG. BayZfR. 1921, 147; RG. 104, 218) im einzelnen Fall über den durch die Berechnung nach den Vorschriften des RMG. gegebenen Rahmen hinausgehen (III 8. Juli 1920, RG. 99, 259 = DJZ. 1920, 913).

es sei denn, daß höhere Gestehungskosten bei Neubauten und Umbauten eine Höherbewertung rechtfertigen. Eine Anwendung der Grundsätze der clausula r. s. st. durch die MEA. kommt nicht in Frage.

Die Probleme, die die Geldentwertung der Rechtsprechung im Laufe der Kriegs- und Nachkriegszeit gestellt haben, lassen sich rückschauend in ihrer Schwierigkeit nicht mehr voll und ganz ermessen: es ist heute — hoffentlich am Abschluß der schrecklichen, traurigen Inflationsperiode — nicht allzu schwer, die Irrwege zu erkennen, die die deutschen Gerichte bei der Würdigung der hier einschlägigen Fragen wandelten und — entsprechend der Undurchsichtigkeit der Verhältnisse — wandeln mußten. Heute liegt klar vor Augen, daß der Richter in den ersten Jahren des noch vor Kriegsende einsetzenden Währungsverfalls das auftauchende Problem nur im Rahmen des Verhältnisses von Leistung und Gegenleistung, also immer nur von der Warenseite her zu lösen versucht hat, während erst reichlich spät die Geldseite des Problems, die Tatsache der Verschlechterung der Mark und ihrer Kaufkraft infolge der ungeheuren Inflation Beachtung gefunden hat. Aus dieser Betrachtung der Dinge erwuchs aus den Folgen der Geldentwertung das Problem der Aufwertung, das heute in Art. I der vielumstrittenen dritten Steuernotverordnung vom 14. Februar 1924 (RGBl. S. 74) eine vorläufige, allerdings rechtlich, wirtschaftlich und politisch bedenkliche Lösung gefunden hat. Unmittelbar veranlaßt wurde die reichlich spät erfolgte gesetzgeberische Behandlung dieser Rechtsfrage durch die bekannte Entscheidung des V. Zivilsenates vom 28. November 1923, LZ. 1924, 28, die die Zulässigkeit der Hypothekenaufwertung grundsätzlich anerkannt hat.

Bei der Wichtigkeit der hier in Rechtsprechung und Gesetzgebung behandelten Probleme sei — schon mit Rücksicht auf die noch ausstehende endgültige Lösung der Fragen — ein kurzer Überblick über die Entwicklung gestattet.

I.

Die Lehre von der clausula rebus sic stantibus, auf deren Entwicklung Krückmanns Ausführungen im Archiv f. zivil. Praxis Bd. 116 S. 157 ff. wesentlichen Einfluß ausübte, wurde von der Rechtsprechung des Reichsgerichts — abgesehen von der vereinzelt dastehenden, berühmten Septemberentscheidung (RG. 100, 129; abgedruckt bei Kiefersauer-Scherer S. 211 nach JW. 1920, 961) — niemals als allgemeiner Rechtsgrundsatz anerkannt, wenn auch die ursprünglich durchaus ablehnende Haltung des Reichsgerichts (RG. 86, 398; 99, 258) in späteren Entscheidungen wesentlich gemildert worden ist (RG. 22. Oktober 1920 RG. 100, 134; RG. 102, 272; RG. 103, 3 f., 177 und 328; RG. 104, 218; RG. 106, 7 und 177; ferner RG. 106, 422 = JW. 1923, 803).

Die Entwicklung des unter dem Ausdruck clausula rebus sic stantibus als Sammelname hier zusammengefaßten Rechtsgedankens konnte notwendigerweise nur vorsichtig und unter bewußter Beschränkung auf den einzelnen Fall (RG. 99, 258) erfolgen, weil er in Gegensatz zu dem fundamentalen Rechtssatz einer jeden Rechtsordnung, dem Grundsatz der Vertragstreue (pacta sunt servanda) treten mußte. Im einzelnen wurden nachstehende Fragen aufgeworfen:

1. Die Voraussehbarkeit der Veränderung der Verhältnisse (RG. JW. 1921, 1597[1]; RG. JW. 1922, 481[2]; RG. Recht

1922 Nr. 1264; RG. LZ. 1922, 586; RG. JW. 1923, 753 [6]; RG. 106, 7; RG. JW. 1923, 983 [1]).

2. Die durch den Krieg und durch die Revolution (RG. 99, 115) notwendig gewordene zeitliche Verschiebung der Leistung als einem der Unmöglichkeit gleichzuachtenden Umstand (RG. Bd. 93, 341; RG. JW. 1919, 44 [10] = RG. 94, 45; RG. JW. 1920, 376 [5]; RG. JW. 1920, 434 [5]; ferner RG. 92, 322 und RG. 95, 41 = JW. 1919, 496 [1] und endlich RG. SeuffArch. 77 Nr. 21). In diesem Zusammenhang wurde insbesondere die Frage geprüft, ob und unter welchen Voraussetzungen eine nach Vertragsabschluß eingetretene Preissteigerung von der Erfüllung der Vertragspflichten befreit; das Festhalten an Grundstückskaufangeboten gab häufig Anlaß zu gerichtlichen Entscheidungen (RG. 92, 322; RG. JW. 1919, 496 [1] = RG. 95, 43; RG. JW. 1919, 499 [3]; RG. 98, 260; RG. 99, 259; RG. 100, 129, 136; RG. JW. 1921, 832 [6]; RG. JW. 1921, 830 [5] = LZ. 1921, 410 = RG. 102, 98; RG. JW. 1922, 91 [3]; RG. JW. 1922, 1326 [12]; RG. BayZfR. 1923, 118 = RG. 106, 7; RG. BayZfR. 1923, 63); vgl. auch OLG. Jena DJZ. 1921, 80 und OLG. Hamburg LZ. 1922, 657; RG. JW. 1923, 984 [4].

3. Die Fragen der Zumutbarkeit der Erfüllung der Leistung im Hinblick auf die Veränderung der Verhältnisse (RG. LZ. 1923, 127; RG. 106, 7 und 177), der Hinfälligkeit der ursprünglichen Geschäftsgrundlage (RG. JW. 1922, 702 = RG. 103, 328).

Eine besondere Würdigung fand dabei die Frage, ob der Lieferungspflichtige gehalten ist, sich mit der zu liefernden Ware tatsächlich einzudecken, oder ob es genügt, wenn er entsprechende Deckungsverträge abschließt (RG. 93, 17; RG. 95, 264; RG. JW. 1920, 436 [7]; RG. JW. 1923, 284; RG. 106, 327). Mehrere Erkenntnisse befassen sich eingehend mit der Frage, ob der drohende Vermögensverfall, der geschäftliche Ruin als notwendige Voraussetzung für die Befreiung des Schuldners anzusehen ist (RG. DJZ. 1920, 913 = JW. 1921, 24 [3]; RG. JW. 1921, 23 [2]; RG. JW. 1921, 234 [5] = RG. 101, 74; RG. JW. 1921, 833 [7]; RG. 102, 272; RG. DJZ. 1922, 509 = RG. 103, 177; RG. JW. 1923, 753 [6] = DJZ. 1923, 306); vgl. auch RG. 101, 74.

4. Der Gesichtspunkt der synallagmatischen Verknüpfung von Leistung und Gegenleistung (RG. 103, 177; RG. 106, 11). Dazu vor allem Lobe, DJZ. 1923, 128, ferner Krückmann, JW. 1921, 453; 1922, 1447. Beim synallagmatischen Vertrag ist nach der Auffassung des Reichsgerichts „davon auszugehen, daß die Parteien, die einen solchen eingehen, damit einen redlichen Umsatzvertrag schließen wollen, indem jeder Teil bereit ist, dem anderen eine Leistung zu gewähren, in welcher dieser den vollen Gegenwert für seine Leistung erblickt" (RG. 103, 177). Im Zusammenhang mit diesem Gedankengang wird in zahlreichen Entscheidungen „dem spekulativen Einschlag" des Geschäftes besondere Bedeutung beigemessen (RG. JW. 1920, 434 [5]; RG. 101, 79; RG. 106, 7, 11 und 177).

In einer Reihe von Einzelfällen hat die Rechtsprechung des Reichsgerichts und ihr folgend ein Teil der Untergerichte Leitsätze entwickelt, nach denen an der Hand der besonderen Umstände des einzelnen Falles und unter Berücksichtigung der Interessen beider Parteien vorstehende Gesichtspunkte nebeneinander oder einzeln für sich zur Geltung gebracht worden sind. Allgemeine, für alle Rechtsverhältnisse maßgebende Rechtssätze wurden nicht aufgestellt. Die Schwierigkeiten der wirtschaftlichen Verhältnisse sowie der Grenzziehung gegenüber dem Rechtsgrundsatz der Vertragstreue brachten es mit sich, daß nur allmählich gewisse Normen entwickelt werden konnten; Schwankungen und Widersprüche in der Formulierung der Grundgedanken ließen sich nicht vermeiden: das Ziel des einzelnen Erkenntnisses war eine gerechte Entscheidung des vorliegenden Falles, nicht die Aufstellung eines Grundsatzes. Immer hielt der oberste Gerichtshof daran fest, daß nur ganz außergewöhnliche, im einzelnen darzulegende Umstände ein Abgehen von der Vertragsverpflichtung rechtfertigen könne; diese Verhältnisse brauchen nicht immer nur Folge einer längeren Entwicklung zu sein, wie sie z. B. der Krieg und die Revolution zur Folge hatte, auch kürzere Entwicklungsphasen der allgemeinen Wirtschaftsverhältnisse, insbesondere der fortschreitende, oft jäh einsetzende Verfall der deutschen Währung kann ein so starkes Mißverhältnis zwischen Geld- und Sachleistung herbeiführen, daß dem einen Vertragsteil nicht mehr zugemutet werden kann, seine Vertragspflichten schlechthin zu erfüllen, sofern nur eine solche Verschlechterung der Valuta in diesem Ausmaße nicht notwendig voraussehbar war (RG. JW. 1921, 1597 [1] und RG. 106, 7). Gerade der außerordentliche Marksturz in der zweiten Hälfte des Jahres 1923 wird unter diesem Gesichtspunkt zu würdigen sein; für Dauerrechtsverhältnisse wird allerdings die Anerkennung des außergewöhnlichen, nicht vorhersehbaren Charakters des Währungsverfalls schon seit Frühjahr 1923 eine andere Beurteilung der Rechtslage zur Folge haben (vgl. auch Grünebaum, DJZ. 1921, 801 und Roth, LZ. 1920, 626).

Wegen der Anerkennung der clausula r. s. st. bei Lieferungsverzug vgl. einerseits RG. 103, 3 und KG. JW. 1923, 939 [2] und 944 [3] (verneinend), andererseits KG. JW. 1923, 692 und 938 [1] und KG. LZ. 1923, 463; OLG. Darmstadt DJZ. 1924, 71, Feriensenat des RG. 106, 422 = JW. 1923, 803, RG. 107, 148 u. 156 sowie OLG. Hamburg LZ. 1924, 134 u. 135 (bejahend); ferner LG. Berlin JW. 1923, 532 [2], Leitsätze Geiler, JW. 1923, 909. Zu der Rechtslage bei teilweiser Erfüllung vgl. RG. 101, 79 und RG. 106, 11. War der Vertrag durch Geldleistung vorher erfüllt und war die Geldzahlung zu diesem Zeitpunkt angemessen, so kann die nachträgliche Veränderung der wirtschaftlichen Lage die Leistung nicht mehr zu einer unangemessenen machen (KG. Rspr. 43, 59; RG. LZ. 1923, 271; KG. DJZ. 1924, 70; ferner RG. JW. 1923, 457 [2] und über die Bedeutung der Anzahlung GS. LZ. 1923, 492, JW. 1924, 175; RG. 107, 106 u. 180; RG. BayZfR. 1924, 89. Soweit der Kaufpreis durch übernahme von Hypotheken beglichen ist, kommt eine Aufwertung nicht in Frage. RG. 107, 183.

Zur Anwendung der clausula r. s. st. bei nur dinglicher Haftung aus dem Altenteilsvertrag vgl. RG. DJZ. 1922, 625 = JW. 1922, 1513; über Anpassung von Altenteilsleistungen an die gegenwärtige Wirtschaftslage OLG. Braunschweig LZ. 1923, 289, RG. LZ. 1924, 230; über die Rechtslage der Altleutestiftungen RG. DJZ. 1924, 230; vgl. auch RG. 107, 218.

Sonderfälle:

Abfindungsverträge: Czolbe, LZ. 1921, 319 ff. und 364 ff.; Philipp, BayZfR. 1921, 81; Behrend, JW. 1922, 1303; Kramer, JW 1922, 1503; Engelmann, LZ. 1922, 54, 61; Pick, LZ. 1922,

672; Boeck, JW. 1923, 71; Kiesel, JW. 1923, 455; Wunderer, Recht 1923, 53; Kohler, DJZ. 1923, 623; Dittmar, JW. 1923, 909; Moos, JW. 1923, 913.

RG. DJZ. 1921, 625; RG. WarnRspr. 1921 Nr. 99; RG. SeuffArch. 77 Nr. 104; RG. SeuffArch. 77 Nr. 84; ObLG. BayZfR. 1922, 151; OLG. Augsburg JW. 1922, 717; LG. Augsburg JW. 1922, 728; OLG. Breslau JW. 1922, 1403; RG. JW. 1922, 1215 [1]; OLG. Stuttgart JW. 1922, 1226 [6]; LG. München JW. 1922, 1225 [3]; RG. JW. 1922, 1336 [7]; OLG. Kassel JW. 1922, 1536 [9]; RG. JW. 1923, 940 [5] und 941 [6]; OLG. Frankfurt JW. 1923, 950 [19]; LG. Ulm JW. 1922, 1350 [8], JW. 1923, 137; LG. Gotha, München I, Stuttgart JW. 1923, 133 [3], 134, 136 [7]; LG. Berlin I JW. 1923, 460; RG. JW. 1923, 45 [4]; OLG. Braunschweig LZ. 1923, 290; OLG. Jena LZ. 1923, 145; RG. BayZfR. 1923, 122 = RG. 106, 233.

Anfechtung von Vergleichen DJZ. 1920, 459 und 522; ferner RG. 106, 396 und OLG. Jena DJZ. 1924, 72.

Inventarfrage: Aubele, LZ. 1921, 707; Breme, Recht 1921, 41 und 129; JW. 1922, 65; Böttger, JW. 1922, 1514; Consbruch, Recht 1921, 97; Heinsheimer, DJZ. 1921, 670; Jarmer, LZ. 1922, 551; Krückmann, JW. 1922, 68; Lindemann, Recht 1922, 45; Lorant-Löw, LZ. 1922, 154; Mendelsohn, LZ. 1923, 56 und 579; Nipperdey, DJZ. 1922, 659; Peter, LZ. 1922, 569 und LZ. 1923, 415; Richter, JW. 1921, 1195, 1348; 1922, 434; Rosenthal, JW. 1922, 1514; Schreiber, JW. 1922, 1308, JW. 1923, 280, 281 und LZ. 1924, 22.

RG. JW. 1922, 910 [6] (Vergleichsvorschlag); RG. LZ. 1922, 456 = RG. 104, 394.

Letztwillige Verfügungen: LG. Berlin JW. 1922, 1344 [1]; RG. BayZfR. 1923, 40; RG. LZ. 1923, 603.

Schadensersatz: OLG. Köln JW. 1922, 1463 [8]; RG. JW. 1923, 101; RG. JW. 1923, 174 [2]; LG. Karlsruhe JW. 1922, 1730 [4]; LG. Berlin JW. 1923, 132 [1]; OLG. Breslau LZ. 1923, 356.

Wiener Oberster Gerichtshof JW. 1923, 497, dazu Klang, DJZ. 1923, 330 und Zeiler, JW. 1923, 498.

Rosenthal, Geiler, Krückmann, Kramer, Hagens JW. 1923, 102—106; Zeiler, JW. 1923, 106 und 498; Süskind, JW. 1923, 107; Holländer, JW. 1923, 111; Wollweber, JW. 1923, 455; Moses, LZ. 1922, 641; Kleybolte, JW. 1923, 903; Bertermann, JW. 1923, 903; Hollinde, JW. 1923, 912.

Valutaschaden: RG. 98, 160; RG. 102, 60; RG. JW. 1921, 1311 [5]; RG. JW. 1922, 159 [2]; RG. JW. 1923, 498 [1] und 924 [8].

Hoeck, JW. 1922, 152; Krückmann, JW. 1922, 152; Hinkfeld, JW. 1922, 1112.

Vollstreckung von Valutaschulden: RG. JW. 1920, 657 [2]; OLG. Köln JW. 1920, 910 und JW. 1921, 91; OLG. Frankfurt JW. 1921, 1328 [4]; RG. JW. 1923, 505 [8] = LZ. 1923, 100, RG. JW. 1924, 411.

Nußbaum, JW. 1920, 15, 891, 910, DJZ. 1923, 20; Wach, JW. 1920, 657; Hirsch, DJZ. 1921, 327; Marquardt, LZ. 1922, 277.

Auf dem Gebiete des Vertragsrechtes sind hiernach eine Reihe von oberstrichterlichen Entscheidungen ergangen, die im großen und ganzen Anhaltspunkte für die Beurteilung der auftauchenden Zweifelsfragen geben und eine gerechte Entscheidung des einzelnen Falles ermöglichen. (Die Probleme, die auf dem Gebiete des Rechtslebens aus dem Währungsverfall erwachsen und das Verkehrsleben stark bedrängen, beschränken sich indes nicht nur auf das Gebiet des Vertragsrechtes: sie greifen darüber hinaus in das gesamte Rechtsleben ein. Ob die Rechtsprechung überhaupt imstande ist, das Problem der Geldentwertung als solches zu meistern, mag mit Rabel (JW. 1922, 481) bezweifelt werden. Jedenfalls muß sich die noch stark im Flusse befindliche Rechtsprechung auch mit der Fülle der Fragen befassen, die aus der Tatsache des Währungsverfalls, der Einführung einer neuen Währung usw. für die Rechtsbeziehungen erwachsen.)

Die Folgen der Geldentwertung zeigten sich in erster Linie bei der Beurteilung der sog. Goldklauseln bei den Darlehensgeschäften sowie bei der rechtlichen Würdigung des Einflusses der Einführung der Papiergeldwährung neben der Goldwährung.

Vgl. RG. 100, 79; RG. 101, 141; RG. JW. 1922, 1119 [1] = RG. 103, 384; KG. JW. 1923, 21 [3]; KG. Rspr. 43, 11; ObLG. Rspr. 42, 167, Rspr. 43, 13 und DJZ. 1923, 56, dazu Saar, JW. 1923, 746.

Über Geldentwertung und Konkurs vgl. Jaeger, LZ. 1924, 1; Lobe, JW. 1924, 158; Diemayr, BayZfR. 1924, 81.

Das Reichsgericht hat — abgesehen von dem bekannten Inventarstreit (RG. 104, 394), wo es sich aber nicht um die Erfüllung einer Geldschuld, sondern um die Ermittlung eines Schätzungswertes handelte — zunächst grundsätzlich daran festgehalten, daß die Erfüllung einer Geldschuld nach dem Gesichtspunkt des Nennwertzwangskurses zu beurteilen sei, daß also die Gleichung Mark = Mark trotz des verschiedenen wirtschaftlichen Inhaltes einer Leistung in Goldmark und in Papiermark das Rechtsleben beherrsche. An diesem Grundsatz hielt insbesondere das KG. in einzelnen Senaten noch in der letzten Zeit fest (KG. JW. 1923, 693 [2] und 1044 [13]; vgl. aber KG. LZ. 1923, 463).

Diesem Gedanken stellte erstmals das LG. Barmen KfH. JW. 1923, 530 [1] die Erwägung gegenüber, daß bei der Beurteilung von Geldschulden von der inneren Kaufkraft des Geldes auszugehen sei, wie sie sich in den Zahlen des Reichsindex über die Kosten der allgemeinen Lebenshaltung ausdrücke. Das LG. fährt fort: „In anderen Fällen muß man zur Grundlage nehmen, in welchem Maßstab der besondere Kaufpreis der streitigen Ware im allgemeinen Verkehr in der kritischen Zeit sich verändert hat. Namentlich wenn in der Ware durchwegs Auslandsrohstoffe und Inlandsarbeit stecken, wird auch das Verhältnis der Mark zum ausländischen Geld maßgebend sein, wie es sich in dem allerdings von der Politik abhängigen Kurs der Devisen ausdrückt."

Eine weitere Bresche in die Gleichung Mark = Mark legten die beiden bekannten Urteile des OLG. Darmstadt vom 29. März und 18. Mai 1923 (JW. 1923, 459 [2] und 522 [6]). Hier ist unter Hinweis auf die §§ 138, 157, 242 BGB. ausgesprochen, daß es dem normalen Anstands- und Billigkeitsgefühl widerspreche, wenn derjenige, der Goldwerte empfangen hat und in Gestalt eines Sachwertes fortbesitzt, die Markentwertung und die allgemeine Notlage ausnützt, um sich zum möglichen Ruin des Gläubigers auf dessen Kosten ungerechtfertigt zu bereichern (vgl. dazu Heymann, JW. 1923, 522 [6]; Keller, DJZ. 1923, 290 und 361; Rabel,

Recht 1923, 137; Stern, JW. 1923, 902; Zeiler, LZ. 1923, 426, endlich die ausgezeichneten Darlegungen des Urteilsverfassers OLGPräs. Best, JW. 1923, 980; ferner die Entscheidung des Obergerichts Danzig vom 16. Mai 1923, JW. 1923, 691 [2]). In diesem Zusammenhang mag auch auf die Stellungnahme des Höchsten Gerichtshofes in Warschau zu der Frage der Berücksichtigung der Geldentwertung in JW. 1923, 332 hingewiesen werden.

Wegen des Einflusses der Geldentwertung auf die soziale Rechtsentwicklung vgl. Baum, JW. 1923, 284; dort ist zutreffend ausgeführt, daß es bei der Beurteilung der Frage nicht darauf ankommt, was der Gläubiger der Geldforderung bei rechtzeitigem Empfang des Geldes getan hätte, sondern was er hätte tun können.

Die allgemeine Literatur zu dem hier angedeuteten Fragenkomplex ist bei der Wichtigkeit für das Verkehrsleben eine überaus reichhaltige; anzuführen sind

1. Übersichten über die Rechtsprechung des Reichsgerichts bei Oegg, BayZfR. 1921, 1; Plum, JW. 1916, 1359; 1917, 943; 199, 340; 1921, 51; 1922, 633; Warneyer, DJZ. 1921, 241; Zeiler, DJZ. 1923, 446 ff., 526 ff.;

über die Rechtsprechung des Kammergerichts bei Belsen, DJZ. 1923, 391 und 679; ferner Holland, DJZ. 1924, 112.

2. Einzelschriften und größere Arbeiten: Krückmann, Arch. f. ziv. Praxis Bd. 116, 157; Oertmann, Geschäftsgrundlage (1921); Zeiler, Geldentwertung (1921); Nußbaum, Das neue deutsche Wirtschaftsrecht (1922); Ballin, Gruch. 66, 371; Sobernheim, Gruch. 66, 260 (Besprechung der beiden letzteren Arbeiten durch v. d. Trenck, LZ. 1923, 468); ferner nachstehende, an der angegebenen Stelle besprochene Arbeiten: Henle, JW. 1923, 109 (Zeiler); Lehmann, JW. 1923, 275 (Plum); Warneyer, JW. 1923, 439 (Plum); Mügel, JW. 1923, 439 (Terhalle): Geiler, JW. 1923, 439 (Terhalle); Sontag, JW. 1923, 886 (Beutner); Beutner, JW. 1923, 886 (Hoeniger); Dessauer, JW. 1923, 887 (v. d. Trenck); Geldentwertung in der Praxis, JW. 1923, 888.

3. Aufsätze und Anmerkungen: Abraham, DJZ. 1923, 540; Auerbach, BayZfR. 1923, 164; Bendix, JW. 1923, 916; Best, JW. 1922, 1670; Beutner, DJZ. 1922, 740; Boeck, JW. 1923, 449; Böckel, JW. 1922, 1499; Bovies, JW. 1923, 449; Brandis, JW. 1922, 1434; Breme, LZ. 1919, 749; Dove, JW. 1920, 961; Düringer, JW. 1923, 433, JW. 1923, 873 und (Anträge) 893; Endemann, JW. 1921, 8; Faber, LZ. 1923, 505; Flad, Recht 1923, 143; Friedlaender, JW. 1923, 884; Gärtner, JW. 1923, 455; Geiler, JW. 1923, 434; Gumbinner, DJZ. 1923, 687 und 909; Hachenburg, JW. 1920, 961 und DJZ. 1923, 516; Hagemann, DJZ. 1923, 685; Hedemann, JW. 1921, 298; Heinsheimer, DJZ. 1920, 669; Henle, JW. 1923, 924; Herz, DJZ. 1923, 488; Heymann, DJZ. 1923, 211; DJZ. 1924, 18; Hirsch, JW. 1923, 453; Hueck, DJZ. 1919, 223; 1920, 275 und 558; JW. 1920, 489; Kitzinger, DJZ. 1923, 599; Koffka, DJZ. 1923, 157; Kraner, JW. 1923, 105; Kretschmar, LZ. 1923, 185; Krückmann, LZ. 1918, 961 und 1310; 1920, 206, 545, 592, 621; 1921, 583; JW. 1920, 136 und 961; 1921, 453 und 1447; 1922, 702 und 1510; 1923, 115; DJZ. 1921, 261; LZ. 1923, 305; Lahusen, JW. 1922, 1180; Ledig, DJZ. 1922, 740; Liebmann, DJZ. 1923, 656; Löwenwarter, JW. 1920, 490; Lobe, DJZ. 1923, 128; Lohe, JW. 1923, 451; Lucas, JW.

1923, 681; Manigk, DJZ. 1923, 532; Markuse, JW. 1923, 452; Matthiessen, LZ. 1921, 253; Maier, BayZfR. 1923, 192; Mengelkoch, DJZ. 1923, 587; Methner, DJZ. 1923, 357; Mügel, JW. 1921, 1269; DJZ. 1922, 73, JW. 1923, 874; Oswalt, JW. 1923, 877; v. d. Pfordten, Bay.-GemVZ. 1920, 801; Presser, DJZ. 1922, 148; Probst, JW. 1923, 880; Rabel, DJZ. 1921, 323; Recht 1923, 137; Reiling, JW. 1921, 20; Rosenthal, LZ. 1920, 429, LZ. 1923, 297, JW. 1921, 5, DJZ. 1922, 245; Roth, LZ. 1921, 194; Schneider, LZ. 1923, 41; Schranne, DJZ. 1922, 738; Seufert, BayZfR. 1923, 81; Simon, LZ. 1922, 305; Sokolowski, LZ. 1923, 247; Sonntag, JW. 1923, 906; Springmann, JW. 1923, 802; Stampe, JW. 1921, 10; Stern, LZ. 1921, 133; v. d. Trenck, JW. 1921, 453, LZ. 1923, 79; Westrum, JW. 1921, 620; Wollweber, JW. 1923, 918; Wunderlich, LZ. 1923, 335; Zeiler, JW. 1923, 803, 911.

Über die Aufwertung de lege lata vgl. noch Mügel, DJZ. 1924, 122 (Vortrag).

II.

Den beiden Urteilen des Darmstädter OLG. folgten alsbald andere Urteile: OLG. Düsseldorf JW. 1923, 1045 [15] und 1046 [16]; LG. Hannover JW. 1923, 1057 [5] (Aufwertung von Obligationen); LG. Münster JW. 1923, 1059 [9] (Aufwertung von Hypotheken). Das RG. selbst nahm zu der Frage der Aufwertung erst in einem Erkenntnis des V. Zivilsenates am 28. November 1923 (RG. 107, 78 = DJZ. 1924, 57 = LZ. 1924, 28 = JW. 1924, 38) in der Weise Stellung, daß die rechtliche Möglichkeit einer Aufwertung von Hypothekenforderungen nach dem geltenden Recht, insbesondere nach § 242 BGB., grundsätzlich anerkannt wurde, zumal hier der Schuldner regelmäßig in dem erheblich gestiegenen Wert des Grundstücks einen entsprechenden Ausgleich erhalten hat. Aus den Leitsätzen des Erkenntnisses ist hervorzuheben:

1. Nach § 242 BGB. ist zu berücksichtigen, was Treu und Glauben mit Rücksicht auf die Verkehrssitte im einzelnen Falle erfordern. Diese erfordern billige Rücksichtnahme auf die Interessen beider Teile. Daraus folgt, daß nicht schlechthin der Grundsatz aufgestellt werden kann, daß allgemein jede Hypothekenforderung ohne weiteres aufgewertet werden müsse oder daß bei allen die Aufwertung in gleichem Maße, etwa gar im Wertverhältnis der Papiermark zur Goldmark stattzufinden habe. Es werden vielmehr neben dem — bei Zugrundelegung der Papiermarkrechnung — gesteigerten Werte des Grundstücks, der hauptsächlich von Bedeutung sein wird, auch die anderen Umstände des Falles in Betracht kommen müssen, z. B. je nach der Sachlage die wirtschaftliche Leistungsfähigkeit des Schuldners, ferner der Umstand, ob es sich um landwirtschaftliche, industrielle oder städtische Grundstücke handelt; ebenso werden die Lasten, namentlich öffentlicher Art, die dem Grundbesitz auferlegt sind, bei Mietgrundstücken auch die Verminderung ihres Ertrages durch die zum Schutze der Mieter ergangenen Bestimmungen Berücksichtigung verdienen.

2. Die Bestimmungen des deutschen Währungsrechts stehen der Zulässigkeit der Aufwertung nicht entgegen: die das Rechtsleben beherrschende Vorschrift des § 242 BGB. habe bei dem Widerstreit zwischen Währung und schuldrechtlicher Leistungspflicht den Vorrang. Es müssen die Währungsvorschriften demgegenüber zurücktreten, weil bei ihrem Er-

lasse die Möglichkeit eines derartigen Währungsverfalls, infolgedessen die aus den Währungsbestimmungen sich ergebenden Folgerungen mit den Grundsätzen von Treu und Glauben sowie der Billigkeit nicht mehr vereinbar sind, nicht in Betracht gezogen, ein starres Festhalten an ihnen für diesen Fall also nicht vorgesehen war. Der Grundsatz Mark = Mark könne ohne Einschränkung nicht mehr aufrechterhalten werden.

3. Die aus § 242 BGB. zu entnehmenden Gesichtspunkte gelten auch für die Aufwertung der hypothekarisch gesicherten Forderungen. Zu dem gleichen Ergebnis kommt man auch im Wege der ergänzenden Auslegung des Vertrages, wenn nämlich vom Gericht geprüft wird, was die Parteien in Gemäßheit des gesamten Vertragszweckes vereinbart haben würden, wenn sie die Möglichkeit einer außergewöhnlich hohen Geldentwertung vorausgesehen, diesen Fall gleichfalls geregelt hätten und dabei dem Gebote von Treu und Glauben gefolgt wären (§ 157 BGB.), und wenn untersucht wird, ob nach diesem Parteiwillen beim Vertragsschlusse der Gläubiger Befriedigung nur nach dem Nennwerte des damals festgesetzten Betrages zu beanspruchen haben sollte, ganz gleichgültig, welchen wirtschaftlichen Wert das gesetzliche Zahlungsmittel jeweils haben würde, oder ob die Absicht dahin ging, daß bei außerordentlicher Entwertung desselben der Anspruch des Gläubigers sich gegenüber der ziffernmäßigen Festlegung der Geldsumme im Vertrage in angemessenem Umfange vergrößern sollte.

4. Zu der Frage der Zulässigkeit einer Aufwertung bei anderen als Hypothekenforderungen, insbesondere bei Anleiheforderungen von Privatunternehmungen oder Körperschaften des öffentlichen Rechtes, bei Sparkassenguthaben, Pfandbriefforderungen usw. wurde in dem Erkenntnis keine Stellung genommen; ebensowenig zu den Folgerungen, die aus der schuldrechtlichen Entscheidung auf die dingliche Sicherung zu ziehen sind.

Zu dem Aufwertungsurteil vom 28. November 1923 vgl. Gerstmeyer, Lehmann u. Kipp, JW. 1924, 402 ff.

III.

Die vorstehende Entscheidung brachte endlich auch die gesetzgeberische Behandlung des Problems in Fluß. Bereits im Jahre 1921 wurde von Mügel und Zeiler die Forderung auf gesetzgeberische Lösung der Frage erhoben und der Antrag des Reichstags-Abg. Dr. Düringer, betr. Erlaß eines Hypothekensperrgesetzes diente dem gleichen Zwecke (vgl. dazu JW. 1923, 873 u. 893).

Lange bevor sich die Reichsregierung mit der Behandlung des Geldentwertungsproblems befaßte, wurden — soweit bekannt — drei förmliche Gesetzentwürfe von privaten Personen veröffentlicht:

1. Mein eigener „Entwurf eines Gesetzes über die Geldentwertung", am 29. Juni 1923 dem Reichstag vorgelegt (abgedruckt oben Teil I S. 5); er kam nicht zur Behandlung im Parlament, wurde mir nach fast 3/4 Jahren nach der Auflösung des Reichstags im März 1924 zurückgesandt.

2. Der Gesetzentwurf des Richtervereins beim Reichsgericht betr. Ausgleich der Folgen wirtschaftlicher Änderungen, im besonderen der Veränderungen des Geldwertes, veröffentlicht DJZ. 1923, 441.

3. Der Vorschlag Rosenbergs, der sich auf die Aufwertung der Hypotheken beschränkt, DJZ. 1923, 649 (dazu Stehberger, DJZ. 1923, 743).

Meinem Gesetzentwurf habe ich längere Darlegungen über die wirtschaftliche und währungspolitische Notwendigkeit einer Lösung der Frage der Geldentwertung im Wege der Gesetzgebung vorausgeschickt, auf deren Veröffentlichung wegen Raummangels hier verzichtet werden muß; die Begründung des Entwurfes als solchen ist in der BayGemVZ. 1923, 561 abgedruckt. Die vorgeschlagene Regelung gründet sich auf die rechtliche und sittliche Überzeugung von der Notwendigkeit einer allgemeinen Aufwertung nach dem Maßstab der Entwicklung des Währungsverfalls, dessen praktisch-technische Erfassung durch besondere Entwertungstafeln für die Zeit vor dem Inkrafttreten des Gesetzes ermöglicht werden sollte. Der Entwurf beschränkt sich zeitlich nicht auf die Gegenwart und die Zukunft, er will auch bis zu einem gewissen Grade für Grundstücksverkäufe, Darlehen, Schuldverschreibungen sowie für Renten- und Versicherungsverträge (vgl. Heymann, DJZ. 1924, 18) auf die Vergangenheit zurückgreifen und das Unrecht zum Teil wiedergutzumachen suchen, das beim Versagen des Gesetzgebers die den veränderten wirtschaftlichen Bedingungen nicht mehr eindeutig genügende Rechtsordnung dem Rechtsverkehr zugefügt hat. Der Hinweis auf die Ordnungsfunktion des Rechts (Roth) rechtfertigt die Auffassung (Best, JW. 1923, 980 und Plum, JW. 1924, 53[14] Fußnote), daß nach Vertragserfüllung eine gesetzgeberische Behandlung ausgeschlossen sei, dann nicht mehr, wenn die geltende Rechtsordnung die Verhältnisse nicht mehr zu meistern vermag.

Zu welchen Folgerungen die Versagung rückwirkender Kraft der Problemlösung führen kann, läßt sich aus der Tragweite jenes Satzes des § 11 der Dritten Steuernotverordnung ermessen, der gerade demjenigen Gläubiger die Rückwirkung der Aufwertungsbestimmungen versagt, der sich auf die „Ordnungsfunktion" des Rechts verlassen und ohne Vorbehalt (vgl. OLG. Darmstadt JW. 1924, 206[9]: Annahme der Papiermark ist keine Erfüllung) die Zahlung seiner Forderung angenommen hat. Hier wird die Ordnungsfunktion des Rechts positiv geleugnet und jener Gläubiger expressis verbis verurteilt, der sich hierauf verlassen hat. Über die zivilrechtliche Bedeutung des Vorbehalts vgl. neuerdings Koppers, DJZ. 1924, 307 u. v. Velsen, DJZ. 1924, 351.

Die derzeit geltende gesetzliche Regelung des gesamten Aufwertungsproblems hat ihre rechtliche Grundlage in Art. I und II (§§ 1—16) der Dritten Steuernotverordnung, erlassen von der Reichsregierung auf Grund des Ermächtigungsgesetzes vom 8. Dezember 1923 am 14. Februar 1924 (RGBl. I S. 74). Wohl selten hat die gesetzgeberische Behandlung einer Materie so stark die breite Öffentlichkeit beschäftigt, wie die Vorbereitung dieser Verordnung, die allerdings — wohl dem Druck der öffentlichen Meinung — in mancher Beziehung eine seltsame Wandelung durchgemacht hat: von einem ursprünglich in Aussicht genommenen Verbot jeglicher Aufwertung bis zu der endgültigen Zulassung einer Aufwertung von durchschnittlich 15 vom Hundert unter vorläufigem Ausschluß der öffentlichen Anleihen.

Aus der unendlichen Zahl von Kundgebungen für die Aufwertung entsprechend der Rechtsprechung des höchsten Gerichtshofes sei lediglich der Beschluß des Richtervereins beim Reichsgericht hervorgehoben (JW.

1924, 90). Dort wird die Reichsregierung unter Hinweis auf den von der Rechtsprechung betonten großen Gedanken von Treu und Glauben davor gewarnt, das Ergebnis der Rechtsprechung durch ein Machtwort des Gesetzgebers zu vereiteln. Die Kundgebung — darin liegt zweifellos etwas Außergewöhnliches — schließt mit den Worten: „Schon ist in der Öffentlichkeit mehrfach und eindringlich die Frage erörtert worden, ob nicht der geplante Eingriff selbst als ein Verstoß gegen Treu und Glauben, als unsittlich seiner unsittlichen Folgen wegen, als eine verfassungswidrige Enteignung oder als eine dem verfassungsmäßig gewährleisteten Grundsatz der Allgemeinheit der Besteuerung Hohn sprechende Steuer rechtsunwirksam wäre. Die ernste Gefahr einer solchen oder ähnlichen richterlichen Beurteilung der geplanten Maßnahme — auch durch das höchste Gericht — besteht, und sie besteht auch dann, wenn die Regierung, unter dem Druck der aufgetretenen Widerstände die ursprünglich geplante Schroffheit mildernd, die im Recht begründete Aufwertung nur zum Teil verbieten sollte. Der Vorstand bittet, dieses Bild von der Stimmung beim Reichsgericht so ernst, wie es geschildert ist, zu würdigen."

Dieser öffentlichen Kundgebung setzte der Reichsjustizminister ein offenes Schreiben (DJZ. 1924, 122) entgegen, in dem er dem Gericht das Recht aberkennt, ein verfassungsmäßig zustande gekommenes Gesetz deshalb nicht anzuwenden, weil es nach der Ansicht der Mehrheit seiner Mitglieder mit dem allgemeinen Sittengesetz nicht im Einklang stehe. Das Leben des Einzelnen und der Gesamtheit habe sich nach den Gesetzen zu richten und die Gerichte hätten nach den bestehenden Gesetzen Recht zu sprechen. (Zustimmend Simons, DJZ. 1924, 241.)

Es würde zu weit führen, im Rahmen dieser Arbeit zu den hier aufgeworfenen schwierigen Fragen über den Umfang des richterlichen Nachprüfungsrechtes (vgl. hierzu RG. 103, 200; Bühler, DJZ. 1924, 580; Goldschmidt, JW. 1924, 245; Bendix, JW. 1924, 527, aber auch v. d. Pfordten, BayZfR. 1918, 297) und über das Verhältnis des Staates und seiner Gesetzgebung zum Sittengesetz (Hedemann, DJZ. 1924, 187) Stellung zu nehmen. Jedenfalls zählt die Dritte Steuernotverordnung zu den umstrittensten Gesetzen, die das deutsche Rechtsleben kennt.

Mag der Verordnung in der gegenwärtigen Gestalt ein längeres oder kürzeres Dasein beschieden sein, mag man sie, wie jüngst wiederum der V. Zivilsenat am 1. März 1924 (JW. 1924, 461[3] = DJZ. 1924, 395) erkannt hat, rechtsgültig sein oder nicht (so LG. I Berlin JW. 1924, 332) — der Fülle der Auswirkungen des Aufwertungsproblems in rechtlicher, wirtschaftlicher und politischer Beziehung wird sich niemand verschließen können.*)

Rein rechtlich betrachtet zerstört die Gesetzesnorm Rechte und Verbindlichkeiten, die durch das Schuldverhältnis nach §§ 241, 242 BGB. begründet worden sind (dazu Zeiler, JW. 1924, 461). Der Anspruch des Gläubigers wird gekürzt, die Leistung des Schuldners beschränkt. Damit entfallen zu-

*) *Während der Drucklegung erschienenes Schrifttum: Karger, DJZ. 1924, 136; Zarden, DJZ. 1924, 175; Mügel, DJZ. 1924, 182 u. 314; Becker, DJZ 1924, 273; Grau, DJZ. 1924, 280; Poetzsch, DJZ. 1924, 339 (Verfassungsmässigkeit bejaht); Sellner, BayZfR. 1924, 65 u. von Velsen, DJZ. 1924, 351, sowie JW. 1924, 473 ff.*

gleich auch andere, dem Schuldverhältnis als Organismus entspringende Einzelrechte. Die Rechtsidee, die über die rein formale Rechtsbindung hinaus die Beziehungen zwischen Gläubiger und Schuldner unter den Gesichtspunkt der ethischen und sittlichen Pflichterfüllung stellt, ist durch die formale Abstempelung auf einen Prozentsatz zerstört. Gerade die Ausweitung des Grundgedankens von Treu und Glauben, die der Rechtsprechung des höchsten Gerichtshofes im letzten Jahrzehnt das Gepräge gegeben hat, durfte nicht in dem vom Gesetzgeber bestimmten Ausmaß beiseite geschoben werden, wenn man nicht das Rechtsempfinden weiter Kreise verletzen wollte. In der Art der gesetzlichen Regelung, in dem „wie", nicht in dem „daß" liegt der Schwerpunkt der Rechtsfrage: kein Verständiger wird bestreiten, daß eine volle Aufwertung der langfristigen Schulden für den größten Teil der Schuldner — nicht für alle — unerträglich wäre. Daß aber eine Kürzung in dem von der Reichsregierung beliebten Ausmaß für alle, auch für die Verpflichtungen der leistungsfähigen Schuldner im Wege des Zwanges durchgeführt werden mußte, vermag die Mehrheit des Volkes als staatliche Notwendigkeit nicht anzuerkennen, auch nicht aus dem Gesichtspunkte steuerlicher Notwendigkeiten (vgl. hierzu die Entwertungsabgabe in § 5 meines Entwurfs). Die Erschütterung des Vertrauens zu der Rechtsprechung, deren Geltung durch formales Gesetzeswort beiseite geschoben wird und zu dem Gesetzgeber, der die ihm gebotene Rechtsgrundlage außer acht läßt, sind die Folge solcher Eingriffe in die Rechtsordnung. Man kann schließlich eine Rechtsentwicklung gewaltsam zurückbiegen, aber nicht aufhalten. Übernimmt die Reichsregierung die Verantwortung hiefür, dann darf man sich über den Abbruch an Staatsgesinnung (Hedemann, DJZ. 1924, 187) nicht beklagen: ein solcher wäre — soweit man überhaupt hiervon sprechen kann — nur der Ausdruck für die Widerstandskraft des Volkes gegen die Unterdrückung seines Rechtsbewußtseins, das es sich durch formale Gesetze nicht nehmen läßt. Es gibt höhere Begriffe als das Machtwort des Gesetzes: das Recht, nicht als empirische Gegebenheit, sondern als Idee (Sauerländer, LZ. 1923, 377; Goldschmidt, JW. 1924, 245; Sauer, DJZ. 1924, 252 u. LZ. 1924, 177), die über Zeit und Raum hinausragt und daher den gesetzgeberischen Gewaltmaßnahmen entrückt ist.

Für das Rechtsleben sind derartige gesetzgeberische Eingriffe von nicht übersehbarer Tragweite: sie erschüttern für die Zukunft die sittliche Grundlage der auf anderen Grundsätzen aufgebauten Rechtsordnung — auch soweit sich Gesetz und Recht (im Sinne der Rechtsidee) decken.

Bei dem Zusammenhang zwischen Rechts- und Wirtschaftsordnung kann auch die Auswirkung der Aufwertungsformel auf das Wirtschaftsleben nicht ausbleiben. Nur auf zwei Punkte sei hier hingewiesen: auf das Kreditwesen und die Währungsreform, die beide innerlich verbunden sind. In der Begründung meines Gesetzentwurfs über die Geldentwertung habe ich ausgeführt, daß die Regelung dieses Problems vor der endgültigen Stabilisierung der Mark gesichert sein müsse. Durch die Einführung des wertbeständigen Zahlungsmittels ist — wie die Wirtschaftstatsache der Kreditnot beweist — die Auffassung nicht überholt: im Gegenteil zeigen die Bestrebungen, die Rentenmark durch Einführung der Wertbeständigkeit jeglicher Kreditinanspruchnahme zu sichern, wie notwendig die Ergänzung der währungspolitischen Maßnahme der Einführung der Rentenmark trotz ihres überraschenden Erfolges durch die gesetzgeberische Erfassung der Geldentwertung im Sinne meines Entwurfes gewesen wäre. Es darf sogar behauptet werden, daß die Normen meines Entwurfes für sich allein — auch ohne wertbeständiges Zahlungsmittel — noch im Sommer 1923 den katastrophalen Währungsverfall im Ausmaße des November hätten verhüten können. Wären durch eine solche Maßnahme die heftigsten Schwankungen des Geldwertes verhütet worden, so wäre die endgültige Lösung des Stabilisierungsproblemes wohl rascher, jedenfalls ohne die großen Opfer der Wirtschaft möglich geworden. Denn darüber kann kein Zweifel bestehen, daß die Rentenmark — beschränkt auf den Inlandsverkehr — noch keine endgültige Lösung darstellt; wann diese möglich und mit welchen Opfern sie verbunden sein wird, läßt sich heute noch nicht absehen. Ohne völlige Auswirkung der Geldentwertung, also ohne die Klausel der Wertbeständigkeit für alle Geldschulden, ist eine endgültige Lösung nicht möglich. Die Unterbindung dieser Auswirkung bei der Behandlung des Aufwertungsproblems ist darum auch vom währungspolitischen Standpunkt aus verfehlt; die Stabilisierung der Währung wird hierdurch nicht gefördert. Bei dieser Auswirkung kann auch keine Rede davon sein, daß durch diese Maßnahme eine neue Gefahr für die Währung durch Schaffung sog. zusätzlicher Kaufkraft herbeigeführt würde; denn es tritt keine unheilvolle Einkommenssteigerung einzelner Bevölkerungsschichten ein, vielmehr entspricht der Einkommenssteigerung auf der einen Seite eine Verminderung des Einkommens auf der anderen Seite.

Die andere Wirkung der Aufwertungsformel ist die Abschnürung des Kredits:*) das Kreditinstrument, das Vertrauen in die Rechtsbindung ist durch den gesetzgeberischen Eingriff für die Vergangenheit zerbrochen, für die Zukunft nur schwer zu gebrauchen, zumal keinerlei Garantie gegen eine Wiederholung derartiger gesetzgeberischer Maßnahmen geboten ist (vgl. Kiefersauer, BayZfR. 1924, 70). Es wäre gefährlich, wollte man sich damit begnügen, die für Industrie und Landwirtschaft notwendigen Kredit sich im Wege der Auslandsverschuldung zu beschaffen; das würde weder auf die Dauer möglich noch im Interesse der deutschen Wirtschaft gelegen sein. Nur die Kapitalbildung aus dem deutschen Volke selbst kann die Kreditnot beseitigen. Eine solche Kapitalbildung setzt aber voraus, daß die Kapitalvernichtung durch die Aufwertungsformel beseitigt oder doch auf ein Mindestmaß zurückgeführt wird; denn die Entscheidung darüber, ob und in welchem Umfang das Einkommen zum Konsum oder zur Kapitalbildung verwendet wird, ist der Privatwirtschaft des Einzelnen überlassen. Diese Entscheidung, die privatwirtschaftlich Genießen oder Sparen bedeutet, wird wesentlich beeinflußt von dem Schicksal des bisherigen Sparkapitals und es wäre psychologisch verfehlt, wollte man bei der derzeitigen Lösung dieser Frage mit einer Entscheidung zugunsten der Kapitalbildung (Sparen) rechnen, zumal auch heute nach der großen

*) Wegen der Einwirkung auf die Wohnungsbautätigkeit insbesondere vgl. Kiefersauer, BayGemVZ. 1924, 270 und Anm. 3 zu Ziff. 1 der VO. vom 28. März 1924.

Umschichtung des deutschen Volkes der Sparsinn nur in der gleichen Schicht, dem Mittelstand, gepflegt werden würde. Kapitalbildung, Einschränkung des Konsums, Senkung der Preise und günstigere Gestaltung der Handelsbilanz werden hiernach von der richtigen Lösung des Aufwertungsproblems wesentlich beeinflußt; der Weg zur Gesundung der deutschen Wirtschaft geht von der „Aufwertung“ aus.

Als wirtschaftliche Ausgleichsmaßregel kann die Aufwertungsformel gleichfalls nicht erachtet werden: sie entbindet auch jene Schuldner von der Leistungsverpflichtung, die über die Aufwertungsformel hinaus zu leisten imstande wäre. Verfehlt ist insbesondere die Bestimmung, daß der Aufwertung immer nur der Goldmarkbetrag nach dem amtlichen Berliner Kurs für Auszahlung New-York (§ 2 Abs. 2 StNVO.) zugrunde zu legen ist, obwohl die innere Kaufkraft des Geldes bis etwa November 1923 bekanntlich immer unter dem Börsenkurse gestanden war (vgl. den Gesetzentwurf des Richtervereins DJZ. 1923, 441; wie hier nunmehr auch Roth, LZ. 1924, 209). Durch diese schematische Regelung, die durch die von mir vorgeschlagene Aufstellung von Entwertungstafeln für Wochen oder Monate der Geldentwertungsepoche bis etwa November 1923 vermieden werden sollte, werden unzählige Gläubiger schwer geschädigt, weil der Verkehrswert ihrer Geldforderung zur Zeit der Begründung tatsächlich ein höherer gewesen ist als der für die Umrechnung zugrunde gelegte Goldmarkwert. Gerade nach dieser Richtung bedarf die Verordnung dringend einer Änderung.

Zu diesen unerwünschten rechtlichen und wirtschaftlichen Auswirkungen der Aufwertung im Sinne der Verordnung gesellt sich eine ebenso mißliche außenpolitische Wirkung: das Ausland nutzt, soweit es Reparationsansprüche geltend macht, die auf Kosten der Gläubiger geschaffene Entschuldung der öffentlichen Körperschaften (§ 16 StNVO.) für sich aus. In dem Vorbericht des Sachverständigenausschusses ist zu lesen: das Deutsche Reich ist mit keinen inneren Schulden belastet. Die Entente geht weiter: die durch die „Abwertung“ frei gewordene Stelle im Hypothekenblatt des deutschen Grundbesitzes soll durch eine Generalhypothek zugunsten der Entente ausgefüllt werden.

Weitere Ausführungen zu der „geschichtlichen Tat erster Ordnung“ dürften sich erübrigen. Die deutsche Geschichte wird dereinst ihr Urteil fällen.

Sieht man von den Einzelheiten der gesetzgeberischen Behandlung des Fragenkomplexes ab und richtet man den Blick auf das Ganze, so drängen sich Zweifel darüber auf, ob überhaupt die Problemstellung eine richtige war. Zwei grosse Gesichtspunkte kommen hier in Betracht: Die Aufwertungsfrage ist ein Dauerproblem, dessen Lösung nicht durch einen einzigen gesetzgeberischen Akt, sondern nur durch eine Reihe organisch verbundener Gesetzesmassnahmen erfolgen kann; die Lösung selbst ist nur möglich als eine relative, den jeweiligen wirtschaftlichen Verhältnissen angepasste, sie kann und darf darum nicht absolut sein. Bei einer solchen Grundeinstellung wäre in erster Linie die grundsätzliche Verpflichtung des Geldschuldners zur unverkürzten Leistung gesetzlich anzuerkennen. Der gesetzliche Vollzug dieses Grundsatzes könnte durch zeitweilige Beschränkung des Forderungsrechtes des Gläubigers unter gleichzeitiger Sper-

rung des Leistungsrechtes des Schuldners in Etappen durchgeführt werden, soweit die Geldschuld als solche (Hauptsache) in Frage kommt. Die Zinsverpflichtung wäre mit sofortiger Wirkung uneingeschränkt zu erfüllen; Zahlungsaufschub könnte nur in besonderen Einzelfällen auf Antrag bewilligt werden. Mit der fortschreitenden Besserung der allgemeinen Wirtschaftslage wäre alsbald die Vollerfüllung der Geldverpflichtungen anzustreben. In die Lösung des Problems müssten auch die bereits erledigten Rechtsgeschäfte der Inflationszeit eingeschlossen werden, wobei man sich auf die wichtigsten Rechtsgeschäfte (vgl. §§ 2, 3 meines Entwurfs) zu beschränken hätte; ob dabei auch kurzfristige Kreditgeschäfte einbezogen werden können, müsste wohl nach den praktischen Auswirkuugen des § 24 RStVO. zu beurteilen sein.

IV.

Das Problem des Einflusses der Geldentwertung auf die Rechtsverhältnisse ist durch Art. I der Dritten Steuernotverordnung keineswegs allgemein gelöst: der Gesetzgeber beschränkte sich auf die Regelung der Aufwertungsansprüche aus „Vermögensanlagen", überließ daher einen großen Teil des Fragenkomplexes auch künftig der Rechtsprechung. Insofern behalten die unter I und II aufgestellten Gesichtspunkte auch nach Erlaß der Dritten Steuernotverordnung maßgebende Bedeutung.

Der Begriff der Vermögensanlagen, auf die sich die Verordnung allein bezieht, ist bestimmt

1. positiv durch die Aufzählung der einzelnen Vermögensanlagen in § 1 Abs. 2 Ziff. 1—10 und durch die Sonderregelung des § 16 für die öffentlichen Anleihen,
2. negativ durch die Bestimmung des § 12 Abs. 2, wonach bestimmte, dort einzeln aufgeführte Ansprüche überhaupt nicht als Vermögensanlagen anzusehen sind und daher auch nicht insoweit unter die Verordnung fallen, als nach § 12 Abs. 1 auch Vermögensanlagen anderer als der in § 1 Abs. 2 aufgeführten Art dem Höchstbetrag der Aufwertung — 15% des Goldmarkbetrages — unterworfen sind.

Was hiernach unter Vermögensanlagen überhaupt zu verstehen ist, sagt die Verordnung nicht. Man wird hieher alle geldwerten Ansprüche zu rechnen haben, die Bestandteile eines Vermögens bilden, d. h. der verfügungsberechtigten natürlichen oder juristischen Person eine gewisse, von vornherein festgelegte Zeit hindurch bestimmungsgemäß Ertrag oder Nutzung gewähren. Nur dauerhafte Genußgüter kommen in Frage.*) Außer den in § 1 Abs. 2 aufgeführten Vermögensanlagen kommen beispielsweise in Betracht: Darlehen, aber nur soweit sie in-

---

**) Die Schwierigkeit der begrifflichen Unterscheidung der Rechtsverhältnisse unter dem wirtschaftlichen Gesichtspunkt der Vermögenslage wird eine große Zahl von Rechtsstreitigkeiten heraufbeschwören, die auszuschalten einer der Hauptzwecke der Notverordnung war (ebenso nunmehr von Velsen, DJZ. 1924, 351) Über den Begriff der Vermögensanlage Hachenburg, DJZ. 1924, 368, insbes. aber Roth, LZ. 1924, 209, dessen eingehende Untersuchungen m. E. nicht völlig befriedigen können.*

folge langfristiger Dauer dem Vermögen des Darlehensgebers hinzugerechnet werden können, Restkaufgelder und Auseinandersetzungsansprüche unter der gleichen Voraussetzung. Dagegen werden Ansprüche aus kurzfristigen Darlehen, aus Geschäftsführung ohne Auftrag (vgl. RG. VII 16. März 1923, LZ. 1924, 33), aus ungerechtfertigter Bereicherung usw. grundsätzlich nicht als Vermögensanlagen anzusehen sein; sie fallen daher auch nicht unter die allgemeine Aufwertungsbeschränkung des § 12 Abs. 1. Ob und unter welchen Voraussetzungen Vermögensanlagen, die nicht in § 1 Abs. 2 aufgezählt sind, oder sonstige nicht unter diesen Begriff fallende Ansprüche aufzuwerten sind, bestimmt sich nach den von der Rechtsprechung aufgestellten Grundsätzen (s. I und II).

Im Rahmen der in der Entscheidung vom 28. November 1923 RG. 107, 78 aufgestellten Gesichtspunkte ist daher die Zulässigkeit der Aufwertung überall da anzuerkennen, wo es sich nicht um Vermögensanlagen handelt; für diese ist die Aufwertung durch gesetzlichen Eingriff beschränkt (§§ 1, 12, 16 StNVO.). Darüber hinaus ist durch Abs. 3 des § 12 die Aufwertung verboten für Ansprüche aus laufender Rechnung oder aus einem Kontokorrent (§§ 355—357 HGB. und Kiefersauer, Das Recht des Kontokorrents, Würzburg 1912 S. 13 und 156), aber nur insoweit, als sie den Saldo als solchen betreffen. Nur insoweit also eine Saldofeststellung von beiden Vertragsteilen tatsächlich vorgenommen worden ist, soweit also nach vorausgegangener Übersendung des Rechnungsauszuges der Saldo vom Vertragsgegner anerkannt, der Saldovertrag also tatsächlich abgeschlossen ist, greift das Verbot des Abs. 3 Platz; für alle anderen Fälle — nach den geschäftlichen Gepflogenheiten der Banken und sonstigen Geldinstitute für das zweite Rechnungshalbjahr 1923 wurde in der Regel von einem Rechnungsabschluß abgesehen — kann die Aufwertung aller einzelnen Rechnungsposten des Kontokorrents nach den Grundsätzen der Rechtsprechung unbeschränkt gefordert werden. Geht man davon aus, daß bei dem sog. uneigentlichen, also nicht unter § 355 HGB. fallenden Kontokorrent (Kiefersauer a. a. O. S. 160) eine Saldoanerkennung überhaupt nicht beansprucht werden kann, so fällt der uneigentliche Kontokorrent, auch „bloße offene Rechnung" oder „offenes Konto" genannt, schon an sich nicht unter das Aufwertungsverbot; hiefür ist jedoch zu beachten, daß die Tilgung der Einzelposten im Zweifel bereits (so auch im Grundsatz RG. 105, 233) nach den Grundsätzen der §§ 387 ff. BGB. durch Aufrechnung oder Zahlung erfolgt ist.

Unter den Rechtsverhältnissen, die von der Verordnung nach der positiven Vorschrift des § 12 Abs. 2 auch dann unberührt bleiben, wenn sie als Vermögensanlagen anzusehen sind, verdienen die Ansprüche aus gegenseitigen Verträgen besondere Hervorhebung. Von diesem Rechtsgebiete hat die Rechtsprechung zur Frage der Geldentwertung ihren Ausgang genommen, dieses Gebiet soll ihr unbeschränkt erhalten bleiben: Abs. 2 ist im Zusammenhalt mit Abs. 1 und 3 dahin zu verstehen, daß die Bestimmungen der Notverordnung für die hier genannten Rechtsverhältnisse nicht zur Anwendung kommen, so daß die Aufwertung nach den Grundsätzen der Rechtsprechung hier unbeschränkt zulässig ist. Soweit daher das Reichsmietengesetz nicht zur Geltung kommt, der Rechtsbehelf der gesetzlichen Miete also versagt, kann bei langfristigen Mietverträgen eine Erhöhung des Mietzinses aus dem Gesichtspunkte der Geldentwertung und der Aufwertung auch unter der Herrschaft der Notverordnung wie bisher verlangt werden (vgl. oben I).

Mietervertretung.

§ 17.

I Die Mieter eines Hauses sind berechtigt, einen oder mehrere von ihnen mit ihrer Vertretung in Mietangelegenheiten zu beauftragen (Mietervertretung, Vertrauensmann der Mieter, Mieterausschuß)[1].

II Die Mietervertretung[2] soll das Einvernehmen zwischen den Mietern und dem Vermieter fördern. Jeder Beteiligte soll sich in Streitfällen, insbesondere vor Anrufung des Mieteinigungsamts, zunächst an die Mietervertretung, soweit eine solche vorhanden, wenden; diese soll den Sachverhalt nach Möglichkeit klären und eine gütliche Einigung herbeizuführen suchen. Die Mietervertretung ist ferner befugt, die nach § 6 zulässigen Anträge neben dem Mieter oder an seiner Stelle zu stellen. In den Fällen des § 7 Abs. 1 Satz 4 und Abs. 4 soll vor der Entscheidung über einen Antrag des Vermieters die Mietervertretung gehört werden. Im Falle des § 7 Abs. 3 kann die oberste Landesbehörde bestimmen, daß die Mietervertretung die Auszahlung von Mitteln beantragen kann. Für Mieträume mit Sammelheizung und Warmwasserversorgung kann von der obersten Landesbehörde bestimmt werden, daß der Vermieter die Kosten der Heizstoffe einer zu diesem Zwecke nach näherer Anordnung der obersten Landesbehörde zu bildenden Mietervertretung nachzuweisen hat und daß dieser ein Mitwirkungs- und Aufsichtsrecht bei Beschaffung, Lagerung und Verwendung der Heizstoffe zusteht.

III Bei der Wahrnehmung ihrer Aufgaben hat die Mietervertretung dahin zu wirken, daß die Vertragsteile Forderungen und Maßnahmen unterlassen, welche die gemeinsamen Interessen der Vertragsteile oder das Gemeininteresse schädigen[3].

BayVollzV. §§ 31, 32.

1. Abs. 1 stellt lediglich fest, daß die Mieter eines Hauses berechtigt sind, eine Mietervertretung zu wählen, eine Befugnis, die sich bereits aus den allgemeinen Vorschriften des BGB. ergibt (Kiefersauer, BayZfR. 1922, 139). Voraussetzung: eine Mehrheit von Mietern in einem Hause; daher begrifflich keine Mietervertretung, wenn nur der Vermieter und ein Mieter im Hause wohnt, wenn die Mieter mehrerer Einfamilienhäuser des nämlichen Eigentümers einen Bevollmächtigten aufstellen. Außerdem kann die Landesgesetzgebung weitere Einschränkungen anordnen.

Mieter sind die aus dem Mietverhältnisse Berechtigten. Wegen der Abgrenzung des Mietverhältnisses von anderen Rechtsverhältnissen vgl. § 1 Anm. 2. Sind mehrere Mieter am Vertrag beteiligt, so ist jeder zur Beauftragung befugt. Die bloße Mitunterzeichnung des Mietvertrages durch die Ehefrau macht diese in der Regel noch nicht zur Mieterin (vgl. § 19 MSchG. Anm. 2). Mieter im Sinne dieser Vorschrift ist nicht der Untermieter, da dieser, obwohl ein echtes Mietverhältnis vorliegt, in keinerlei unmittelbare Rechtsbeziehung zum Vermieter tritt. Wahlberechtigt ist auch, wer nicht die gesetzliche Miete, sondern die vertragsmäßige Miete entrichtet.

Nur Mieter des Hauses können in die Mietervertretung gewählt werden; Mieter eines anderen Hauses desselben Eigentümers oder dritte Personen sind nicht wählbar. Es wird jedoch als zulässig zu erachten sein, daß die ordnungsgemäß gewählte Mietervertretung eine dritte Person, z. B. einen Rechtsanwalt mit der Vertretung beauftragt (vgl. Kiefersauer, BayZfR. 1922, 139).

Über die Berufung oder Wahl der Mietervertretung (MV.) enthält das Gesetz keinerlei Vorschriften. Daß sämtliche Mieter den Auftrag erteilen müssen, ist nicht notwendig; dies würde in den meisten Fällen praktisch dazu führen, daß eine Mietervertretung nicht zustande kommt. Das kann nicht die Absicht des Gesetzes sein. Es wird deshalb genügen, wenn die Mehrheit der Mieter an der Aufstellung der Mietervertretung mitwirkt. Eine aktive Wahlbeteiligung ist nicht notwendig; es ist ausreichend, wenn die Zustimmung zur Wahl, die auch stillschweigend erfolgen kann, festgestellt werden kann (dazu Genthe, § 17 Anm. 2).

Ein Zwang zur Bildung von Mietervertretungen ist in Bayern auch nicht für Mieträume mit Sammelheizung und Warmwasserversorgung vorgeschrieben; § 32 der bayer. AusfBest. läßt für die Bestellung dieser besonderen Vertretung einen Mehrheitsbeschluß ausdrücklich zu.

Für die Beauftragung selbst gelten die Vorschriften der §§ 164 ff. und 662 ff. BGB. Auch für den Widerruf gelten die allgemeinen Bestimmungen des BGB. (§§ 167, 168, 677 BGB.). Die Mietervertretung vertritt nicht die Gesamtheit der Mieter, sondern immer nur ihre Auftraggeber.

Die Mietervertretung ist keine selbständige Rechtspersönlichkeit (juristische Person); sie kann daher auch nicht im eigenen Namen klagen. Es müssen vielmehr sämtliche von ihr vertretene Mieter in der Klageschrift namentlich aufgeführt sein; dies gilt nicht für die Fälle, in denen, wie z. B. in § 1 Abs. 1 Satz 2 RMG., § 32 bayer. AusfBest. (unten Anm. 2 e) der MV. ein selbständiger Anspruch gegen den Vermieter zusteht: hier können die Mitglieder der MV. gemeinsam als Mietervertretung klagen, ohne einer Prozeßvollmacht der Mieter zu bedürfen (ebenso Stümper, § 17 Anm. 5). Das gleiche gilt, wenn, wie z. B. im Falle des Abs. 2 Satz 3 die MV. neben oder an Stelle des Mieters zu handeln befugt ist.

2. Aufgaben der Mietervertretung. Wenn auch § 17 hinsichtlich der Rechte der Mieter, eine Vertretung aufzustellen, neues Recht nicht schafft, so bringt doch die organisatorische Ausgestaltung der der Mietervertretung zustehenden Befugnisse eine Neuregelung, die sich von den bisherigen Befugnissen der sog. wilden Mieterräte, die nur die Befugnisse hatten, die jedem einzelnen Mieter zustanden (RG. in JW. 1922, 1395) wesentlich unterscheidet.

a) Die Vertretungsbefugnis der MV. umfaßt alle Mietangelegenheiten, gleichviel, ob es sich um die Durchführung des RMG., des MSchG. oder des WMG. handelt. Auch rein zivilrechtliche, nach dem BGB. zu beurteilende Angelegenheiten zählen hieher. Umfang und Art der Befugnisse der MV. im einzelnen Fall ergibt sich aus der Auftragerteilung.

b) Die besonderen Aufgaben der MV.:

α) Förderung des Einvernehmens zwischen Mieter und Vermieter, also nicht bloße Interessenvertretung. Die MV. hat in erster Linie eine vermittelnde und schlichtende Tätigkeit zu entfalten (Satz 1). Sollvorschrift des Satz 2 Abs. 3.

β) Befugnis zur Antragstellung neben oder an Stelle des Mieters im Falle des § 6 (Antrag auf Anordnung der Sicherung der Ausführung notwendiger laufender Instandsetzungsarbeiten) (Satz 3).

γ) Bei Anträgen des Vermieters auf Zustimmung zur Inanspruchnahme von Mitteln des Hauskontos (§ 7 Abs. 1) oder auf Bewilligung eines Zuschlages für eine große Instandsetzungsarbeit (§ 7 Abs. 4) soll die MV. vor der Entscheidung des MEA. gehört werden (Satz 4). Bei Nichtbeachtung der Sollvorschrift ist die Entscheidung trotzdem gültig.

δ) Die MV. ist berechtigt, Antrag auf Auszahlung von Mitteln aus dem Ausgleichsfonds zu stellen (Satz 5; § 31 Abs. 2 bayer. AusfBest.).

ε) Mitwirkungs- und Aufsichtsrecht der besonderen MV. bei Beschaffung, Lagerung und Verwendung der Heizstoffe; Nachweispflicht des Vermieters hinsichtlich der Kosten der Heizstoffe (Satz 6; § 32 bayer. AusfBest.). Die besondere MV. gilt nicht ohne weiteres auch als Mietervertretung im Sinne des § 17; hiezu kann sie aber ausdrücklich bestellt bzw. es kann die MV. des § 17 zugleich mit den Aufgaben der besonderen MV. des Satzes 6 betraut werden.

3. Außerhalb des RMG. (vgl. § 16) braucht der Vermieter eine Mietervertretung nicht anzuerkennen; soweit Mieter andere Personen, also auch Mieter des gleichen Hauses, mit der Vertretung beauftragen, gelten die allgemeinen Vorschriften des BGB. über Stellvertretung, Bevollmächtigung und Auftrag. Die bayer. VO. vom 28. März 1924 beeinträchtigt die Rechte der Mietervertretung nicht (vgl. aber § 11 Anm. 4). Wegen der Zulässigkeit der Zuziehung von Mitgliedern der Mietvertretung als Beisitzer beim MEA., beim Amtsgericht als Aufhebungsgericht und als MEA. vgl. § 7 Abs. 3 und § 38 Abs. 3 MSchG.

Mietenverzeichnis.

§ 18.

I Die oberste Landesbehörde kann allgemein oder für bestimmte Gemeinden anordnen, daß der Vermieter der Gemeindebehörde binnen einer bestimmten Frist anzuzeigen hat, was ihm über die Höhe der das Haus betreffenden Friedensmieten (§ 2 Abs. 1 Satz 1) bekannt ist. In den Fällen des § 2 Abs. 3, 4 und 5 hat das Mieteinigungsamt die von ihm festgestellte oder festgesetzte Friedensmiete der Gemeindebehörde mitzuteilen.

II Die Gemeindebehörden haben die Anzeigen zu sammeln und nach näherer Bestimmung der obersten Landesbehörde aufzubewahren. Die oberste Landesbehörde bestimmt auch die Form und den Inhalt der von dem Vermieter zu erstattenden Anzeige[1] [2].

BayVollzV. § 3.

1. In Bayern ist den Gemeinden die Anlegung eines Mietenverzeichnisses anheimgegeben. Strafbestimmung § 23.

2. Über Umfang und Bedeutung des Wohnungskatasters sowie seine rechtliche Ausgestaltung vgl. Kiefersauer, „Zur Reform des Wohnungswesens" 1919 S. 30 und Kiefersauer-Scherer S. 83.

Schlußbestimmungen.

§ 19.

I Auf die nach diesem Gesetze den Vertragsteilen zustehenden Rechte kann nicht verzichtet werden. Eine Vereinbarung, nach der einem Vertragsteil bei Ausübung der Rechte besondere Nachteile erwachsen sollen, ist unwirksam[1].

II Die Vorschriften dieses Gesetzes finden auch auf Verträge Anwendung, die unter Umgehung oder zum Zwecke der Umgehung des Gesetzes abgeschlossen sind[2].

1. Vgl. § 49 MSchG. und die Ausführungen hierzu. In Betracht kommen hier insbesondere Vereinbarungen, wonach die Parteien auf das Recht verzichten, jederzeit die gesetzliche Miete verlangen zu können; weiterhin nach Einführung der gesetzlichen Miete die Abrede, daß auf einzelne bei der Durchführung der gesetzlichen Miete gegebenen Rechte z. B. auf das Antragsrecht des Mieters aus § 6 verzichtet wird. Auch die Vereinbarung, daß die gesetzliche Miete nur durch eingeschriebenen Brief verlangt werden könne, verstößt gegen das Gesetz (§ 1) und ist daher nichtig (vgl. § 1 Anm. 6).

Dagegen kann aus § 19 nicht gefolgert werden, daß die gesetzliche Miete nicht später durch Vertragsabrede beseitigt und durch den „vereinbarten Mietzins" § 535 BGB. ersetzt werden könne; dieses Recht folgt bereits aus § 1 RMG. (vgl. § 1 Anm. 4 u. 5).

Der Vermieter wie der Mieter können sich hiernach weder im Verfahren vor dem MEA. noch in dem Verfahren vor dem ordentlichen Gericht auf einen Verzichtsvertrag berufen; ein solcher Einwand, eine solche Klagebegründung wäre unzulässig und unbeachtlich.

Nichtig ist auch eine Vereinbarung, wonach Vertragsabreden im Falle der Inanspruchnahme der gesetzlichen Miete erlöschen sollen, wenn diese besonderen Verabredungen offensichtlich ohne Einfluß auf die Höhe des Mietzinses waren, z. B. Vereinbarung eines Vorkaufsrechtes für den Mieter, der Nichtvermietung an Geschäftskonkurrenten usw. vgl. § 20 Anm. 3.

2. Vgl. § 49 MSchG. und die Ausführungen hierzu. Derartige Verträge sind nicht unwirksam; ihre Durchführung wird den Vorschriften dieses Gesetzes auch dann unterstellt, wenn die entgeltliche Leistung nicht als Mietzins bezeichnet oder wenn überhaupt ein Mietverhältnis nicht vorliegt (vgl. § 1 Anm. 2). Wegen der Gleichstellung der Miet- und Pachtverhältnisse bei Erhebung der Mietzinssteuer in Form einer Aufwertungssteuer vgl. § 30 Ziffer 2 der dritten Steuernotverordnung.

Für Umgehungsverträge gilt grundsätzlich auch § 134 BGB.; § 19 bringt dieser Vorschrift gegenüber eine Erweiterung. Ist nach § 19 nur ein Teil des Vertrages nichtig, so kann § 139 BGB. nicht zur Anwendung kommen, da insoweit § 134 BGB. durch § 19 BGB. ersetzt wird: der übrige Inhalt des Vertrages bleibt also rechtswirksam (so Lindemann, Recht 1922, 55); vgl. hierzu die Ausführungen des RG. zu den §§ 139, 566 BGB. hinsichtlich des Vormietvertrages RG. 86, 34.

§ 20.

Tritt die gesetzliche Miete an die Stelle des vereinbarten Mietzinses [1], so richtet sich die Verpflichtung zur Tragung der Betriebskosten und zur Instandhaltung des Mietraums nach den Vorschriften des Bürgerlichen Gesetzbuchs [2]; außerdem erlischt jede vom Vermieter oder Mieter übernommene, ihm nach den Vorschriften des Bürgerlichen Gesetzbuchs über den Mietvertrag nicht obliegende Verpflichtung, sofern sie auf die Festsetzung der Höhe des Mietzinses offenbar von Einfluß war [3]. Im übrigen bleiben die auf Gesetz oder Vertrag beruhenden Rechte und Pflichten der Vertragsteile unberührt [4].

1. Die Anwendung des § 20 RMG. hat zur Voraussetzung, daß die gesetzliche Miete im Sinne des § 1 RMG. durch Parteierklärung gemäß § 1 Abs. I oder durch eine Festsetzung des MEA. gemäß § 1 Abs. III u. IV den „vereinbarten Mietzins" (§ 535 BGB.) verdrängt hat. § 20 RMG. findet demnach keine Anwendung auf Mietrechtsverhältnisse, in denen der Mietzins vereinbart ist, mag auch der Mietzins vereinbarungsgemäß ganz oder teilweise nach den Vorschriften des RMG. berechnet werden. Alsdann gilt der Grundsatz der Vertragsfreiheit, der sich auch auf die Regelung der Leistungen des Vermieters hinsichtlich der Instandhaltung der Räume und der Sonderverpflichtungen beider Parteien über den Rechtssatz der §§ 536 ff. BGB. hinaus erstreckt. Die gesetzlichen Normen gelten in diesem Fall nur insoweit, als vertraglich nichts anderes bestimmt ist (Ergänzungsfunktion des BGB.).

Im Gegensatz hierzu greift § 20 RMG. mit zwingender Vorschrift ein: Die Vorschriften des BGB. über die Erhaltungspflicht des Vermieters, die sich in der Tragung der Betriebs- und Instandsetzungskosten äußert, gelten unbeschränkt überall da, wo die gesetzliche Miete von einem Vertragsteil in das bestehende Mietverhältnis eingeführt ist. Sie gelten kraft Gesetzes und beseitigen insoweit jede Parteivereinbarung, die die Vorschriften des BGB. in dieser Beziehung (vgl. Kiefersauer LZ. 1924, 158) zugunsten des einen oder anderen Vertragsteiles abändert. Diese Rechtsfolge tritt ein, auch wenn sie für die Vertragspartei, die die gesetzliche Miete verlangt hat, ungünstig wirkt; ein Widerruf der Erklärung nach § 1 RMG. ist auch in diesem Falle nicht statthaft (§ 1 RMG. Anm. 5).

Auch Ortsgebräuche müssen gegenüber der Vorschrift des § 20 RMG. zurücktreten, zumal sie ohnehin immer nur für die Auslegung von Verträgen in Betracht kommen.

§ 20 RMG. trägt weiterhin dem Gedanken Rechnung, daß das Mietrechtsverhältnis über die charakteristischen Rechte und Pflichten des BGB. hinaus noch andere Ansprüche und Leistungen vereinbarungsgemäß begründen kann, die man als sog. Nebenleistungen (s. Anm. 3) bezeichnet. Solche Nebenleistungen — gleichviel ob zugunsten des Mieters oder Vermieters begründet — sollen bei Einführung der gesetzlichen Miete unter der Voraussetzung erlöschen, daß sie auf die Festsetzung der Höhe des Mietzinses offenbar von Einfluß waren. Auch hier handelt es sich um einen Eingriff in die Vertragsfreiheit mit der Wirkung der Beseitigung von Rechten und Pflichten.

Für beide Fälle gilt der Grundsatz, daß die Rechtsveränderung eine endgültige ist, daß also die vertragsmäßigen Rechte und Verpflichtungen, soweit sie zum Erliegen kommen, auch nicht mehr durch die bloße Beseitigung der gesetzlichen Miete — sei es durch vereinbarungsgemäße Aufhebung (§ 1 Anm. 5), sei es durch gesetzliche Beseitigung der gesetzlichen Miete überhaupt (§ 27 der dritten StNVO.) —, sondern nur durch neuerliche Vertragsabrede wiederaufleben können.

Die Wirkungen des § 20 RMG. bleiben durch die bayer. VO. vom 28. März 1924 unberührt.

2. Die Wiederherstellung der gesetzlichen Leistungen aus dem Mietrechtsverhältnis nach der Regelung der §§ 535—580 BGB. ist der Grundgedanke der Vorschrift. Hervorzuheben ist der Grundsatz des BGB., daß der Vermieter für die Erhaltung der Mietsache in dem zum vertragsmäßigen Gebrauch geeigneten Zustand während der ganzen Mietdauer zu sorgen und in diesem Rahmen erforderliche Ausbesserungsarbeiten auf seine Kosten auszuführen hat (§ 536 BGB.). Eine andere Auslegung, insbesondere dahin, daß der Vermieter nur im Rahmen des RMG. für die Erfüllung seiner Erhaltungspflicht einzustehen habe (so Oertmann, EA. 1922, 174 und Brumby a. a. O. S. 168 u. 179), tut dem Wortlaut und dem Grundgedanken des Gesetzes Gewalt an; sie führt auch nicht zu einem praktischen Ergebnis, weil das RMG. über den Umfang der Erhaltungspflicht des Vermieters keine Bestimmung enthält. Der Vermieter haftet also, wie nach BGB. grundsätzlich (vgl. aber § 6 RMG. Anm. 3) unbeschränkt; vgl. hierzu auch die Entwurfsbegründung zum RMG., wo hervorgehoben ist, daß der Vermieter nicht berechtigt sei, „die Erfüllung des Mietvertrages, insbesondere die Beseitigung von Mängeln mit dem Hinweis darauf zu verweigern, daß ... der Instandsetzungszuschlag zur Vornahme der zwecks Beseitigung der Mängel erforderlichen Arbeiten nicht ausreiche;

gegebenenfalls muß er den nicht vorhandenen Betrag aus eigenem Zuschießen, was ihm um so eher zugemutet werden kann, als er den Instandsetzungszuschlag auch erhält, wenn zeitweilig keine Instandsetzungsarbeiten auszuführen sind. Die gleichen Grundsätze gelten auch, wenn die Kosten für große Instandsetzungsarbeiten nach § 8 (jetzt § 7) an eine Stelle abzuführen sind." Die Zweckgebundenheit der Instandsetzungszuschläge nach §§ 3, 6 u. 7 RMG. bedeutet für den Vermieter nichts anderes als die Verpflichtung der Verwendung der ihm zur Verfügung gestellten Mittel zu dem im Gesetz vorgesehenen Zweck. Für die Auffassung, daß die Verpflichtung zur Tragung der Betriebs- und Instandsetzungskosten in den Grenzen des BGB. in § 20 RMG. auferlegt sei, spricht sich auch RG. 26. Juni 1923 BayZfR. 1923, 209 aus.

Hält man an der grundsätzlich unbeschränkten Haftung des Vermieters hinsichtlich der Instandhaltung der Räume fest (ebenso Genthe, Exkurs zu §§ 6 u. 7; Stümper Anm. 2; Ebel Anm. 1; Krüger Anm. 1; ferner Lindemann, Recht 1922, 55; Stümper, LZ. 1922, 496; Carlebach, JW. 1923, 729), so ergibt sich hieraus für den Mieter folgende Rechtslage: er kann, wenn der Vermieter die Vornahme einer Reparatur verweigert, entweder

nach § 6 Abs. II RMG. bei der zuständigen Stelle Antrag auf Einleitung des Zwangsverfahrens stellen oder

gemäß §§ 537 ff. BGB. Minderung oder Befreiung vom Mietzins (vgl. RG. 66, 75) oder daneben (vgl. RG. LZ. 1918, 621 u. RG. 82, 375) Schadenersatz wegen Nichterfüllung verlangen und im Falle des Verzugs den Mangel auf Kosten des Vermieters selbst beseitigen.

Die Rechtsbehelfe des BGB. gelten für Instandsetzungsarbeiten jeder Art; eine Unterscheidung zwischen laufenden und großen Instandsetzungsarbeiten kennt das BGB. nicht. Anders dagegen das RMG.: die dem Mieter zustehenden Rechtsbehelfe zur Durchführung des Verwendungszwanges sind verschieden gestaltet: Antrag auf Einleitung des Verwaltungszwangsverfahrens kennt das RMG. nur bei laufenden Instandsetzungsarbeiten (§ 6 RMG.), nicht aber bei großen Instandsetzungsarbeiten: hier ist die Gemeindebehörde, nicht der Mieter zur Vornahme der Arbeiten berechtigt (§ 8 RMG.). Das schließt aber nicht aus, daß die Anregung von einem Mieter oder von der Mietervertretung ausgeht. Wegen der Möglichkeit der verschiedenartigen Entscheidung der Frage der Notwendigkeit der Arbeiten durch Gericht, MEA. oder Bezirksverwaltungsbehörde vgl. § 6 Anm. 2.

Den Umfang der Haftung des Vermieters nach den Vorschriften des BGB. festzustellen, ist nicht Aufgabe des MEA., sondern Aufgabe der ordentlichen Gerichte. Diese haben demgemäß auch über die Auslegung und Tragweite des § 20 RMG. zu befinden. Die Frage, ob im einzelnen Fall eine Verdrängung der vertraglichen Miete durch die gesetzliche Miete überhaupt vorliegt, ist als Zwischenfrage gleichfalls von den ordentlichen Gerichten zu entscheiden, so daß der Schwerpunkt der mietrechtlichen Fragen nach wie vor zur Zuständigkeit der Zivilgerichte zählt.

3. Eine zweite, nicht weniger in das bestehende Vertragsrecht einschneidende Rechtsfolge wird durch § 20 RMG. an die Einführung der gesetzlichen Miete geknüpft: das Erlöschen aller sog. übergesetzlichen Leistungen (Nebenleistungen) beider Vertragsteile. Hieher gehören sowohl Sonderleistungen des Vermieters, z. B. Lieferung von Starkstrom, als auch Sonderleistungen des Mieters wie Reinigen des Hofraumes, des Treppenhauses, Beleuchtung des Treppenhauses usw. Das Gesetz läßt über den Begriff der übergesetzlichen Leistung wiederum die Vorschriften des BGB. über den Mietvertrag entscheiden. Was hiernach dem Mieter oder Vermieter als gesetzliche Leistung nach den Grundsätzen der §§ 535, 536, 546 RMG. nicht zugemutet werden kann, entfällt mit der Einführung der gesetzlichen Miete. Es muß sich also immer um eine vertragsmäßige Leistung handeln, deren Erfüllung nach dem Gesetzesrecht des BGB. dem leistungspflichtigen Vertragsteil nicht zugemutet werden kann. Hieher zählen sowohl eigentliche Mietleistungen, bei denen aber die Leistungspflicht abweichend von der Regel des BGB. eine Verschiebung erfahren hat (z. B. Mieter zahlt einen Teil der Steuern, § 546 BGB.) als auch die sog. Nebenleistungen, die aus Anlaß des Mietvertrages, aber außerhalb der eigentlichen Raumnutzung und unabhängig von ihr verlangt und gewährt werden (z. B. Wasserkraft- und Stromlieferung seitens des Vermieters oder Mieters). Das Übergesetzliche der Leistung kann demnach sowohl in der Person der Leistenden (Dienstleistung vgl. Lindemann, Recht 1922, 55) als auch in der Art der Leistung und ihrer Beziehung zur Mietsache begründet sein; keinesfalls beschränken sich die übergesetzlichen Leistungen auf die „Nebenleistungen" im Sinne der §§ 2 Abs. I, 4, 12 RMG.

Die übergesetzliche Leistung erlischt kraft Gesetzes mit dem Inkrafttreten der gesetzlichen Miete nur unter der Voraussetzung, daß diese Verpflichtung auf die Festsetzung der Höhe des Mietzinses offenbar von Einfluß war (vgl. auch § 19 Anm. 1 a. E.). Es muß aus dem Verhältnis der Leistungen beider Vertragsteile zu dem vertragsmäßig festgelegten Mietzins ohne Schwierigkeiten ersichtlich sein, daß bei Nichtvorhandensein der übergesetzlichen Leistung der Mietzins ein anderer (höherer oder niedrigerer) gewesen wäre. Es genügt, wenn sich diese Erkenntnis dem Blick eines sachkundigen und unbefangenen Beurteilers sofort aufdrängt, wenn auch hierzu eine Beweisaufnahme nötig ist (RG. Warneyer 1911 Nr. 319). Nur in solchen zweifelsfreien Fällen tritt die Rechtsfolge des § 20 RMG. ein. Bei Mietverhältnissen, bei denen gemäß § 2 Abs. 4 als Friedensmiete die ortsübliche Miete festgesetzt werden mußte, tritt die Rechtsfolge ohne weiteres ein, weil die übergesetzliche Leistung bei der ortsüblichen Mietzinsvereinbarung (§ 2 Abs. 4 Satz 3) nicht berücksichtigt ist, die festgesetzte Friedensmiete daher bei Berücksichtigung der besonderen Verpflichtung höher oder niedriger zu bemessen gewesen wäre als dies im Rahmen des § 2 Abs. 4 möglich ist.

Ob die Voraussetzungen des § 20 Satz 1 Halbsatz 2 RMG. vorliegen, darüber entscheidet nur das ordentliche Gericht. Dem MEA. obliegt nicht die Aufgabe, hierüber zu befinden. Der hier maßgebende Grundgedanke ist der gleiche wie im Falle des § 8 des preußischen Höchstmietengesetzes: wenn hier die Höchstmiete verlangt wird, so kann daneben nicht auch noch eine Mehrleistung gefordert werden, mag sie in Geld oder in geldwerter Leistung (z. B. Treppenreinigung LG. II Berlin JW. 1923, 26[4]) bestehen.

4. Weitere Einwirkungen als hinsichtlich der Höhe des Mietzinses (einschließlich der Kosten für Warmwasser- und Sammelheizung und Nebenleistungen), der Verpflichtung zur Tragung der Betriebs- und Instandsetzungskosten und der übergesetzlichen Leistungen übt das RMG. auf die vertragliche Regelung nicht aus. Die Mietparteien können demnach über Beginn und Ende der Mietzeit, über Kündigungsform und Kündigungsfrist nach Belieben Vereinbarungen treffen; das ist bereits im Hinblick auf das vom RMG. grundsätzlich anerkannte Recht der Vertragsfreiheit unzweifelhaft. Satz 3 will weitergehend feststellen, daß die Einführung der gesetzlichen Miete andere Wirkungen als die Verdrängung des vertraglichen Mietzinses, die Verpflichtung zur Tragung der Betriebs- und Instandhaltungskosten und das Erlöschen bestimmter übergesetzlicher Leistungen nicht zur Folge hat.

Die Vorschriften des Mieterschutzgesetzes, insbesondere hinsichtlich der Kündigungsbeschränkungen der §§ 1 ff., der Aufrechnungsbefugnis (§ 28) können das Mietrechtsverhältnis als solches auch weiterhin beeinflussen; das gleiche gilt von den Bestimmungen des Wohnungsmangelgesetzes und seiner Ausführungsvorschriften. Auch die Erhebung der Mietzinssteuer, die seit 1. April 1924 an die Stelle der Wohnungsabgabe getreten ist (§ 61 der dritten Steuernotverordnung), kann, zumal wenn eine landesrechtliche Regelung über die Grundsätze des RMG. hinaus erfolgt (§ 27 StNVO.) die Rechte und Pflichten der Vertragsteile nach irgend einer Richtung beeinträchtigen.

Im übrigen bildet das Mietrechtsverhältnis, wie es aus der Anwendung des § 20 RMG. zu beurteilen ist, auch für den Grundstückserwerber nach Maßgabe der §§ 571, 578, 579 BGB. oder für den Berechtigten, dessen Recht dem Mieter den vertragsmäßigen Gebrauch ganz oder teilweise entzieht, nach Maßgabe des § 577 BGB. die Grundlage für die ihm kraft Gesetzes (RG. 68, 10) für die Dauer seines Eigentums oder seiner Berechtigung entstehenden Rechte und Verpflichtungen. Eine weitergehende Sondervorschrift wie für das Mieterschutzgesetz (§ 1 Abs. 3) gilt für das RMG. nicht.

§ 21.

Die Reichsregierung kann mit Zustimmung des Reichsrats Vorschriften zur Ausführung dieses Gesetzes erlassen. Soweit sie von dieser Befugnis keinen Gebrauch macht, kann die oberste Landesbehörde die Ausführungsvorschriften erlassen.

Vgl. die bayer. MinBek. vom 14. Juni 1922/19. April 1923/12. Juni 1923. Die Reichsregierung hat bisher keine Ausführungsbestimmungen erlassen.

§ 22.

Die oberste Landesbehörde kann die in diesem Gesetze ihr selbst, oder der Gemeindebehörde zugewiesenen Befugnisse allgemein oder in bestimmten Fällen anderen Stellen übertragen[1]. Sie kann anordnen, daß die Berechnung der gesetzlichen Zuschläge in bestimmten Gemeinden oder Gemeindeteilen nach anderen Grundsätzen erfolgen soll, als im Gesetz vorgesehen ist, insbesondere, daß die Zuschläge für einzelne Mieträume besonders zu berechnen sind[2]. Sie kann nach Anhörung des Reichsarbeitsministers weiter anordnen, daß bestimmte Gemeinden oder Gemeindeteile oder bestimmte Arten von Mieträumen von den Bestimmungen dieses Gesetzes auszunehmen sind; sie kann nach **Anhörung des Reichsarbeitsministers ferner anordnen, daß für** das Land oder für bestimmte Gemeinden oder Gemeindeteile die gesetzliche Miete für alle Mietverhältnisse gelten soll[3],[4].

Erweiterung durch § 27 der Dritten Steuernotverordnung vom 14. Februar 1924. BayVollzV. § 15 und Ziff. 2 der VO. v. 28. März 1924.

1. Vgl. §§ 1 Abs. 4, 2 Abs. 1, 5 Abs. 2, 6 Abs. 2 u. 4, §§ 7, 10 (Hundertsätze), 12, 14 Abs. 1, 16, 17, 18 u. 22 Satz 2.

2. Andere Berechnung der Zuschläge. Sie ist nur zulässig für bestimmte Kategorien von Mieträumen bestimmter Gemeinden; sie erstreckt sich nicht auch auf die Abschläge des § 2, diese sind vielmehr stets nach Hundertsätzen zu bemessen. Die Anordnung anderer Berechnung der Zuschläge ist beschränkt auf die im Gesetz vorgesehenen Zuschläge zur Grundmiete: die Einführung neuer Zuschläge oder von Zuschlägen zur Friedensmiete oder die Erhebung nur eines einzelnen oder mehrerer einzelner Zuschläge oder die andere Berechnung der Grundmiete ist ausgeschlossen (dazu Kiefersauer, LZ. 1924, 158). Die mögliche Abweichung von der Regel des Gesetzes besteht in einer anderen als nach Hundertsätzen geordneten Regelung der Zuschlagsermittlung (Berechnung). Die prozentuale Festsetzung könnte hiernach an sich durch die Umlegung der tatsächlich entstandenen Kosten ersetzt werden (vgl. Stümper, BayGemVZ. 1923, 381). Möglich wäre auch das Umlegungsverfahren nur für einen Teil der Kosten einzuführen, für den übrigen es bei der Zuschlagserhebung in Hundertsätzen zu belassen (kombiniertes System).

Da die Zuschläge des RMG. stets prozentuale Zuschläge zur Grundmiete darstellen, die Grundmiete selbst aber als Unterbau des ganzen Systems unantastbar und auch für § 22 bindend ist, dürfen auch beim Umlegungsverfahren nur nach Maßgabe der Grundmiete die Kosten auf die einzelnen Mieter bzw. den Vermieter verteilt werden. Richtig die ursprüngliche Fassung des § 15 bayer. AusfBest.; dementsprechend ist auch die neue Fassung des § 15 dahin auszulegen, daß „die Umlegung auf die Beteiligten" nur nach Maßgabe der Grundmieten erfolgen darf (a. M. Stern, BayZfR. 1923, 130, der auch einen anderen Verteilungsmaßstab, z. B. die Zimmerzahl, zulassen will). Unzulässig wäre weiterhin, bestimmte Arten der Kosten, z. B. nur die Kosten für laufende Instandsetzungsarbeiten nach der Größe der Wohnfläche umzulegen (so Baden), andere Kosten nach der Grundmiete. Verteilungsmaßstab kann für alle Kosten gleichmäßig nur die Grundmiete sein (ebenso augenscheinlich Brumby S. 107). Da das Mietverhältnis ein schuldrechtliches Verhältnis nur zwischen dem Mieter und dem Vermieter begründet, die Verpflichtung des Mieters zur Entrichtung vereinbarten oder gesetzlichen Mietzinses sich nur nach den Leistungen richtet, die der Gebrauchsfähigkeit der ihm zur ausschließlichen Benutzung oder zur Mitbenutzung mit anderen überlassenen (gemeinschaftlichen) Hausbestandteile (z. B. Treppen, Vorplätze, Bodenräume) dienen, so ist es begrifflich ausgeschlossen, daß auf der Grundlage des § 22 Satz 2 RMG., das die bürgerlichrechtliche Gestaltung des Mietverhältnisses unberührt läßt, ein Mieter zum Ersatz von Kosten verpflichtet wird, die ausschließlich im Interesse eines anderen Mieters für dessen Räume aufgewendet worden sind.

Trotz Anerkennung der Notwendigkeit des finanziellen Zusammenschlusses der Mieter eines Hauses kann es daher nicht für rechtlich zulässig erachtet werden, daß im Wege des Umlegungsverfahrens unter Beiseiteschiebung der schuldrechtlichen Einzelbeziehungen des Vermieters und des einzelnen Mieters eine dem System des BGB. widersprechende finanzielle Verknüpfung der Mieter eingeführt wird, die untereinander in keinerlei rechtlicher Beziehung stehen. Wegen der Ablehnung eines zwischen den Mietern bestehenden Gemeinschaftsverhältnisses vgl. RG. JW. 1923, 771 u. Erl. zu § 13 RMG. Zu einer solchen Regelung bietet weder § 22 noch sonst eine Vorschrift des Reichsmietengesetzes eine ausreichende rechtliche Unterlage. Nach dieser Richtung sind dem Umlegungsverfahren weit engere Grenzen gezogen als dem System der Zuschläge nach Hundertsätzen, bei dem lediglich die Entgeltsleistung des Mieters nach einem für alle gleichheitlichen Hundertsatz erhöht wird, ohne daß Beziehungen zwischen den einzelnen Mietern geschaffen werden (vgl. § 3 Anm. 1). Aus diesem Gedanken heraus scheint mir das Umlegungsverfahren in der Regel in seiner Auswirkung doch wesentlich über den Grundgedanken des RMG. hinauszugehen (so offenbar auch Königsberger, Recht 1923, 57; vgl. auch Stümper, LZ. 1922, 485: „Vom Erlaß des BGB. ab kann für eine auch nur von öffentlichrechtlichen Gedanken getragene Landesgesetzgebung auf dem Gebiete des Mietrechts kein Raum mehr sein"). Zu der ganzen Frage Kiefersauer, LZ. 1924, 158.

Was für das Umlegungsverfahren als solches gilt, gilt in gleichem Maße für die aus ihm abgeleitete Einhebung von Vorschüssen. Die Entrichtung des Mietzinses bestimmt sich nach dem Vertrag, im Zweifel nach dem Gesetz; § 551 BGB. normiert nicht eine Vorschußpflicht, sondern eine Nachzahlungspflicht des Mieters. Dieser Grundsatz kann auf dem Umwege über § 22 RMG. ebensowenig in sein Gegenteil verkehrt werden wie auf Grund des § 30 MSchG. (vgl. Anm. 2).

Soweit das Umlegungsverfahren — wie dies regelmäßig bei den Instandsetzungsarbeiten (innerhalb der Wohnung) der Fall ist — rechtsändernd in den Aufbau des Mietrechtsverhältnisses als eines relativen, nur die Vertragsteile verpflichtenden Schuldverhältnisses eingreift, genügt § 22 RMG. nicht als Rechtsgrundlage. Wegen der Betriebskosten vgl. Ziff. 2 Anm. 3 der VO. vom 28. März 1924. Welche rechtliche Schwierigkeiten sich im übrigen an die Durchführung des Umlegungsverfahrens knüpfen konnten, zeigt aus dem bisherigen Recht die Regelung in den Anordnungen des bayer. Landesausschusses für Mietzinsbildung vom 25. Juni 1923 (StAnz. Nr. 145) Ziff. 7: Hiernach ist bestimmt, daß beim Wegzug eines Mieters innerhalb des Abrechnungszeitraumes „der neue Mieter hinsichtlich der Tragung der Kosten für laufende Instandsetzungsarbeiten in die Rechte und Verbindlichkeiten des ausziehenden Mieters eintritt". Eine derartige Rechtsfolge zufolge Anordnung eines Ausschusses, der überdies nach § 7 der bayer. AusfBest. nur zur Festsetzung der Zuschläge in Form von Hundertsätzen ermächtigt ist (vgl. dazu Stern, BayZfR. 1923, 131), kann auf § 22 RMG. nicht gestützt werden: hier ist nur eine andere Berechnung der Zuschläge als nach Hundertsätzen für zulässig erklärt. Das RMG. greift aber — abgesehen von § 20 — in keinem Punkte über die Mietzinsbildung hinaus auf das bürgerliche Recht über; an diesem Gesichtspunkt ist deshalb auch bei Beurteilung der Tragweite des § 22 festzuhalten. Ziff. 7 der „Anordnungen" ist deshalb für rechtsunwirksam zu erachten (a. M. Stern, BayZfR. 1923, 136).

3. Für die Ausnahmebehandlung wie für die Einführung der gesetzlichen Miete als Zwangsmiete ist nur Anhörung, nicht Zustimmung des Reichsarbeitsministers vorgeschrieben. Als Zwangsmiete ist die gesetzliche Miete, soweit ersichtlich, in keinem der Länder eingeführt.

4. Wegen der ab 1. April 1924 auf anderer Rechtsgrundlage erlassenen VO. v. 28. März 1924 s. unten III.

§ 23.

Ein Vermieter, der eine ihm nach § 1 Abs. 4 oder § 18 obliegende Anzeige vorsätzlich nicht oder nicht rechtzeitig erstattet oder wissentlich unrichtige oder unvollständige Angaben macht, wird mit Geldstrafe bis zu hunderttausend Mark oder mit Haft bestraft.

In Betracht kommt die Mitteilung von Vereinbarungen über die Höhe des Mietzinses (§ 1 Abs. 4) und über die Höhe der Friedensmieten (§ 18). Nur vorsätzliche, nicht auch fahrlässige Zuwiderhandlung ist strafbar. Die Höchstgrenze der Geldstrafe ist nunmehr nach der VO. vom 6. Febr. 1924 über Vermögensstrafen und Bußen (RGBl. I S. 44) auf 150 Goldmark erhöht; die Mindeststrafe beträgt — da nur eine Übertretung in Frage steht — eine Goldmark.

§ 24.

I Dieses Gesetz tritt zu dem von der obersten Landesbehörde bestimmten Tage, spätestens am 1. Juli 1922 in Kraft; gleichzeitig tritt die Verordnung über Sammelheizung und Warmwasserversorgungsanlagen in Mieträumen vom 22. Juni 1919 (Reichs-Gesetzbl. S. 595) / 29. Oktober 1920 (Reichs-Gesetzbl. S. 1846) außer Kraft. Ein auf Grund der bisherigen Vorschriften festgesetzter Mietpreis gilt als vereinbart [1].

II Das Gesetz tritt mit dem 1. Juli 1926 außer Kraft. [2]

BayVollzV. § 36.

1. Vgl. § 1 Anm. 12. Für Sammelheizung und Warmwasserversorgung gelten künftig die Vorschriften der §§ 12 und 13 RMG.

2. Vgl. § 54 MSchG.

II. Bayerische Ausführungsbestimmungen zum Reichsmietengesetz.

Bekanntmachung vom 14. Juni 1922 (Staatsanz. Nr. 137) mit den Änderungen der Bekm. v. 19. April 1923 (Staatsanz. Nr. 90) und 12. Juni 1923 (Staatsanz. Nr. 133).

Zur Ausführung des Reichsmietengesetzes werden auf Grund des § 21 des Reichsmietengesetzes — soweit erforderlich (§§ 19 und 25 dieser Bekanntmachung) mit Zustimmung des Reichsarbeitsministers — folgende

Vorschriften[1]

erlassen:

1. Die allgemeinen Vorschriften finden ihre Ergänzung durch die auf Grund der VO. vom 28. März 1924 erlassenen Bestimmungen des Ministeriums für Soziale Fürsorge über die gesetzliche Miete. Wegen der April-, Mai- und Junimiete s. die einzelnen MinBek.

I. Mietzinsvereinbarungen.[1]

§ 1. (Zu § 1 Abs. 4 RMG.) Das Mieteinigungsamt kann Mietzinsvereinbarungen von Amts wegen[2] nachprüfen und an Stelle des vereinbarten Mietzinses die gesetzliche Miete[3] festsetzen, wenn der vereinbarte Mietzins im Vergleiche zu der gesetzlichen Miete für einen Vertragsteil eine schwere Unbilligkeit darstellt[4].

§ 2. (Zu § 1 Abs. 4 RMG.) Der Stadt- oder Gemeinderat kann anordnen[5], daß die Vermieter allgemein oder daß die Vermieter bestimmter Gruppen und Klassen von Mieträumen alle Mietzinsvereinbarungen binnen bestimmter Frist dem Stadt- oder Gemeinderat oder dem Mieteinigungsamt anzuzeigen haben; er bestimmt auch die Form und den Inhalt dieser Anzeigen.

1. Nur gültig für den Geltungsbereich des RMG.; daher keine Anwendung auf Neubauten und sonstige im § 16 RMG. bezeichneten Bauten. Im übrigen ist unerheblich, ob für das einzelne Mietverhältnis die gesetzliche Miete gilt oder nicht.

2. Ein Antrag der Parteien oder der Gemeindebehörde ist nicht erforderlich; ein etwaiger Antrag könnte nur als Anregung zum Vorgehen von Amts wegen behandelt werden. Ob das MEA. eine Mietfestsetzung vornehmen will, darüber entscheidet es nach freiem (nicht billigem) Ermessen; Ausnahme § 1 Abs. 3 RMG.

3. Eine andere als die *gesetzliche* Miete kann das MEA. nicht festsetzen; diese kann *auch höher* als die bisher vereinbarte Miete sein.

4. Vgl. § 1 RMG. Anm. 9.

5. Ohne besondere Anordnung besteht keine Anzeigepflicht für den Vermieter. Die Einführung der Anzeigepflicht empfiehlt sich zur besseren Überwachung der Mietpreisbildung sowie zum Zwecke der Durchführung des § 1 AusfBest. und § 1 Abs. 3 RMG.

II. Friedensmiete.

§ 3. (Zu §§ 2 und 18 RMG.) [I]Der Stadt- oder Gemeinderat kann anordnen, daß die Vermieter binnen einer bestimmten Frist anzuzeigen haben, was ihnen über die Höhe der das Haus betreffenden Friedensmieten bekannt ist; er bestimmt auch die Form und den Inhalt der Anzeigen[1].

[II]Der Stadt- oder Gemeinderat hat die Anzeigen nach Straßen und Hausnummern geordnet aufzubewahren[2].

1. Die Friedensmiete und die nach ihr zu ermittelnde Grundmiete (§ 2 RMG.) bildet die Grundlage des Systems der gesetzlichen Miete; die Einführung der Anzeigepflicht nach § 3 würde im übrigen die Feststellung der ortsüblichen Miete am 1. Juli 1914 wesentlich erleichtern. Wegen der grundsätzlichen Bedenken gegen die Friedensmiete vgl. § 2 RMG. Anm. 3.

2. Form und Inhalt des Mietenverzeichnisses bestimmt die Gemeindebehörde. Wegen eines Schemas für das Wohnungskataster vgl. Kiefersauer-Scherer S. 85.

III. Grundmiete.

§ 4. (Zu § 2 Abs. 1 RMG.) Um die Grundmiete zu erhalten, sind von der Friedensmiete die Beträge abzurechnen, die in der Friedensmiete enthalten sind[1]:

1. für Betriebskosten,[2]
2. für laufende und große Instandsetzungskosten,[2]
3. für die Heizstoffe für Sammelheizung oder Warmwasserversorgung,
4. für andere Nebenleistungen; als solche kommen in Betracht:[3]
   a) besondere, nicht allgemein übliche Leistungen, die der Vermieter nach dem Mietvertrage neben der Überlassung der Raumnutzung ohne besondere Vergütung[4] zu gewähren hat (z. B. Überlassung von Dampf- oder Wasserkraft, Elektrizität, Preßluft und dgl.),
   b) Leistungen des Vermieters, welche nur bei einzelnen Mietverhältnissen vorkommen oder nur einzelnen Mietern zugute kommen (z. B. Spiegelglasversicherung, Aufzug, Bedienung und Instandhaltung einer Sammelheizungs- oder Warmwasserversorgungsanlage und dgl.)[5].

1. Die Abrechnung ist beschränkt auf jene Kosten, die in der Friedensmiete tatsächlich enthalten waren; die Hundertsätze der Abzüge müssen daher die einzelnen der vier Arten von Kosten ausscheiden. Für das bisherige Recht vgl. Stern, BayZfR. 1923, 131.

2. Abzüge für Betriebs- und Instandsetzungskosten entfallen in Zukunft nach der VO. vom 28. März 1924 (unten III).

3. Die Aufzählung ist eine abschließende: andere Nebenleistungen kommen nicht in Betracht.

4. Ist eine Vergütung besonders vereinbart, so bleibt die Höhe der Vergütung bei der Berechnung der gesetzlichen Miete unberücksichtigt. Wegen des Wegfalls der Leistung des Vermieters vgl. § 20 RMG.

5. Vgl. § 2 RMG. Anm. 4.

§ 5[1]. (Zu § 2 Abs. 1 RMG.) I Mit Wirkung vom 1. Mai ds. Js. ab werden die Beträge, die nach § 4 Ziff. 1 mit 3 für Betriebskosten, für laufende und große Instandsetzungskosten, sowie für die Heizstoffe für Sammelheizung oder Warmwasserversorgung zur Gewinnung der Grundmiete von der Friedensmiete abzurechnen sind von einem beim Staatsministerium für Soziale Fürsorge gebildeten „Landesausschuß für Mietzinsbildung" in Hundertsätzen der Friedensmiete festgesetzt[2].

II Die Festsetzung der Höhe der Beträge, die nach § 4 Ziff. 4 für Nebenleistungen von der Friedensmiete abzurechnen sind, bleibt der Vereinbarung der Beteiligten überlassen; im Streitfall entscheidet das Mieteinigungsamt.

III Der „Landesausschuß für Mietzinsbildung"[3] besteht aus einem Vorsitzenden, aus zwei rechtskundigen Beisitzern und aus je zwei weiteren Beisitzern aus dem Kreise der Hausbesitzer (Vermieter) und der Mieter. Die Bestellung des Vorsitzenden und der Beisitzer erfolgt durch das Staatsministerium für Soziale Fürsorge.

1. In der Fassung der MinBek. vom 19. April 1923 StAnz. Nr. 90.

2. Die Festsetzung der Abzüge für die Kosten der Heizstoffe und für Nebenleistungen sind durch die VO. vom 28. März 1924 Ziff. 3 erfolgt; andere Abzüge kommen nicht mehr in Frage.

3. Der Landesausschuß für Mietzinsbildung hat nur mehr auf Wunsch des Ministeriums für Soziale Fürsorge sich gutachtlich zu äußern (Ziff. 5 der VO.).

§ 6. Sind Abzüge von der Friedensmiete oder Zuschläge zur Grundmiete im Einzelfalle[1] zu berechnen, so sind hierfür alle Räume[2] des Anwesens, insbesondere[3] auch die vom Vermieter selbst benützten Räume, sowie Räume, für welche nicht die gesetzliche Miete zu bezahlen ist, nach Maßgabe der gesetzlichen Miete, die sich für sie errechnen würde, heranzuziehen; dieser Betrag wird im Streitfalle vom Mieteinigungsamte festgesetzt.

1. Nur bei individueller Berechnung der Abzüge (Ziff. 3 der VO. vom 28. März 1924) ist die Bestimmung maßgebend.

2. Unter Umständen sind auch andere Grundstücksteile, z. B. bei Mitbenutzung eines Gartens durch den Mieter (vgl. § 1 RMG. Anm. 2 und § 1 MSchG. Anm. 2) die Eigenbenutzung des Gartens durch den Vermieter zu berücksichtigen. Dies ist dann der Fall, wenn unter Annahme eines einheitlichen Mietverhältnisses die Friedensmiete neben dem Entgelt für die Wohnung unausgeschieden auch die Vergütung für den Gartenanteil enthält (vgl. Rspr. 43, 58) und bei dem Vermieter ebenfalls die Benutzung eines Gartenanteiles in Frage kommt.

3. In Betracht kommen also

a) Räume, die dem Vermieter zur Eigenbenutzung zur Verfügung stehen (Wohnräume, Geschäftsräume usw.), soweit es sich um Räume im gleichen Hause (vgl. § 3 RMG. Anm. 1) handelt,

b) Räume, die leer stehen, mag für sie eine Miete bezahlt werden oder nicht, mag das Leerstehen vom Vermieter verschuldet sein oder nicht,

c) Räume, die nicht auf Grund eines Mietverhältnisses, sondern auf anderer Rechtsgrundlage, z. B. auf Grund Dienstvertrages bei Hausmeisterwohnungen oder leihweise oder ohne Abschluß eines Vertrages (WarnRspr. 1921 Nr. 141 u. § 19 Abs. 3 MSchG.) überlassen sind,

d) Räume, für die nicht die gesetzliche Miete, sondern ein vereinbarter (§ 535 BGB.) Mietzins entrichtet wird.

In jedem Falle aber muß es sich um Räume handeln, die vermietungsfähig d. h. zum Mietgebrauch geeignet sind; durch Brand völlig zerstörte Räume werden hiernach wenigstens insolange außer Betracht zu bleiben haben, als der Vermieter ohne Verschulden nicht zu ihrer Wiederherstellung in der Lage ist.

IV. Zuschläge.

§ 7[1]. (Zu § 11 RMG.) I Mit Wirkung vom 1. Mai ds. Js. ab[2] werden die Hundertsätze für die Berechnung der Zuschläge

1. für die Steigerung der Zinsen und der Erneuerungskosten der Grundstücksbelastung (§ 3 Abs. 1 Ziff. 1 RMG.),
2. für die Verwaltungskosten (§§ 3 Abs. 1 Ziff. 2, 4 RMG. und § 14 der AusfBek. vom 14. Juni 1922) und
3. für die Kosten für laufende Instandsetzungsarbeiten (§ 3 Abs. 1 Ziff. 3 RMG.)

vom „Landesausschuß für Mietzinsbildung" (§ 5 Abs. 3) in Hundertsätzen der Grundmiete festgesetzt.

II Der Hundertsatz für die Betriebskosten (§ 3 Abs. 1 Ziff. 2 RMG.) mit Ausnahme der Verwaltungskosten (Abs. 1 Ziff. 2) ist in Gemeinden mit Mieteinigungsamt von einem beim Mieteinigungsamt zu bildenden „Ausschuß für Mietzinsbildung", in Gemeinden ohne Mieteinigungsamt bis auf weiteres vom Stadt- oder Gemeinderat festzusetzen[3].

III Ist für mehrere Gemeinden ein gemeinschaftliches Mieteinigungsamt errichtet, so können nach Anordnung des Vorsitzenden für einzelne oder mehrere Gemeinden getrennte Ausschüsse für Mietzinsbildung eingesetzt werden.

1. In der Fassung der MinBek. vom 19. April 1923 StAnz. Nr. 90. Dazu für das bisherige Recht die MinBek. vom 12. Juni 1923 StAnz. Nr. 133, wonach dem „Landesausschusse für Mietzinsbildung" auf Grund der §§ 11 u. 22 RMG. mit sofortiger Wirkung die Befugnis übertragen wurde, Zuschläge für gewerbliche Räume nach § 10 Abs. II RMG. festzusetzen.

2. Ab 1. April 1924 wird die gesetzliche Miete gemäß Ziff. 1 der VO. vom 28. März 1924 berechnet; die Festsetzung der Zuschläge nach § 7 entfällt damit.

3. Zum bisherigen Recht vgl. Wetzel, BayGemVZ. 1922, 713 u. 738.

§ 8. (Zu § 11 RMG.) I Der „Ausschuß für Mietzinsbildung besteht aus dem Vorstande des Mieteinigungsamtes als Vorsitzendem und aus vier bis zehn Beisitzern nach näherer Bestimmung des Stadt- oder Gemeinderates.

II Die Beisitzer müssen zur Hälfte dem Kreise der Hausbesitzer (Vermieter), zur Hälfte dem der Mieter angehören.

III Die Beisitzer sind von den Vermieter- und Mieterbeisitzern des Mieteinigungsamtes aus ihrer Mitte und mindestens zu einem Drittel aus den Reihen sonstiger Vermieter und Mieter zu wählen. Erforderlichenfalls kann der Stadt- oder Gemeinderat über die Durchführung der Wahl nähere Anornungen treffen.

Gegenstandslos zufolge Ziff. 5 der VO. vom 28. März 1924.

§ 9. (Zu § 11 RMG.) Die festgesetzten Hundertsätze sind vom Ausschusse für Mietzinsbildung dem Stadt- oder Gemeinderat anzuzeigen.

S. Anm. zu § 8.

§ 10. (Zu § 11 RMG.) I Die festgesetzten Hundertsätze können jederzeit von der Stelle, welche sie festgesetzt hat, sowie auch vom Ministerium für Soziale Fürsorge abgeändert werden.

II Eine Abänderung hat zu erfolgen, wenn die Hundertsätze den Verhältnissen nicht mehr entsprechen.

S. Anm. zu § 8.

§ 11. (Zu § 11 RMG.) I Die Abänderung der Hundertsätze durch das Ministerium für Soziale Fürsorge kann von Amts wegen, wie auch auf Antrag Beteiligter erfolgen.

II Über die Abänderung der Hundertsätze entscheidet das Ministerium für Soziale Fürsorge unter Beiziehung von je zwei Vertretern aus dem Kreise der Hausbesitzer (Vermieter) und der Mieter.

§ 12. (Zu § 11 RMG.) Die festgesetzten Hundertsätze sind vom Vorsitzenden des Ausschusses für Mietzinsbildung oder vom Stadt- oder Gemeinderat ortsüblich bekanntzugeben.

§ 13. (Zu § 3 Abs. 1 Ziff. 1 RMG.) Bei der Festsetzung des Zuschlags für die Steigerung der Zinsen und der Erneuerungskosten der Grundstücksbelastung (§ 3 Abs. 1 Ziff. 1 RMG.) ist die allgemeine Steigerung der Zinsen, einschließlich gesetzlich festgesetzter oder behördlich genehmigter Beiträge zu den Verwaltungskosten der Kreditanstalten, sowie die allgemeine Steigerung der Erneuerungskosten der Grundstücksbelastung zu berücksichtigen.

Gegenstandslos zufolge Wegfall der Zuschläge nach der VO. vom 28. März 1924.

§ 14. (Zu § 3 Abs. 1 Ziff. 2 und § 4 RMG.) I Als Betriebskosten im Sinne des § 4 Abs. 1 RMG. gelten[1]:

für das Haus zu entrichtende Grund- und Haussteuern, gemeindliche und sonstige Umlagen, Gebühren für die Benützung gemeindlicher Anstalten und Unternehmungen (Wasserzins, Gebühren für Kanalbenützung, Hausunratabfuhr, Straßenreinigung, Kaminreinigung usw.), Beiträge zur Brandversicherung, zur Baunot-, Haftpflicht-, Wasserschadenversicherung, Verwaltungskosten und ähnliche Unkosten.

II Bei der Bemessung des Zuschlags für Verwaltungskosten[2] sind die notwendigen Auslagen für die Verwaltung des Hauses zu berücksichtigen, wobei ein angemessener Betrag für die persönliche Mühewaltung des Vermieters bei der Besorgung der Hausverwaltung in Ansatz gebracht werden kann, soweit diese Mühewaltung das gewöhnliche Maß der Mühewaltung des Verwalters eines Vermögens übersteigt. Läßt der Hausbesitzer die Hausverwaltung durch fremde Personen führen, so können die Kosten hierfür nur soweit berücksichtigt werden, als sie die Kosten der Hausverwaltung durch den Hausbesitzer selbst nicht übersteigen.

1. Die Aufzählung ist wie in § 4 RMG. keine erschöpfende; sie entspricht etwa dem § 8 Abs. 3 MSchBek. (vgl. Kiefersauer-Scherer S. 78).

2. Gegenstandslos zufolge Ziff. 1 der VO. vom 28. März 1924.

§ 15[1]. (Zu §§ 4 und 22 RMG.) I Der „Ausschuß für Mietzinsbildung", bzw. der Stadt- oder Gemeinderat (§ 7 Abs. 2) kann bestimmen, daß alle Betriebskosten oder einzelne Arten derselben (mit Ausnahme der Verwaltungskosten) auf die Beteiligten umzulegen[2] sind; er kann auch einen vorläufig zu zahlenden Betriebskostenzuschlag (Vorschuß)[3] festsetzen und anordnen, daß in bestimmten Zeitabschnitten der Anteil eines jeden Beteiligten an den inzwischen angefallenen Betriebskosten festzustellen und ein etwaiger, sich gegenüber dem Vorschuß errechnender Mehr- oder Minderbetrag auszugleichen ist[4].

II Der Ausschuß für Mietzinsbildung, bzw. der Stadt- oder Gemeinderat hat nähere Anordnungen über die Durchführung der Umlegung zu treffen; § 6 ist zu beachten. Die Anordnungen sind vom Vorsitzenden des Ausschusses für Mietzinsbildung, bzw. vom Stadt- oder Gemeinderat ortsüblich bekanntzugeben; der Vorsitzende des Ausschusses für Mietzinsbildung hat sie dem Stadt- oder Gemeinderat anzuzeigen.

III Der Vermieter hat den Mietern auf Verlangen Auskunft[5] über die Entstehung und die Berechnung der umzulegenden Beträge zu geben und die erforderlichen Belege vorzulegen. Die Mieter können beanspruchen, daß ihnen vom Vermieter eine genaue Aufstellung hierüber gegen Erstattung der Portoauslagen durch die Post übersandt wird.

IV Bei Streitigkeiten über die Umlegung im Einzelfall[6] entscheidet das Mieteinigungsamt.

V Anordnungen, die in Gemeinden mit Mieteinigungsamt vom Stadt- oder Gemeinderat auf Grund des § 15 Abs. 1 der Bek. in der bisherigen Fassung getroffen worden sind, bleiben in Wirksamkeit, bis sie vom Ausschuß für Mietzinsbildung aufgehoben oder abgeändert werden[7].

1. In der ab 1. Mai geltenden Fassung der MinBek. vom 19. April 1923 StAnz. Nr. 90. Eine Umlegung der Betriebskosten für die Zeit vor dem 1. Mai 1923 kann nicht in Frage kommen; dazu zwingt auch nicht der Grundsatz des § 3 Abs. 2 RMG., wonach die Höhe der Zuschläge der jeweiligen Höhe der Betriebskosten Rechnung zu tragen hat (so Stern,

BayZfR. 1923, 130). Denn dieser Grundsatz mußte bereits bei der Festsetzung der Hundertsätze berücksichtigt werden; mit deren Festsetzung ist der Rechtsanspruch des Vermieters im Rahmen des Zuschlagssystems erledigt und kann auch bei Einführung des Umlegungsverfahrens nicht wieder aufleben.

2. Das Umlegungsverfahren für Betriebskosten (vgl. Ziff. 2 der VO. vom 28. März 1924) kann auch auf einzelne Arten, z. B. Wasserzins, Kaminkehrerkosten usw., beschränkt werden. Umlegungsmaßstab ist nur das Verhältnis der Grundmieten zueinander; jeder anderer Maßstab widerspricht dem Grundgedanken und dem Aufbau des RMG. und ist darum unzulässig (vgl. § 22 RMG. Anm. 2). Vgl. Stümper, BayGemVZ. 1923, 381, der im Zweifel wenigstens das Verhältnis der Grundmieten auch für die Betriebskosten entscheiden läßt.

3. Die Anordnung eines Vorschusses ist rechtsungültig, da § 22 RMG. der Landesbehörde keine Ermächtigung gibt, die gesetzlichen Zahlungstermine (§ 551 BGB.) oder die vertragliche Vereinbarung der Entrichtung des Mietzinses nach Ablauf bestimmter Zeitabschnitte abzuändern (vgl. § 30 MSchG. Anm. 2). Der Mieter, der die Vorschußleistung verweigert, gerät daher, wenn er nicht durch Vertrag zur Vorauszahlung des Mietzinses verpflichtet ist, nicht in Zahlungsverzug; die Voraussetzungen des § 3 MSchG. sind für die Erhebung der Aufhebungsklage nicht gegeben.

4. Wegen der rechtlichen Bedenken gegen das Umlegungsverfahren überhaupt vgl. § 22 RMG. Anm. 2 und Kiefersauer, LZ. 1924, 158.

5. Die Verpflichtung des Vermieters zur Auskunfterteilung ist weitergehend als jene nach § 2 Abs. 2 RMG., vgl. Anm. 6 dortselbst.

6. Das MEA. kann aber auf keinen anderen Maßstab als den der Grundmiete für den einzelnen Fall erkennen; das billige Ermessen ist auch in diesem Fall durch das Gesetz beschränkt (vgl. § 40 MSchG. Anm. 4).

7. Übergangsrecht.

§ 16. (Zu § 5 RMG.) **Außer den in § 5 RMG. bezeichneten Arbeiten gelten als große Instandsetzungsarbeiten:**

1. **Erdarbeiten, die zur Erhaltung des Gebäudes notwendig sind,**
2. **die Beseitigung von Rohrbrüchen,**
3. **die Erneuerung der über das Dach hinausragenden Teile von Kaminen, Entlüftungsschächten und Brandmauern, sowie von Blitzableitern,**
4. **die Erneuerung von Balkenlagen und Treppen,**
5. **umfangreiche Instandsetzungsarbeiten an Sammelheizungs-, Warmwasserversorgungs- und Entlüftungs-, an Wasserleitungs- und Klosettanlagen, sowie an Waschküheneinrichtungen, soweit die Kosten für diese Arbeiten nicht durch den Zuschlag für laufende Instandsetzungsarbeiten (§ 3 Abs. 1 Ziff. 3 RMG.; § 28 dieser Bekanntmachung) gedeckt sind. Hierunter fallen nicht Arbeiten zur Behebung von Mängeln innerhalb einer Einzelwohnung.**

Ergänzung des § 5 RMG. Bei der Auslegung des § 16 wird im einzelnen Fall entscheidend sein, ob es sich um eine außerordentliche, einen größeren Kostenaufwand erfordernde Arbeit handelt; es wird daher eine nur geringfügige Ausbesserung des Blitzableiters (Ziff. 3) nicht als große Instandsetzungsarbeit anzusehen sein. Vgl. im übrigen Anm. 1 zu § 5 RMG.

V. Verwendung des Instandsetzungszuschlags.

§ 17. (Zu § 6 Abs. 1 RMG.) Kommt der Vermieter dem Antrage der Mietervertretung auf Nachweis der Verwendung des Instandsetzungszuschlags nicht nach, so kann die Ortspolizeibehörde den Vermieter zur Vorlage des Verwendungsnachweises anhalten[1].

§ 18. (Zu § 6 Abs. 2 und 4 RMG.) I Hat der Vermieter die Ausführung notwendiger laufender Instandsetzungsarbeiten unterlassen oder die Gelder nicht sachgemäß verwendet, so hat die Bezirkspolizeibehörde (in München der Stadtrat) auf Antrag des Mieters oder von Amts wegen die sachgemäße Ausführung der Instandsetzungsarbeiten durch geeignete Anordnungen zu sichern[2]. In unmittelbaren Städten mit Mieteinigungsämtern kann der Stadtrat diese Aufgaben dem Mieteinigungsamt übertragen[3].

II Die Bezirkspolizeibehörde (Mieteinigungsamt) kann im Falle des Abs. 1 zur Sicherung der Ausführung laufender Instandsetzungsarbeiten anordnen, daß die Mieter einen entsprechenden Teil des Mietzinses — jedoch nicht mehr als den Instandsetzungszuschlag — an eine von ihr zu bestimmende Stelle (städtische Sparkasse u. dgl.) zu entrichten haben. Rückständige Beträge der Mieter können vom Stadt- oder Gemeinderate wie Gemeindeabgaben nach Art. 23 des Gesetzes vom 30. Juni 1921 zum Vollzuge des Landessteuergesetzes (GVBl. S. 361) beigetrieben werden[4].

III Die Anordnungen der Bezirkspolizeibehörde (Mieteinigungsamt) sind endgültig.

1. Durchsetzung im Wege des Art. 21 PolStGB.

2. Vgl. § 6 RMG. Anm. 6.

3. Soweit eine solche Übertragung nicht ausdrücklich erfolgt ist, bleibt der Stadtrat zuständig; in diesem Falle besteht die Möglichkeit der Entscheidung einer und derselben Frage (Notwendigkeit der Arbeiten) durch den Stadtrat, das Gericht und das MEA. (vgl. § 6 RMG. Anm. 2).

4. Abgeändert durch Art. I des Gesetzes vom 14. August 1923 (GVBl. S. 265); Art. 21, 22 und 23 des Vollzugsgesetzes zum Landessteuergesetz vom 30. Juni 1921 haben als Art. 19, 20 u. 21 in der ab 1. April 1924 geltenden Fassung des VollzG. zum „Finanzausgleichgesetz" (MinBek. vom 30. April 1924 GVBl. S. 156) folgenden Wortlaut:

Art. 19. I Die Gemeindeumlagen werden mit den Landessteuern, zu denen sie erhoben werden, fällig. Den Zeitpunkt der Entrichtung bestimmt die Gemeindeverwaltung.

II Einwendungen gegen den Rechtsbestand der Umlagenforderung haben keine aufschiebende Wirkung.

III (Vorauszahlungen auf die Umlagenschuldigkeit).

Art. 20. *[I] Die Gemeindeumlagen sind von den Pflichtigen an den Gemeindeeinnehmer abzuliefern.*

[II] Säumige Umlagenschuldner sind vom Gemeindeeinnehmer zu mahnen. Die Mahnung kann auch durch öffentliches Ausschreiben erfolgen.

[III] Bleibt die Mahnung erfolglos, so ist vom Gemeindeeinnehmer ein Ausstandsverzeichnis anzufertigen. Die Gemeindeverwaltung hat das Ausstandsverzeichnis mit dem Vermerk zu versehen: „Vorstehendes Ausstandsverzeichnis wird hiermit für vollstreckbar erklärt".

[IV] Die Vollstreckung ist von der Gemeindeverwaltung nach Massgabe der Art. 4 ff. des Ausführungsgesetzes zur Zivilprozessordnung und Konkursordnung vom 23. Februar 1879 zu bewirken.

[V] Die für die Mahnung und Beitreibung zu erhebenden Gebühren werden durch Bekanntmachung der Staatsministerien des Innern und der Finanzen geregelt.

Art. 21. *Die Vorschriften des Art. 19 Abs. II und des Art. 20 gelten sinngemäss auch für andere öffentliche Gemeindegefälle.*

Über die Vollstreckbarkeitserklärung von Ausstandsverzeichnissen bei Zwangsvollstreckung gegen Ehegatten vgl. Habel, BayGemVZ. 1919, 270. Die Bekanntmachung über die Erhebung von Mahn- und Vollstreckungsgebühren vom 25. Juli 1923 (GVBl. S. 240) finden auf die Beitreibung von Gemeindegefällen sinngemäße Anwendung (Bek. vom 16. August 1923 GVBl. S. 290); die Mahngebühr richtet sich nach der Briefgebühr, d. i. dem Betrag, der am Tage der Mahnung für die Beförderung eines Briefes bis zu 20 Gramm im Fernverkehr zu entrichten ist.

VI. Große Instandsetzungsarbeiten.[1]

[1] *Die §§ 19—25 sind mit Wirkung vom 1. April 1924 an aufgehoben; vom gleichen Zeitpunkt ab erlöschen auch die bisher auf Grund des § 25 für die Kosten grosser Instandsetzungsarbeiten bewilligten Sonderzuschläge.*

§ 26. (Zu § 7 Abs. 3 RMG.) **Die Zustimmung zur Einrichtung eines Ausgleichsfonds wird vom Ministerium für Soziale Fürsorge erteilt. Dieses bestimmt auch im Einzelfall[1] über die Höhe des Zuschlags zur Wohnungsabgabe[2], sowie über die Verwaltung und Verwendung der Mittel[3 4 5 6].**

1. Die Bestimmung über die Höhe und die Art der aus dem Fonds zu zahlenden Mittel (Beihilfen) erfolgt nach billigem Ermessen (§ 7 Abs. 3 RMG.); es können daher gegebenenfalls auch die gesamten Instandsetzungskosten auf den Ausgleichsfonds übernommen werden, zumal es dem Vermieter bei den gegenwärtigen Kreditverhältnissen regelmäßig unmöglich sein wird, das erforderliche Kapital aufzubringen.

2. Da auch der Eigenhausbesitzer der Wohnungsabgabe unterliegt, dürfte es selbstverständlich sein, daß er auch zum Ausgleichsfonds beitragen muß. Nur wenn neben dem Mieter und Vermieter auch der Eigenhausbesitzer an der Kostenaufbringung für die großen

Instandsetzungsarbeiten sich beteiligt, wird die notwendige breite Grundlage geschaffen, die allein den Erfolg verbürgt (vgl. Kiefersauer-Scherer Einl. S. XVII, XXXXIV).

3. Einschränkung durch § 9 Abs. 1 RMG.

4. Wegen der Beantragung der Auszahlung der Mittel durch die Mietervertretung vgl. § 31 Abs. 2.

5. Wegen einer vom Staatsministerium für Soziale Fürsorge herausgegebenen Mustersatzung vgl. die ME. vom 13. Juni 1923 Nr. 1844 a 123. Hiernach sollen die Sonderzuschläge zur Wohnungsabgabe so hoch bemessen werden, daß aus dem Fonds die Kapitalien selbst gewährt werden können; Errichtung des Fonds und Bestimmung der Zuschläge ist den Gemeinden überlassen. Gewährt werden Instandsetzungsdarlehen oder -zuschüsse oder beides zusammen.

6. Es war von Anfang an wünschenswert, daß der hierin liegende Grundgedanke der Verteilung der Lasten auf breitere Schultern entgegen dem Willen des Gesetzgebers nicht Ausnahme sein konnte, sondern Regel werden mußte. Deshalb muß ein weiterer Ausbau des Gedankens des Kostenausgleichs angestrebt werden. Auch der Ausgleichsfonds wird wenigstens zeitweise fremder Mittel bedürfen; es wird sich deshalb der Zwangsabschluß von Kreditgeschäften mit den mit der Gewährung von Hypothekarkreditgeschäften befaßten Kreditinstituten nicht umgehen lassen (Kiefersauer, ZtschfW. 1920, 343).

7. Nunmehr ist die Einrichtung zufolge Beseitigung der Wohnungsabgabe und Ersatz durch die Mietzinssteuer praktisch gegenstandslos geworden (§ 7 RMG. Anm. 4).

VII. Sammelheizung, Warmwasserversorgung und Nebenleistungen.

§ 27. (Zu § 12 RMG.) I Die Verteilung der Kosten der Heizstoffe für Sammelheizung und Warmwasserversorgung auf die Hausbewohner bleibt der Vereinbarung der Beteiligten überlassen.

II Kommt ein Einverständnis hierüber nicht zustande, so entscheidet das Mieteinigungsamt; es verteilt den Gesamtaufwand für Heizstoffe auf die Beteiligten unter Berücksichtigung der Vorschrift des § 6 in der Regel nach dem Verhältnis der beheizten Räume (Kubikraum).

§ 28. (Zu § 12 RMG.) I Die Feststellung des Betrages, der von den Nebenleistungen (§ 4 Ziff. 4) auf die Mieter mit gesetzlicher Miete trifft, sowie dessen Verteilung auf diese bleibt der Vereinbarung der Beteiligten überlassen.

II Kommt ein Einverständnis hierüber nicht zustande, so entscheidet das Mieteinigungsamt; es hat hierbei für den Regelfall von folgenden Grundsätzen auszugehen:

1. Die Kosten für solche Nebenleistungen, die nur einzelnen Mietern mit gesetzlicher Miete zugute kommen, fallen diesen zur Last.
2. Die Kosten für solche Nebenleistungen, an welchen mehrere Mieter teilnehmen, werden auf die Mieter mit gesetzlicher Miete unter Berücksichtigung der Vorschrift des § 6 nach dem Verhältnis ihrer Anteilnahme am Genusse der Nebenleistungen umgelegt.

§ 29. (Zu § 12 RMG.) Der Vermieter hat dem Mieter auf Verlangen Auskunft über die Höhe der Kosten der Heizstoffe oder der Nebenleistungen zu geben und die erforderlichen Belege vorzulegen.

VIII. Untermiete.

§ 30. (Zu § 14 RMG.) I Bei Berechnung der gesetzlichen Untermiete (§ 14 RMG.) ist festzustellen, welcher Teil des Hauptmietzinses auf den leeren untervermieteten Raum unter Berücksichtigung seiner Lage und baulichen Ausstattung entfällt[1].

II Zu diesem Betrage treten Zuschläge für Nebenleistungen, wie für Überlassung von Einrichtungsgegenständen und für Leistung von Diensten[2].

III Das Mieteinigungsamt, in Gemeinden ohne Mieteinigungsamt der Stadt- oder Gemeinderat, kann für die Bemessung der Zuschläge Richtlinien aufstellen[2].

1. Vgl. § 14 RMG. Anm. 1.

2. Wegen der für die Aufstellung der Richtlinien entsprechenden Gesichtspunkte vgl. § 14 RMG. Anm. 1.

IX. Mietervertretung[1].

§ 31. (Zu § 17 Abs. 1 RMG.) I Dem freien Ermessen der Mieter eines Hauses ist es überlassen, ob und in welcher Weise sie eine Mietervertretung bestellen wollen. Die Mietervertretung hat ihre Bestellung dem Mieteinigungsamt anzuzeigen[2].

II Ist ein Ausgleichsfonds (§ 7 Abs. 3 RMG.) eingerichtet, so ist die Mietervertretung berechtigt, die Auszahlung von Mitteln aus diesem Fonds zu beantragen.

1. Vgl. die Ausführungen in Anm. 1 zu § 17 RMG. über die Rechtsnatur der Mietervertretung.

2. Anzeigepflicht notwendig im Hinblick auf die in § 17 Abs. 2 Satz 4 RMG. vorgeschriebene Anhörung der Mietervertretung vor der Entscheidung des MEA. in den dort bezeichneten Fällen.

§ 32. (Zu § 17 Abs. 2 RMG.) I In Anwesen mit Sammelheizungseinrichtungen können[1] die hieran beteiligten Mieter — auch durch Mehrheitsbeschluß — eine besondere Mietervertretung für Angelegenheiten der Sammelheizung oder Warmwasserversorgung bestellen.

II Ist eine solche Mietervertretung gebildet, so steht ihr ein Mitwirkungs- und Aufsichtsrecht[2] bei Beschaffung, Lagerung und Verwendung der Heizstoffe zu. Der Vermieter hat ihr die Kosten der Heizstoffe nachzuweisen[3].

1. Auch für diese Fälle kein Zwang zur Bestellung einer Mietervertretung (vgl. § 17 RMG. Anm. 1).

2. Die besondere MV. ist berechtigt beim Einkauf mitzuwirken; durch unverzügliche Bezahlung, gegebenenfalls Vorausbezahlung des Preises ist nicht bloß eine billigere, sondern zumeist eine raschere Belieferung zu erzielen. Freilich muß die MV. auch dafür sorgen, daß die Mieter das Geld rasch beschaffen. Insbesondere werden hier Vorschüsse notwendig werden.

3. Der Vermieter hat in diesem Falle Rechnungen und Belege der MV. vorzulegen sowie jede Auskunft zu erteilen. Zur Klageerhebung ist die Mietervertretung als solche ausnahmsweise befugt (§ 17 RMG. Anm. 1).

X. Zuständigkeit.

§ 33. (Zu §§ 1 und 8 RMG.) I Gemeindebehörde im Sinne des § 1 Abs. 3 und des § 8 Satz 4 und 5 des Reichsmietengesetzes ist in Städten der Stadtrat, in den übrigen Gemeinden der Gemeinderat.

II Gemeindebehörde im Sinne des § 8 Satz 1 mit Satz 3 des Reichsmietengesetzes ist die Bezirkspolizeibehörde, in München der Stadtrat.

XI. Übergangsbestimmungen.

§ 34. (Zu § 2 Abs. 1 und § 11 RMG.) Können die Hundertsätze für die Abzüge von der Friedensmiete und für die Zuschläge zur Grundmiete bis zum 1. August 1922 nicht endgültig festgesetzt werden, so sind vorläufige[1] Hundertsätze zu bestimmen, an deren Stelle die später endgültig festgesetzten Hundertsätze mit rückwirkender Kraft treten.

§ 35. (Zu § 1 Abs. 1 und 2 RMG.) Hat sich ein Vertragsteil nach § 1 Abs. 1 RMG. auf die gesetzliche Miete berufen und kommt über deren Höhe ein Einverständnis nicht zustande, so hat der Mieter bis zur Entscheidung des Mieteinigungsamts die von diesem etwa[2] vorläufig festgesetzte Miete, sonst den vereinbarten Mietzins weiter zu bezahlen[3].

1. Nach dem Grundgedanken der RMG. können Hundertsätze mit rückwirkender Kraft nicht festgesetzt werden; es ist deshalb als unzulässig zu erachten, daß die vorläufig festgesetzten Hundertsätze nachträglich durch die endgültig festgesetzten Sätze erhöht werden.

2. Im Wege einstweiliger Anordnung § 40 Abs. 5 MSchG.

3. Vgl. § 1 RMG. Anm. 8 a. E. Solange also das MEA. eine vorläufige (§§ 40 Abs. 5, 51 MSchG.) oder endgültige (§ 43 MSchG.) Entscheidung nicht getroffen hat, besteht für den Mieter keine andere als die bisherige Leistungspflicht.

XII. Inkrafttreten des Gesetzes.

§ 36. (Zu § 24 Abs. 1 RMG.) I Das Reichsmietengesetz und diese Bekanntmachung treten, soweit es die Vorbereitung der Durchführung erfordert, sofort, im übrigen am 1. Juli 1922 in Kraft.

II Am 1. Juli 1922 treten die §§ 3 mit 14 der Bekanntmachung zum Schutze der Mieter vom 13. August 1920 („Bayer. Staatsanzeiger" Nr. 189), ferner die Bekanntmachung über den Schutz der Mieter vom 12. Februar 1921 („Bayer. Staatsanzeiger Nr. 46) und Ziffer 2 der Bekanntmachung über die Förderung der privaten Bautätigkeit vom 31. März 1921 („Bayer. Staatsanzeiger" Nr. 77), sowie die auf Grund des § 14 der Bekanntmachung zum Schutze der Mieter vom 13. August 1920 („Bayer. Staatsanzeiger" Nr. 189) aufgestellten Richtlinien außer Kraft.

III. Bayerische Verordnung vom 28. März 1924 über die gesetzliche Miete.

(Staatsanzeiger Nr. 75, GVBl. S. 133.)

Auf Grund[1] der §§ 27 und 31 der dritten Steuernotverordnung vom 14. Februar 1924 (RGBl. S. 74) wird über die Mietzinsbildung[2] bestimmt[3]:

1. Rechtsgrundlage der gesetzlichen Miete bildet in erster Linie das Reichsmietengesetz selbst, dessen Normen der Rechtsbegriff der gesetzlichen Miete zu entnehmen ist. Dies gilt insbesondere für die Wirkung der Erklärung der gesetzlichen Miete auf das Mietverhältnis (§ 1 RMG.) im allgemeinen und auf die vertragsmäßigen Leistungen des Mieters (abgesehen vom Mietzins) und jene des Vermieters im besonderen (§ 20 RMG.). Es gilt der Grundsatz, daß, soweit das Landesrecht nicht etwas anderes bestimmt, die Rechtsnormen dem RMG. zu entnehmen sind.

Abweichende landesrechtliche Vorschriften sind in zweifacher Hinsicht möglich: in erster Linie kommen solche in Betracht, die sich selbst und in ihrer rechtlichen Auswirkung im Rahmen der Grundsätze des bürgerlichen Rechtes halten, soweit nicht das RMG. selbst eine Ausnahme gestattet. Gleichgültig ist hiefür, ob das Landesrecht insoweit sich in den Grenzen der Ermächtigungsvorschrift des § 22 RMG. bewegt oder auf der Grundlage des § 27 Abs. 1 StNVO. über diese Beschränkung hinaus eine vom RMG. abweichende Regelung über die Mietzinsbildung trifft. Die zweite Gruppe landesrechtlicher Vorschriften umfaßt alle jene Bestimmungen, die über die Grundsätze des Reichsmietengesetzes hinaus in das allgemeine bürgerliche Recht rechtsändernd eingreifen: hiefür gibt zwar § 27 Abs. 2 StNVO. die rechtliche Grundlage, erforderlich ist jedoch in diesem Falle die förmliche Zustimmung der Reichsregierung, deren Vorhandensein in der landesrechtlichen Regelung ausdrücklich erwähnt sein muß. Soweit die Zustimmung fehlt oder auch nur in der Rechtsnorm nicht zum Ausdruck gebracht ist, entbehrt die landesrechtliche Regelung der Rechtswirksamkeit. An Stelle der Zustimmung im einzelnen Fall kann die Reichsregierung mit Zustimmung des Reichsrats allgemeine Grundsätze aufstellen, deren Einhaltung bei Meidung der Ungültigkeit erforderlich ist. Solche Grundsätze sind bisher noch nicht aufgestellt.

Der Rückwirkung des modernen Mietrechts auf das allgemeine bürgerliche Recht, insbesondere auf die Vorschriften der §§ 535—580 BGB., kommt hiernach eine ausschlaggebende Bedeutung zu. Über die Anwendung dieser Gesichtspunkte bei der rechtlichen Würdigung der vorliegenden Verordnung, für die eine Zustimmung der Reichsregierung offenbar nicht vorliegt oder doch nicht zum Ausdruck gebracht ist, siehe Anm. 3 zu Ziff. 2.

Wegen der Gefährdung der Einheit des Bürgerlichen Rechtes (Mietrecht) durch die landesrechtliche Ermächtigung nach § 27 Abs. 2 StNVO. vgl. Kiefersauer, LZ. 1924, 158.

2. Mietzinsbildung. Sie umfaßt nicht nur die Bestimmungen über die Berechnung der gesetzlichen Miete, sondern insbesondere auch die Vorschriften über die Verwendung des Mietzinses. Die in dieser

Beziehung einschlägigen Bestimmungen des Reichsmietengesetzes (§§ 6, 8) gelten grundsätzlich auch für die landesrechtliche Regelung, soweit sich aus dem veränderten Aufbau nichts anderes ergibt. Ziffer 1 Satz 2 der VO. schreibt ausdrücklich vor, daß der Anteil der gesetzlichen Miete, soweit er zur Deckung der Kosten der großen und der laufenden Instandsetzungsarbeiten bestimmt ist, jeweils besonders zu bezeichnen ist. Das Verwaltungszwangsverfahren nach § 6 Abs. 2 u. § 8 RMG. kann daher auch künftig Platz greifen; zu beachten ist allerdings im Falle des § 8, daß die Inanspruchnahme von Mitteln des Hauskontos mit dessen Beseitigung (Ziff. 6 VO.) nicht mehr in Frage kommt.

Der räumliche und sachliche Geltungsbereich der Verordnung ist genau der gleiche wie jener des RMG. (Einleitung A. I u. II). Ebenso sind die Befugnisse der Mietervertretung (§ 17 RMG.) nach diesem Gesetz unberührt geblieben.

3. Übersicht. Die VO. beschränkt sich auf die Festlegung der Berechnungsgrundlage für die gesetzliche Miete: bis auf weiteres besteht diese aus einem Goldmarkbetrag der Friedensmiete (vgl. Ziff. 1 Anm. 2); für gewerbliche Räume ist ein Zuschlag vorgesehen (Ziff. 4). Die VO. behält sich — offenbar nach dem Muster des § 22 RMG. — vor, die gesetzliche Miete nach Gemeinden oder Gruppen von Mieträumen verschieden festzusetzen (Ziff. 2 Satz 1). Wegen des weiteren Vorbehaltes hinsichtlich des Umlegungsverfahrens vgl. Ziff. 2 Anm. 3. Eine Umlegung der Instandsetzungskosten findet nicht mehr statt. Die Festlegung der Hundertsätze bleibt dem Ministerium für Soziale Fürsorge als dem derzeit zuständigen Ministerium überlassen (Teil I 149). Eine vorherige Anhörung von Mieter- und Vermietervertretern (§ 11 RMG.; §§ 5, 7 AusfBest.) ist nicht mehr vorgeschrieben: auch die Anhörung des Landesausschusses für Mietzinsbildung, der für die Monate Mai mit September 1923 selbständig die Hundertsätze bestimmte, ist nunmehr lediglich dem Ermessen des Ministeriums anheimgegeben (Ziff. 5 VO.). Die Mitwirkung der örtlichen Ausschüsse für Mietzinsbildung entfällt ebenso wie jene der Stadt- und Gemeinderäte, deren Mitwirkung bei der Mietpreisbildung wegen der verschiedenartigen Zusammensetzung der Gemeindevertretungen von vornherein nur als unzulänglicher Notbehelf anzusehen war.

Reichsmietengesetz und alle hierzu erlassenen Vollzugsvorschriften bleiben aufrechterhalten, soweit sich aus der VO. nichts anderes ergibt (Ziff. 7).

1. Die gesetzliche Miete [1] besteht bis auf weiteres aus einem Betrage, der in einem Hundertsatz der Friedensmiete [2] ausgedrückt wird und in Goldmark [3] zu berechnen ist. Der zur Deckung der Kosten der großen und der laufenden Instandsetzungsarbeiten bestimmte Anteil der gesetzlichen Miete wird hierbei besonders bezeichnet [4].

1. Begriff: Berechnung des zu entrichtenden Mietzinses, wenn und solange die gesetzliche Miete für das Mietrechtsverhältnis Geltung hat. Die Teilung in Grundmiete und Zuschläge nach §§ 3, 7 u. 10 RMG. entfällt künftig hinsichtlich der Berechnung; wegen der Ausscheidung eines Kostenanteils für Instandsetzungsarbeiten — getrennt nach laufenden und großen (§ 5 RMG.) für die Verwendung der Anteile gelten die Begriffe des RMG. auch noch weiterhin. Ebenso sind, wie bisher in § 10 Abs. 2 RMG., auch künftig besondere Zuschläge für gewerbliche Räume vorgesehen (Ziff. 4 der VO.). Unberührt bleiben weiterhin die Zuschläge für die Kosten der Heizstoffe für Sammelheizung und Warmwasserversorgung sowie für andere landesrechtlich bestimmte Nebenleistungen (§ 4 Ziff. 4 VollzVO.); sie sind nicht Bestandteil der gesetzlichen Miete.

2. Friedensmiete. Abweichend von der Vorschrift des § 2 Abs. 1 RMG. übernimmt die VO. den dort festgelegten Begriff der Grundmiete nicht; gleichwohl ist in Ziff. 3 Abs. 2 VO. die Vornahme von Abzügen für die Kosten der Heizstoffe für Warmwasserversorgung usw. vorgeschrieben, so daß in allen diesen Fällen der Begriff der „Friedensmiete" ein anderer ist als der regelmäßige, in Ziff. 3 Abs. 1 umschriebene. Diese Regelung kann leicht zu Begriffsverwirrungen führen (§ 1 Anm. 1 RMG.).

3. Die Goldmarkmiete bedeutet nicht nur die Aufwertung der im Gebäudebesitz ruhenden Vermögensanlagen, sondern zugleich auch die Sicherung der Wertbeständigkeit (Teil I S. 5) der Mieterträgnisse mit sofortiger Wirkung. Der Miethausbesitzer ist deshalb in erheblicher günstigerer Lage als der Besitzer anderer Vermögenswerte, weil die rechtlichen und wirtschaftlichen Folgen der Behandlung der Aufwertungsfrage durch Art. I der dritten Steuernotverordnung vom 14. Februar 1924 (RGBl. S. 74) die Vermögensanlage des Hausbesitzers nicht nur unberührt lassen, sondern den Hausbesitz zu einem erheblichen Teil — mindestens zu 85% — entschulden. Die Wirkung der Aufwertung der Hypothekenforderungen auf die wirtschaftliche Lage des Hausbesitzes läßt sich an dem nachstehenden, der Praxis des städtischen Miethausbesitzes entnommenen Beispiel ersehen; dabei ist angenommen, daß der Hausbesitzer nicht in der Lage war, bereits im Jahre 1923 die Schuld um einen geringen Betrag abzustoßen.

Friedensmiete: rd. 16000 Mk.;

I. Hypothek zu 4½% verzinslich im Betrage von 156000 Mk. = rd. 7000 Mk.

II. Hypothek zu 5% verzinslich im Betrage von 20000 Mk. = rd. 1000 Mk.

Die Bewertung der ursprünglich auf Goldmark lautenden Hypotheken auf Grund der § 1 Abs. 2 Ziff. 4, § 3 der StNVO. wird mit 15% angenommen. Die Schuld als solche vermindert sich demnach von 176000 Mk. auf 26400 Goldmark, die Zinsenlast von 8000 Mk. auf 1200 Goldmark. Die Zinszahlung selbst beginnt erst mit dem 1. Januar 1925, so daß der Hausbesitzer bereits mit der Aprilmiete in Höhe von 50% der Friedensmiete (MinBek. vom 29. März 1924) den vollen Friedensbetrag erhält, da er zufolge Wegfalles der Zinsenlast mit 8000 Mk. wie im Frieden 8000 Mk. zur Bestreitung seiner sonstigen Lasten (§ 546 BGB.) empfängt. Die Verzinsung der aufgewerteten (richtiger abgewerteten) Hypothek zu 26400 Goldmark beträgt nach § 5 Abs. 2 StNVO. im Jahre 1925 nur 2 v. H., also 528 Goldmark und erhöht sich in jedem weiteren Jahr um je 1 v. H., bis der Satz von 5 v. H. erreicht ist.

Die Höhe der Goldmarkmiete zu bestimmen, ist Sache des Ministeriums für Soziale Fürsorge; eine bestimmende Mitwirkung von Mietern und Vermietervertretern findet nicht mehr statt (Ziff. 5 VO.). Gesichtspunkte, die für die Mietpreisbildung im einzelnen maßgebend sein sollen, sind in der VO. nicht vorgesehen. Je nach der Auffassung der wirtschaftlichen Entwicklung wird man verschiedener

Meinung sein können über die Notwendigkeit der Mietpreiserhöhung überhaupt — eigentlich handelt es sich hier bis zu einem gewissen Grad um eine Aufwertung — und weiterhin über das jeweils notwendige Ausmaß der Mietzinssteigerung (vgl. hierzu Neuer, BayGemVZ. 1924, 17ff., Stümper ebenda Sp. 81ff. und Kiefersauer ebenda Sp. 270). Zusammenfassend kann gesagt werden:

1. Notwendig ist die Instandhaltung der Häuser, also Schutz vor dem Verfall der Häuser. Abhilfe kann erfolgen durch Gewährung ausreichender Mittel zur Instandhaltung und Instandsetzung und zur Bestreitung der Betriebskosten; die finanzielle Möglichkeit allein genügt jedoch nicht unter allen Umständen: es kann im einzelnen Fall die zwangsweise Zuführung der Mittel zu diesen Zwecken notwendig werden (Beibehaltung des Verwendungszwanges). Wegen des Zwanges zur Eingehung einer Gebäudebrandversicherung vgl. § 5 RMG. Anm. 1.

Bei dem Ausmaß der Sätze sind zu berücksichtigen einerseits die Verteuerung der Leihgelder, die Erhöhung der Steuerlasten (insbesondere bei Einrechnung der Mietzinssteuer), die teilweise Erhöhung der Preise, die durch Vernachlässigung der Instandhaltung in den letzten Jahren erhöhte Reparaturbedürftigkeit der Häuser, andererseits die Herabsetzung der Ansprüche an die Wohnlichkeit gegenüber der Vorkriegszeit, der Wegfall des Risikos des Leerstehens von Wohnungen (Leerwohnungsziffer) und nicht zuletzt die durch die dritte Steuernotverordnung herbeigeführte Entschuldung des Hausbesitzes auf Kosten der Hypothekgläubiger sowie die unversehrte Erhaltung der im Gebäude ruhenden Vermögensanlage des Hausbesitzers (dazu Kiefersauer a. a. O. Sp. 270).

2. Dagegen kommt der Gesichtspunkt der Förderung der Neubautätigkeit nur insoweit in Betracht, als die Mieten in den Neubauten auf die Dauer nicht wesentlich über jenen der Altbauten liegen können. (Nicht die Förderung der Neubautätigkeit überhaupt, sondern nur jene des Miethauses kommt in Betracht, weil nur für diese, nicht aber bei den Eigenhäusern eine Vergleichung des Mieterträgnisses in Frage kommt.) Die Mieten der Altbauten müssen daher insoweit zur Vermeidung des Leerstehens von Wohnungen in den Neubauten erhöht werden. Ob die Erhöhung dem Vermieter als solchen oder der öffentlichen Hand in Form besonderer Besteuerung (Mietzinssteuer) zugeführt werden soll, ist eine Frage für sich, die hier nicht zur Erörterung steht und wesentlich von den Auswirkungen der dritten Steuernotverordnung beeinflußt wird. Ausschlaggebender Einfluß auf die Wiederbelebung der privaten Miethaus-Bautätigkeit — für den Bau von Eigenheimen kommt ein solcher Anreiz naturgemäß überhaupt nicht in Frage — kann über dem Wege der Mietzinsbildung (Rentierlichmachung des Wohnungsbaues) nicht gewonnen werden, weil die Kreditnot — zum Teil als Folge der Rechtsnot, Kiefersauer, BayZfR. 1924, 70 — zu groß ist, es fehlt das Bindeglied zwischen Mietertrag und Neubautätigkeit, der Kredit, und die Tatsache hoher Mietpreise vermag für sich allein die Neubautätigkeit nicht anzuregen.

Hiernach ist die Angemessenheit einer jeden Mietpreissteigerung objektiv zu beurteilen. Wesentlich beeinflußt wird die Frage von der Auswirkung der Lösung des Aufwertungsproblems. Demgemäß kann eine Änderung der StNVO. in dieser Hinsicht eine andere

Beurteilung notwendig machen; dies gilt nicht sowohl von der endgültigen Regelung der Mietzinssteuer (§§ 26—32) als insbesondere von der Behandlung der Aufwertungsfrage als solchen (§§ 7—16), deren unmittelbare Wirkung auf das Kreditwesen und damit mittelbare Auswirkung auf die Mietzinsbildung wiederholt betont wurde. In dem oben angeführten Beispiel wird das Eigenkapital des Hausbesitzers sofort und zwar in vollem Aufwertungsbetrage verzinst, während nach Art. I der dritten StNVO. nur 15% Aufwertung und Verzinsung ab 1. Januar 1925 angemessen wäre. Neben der Erhaltung der Vermögenssubstanz genießt der Hausbesitzer den Vorteil einer kräftigen Entschuldung auf Kosten der Geldgeber (Hypothekengläubiger), eine Tatsache, die für sich allein eine neue, nur schwer zu überwindende Hemmung der Finanzierung der Neubautätigkeit bedeutet. Nicht zu übersehen ist weiterhin die Tatsache, daß eine wesentliche Steigerung der Mieten ohne Ausgleich durch kräftige Besteuerung die Gefahr neuerlicher Inflation heraufbeschwört.

Das Schlagwort von der Förderung der Bautätigkeit durch entsprechend hohe Mietzinsregelung verliert an Wirkung, wenn man die Forderung der Hausbesitzerorganisationen, daß die Erträgnisse der Mietzinssteuer nicht dem Eigenbau, sondern ausschließlich dem Miethausbau zugeführt werden dürfen, nachprüft. Denn bei Erfüllung der Forderung würde vergleichbar mit dem physikalischen Gesetz der kommunizierenden Röhren eine automatische Angleichung der Mieten in den Altbauten an die durch die Baukosten bedingten Erträgnisse der Miethausneubauten erzielt werden — eine Folge, die nicht nur wohnungs-, sondern auch währungspolitisch unhaltbar wäre.

4. Instandsetzungskosten. Die Unterscheidung zwischen großen und laufenden Instandsetzungsarbeiten ist nunmehr wenigstens für die Berechnung der gesetzlichen Miete aufgegeben. Sie hat nur mehr Bedeutung für die Verwendung der zur Kostendeckung vorgesehenen ziffernmäßigen Anteile an dem Goldmarkbetrag. Wie auch nach dem RMG. hat die besondere Bezeichnung nicht etwa zur Folge, daß der Vermieter zur Kostentragung nur in Höhe des für die einzelne Art vorgesehenen Anteiles verpflichtet wäre: er muß vielmehr, entsprechend § 536 BGB., für die Erhaltung der Mietsache in einem dem vertragsmäßigen Gebrauch entsprechenden Zustand — ohne Rücksicht auf den Mietzins — aus eigenen Mitteln aufkommen (vgl. § 6 Anm. 2). Auch Schönheitsreparaturen fallen grundsätzlich dem Vermieter zur Last; vertragliche anderweitige Vereinbarungen sind nach § 20 RMG. hinfällig.

§ 9 RMG. findet keine Anwendung mehr: auch der Vermieter, der erst nach dem 1. Januar 1920 das Gebäude erworben hat, kann die Zahlung der vollen Goldmarkmiete verlangen; es ist dies eine Folge der Beseitigung des Zuschlagssystems.

Eine Verpflichtung zur Ansammlung von Reparaturzuschlägen besteht wie schon nach dem RMG. (§ 6 Anm. 3) weder für den Anteil für große noch für laufende Instandsetzungsarbeiten. Dies schließt jedoch nicht aus, daß bezüglich der Anteile für laufende Instandsetzungsarbeiten der in § 6 RMG. vorgesehene Verwendungszwang in der Form der Verrechnungspflicht (Anrechnung unverbrauchter Beträge zugunsten des Mieters bei der nächsten Mietzinszahlung) durchgeführt wird (vgl. Ziff. 3 Abs. 2 der MinBek. vom 29. März 1924). Eine Nachschußpflicht des Mieters ist dagegen nicht mehr zulässig:

reichen die Anteile für die Arbeiten, für die sie bestimmt sind, nicht aus, so muß der Vermieter die Instandsetzungsarbeiten auf eigene Kosten vornehmen lassen; später zufließende Anteile kann er zur Deckung des Kostenaufwandes der entsprechenden Art — große oder laufende Instandsetzungsarbeiten — in Anspruch nehmen.

2. Die gesetzliche Miete kann für einzelne Gemeinden oder Arten von Gemeinden verschieden festgesetzt[1] und nach Gruppen und Klassen von Mieträumen abgestuft werden[2]. Bezüglich der Betriebskosten kann — unter entsprechender Minderung des Hundertsatzes der gesetzlichen Miete — für einzelne wie für alle Gemeinden des Landes das Umlegungsverfahren[3] angeordnet oder zugelassen werden.

1. Der Vorbehalt der verschiedenen Festsetzung der gesetzlichen Miete soll es ermöglichen, den örtlichen Bedürfnissen, insbesondere bestehenden Ortsgebräuchen, Rechnung zu tragen. Eine — praktisch wohl nicht zu befürchtende — weitergehende Handhabung dieses Rechtes könnte die ohnehin schon stark bedrohte Einheitlichkeit der Mietzinsbildung gefährden (dazu Kiefersauer, LZ. 1924, 158).

2. Nach § 3 Abs. 2 RMG. war eine solche Abstufung hinsichtlich der Zuschläge nach § 3 schon bisher möglich. Die Ausdehnung dieser Vorschrift auf die gesamte Miete gäbe die Möglichkeit einer strafferen steuerlichen Erfassung der Nichtwohnräume zugunsten der Wohnräume (Kiefersauer, Zur Reform des Wohnungswesens S. 34).

3. Das Umlegungsverfahren. Rechtsgrundlage hiefür bildet weniger § 22 RMG. als vielmehr § 27 StNVO. Zu unterscheiden ist zwischen Betriebskosten (§ 4 RMG.) und Instandsetzungskosten (große und laufende, § 5 RMG.). Nur für die Betriebskosten ist das Umlegungsverfahren vorbehalten; für Instandsetzungskosten kann es hiernach in Zukunft nicht mehr eingeführt werden. Die Aufbringung der Betriebskosten bildet eine Hauslast, deren Größe für die Höhe des Mietzinses von wesentlicher Bedeutung ist. An den Betriebskosten haben in der Regel alle Hausbewohner — wenn auch naturgemäß nicht gleichen — Anteil; regelmäßig wird deshalb hier eine Rechtsänderung des nur relativen, den einzelnen Mieter mit dem Vermieter verknüpfenden Mietrechtsverhältnisses (vgl. RG. 64, 182) als Auswirkung der Umlegung nicht anzuerkennen sein. Immerhin sind solche Auswirkungen möglich; so z. B. wenn der Mieter eines Ladens keinen Wasseranschluß besitzt und trotzdem zur Zahlung der Wasserkosten im Wege der Umlegung herangezogen werden soll. Insoweit liegt eine Rechtsänderung des BGB. vor; insoweit ist also das Umlegungsverfahren auch für Betriebskosten als unzulässig zu erachten (Kiefersauer, LZ. 1924, 158). Eine andere Beurteilung hätte nur dann Platz zu greifen, wenn die Anordnung des Umlegungsverfahrens mit Zustimmung der Reichsregierung erfolgt wäre (vgl. Eingang Anm. 1).

Bezüglich des Maßstabes der Umlegung enthält Ziff. 2 keine Vorschrift: abweichend vom bisherigen Recht (§ 22 RMG. Anm. 2) ist nunmehr auch ein anderer Maßstab als die Grundmiete — Friedensmiete — als zulässig zu erachten (§ 27 Abs. 1 StNVO. u. § 15 VollzB. Anm. 2).

3. [I] Als Friedensmiete im Sinne dieser Bestimmungen[1] gilt der Goldmarkbetrag des Mietzinses, der für die mit dem 1. Juli 1914

beginnende Mietzeit vereinbart war oder der auf Grund des § 2 RMG. festgesetzt worden ist.

II Vergütungen, die in der Friedensmiete für die Heizstoffe für Sammelheizung oder Warmwasserversorgung oder für Nebenleistungen der in § 4 Ziff. 4 der Ausführungsbek. zum Reichsmietengesetz vom 14. Juni 1922 (StAnz. Nr. 137) bezeichneten Art enthalten sind, sind abzurechnen. Der Betrag, der bei Sammelheizung abzurechnen ist, wird auf 10 v. H. der Friedensmiete und der Betrag, der bei Warmwasserversorgung abzurechnen ist, auf 3 v. H. der Friedensmiete festgesetzt; bei hochwertigen Geschäftsräumen kann das Mieteinigungsamt im Einzelfalle den Abzug für Sammelheizung und Warmwasserversorgung entsprechend niedriger festsetzen. Die Festsetzung der Höhe der Beträge, die für Nebenleistungen von der Friedensmiete abzurechnen sind, bleibt der Vereinbarung der Beteiligten überlassen; im Streitfalle entscheidet das Mieteinigungsamt.

1. Die gesetzliche Miete berechnet sich entsprechend Ziffer 1 nach der Friedensmiete; deren Begriff ist nicht wie in § 2 RMG. ein absoluter, sondern infolge Wegfalles des Begriffes der Grundmiete ein relativer: nach Abs. 2 bestimmbar bei Mietverhältnissen, bei denen Vergütungen für Heizstoffe bei Sammelheizung oder Warmwasserversorgung oder für Nebenleistungen des Vermieters der in § 4 Ziff. 4 der VollzB. bestimmten Art im Mietzins inbegriffen sind, im übrigen nach Abs. 1 zu bemessen. Abs. 1 entspricht hiernach der Friedensmiete im Sinne des § 2 Abs. 1 Satz 1, Abs. 4 RMG., während die Friedensmiete im Sinne des Abs. 2 die Grundmiete des § 2 Abs. 1 Satz 3, 4 (unter Wegfall des Satzes 2), Abs. 4 RMG. darstellt.

Die Zuständigkeit des MEA. hinsichtlich Feststellung (Abs. 3) und Festsetzung (Abs. 4) gilt auch für die Friedensmiete der Ziff. 3 der VO.

2. Die Höhe der abzuziehenden Beträge — bisher der Zuständigkeit des Landesausschusses für Mietzinsbildung überlassen § 5 VB. — entspricht der bisherigen Festsetzung. Vgl. die Übersichten im Exkurs zu dieser VO.

4. Für Räume, die zu gewerblichen Zwecken (§ 1 der Reichsgewerbeordnung) hergestellt sind oder mit Zustimmung der Gemeindebehörde für gewerbliche Zwecke verwendet werden, kann ein Zuschlag zur gesetzlichen Miete festgesetzt werden. Der Zuschlag ist in einem Hundertsatz der Friedensmiete auszudrücken und in Goldmark zu berechnen.

Die Vorschrift wiederholt die Bestimmung des § 10 Abs. 2 RMG. mit der Abweichung, daß der Zuschlag nicht zur Grundmiete, sondern zu der gesetzlichen Miete erhoben werden kann. Die Bestimmung der Höhe des Zuschlags, der auch nach Klassen abgestuft werden kann, erfolgt durch das Ministerium für Soziale Fürsorge (Ziff. 5).

5. Die Festsetzung der Höhe der gesetzlichen Miete (Ziff. 1) und des Zuschlages für gewerbliche Räume (Ziff. 4), sowie die

Erlassung der näheren Bestimmungen über die Mietzinsbildung obliegt dem Staatsministerium für Soziale Fürsorge, dem die vorherige Anhörung des „Landesausschusses für Mietzinsbildung" anheimgestellt bleibt.

Die Zuständigkeit des Landesausschusses zur selbständigen Regelung entfällt hiernach (vgl. auch Eingang Anm. 3).

6. Die §§ 19 mit 25 der Ausführungsbek. zum Reichsmietengesetz vom 14. Juni 1922 (StAnz. Nr. 137) werden mit Wirkung vom 1. April d. J. ab aufgehoben; vom gleichen Zeitpunkt ab erlöschen auch die bisher auf Grund des § 25 a. a. O. für die Kosten großer Instandsetzungsarbeiten bewilligten Sonderzuschläge.

Die gesonderte Erhebung von Zuschlägen für große Instandsetzungsarbeiten unterbleibt für die Zukunft (Anm. 1 u. 4 zu Ziffer 1).

7. Soweit im Vorstehenden nichts anderes bestimmt ist, bleibt das Reichsmietengesetz samt den dazu erlassenen Ausführungsbestimmungen in Geltung.

Vgl. Eingang Anm. 2 u. 3. In Kraft bleiben die Vorschriften über den Zeitpunkt der Entrichtung des Mietzinses, nämlich:

1. Ziff. II der MinBek. vom 28. Sept. 1923 (StAnz. Nr. 225):

Auf Grund des § 30 Abs. 1 MSchG. wird angeordnet, dass in den Fällen, in denen die gesetzliche Miete gilt, auf Verlangen des Vermieters oder des Mieters der Mietzins monatlich zu zahlen ist. Ob Vorauszahlung oder Nachzahlung stattzufinden hat, bemisst sich nach dem Mietvertrag bzw. nach den Vorschriften des BGB.

Das Verlangen nach monatlicher Mietzinszahlung ist formlos und an keine Frist gebunden; immerhin wird man zugunsten des zahlungspflichtigen Mieters als erforderlich erachten können, daß ihm soviel Zeit gelassen wird, daß er die erforderlichen Mittel aufbringen kann (§ 242 BGB.). Wann diese Voraussetzung erfüllt ist, bemißt sich nach den Umständen des einzelnen Falles. Im übrigen s. die Erl. zu § 30 MSchG. (I 93).

2. Die Anordnung des bayer. Generalstaatskommissars vom 26. Oktober 1923 (StAnz. Nr. 251), bis auf weiteres gültig gemäß Ziff. V 1 der Verordnung vom 18. Februar 1924 (StAnz. Nr. 42). Die wöchentliche Mietzinszahlung ist hier im Gegensatz zu der Bekanntmachung zu Ziff. 1 nicht auf die gesetzliche Miete beschränkt, andererseits aber nur zugunsten des Mieters zugelassen. Die Nichtbefolgung der Anordnung sowie die Verweigerung der Verpflichtung zum Nachweis der Verwendung der Instandsetzungszuschläge ist unter Strafe gestellt (unten V 1).

Wegen der Unterstützung Minderbemittelter durch Ausgabe von Mietgutscheinen usw. vgl. die MinBek. vom 27. Februar 1923 (StAnz. Nr. 49).

Exkurs zur Verordnung vom 28. März 1924.

A. Übersicht über die Mietpreisbildung in Bayern in der Zeit vom Mai mit Sept. 1923.

Anordnungen des Landesausschusses für Mietzinsbildung	1923 Monat	Abzüge gem. § 2 Abs. 1 RMG.: zur Gewinnung der Grundmiete: für Betriebskosten	für laufende u. große Instandsetzungskosten	insgesamt v. H.	für Sammelheizung v. H.	für Warmwasserversorgung v. H.	Zuschläge zur Grundmiete (§ 3 RMG.): für Steigerung der Zinsen und der Erneuerungskosten v. H.	für Verwaltungskosten v. H.	für sonstige Betriebskosten	für laufende Instandsetzungskosten: ohne Umlegungsverfahren (endgültiger Zuschlag) v. H.	bei Umlegung der Kosten (vorläufiger Zuschlag, Berechnungsgeld) v. H.
1. ME. v. 25. 4. 23 StAnz. Nr. 95	Mai	a)[1]) 18 b)[1]) 12	7 8	25 20	10 10	3 8	a) 50 b) 30	700[2]) 600	Die Festsetzung des Hundertsatzes für die Betriebskosten (u. Ausn. der Verwaltungskosten) erfolgt in Gemeinden mit MEA. durch den „Ausschuß für Mietzinsbildung" (beim MEA. gebildet), in Gemeinden ohne MEA. durch den Stadt- oder Gemeinderat (§ 7 VB. z. RMG.).	[3]) 6000[4]) 5500 5000	— — —
2. ME. v. 25. 5. 23 StAnz. Nr. 120	Juni		„	„	„	„	a) „ b) „	1000[2]) 700		12000[4]) 10000	10 bis höchst. 15000[5]) 8 bis höchst. 12000
3. ME. v. 25. 6. 23 StAnz. Nr. 145	Juli		„		„	„	a) „ b) „	1500[2]) 1000		15000[4]) 12000	} 15 bis höchst. 25000[5])
4. ME. v. 21. 7. 23 StAnz. Nr. 168	August		„	„	„	„	a) 150 b) 150	4500[2]) 3000		60000[4]) 50000	} 60 bis höchst. 75000[5])
5. ME. v. 21. 8. 23 StAnz. Nr. 193	Sept.		„		„	„	a) $1^1/_2$ f. b) $1^1/_2$ f.	1500 f.[2]) 900 f.		18000 f.[4]) 15000 f.	} 18 bis höchst. 22500 fache[5])

[1]) a) in Gemeinden mit mehr als 10000 Einwohnern, b) in allen anderen Gemeinden.

[2]) Mai: Sondersätze für München: 1200 v. H., für Nürnberg, Augsburg und Ludwigshafen: 800 v. H.

Juni: Sondersätze für München: 1800 v. H., für Nürnberg, Augsburg, Ludwigshafen, Würzburg und Fürth: 1400 v. H.

Juli: Sondersätze für München: 2800 v. H., für Nürnberg, Augsburg, Ludwigshafen, Würzburg und Fürth: 2000 v. H.

August: Sondersätze für München: 8000 v. H., für Nürnberg, Augsburg, Ludwigshafen, Würzburg und Fürth: 6000 v. H.

September: Sondersatz nur für München: 2400 fache.

[3]) Sondersätze für München und Nürnberg: 6500 v. H., für die übrigen Gemeinden mit mehr als 10000 Einw.: 6000 v. H., für die Gemeinden mit mehr als 4000 bis zu 10000 Einw.: 5500 v. H. und für die Gemeinden unter 4000 Einw.: 5000 v. H.

[4]) Sonderregelung in der Pfalz: Mai: über 10000 Einw. 10000 v. H., sonst 8000 v. H.; Juni: über 10000 Einw. 18000 v. H., sonst 15000 v. H.; Juli: über 10000 Einw. 20000 v. H., sonst 18000 v. H.; August: über 10000 Einw. 75000 v. H., sonst 60000 v. H.; September: über 10000 Einw. 22500 fache, sonst 18000 fache.

[5]) Sonderregelung für die Pfalz: Juni: zu a) 15—22000 v. H.; zu b) 12—18000 v. H. Juli: 20—30000 v. H.; August: 75—90000 v. H.; September: 22500—27000 fache.

B. Übersicht über die Mietpreisbildung in Bayern in der Zeit vom Oktober 1923 mit März 1924.

Bekanntmachung des Ministeriums für Soziale Fürsorge	Monat	Abzüge gemäß § 2 Abs. 1 RMG.			Zuschläge zur Friedensmiete*) (§ 3 RMG.)					
					im rechtsrhein. Bayern			in der Pfalz		
		zur Gewinnung der Grundmiete v. H.	für Sammelheizung v. H.	für Warmwasserversorgung v. H.	für Verwaltungskosten (einschl. Zinsensteigerung) v. H.	für sonstige Betriebskosten v. H.	für laufende Instandsetzungskosten v. H.	für Verwaltungskosten (einschl. Zinsensteigerung) v. H.	für sonstige Betriebskosten v. H.	für laufende Instandsetzungskosten v. H.
	1923									
1. ME. v. 28. 9. 23 StAnz. Nr. 225	Oktober	a)*) 25 b)*) 20	10	3	a)**) — b)**) —	11 8	5	Gesamtmiete um ein Fünftel erhöht		
2. ME. v. 26. 10. 23 StAnz. Nr. 249	November		″		a) [3] b) [2]	9 7	2		″	″
3. ME. v. 26. 11. 23 StAnz. Nr. 274	Dezember				a) [4] b) [3]	10 8	3	[7]	15	6
	1924									
4. ME. v. 28. 12. 23 StAnz. Nr. 300	Januar		″	″	4	20	3	7	22	6
5. ME. v. 25. 1. 24 StAnz. Nr. 22	Februar		″	″	5	24	7	8	26	9
6. ME. v. 27. 2. 24 StAnz. Nr. 50	März	″			5	24	7	8	26	9

1. Berechnung der Zuschläge: für Oktober mit Dezember 1923 Vervielfältigung mit dem Reichsindex für die Lebenshaltungskosten; ab Januar 1924 nach Goldmark.
2. Sonderzuschläge:
   a) für Weitervermietung — freiwillig oder im Wege des Zwangsmietvertrages — durch Erhöhung der Gesamtmiete um 5 v. H. (dieser ungesetzliche Zuschlag wurde nur für die Oktobermiete zugelassen);
   b) für gewerbliche Räume (§ 10 Abs. 2 RMG.):
   bei einer Jahresfriedensmiete von mehr als 600 Mk. Erhöhung der Gesamtmiete um 10 v. H.
   ″ ″ ″ ″ ″ 1800 ″ ″ ″ ″ 25 ″ ″
   und zwar bei der Miete für Oktober 1923 bis März 1924 einschl.
3. Umlegungsverfahren:
   a) für Betriebskosten: für Oktober unzulässig;
   für November zulässig durch den Ausschuß für Mietzinsbildung oder Stadt-(Gemeinde-)rat; Verwaltungskostenzuschlag alsdann 3 bzw. 2 v. H.;
   für Dezember zulässig durch den Ausschuß für Mietzinsbildung oder Stadt-(Gemeinde-)rat; Verwaltungskostenzuschlag 4 bzw. 3 v. H.;
   für Januar zulässig durch den Ausschuß für Mietzinsbildung oder Stadt-(Gemeinde-)rat; Verwaltungskostenzuschlag 4 v. H.;
   für Februar zulässig durch den Ausschuß für Mietzinsbildung oder Stadt-(Gemeinde-)rat; Verwaltungskostenzuschlag erhöht von 5 v. H. auf 8 v. H.;
   für März wie vor.
   b) für laufende Instandsetzungskosten: für Oktober und November als unzulässig erklärt; ab Dezembermiete Abrechnungszwang mit Nachzahlungspflicht des Mieters und Anrechnungspflicht des Vermieters.

*) Vgl. hierzu § 22 RMG. Anm. 2 und Kiefersauer, LZ. 1924, 158.

**) Vermerk unter a) gilt für Gemeinden mit mehr als 10000 Einwohnern, Vermerk zu b) für alle übrigen Gemeinden.

IV. Bayer. MinBek. vom 29. März 1924 über die Aprilmiete.

(StaatsAnz. Nr. 75).

Auf Grund der Verordnung des Gesamtstaatsministeriums über die gesetzliche Miete vom 28. März 1924 Nr. 1844 n 83 wird nach Einvernahme des „Landesausschusses für Mietzinsbildung" für die Berechnung der gesetzlichen Miete folgendes angeordnet:

1. Die gesetzliche Miete für den Monat April beträgt im rechtsrheinischen Bayern 50 v. H. der Friedensmiete[1] in Goldmark berechnet.

Hiervon sind 14 v. H. der Friedensmiete zur Deckung der Kosten für Instandsetzungsarbeiten bestimmt, nämlich 9 v. H. der Friedensmiete für laufende Instandsetzungsarbeiten[2] und 5 v. H. der Friedensmiete für große Instandsetzungsarbeiten.

In der gesetzlichen Miete ist der vom Mieter zu tragende Anteil an der Haussteuer nebst Umlagen und Zuschlägen und an der Mietzinssteuer inbegriffen[3].

2. Eine Umlegung von Betriebskosten findet nicht mehr statt[4].

3. Der zur Deckung der Kosten für laufende Instandsetzungsarbeiten bestimmte Teil der Miete (9 v. H. der Friedensmiete) ist für die erforderlichen laufenden Instandsetzungsarbeiten sachgemäß zu verwenden (§ 6 Abs. 1 RMG.).

Der Vermieter hat dem Mieter auf Verlangen Auskunft über die Verwendung des für laufende Instandsetzungsarbeiten bestimmten Teiles der Aprilmiete zu geben und die erforderlichen Belege vorzulegen. Soweit das Erträgnis des für laufende Instandsetzungsarbeiten bestimmten Teiles der Aprilmiete im Monat April für laufende Instandsetzungsarbeiten nicht aufgebraucht wird, kann der Mieter[5] verlangen, daß der nicht verbrauchte Betrag ihm auf die Miete für den Monat Mai angerechnet wird; der Mieter kann bei Bezahlung der Maimiete einen entsprechenden Betrag in Abzug bringen[6].

4. Bei gewerblichen Räumen mit einer Jahresfriedensmiete von mehr als 600 Mk. erhöht sich die gesetzliche Miete um 5 v. H. der Friedensmiete, bei gewerblichen Räumen mit einer Jahresfriedensmiete von mehr als 1800 Mk. um 10 v. H. der Friedensmiete. Wird für gewerbliche Räume und für Wohnräume eine einheitliche Friedensmiete geschuldet, so wird im Streitfalle der auf den gewerblichen Raum entfallende Teilbetrag der Friedensmiete vom Mieteinigungsamte festgestellt. Der Zuschlag entfällt[7] bei gewerblichen Räumen, die vor dem 1. August 1914 zu Wohnzwecken bestimmt oder benützt waren, gegenwärtig aber zu gewerblichen Zwecken verwendet werden.

5. In der Pfalz[8] beträgt die gesetzliche Miete für den Monat April 55 v. H. der Friedensmiete in Goldmark berechnet. Hiervon

sind 16 v. H. der Friedensmiete zur Deckung der Kosten für Instandsetzungsarbeiten bestimmt, nämlich 10 v. H. der Friedensmiete für laufende Instandsetzungsarbeiten und 6 v. H. der Friedensmiete für große Instandsetzungsarbeiten. Im übrigen gelten die Bestimmungen dieser Bekanntmachung.

1. Begriff der Friedensmiete bemißt sich nach Ziff. 3 der VO.

2. Wegen des Verwendungszwanges des Anteiles (9 v. H.) vgl. auch Ziff. 3.

3. Die Aufzählung ist keine erschöpfende: es gilt allgemein der Grundsatz des § 536 BGB., wonach der Vermieter für die Erhaltung der Mietsache in dem zum vertragsmäßigen Gebrauch geeigneten Zustand auf seine Kosten zu sorgen hat, demnach alle Kosten für Betrieb und Instandsetzung selbst zu übernehmen hat. Auch hinsichtlich der sog. Schönheitsreparaturen gilt keine Ausnahme; gegenüber § 20 RMG. haben auch entgegenstehende Ortsgebräuche keinerlei rechtliche Bedeutung, zumal sie ohnehin immer nur für die Auslegung von Verträgen in Betracht kommen können (vgl. § 20 RMG. Anm. 1).
Wegen der Mietzinssteuer vgl. Buchst. F der VO. v. 31. März 1924.

4. Wegen des Umlegungsverfahrens vgl. Ziff. 2 der VO. u. Erl.

5. Im Staatsanzeiger Nr. 75 irrtümlich „Vermieter".

6. Eine Nachschußpflicht des Mieters besteht in Übereinstimmung mit dem Grundgedanken des BGB. (vgl. Anm. 3) nicht mehr.

7. Zweck: Förderung der Wiederverwendung der Räume für Wohnzwecke; dem gleichen Gedanken dienen § 2 WMG. und § 2 WMBek. (Teil I S. 151 u. 188).

8. Für die Pfalz besteht wie bisher (vgl. Exkurs zur VO. vom 28. März 1924) eine höhere Miete.

V. Bayer. MinBek. vom 29. April 1924 über die Maimiete.

(StAnz. Nr. 99).

Auf Grund der Verordnung des Gesamtstaatsministeriums über die gesetzliche Miete vom 28. März 1924 (StAnz. Nr. 75) wird nach Einvernahme des „Landesausschusses für Mietzinsbildung" für die Berechnung der gesetzlichen Miete folgendes angeordnet[5]:

1. Die gesetzliche Miete für den Monat Mai beträgt im rechtsrheinischen Bayern 53 v. H. der Friedensmiete in Goldmark berechnet[1].

Hiervon sind 14 v. H. der Friedensmiete zur Deckung der Kosten für Instandsetzungsarbeiten bestimmt, nämlich 9 v. H. der Friedensmiete für laufende Instandsetzungsarbeiten und 5 v. H. der Friedensmiete für große Instandsetzungsarbeiten.

In der gesetzlichen Miete ist der vom Mieter zu tragende Anteil an der Haussteuer nebst Umlagen und Zuschlägen und an der Mietzinssteuer inbegriffen.

2. Eine Umlegung von Betriebskosten findet nicht statt.

3. Der zur Deckung der Kosten für laufende Instandsetzungsarbeiten bestimmte Teil der Miete (9 v. H. der Friedensmiete) ist von dem Vermieter für die erforderlichen laufenden Instandsetzungsarbeiten sachgemäß zu verwenden (§ 6 Abs. 1 RMG.). Der Vermieter hat dem Mieter oder der Mietervertretung auf Verlangen Auskunft über die Verwendung des für laufende Instandsetzungsarbeiten bestimmten Teiles der Maimiete zu geben und die erforderlichen Belege vorzulegen[2].

Nähere Anordnungen zur Durchführung des § 6 Abs. 2 RMG. bleiben vorbehalten[3].

4. Bei gewerblichen Räumen[4] mit einer Jahresfriedensmiete von mehr als 600 Mk. erhöht sich die gesetzliche Miete um 5 v. H. der monatlichen Friedensmiete, bei gewerblichen Räumen mit einer Jahresfriedensmiete von mehr als 1800 Mk. um 10 v. H. der monatlichen Friedensmiete. Wird für gewerbliche Räume und für Wohnräume eine einheitliche Friedensmiete geschuldet, so wird im Streitfalle der auf den gewerblichen Raum entfallende Teilbetrag der Friedensmiete vom Mieteinigungsamte festgestellt. Der Zuschlag entfällt bei Räumen, die vor dem 1. August 1914 zu Wohnzwecken bestimmt oder benützt waren, gegenwärtig aber zu gewerblichen Zwecken verwendet werden.

5. In der Pfalz beträgt die gesetzliche Miete für den Monat Mai 55 v. H. der Friedensmiete in Goldmark berechnet. Hiervon sind 14 v. H. der Friedensmiete zur Deckung der Kosten für Instandsetzungsarbeiten bestimmt, nämlich 9 v. H. der Friedensmiete für laufende Instandsetzungsarbeiten um 5 v. H. der Friedensmiete für große Instandsetzungsarbeiten. Im übrigen gelten die Bestimmungen dieser Bekanntmachung.

1. Die Maimiete ist gegenüber der Aprilmiete um 3 v. H. im rechtsrheinischen Bayern erhöht; die Steigerung entspricht genau der Erhöhung der Mietzinssteuer von 300 auf 450 v. H. der Haussteuer für Mai nach der MinBek. vom 29. April 1924 StAnz. Nr. 100. Vorausgesetzt ist dabei allerdings, daß die Verhältniszahl, die der Haussteuerberechnung zugrunde liegt, genau der Friedensmiete entspricht (vgl. hierzu den Exkurs zur VO. vom 31. März 1924 unten D II).

Für die Pfalz (Ziff. 5) ist eine Erhöhung der gesetzlichen Miete gegenüber der Aprilmiete nicht eingetreten; doch haben die Hundertsätze für Instandhaltung zugunsten der Betriebskosten (Mietzinssteuer) eine Ermäßigung von 16 auf 14 v. H. erfahren.

2. Die Anrechnung nicht verwendeter Beträge des Kostenanteils für Instandsetzungsarbeiten kann abweichend von der bisherigen Bestimmung der Ziff. 3 Abs. 2 Satz 2 bei der Maimiete nicht mehr verlangt werden; bei der Junimiete ist daher dem Mieter ein Abzug auch dann nicht gestattet, wenn Instandsetzungsarbeiten nicht ausgeführt worden sind. Abweichend von § 6 Abs. 1 hat hier auch der einzelne

Mieter einen Anspruch auf Nachweisung, der nach § 6 Abs. 1 RMG. nur der Mietervertretung zusteht (vgl. § 6 RMG. Anm. 4).

3. Sofern die Anordnungen noch vor Beendigung der Drucklegung erscheinen, werden sie am Schlusse des Buches abgedruckt.

4. Ohne Änderung gegenüber der Aprilmiete.

5. Für Dienstwohnungen (II 19, I 196) der Beamten einschl. der Volksschullehrer gelten die gleichen Sätze (MinBek. vom 6. Mai 1924 StAnz. Nr. 105). Wegen der Beschränkung der Mietentschädigung auf den Ortszuschlag zuzüglich des darauf entfallenden Anteils des Teuerungszuschlags und des örtlichen Sonderzuschlags als Höchstmietbetrag vgl. Ziff. 2 der MinBek. vom 8. April 1924 (StAnz. Nr. 83). Seit 1. Januar 1924 wurde im rechtsrheinischen Bayern erhoben:

für Januar	25 v. H.	der Friedensmiete	(StAnz. Nr. 1 u. 6),
für Februar	30 v. H.	„	(32),
für März	33⅓ v. H.	„	(51),
für April	50 v. H.	„	(83).

VI. Bayer. MinBek. vom 27. Mai 1924 über die Junimiete.

(StAnz. Nr. 123).

Auf Grund der Verordnung des Gesamtstaatsministeriums über die gesetzliche Miete vom 28. März 1924 (StAnz. Nr. 75) wird nach Einvernahme des „Landesausschusses für Mietzinsbildung" für die Berechnung der gesetzlichen Miete folgendes angeordnet:

1. Die gesetzliche Miete für den Monat Juni beträgt in sämtlichen bayerischen Gemeinden (einschließlich der Pfalz), in welchen die gemeindlichen Umlagen zur Haussteuer auf das Vierfache der staatlichen Haussteuer festgesetzt sind, 60 v. H. der Friedensmiete in Goldmark berechnet. In Gemeinden, in denen die Gemeindeumlagen zur Haussteuer niedriger festgesetzt sind, mindert sich der Hundertsatz der gesetzlichen Miete entsprechend und zwar in der Weise, daß bei einer Minderung des Umlagensatzes um je 50 v. H. je 1 v. H. am Hundertsatz der gesetzlichen Miete in Abrechnung zu bringen ist (werden z. B. in einer Gemeinde 250 v. H. Gemeindeumlagen zur Haussteuer erhoben, so beträgt die gesetzliche Miete nur 57 v. H. der Friedensmiete). Die Stadt- und Gemeinderäte der Gemeinden, in denen die Gemeindeumlagen zur Haussteuer niedriger als das Vierfache der staatlichen Haussteuer festgesetzt sind, haben die sich hiernach für die betreffenden Gemeinden errechnenden gesetzlichen Mieten umgehend ortsüblich bekanntzugeben.

Von der gesetzlichen Miete sind 15 v. H. der Friedensmiete zur Deckung der Kosten für Instandsetzungsarbeiten bestimmt, nämlich 10 v. H. der Friedensmiete für laufende Instandsetzungsarbeiten und 5 v. H. der Friedensmiete für große Instandsetzungsarbeiten.

In der gesetzlichen Miete ist der vom Mieter zu tragende Anteil an der Grund- und Haussteuer nebst Umlagen und Zuschlägen und an der „Mietzinssteuer“ inbegriffen.

2. Eine Umlegung von Betriebskosten findet nicht statt.

3. Der zur Deckung der Kosten für laufende Instandsetzungsarbeiten bestimmte Teil der Miete (10 v. H. der Friedensmiete) ist von dem Vermieter für die erforderlichen laufenden Instandsetzungsarbeiten sachgemäß zu verwenden (§ 6 Abs. 1 RMG.). Der Vermieter hat dem Mieter oder der Mietervertretung auf Verlangen Auskunft über die Verwendung des für laufende Instandsetzungsarbeiten bestimmten Teiles der Junimiete zu geben und die erforderlichen Belege vorzulegen.

(Nähere Anordnungen zur Durchführung des § 6 Abs. 2 RMG. werden demnächst ergehen).

4. Bei gewerblichen Räumen mit einer Jahresfriedensmiete von mehr als 600 Mk. erhöht sich die gesetzliche Miete um 5 v. H. der monatlichen Friedensmiete, bei gewerblichen Räumen mit einer Jahresfriedensmiete von mehr als 1800 Mk. um 10. v. H. der monatlichen Friedensmiete. Wird für gewerbliche Räume und für Wohnräume eine einheitliche Friedensmiete geschuldet, so wird im Streitfalle der auf den gewerblichen Raum entfallende Teilbetrag der Friedensmiete vom Mieteinigungsamt festgestellt. Der Zuschlag entfällt bei Räumen, die vor dem 1. August 1914 zu Wohnzwecken bestimmt oder benützt waren, gegenwärtig aber zu gewerblichen Zwecken verwendet werden.

1. Einheitliche Miete für ganz Bayern; Sonderstellung der Pfalz entfällt. Dagegen ist die gesetzliche Miete abgestuft nach der Höhe der Gemeindeumlagen zur Haussteuer; hiernach beträgt die gesetzliche Miete

53 %	der	Friedensmiete	bei	einer	Gemeindeuml.	v.	0—50	v. H. d. Hausst.
54 %	„	„	„	„	„	„	51—100	„ „ „ „
55 %	„	„	„	„	„	„	101—150	„ „ „ „
56 %	„	„	„	„	„	„	151—200	„ „ „ „
57 %	„	„	„	„	„	„	201—250	„ „ „ „
58 %	„	„	„	„	„	„	251—300	„ „ „ „
59 %	„	„	„	„	„	„	301—350	„ „ „ „
60 %	„	„	„	„	„	„	351—400	„ „ „ „

Der Wortlaut der Bek. ist insofern nicht ganz genau, als auch in Gemeinden mit einem Umlagensatz unter 400 v. H. z. B. 375% die gesetzliche Miete 60 v. H. der Friedensmiete beträgt. Die Kürzung tritt nur für volle 50 v. H. des Umlagensatzes ein. Wegen der Ermächtigung der Gemeinden Umlagen zu der Grund- und Haussteuer gleichzeitig mit diesen Steuern zu erheben vgl. MinBek. 22. Mai 1924 (StAnz. Nr. 123).

2. Sieht man von den seltenen Fällen ab, daß eine Gemeindeumlage überhaupt nicht oder unter 200 v. H. erhoben wird, so beträgt die Junimiete regelmäßig 56—60 v. H. der Friedensmiete. Die Erhöhung ist gegründet auf den Höchstbetrag von 60 v. H.

a) durch Erhöhung des Instandsetzungsanteiles von 14 auf 15 v. H. und zwar zugunsten der laufenden Instandsetzungsarbeiten und
b) durch Erhöhung der Mietzinssteuer von 450 auf 700 v. H. der Haussteuer (MinBek. vom 28. Mai 1924 StAnz. Nr. 124); die Erhöhung der Mietzinssteuer entspricht genau 5 v. H. der Friedensmiete.

Soweit hiernach die gesetzliche Miete 59 v. H. der Friedensmiete nicht erreicht, fährt der Vermieter ungünstiger als bei der Maimiete. Die Abstellung der gesetzlichen Miete auf den Umlagenhundertsatz zur Haussteuer erscheint eine wenig glückliche Lösung, zumal der zu erhebende Hundertsatz jedenfalls als endgültiger Erhebungssatz derzeit wohl noch in keiner Gemeinde feststeht. Die Differenzierung ist im übrigen in der Regel so geringfügig, daß wohl auch vom Standpunkt des Mieters aus auf eine derartige Unterscheidung wenig Wert gelegt wird.

3. Die übrigen Bestimmungen sind gegenüber der Maimiete unverändert.

4. Ab 1. Juni 1924 werden die Mietentschädigungen für Dienstwohnungen und Dienstzimmer mit den gleichen Sätzen wie die für die Gemeinde geltende gesetzliche Miete erhoben (MinBek. vom 4. Juni 1924 StAnz. Nr. 131). Die vom wohnungspolitischen und wohl auch vom beamtenrechtlichen Standpunkt aus unerwünschte Festsetzung eines Höchstbetrages (S. 116) dürfte nunmehr in Wegfall gekommen sein; die Regelung der MinBek. vom 8. April 1924 soll nur für den Monat April und zufolge der besonderen Fassung der Bek. vom 6. Mai 1924 für Mai Geltung haben („Ab 1. Juni wird verfügt").

VII. Anordnung des Generalstaatskommissars vom 26. Okt. 1923 über Mietzinszahlung.

(StAnz. Nr. 251).

Auf Grund der Verordnung des bayer. Gesamtstaatsministeriums vom 26. September 1923 zum Schutze der öffentlichen Sicherheit und Ordnung (Staatszeitung Nr. 224) wird im Einvernehmen mit dem Staatsministerium für Soziale Fürsorge mit Wirkung vom 1. November 1923 folgendes angeordnet[1]:

1. Die Vermieter haben den Mietern[2] auf Verlangen[3] zu gestatten, den Mietzins in wöchentlichen Raten[4] zu zahlen[5].

   Zuwiderhandlungen gegen diese Anordnung werden mit Geldstrafe, deren Höchstmaß[6] unbeschränkt ist, bestraft.

2. Die gleiche Strafe trifft Vermieter, die ihrer in § 6 Abs. 1 des Reichsmietengesetzes begründeten Verpflichtung, der Mietervertretung auf Antrag die Verwendung der Instandsetzungszuschläge nachzuweisen, nicht nachkommen oder gegen die hierüber etwa ergehenden Ausführungsvorschriften[7] verstoßen.

1. Die Anordnung bleibt trotz Aufhebung des Generalstaatskommissariats bis auf weiteres in Geltung (Ziff. V1 der VO. vom 18. Febr. 1924 StAnz. Nr. 42).

2. Ohne Rücksicht auf deren wirtschaftliche Lage.

3. Es genügt formlose Erklärung, auch bloß tatsächliches Anbieten (§ 294 BGB., dazu RG. 85, 415) einer Wochenrate.

4. Teilleistung, abweichend von § 266 BGB., gestattet. Zeitabschnitt bleibt der nach dem Vertrag maßgebende; daher ist die Anordnung ohne Einfluß auf die gesetzlichen Kündigungsfristen des § 565 BGB. und demgemäß ohne Bedeutung für die Wirksamkeit der Erklärung der gesetzlichen Miete nach § 1 RMG. und ohne Wirkung auf den Zeitpunkt der Aufhebung des Mietverhältnisses auf Grund des § 5 MSchG. (vgl. auch § 30 MSchG. Anm. 3).

Die Kalenderwoche endet mit dem Ablauf des Sonnabends; bei nachträglicher Mietzinszahlung ist der Montag der folgenden Woche gemäß § 193 BGB. Zahltag. Ob die Ratenzahlung im voraus oder nachträglich zu entrichten ist, bemißt sich nach Vertrag oder dem Gesetz (§ 551 BGB.) Vgl. Ziff. II der MinBek. vom 28. Sept. 1923 (siehe Erl. zu Ziff. 7 der VO. vom 28. März 1924).

Zu entrichten ist bei der gesetzlichen Miete je ¼ der Monatsmiete; einige Tage des Monats — abgesehen vom Monate Februar 3 oder 4 Tage — bleiben, soweit sie an Zahl 4 Wochen übersteigen, bei einer der vier Zahlungen in diesem Falle außer Betracht. Wenn nicht gesetzliche Miete, sondern eine vertragliche, etwa in vierteljährigen Zeitabschnitten zahlbare Miete (§ 551 BGB.) zu entrichten ist, so ist die wöchentliche Rate nach dem Bruchteil zu berechnen, der der Zahl der im Zeitabschnitt enthaltenen Wochen entspricht, also bei vierteljähriger Zahlung $^1/_{13}$ der Vierteljahresmiete. Ein etwaiger Restbetrag, der an der Gesamtsumme fehlt, ist spätestens am letzten Zahlungstage des Zeitabschnitts mitzuentrichten.

5. Die Ratenzahlung ist auch insoweit zulässig, als die gesetzliche Miete als solche nicht Platz greift; deshalb kann sich auf die Anordnung auch jener Mieter berufen, der die Miete vertragsmäßig in vierteljährigen oder in längeren Zeitabschnitten zu entrichten hat oder der die Miete am Ende der Mietzeit zu bezahlen verpflichtet ist. Im Gegensatz zu der Anordnung der Ziff. II der MinBek. vom 28. Sept. 1923 gilt die Abkürzung der Zahlungstermine lediglich zugunsten des Mieters, nicht auch zugunsten des Vermieters; andererseits findet sie auch in den Fällen Anwendung, in denen nicht die gesetzliche, sondern die vereinbarte Miete zu entrichten ist.

6. Zuwiderhandlung ist Vergehen; daher Mindeststrafe nach der VO. vom 6. Februar 1924 (RGBl. I S. 44) drei Goldmark, Höchstbetrag hier unbegrenzt.

7. §§ 17, 18 AusfBest.: Vorlage des Verwendungsnachweises an die Ortspolizeibehörde, Sicherungsmaßnahmen der Bezirkspolizeibehörde.

D. Erhebung und Verwendung der Mietzinssteuer.

Einleitung.

Im Zusammenhang mit der Behandlung der Aufwertungsfrage durch Art. I der dritten Steuernotverordnung wurde die bisher als Zwecksteuer erhobene Wohnungsbauabgabe (Reichsgesetz über die Erhebung einer Abgabe zur Förderung des Wohnungsbaues in der Fassung der Bekanntmachung vom 28. März 1923 RGBl. I S. 238) mit Wirkung vom 1. April 1924 an beseitigt (§ 61 StNVO.) und durch die auf Grund der §§ 26—36 der Steuernotverordnung landesrechtlich zu erhebenden Steuer — in diesem Werke kurz Mietzinssteuer genannt — ersetzt. Für die rechtliche und allgemein wirtschaftliche Betrachtung dieser Mietzinssteuer ist von Bedeutung, daß die Mietzinssteuer

1. als allgemeine Steuer zugunsten der Länder, ohne Zuschlagsbeteiligung der Gemeinden (Gemeindeverbände) zur Erhebung kommt, der bisherige Charakter als Zwecksteuer (Kiefersauer, Wohnungsabgabe S. 45) daher grundsätzlich nicht mehr in Frage steht, daß
2. die Mietzinssteuer in unmittelbarem Zusammenhang mit der Neuregelung der Mietzinsbildung steht, die künftig landesrechtlich gestaltet wird, wobei weder das Reichsmietengesetz noch die Grundsätze des bürgerlichen Rechtes nach Maßgabe des § 27 Abs. 1 u. 2 StNVO. ein unüberwindliches Hindernis bilden, daß ferner
3. über die Verknüpfung des Mietzinses mit den allgemeinen Steuerbedürfnissen der Länder hinaus die Angleichung der Mieten an die Friedensmiete aus wohnungspolitischen Gründen grundsätzlich (§ 27 Abs. 3 StNVO.) angestrebt wird, wobei die Frage der Relation zwischen Mietzins und Neubautätigkeit (dazu Kiefersauer, BayGemVZ. 1924, 272) offen bleibt und endlich daß
4. die Mietzinssteuer in der zugelassenen Form zwar bis 31. März 1926 zeitlich begrenzt, ihre Weitergeltung in anderer Form aber in § 32 StNVO. ausdrücklich vorbehalten ist.

Reichsrechtlich sind für die Mietzinssteuer, deren Erhebung Pflicht der Länder ist, lediglich bestimmte Richtlinien aufgestellt, die sich im wesentlichen auf die Berechnung der Steuer und die Festlegung der Grundsätze für die Befreiung neuerbauter Räume von der Steuer beschränken. Die Besteuerung ist in Form einer besonderen Aufwertungssteuer oder einer Steuer vom Grundvermögen zulässig.

Das bayerische Landesrecht erhebt die Mietzinssteuer nach der Verordnung vom 31. März 1924 (Buchst. F) als allgemeine Staatssteuer, von der den Gemeinden die Hälfte des örtlichen Aufkommens zur freien Verwendung überwiesen wird, durch besondere, monatlich festzusetzende Zuschläge zur Haussteuer. Der Förderung des Wohnungsbaues dient diese Steuer im allgemeinen nicht; hiefür wird nach Buchst. D dieser Verordnung ein allgemeiner Zuschlag zur Haussteuer in Höhe von 250 v. H. jährlich erhoben. Diese als Wohnungsbauabgabe im eigentlichen Sinn anzusehende Steuer bildet die Grundlage für die staatliche Finanzierung der Neubautätigkeit; sie als Wohnungsbauabgabe zu bezeichnen, erscheint nicht angängig, weil die Zuschläge nach Buchst. D der VO. vom 31. März 1924 auch für Kulturzwecke die Mittel zu beschaffen bestimmt sind.

Von dem Aufkommen der Mietzinssteuer soll nach § 26 Abs. 2 StNVO. mindestens $^1/_{10}$ zur Förderung der Neubautätigkeit verwendet werden. Dies gilt zweifellos für den Anteil, den die Gemeinden nach der VO. vom 31. März 1924 (Buchst. F) erhalten. Ob allerdings auch für den Staat der gleiche Verwendungszwang besteht, mag mit Rücksicht auf die Einführung einer besonderen Zweckabgabe (Buchst. D) zweifelhaft erscheinen; die Frage kann im übrigen unerörtert bleiben, einerseits weil es der Staat in der Hand hat die Erträgnisse der Zweckabgabe zwischen Wohnungsbauförderung und sonstige Kulturzwecke selbständig zu verteilen, andererseits weil ein Rechtsanspruch auf die Zweckverwendung nach dem Wortlaut des § 26 Abs. 2 StNVO. niemand — auch nicht dem Reich — eingeräumt ist.

Die staatliche Finanzierung der Neubautätigkeit in Bayern erfolgt nach Maßgabe der Bestimmungen der bayer. MinBek. vom 5. April 1924 über Förderung des Wohnungsbaues durch staatliche Wohnungsbaudarlehen. Die unmittelbare finanzielle Förderung beschränkt sich hiernach auf die Bereitstellung von Darlehen gegen Verzinsung und Tilgung aus Staatsmitteln.

Auf die Notwendigkeit einer Verknüpfung der Förderung der Wohnungsbautätigkeit mit der Regelung der Wohnungsnutzung im allgemeinen wurde bereits in der Einleitung zum Reichsmietengesetz (oben S. 8) hingewiesen. Hier genügt die Hervorhebung nachfolgender Gedankengänge:

1. Die Erhaltung der bestehenden Häuser wie die Anregung der Neubautätigkeit ist in erster Linie eine Kreditfrage und daher in der Hauptsache an die Kreditgestaltung im allgemeinen, insbesondere aber an die Entwicklung des Hypothekarkredits gebunden. Jede Beeinträchtigung des Kreditwesens äußert ihre Rückwirkung auf den Wohnungsmarkt, mag dieser unter zwangsläufiger Regelung stehen oder nicht. Günstige Kreditverhältnisse fördern die Neubautätigkeit ebenso sehr wie ungünstige Einwirkungen auf das Kreditwesen sie hemmen.

Bedeutet die Rechtsnot, wie sie aus der Behandlung des Aufwertungsproblems in der dritten Steuernotverordnung entstanden ist, eine gegenwärtige und zukünftige Kreditnot (Kiefersauer, BayZfR. 1924, 70), dann darf auf eine nennenswerte Entfaltung der privaten Bautätigkeit nicht gehofft werden, auch dann nicht, wenn alle Fesseln der sog. Wohnungszwangswirtschaft abgestreift werden wollten. Auch die Erhaltung der bestehenden Häuser wird von dieser Frage wesentlich berührt.

Schwierige Kreditverhältnisse verbieten daher, solange eine staatliche Fürsorge auf dem Gebiete des Wohnungswesens als notwendig erachtet wird, von selbst die freie Entfaltung der angeblich auch auf dem Gebiete des Wohnungsbaues fruchtbringenden privaten Initiative. Notwendig ist die Unterdrückung aller staatlichen und privaten Maßnahmen, die auf eine Lahmlegung oder allzu starke Einschränkung des Kredits hinauslaufen, während umgekehrt jede Gelegenheit zur Erweiterung der Kreditbasis im allgemeinen oder auf dem Gebiete des Wohnungswesens — hier durch organisatorisches Eingreifen im Sinne meiner „Wohnungsabnutzungsversicherung" s. oben S. 13) — wahrzunehmen wäre.

2. Der Einfluß der Höhe der üblichen Mietzinsen auf die Neubautätigkeit war auch in der Vorkriegszeit bei freier Wirtschaft ein recht unbedeutender: nicht die Rente der vermietbaren Häuser als solche vermochte zur Festlegung von Kapitalien im Miethausbau anzureizen, sondern in der Regel nur der Mangel einer besseren Kapitalsanlage in Verbindung mit der Hoffnung auf steigende Grundstückspreise. Solange also die Kreditnot besteht, solange für kurzfristige Kapitalien so außerordentlich hohe Zinssätze — derzeit bis zu 90 v. H. — gewährt werden, besteht wenig Aussicht, das Privatkapital für den Miethausbau zu gewinnen. Für die Förderung des Baues von Eigenheimen entfällt ohnehin die Rückwirkung der Mietpreisbildung von selbst.

Selbst wenn aber unmittelbare Beziehungen zwischen Mietzins und Miethausneubau gegeben wären, so würde mit Rücksicht auf die Steigerung der Baukosten gegenüber der Vorkriegszeit und die außerordentliche Verteuerung auch des langfristigen Kredits doch nur eine ganz außerordentliche Erhöhung der Mieten — weit über die Friedensmiete hinaus — einen Einfluß auf die Neubautätigkeit ausüben können. An der derzeitigen wirtschaftlichen Leistungsunfähigkeit der Mehrzahl der Mieter würde eine solche Maßnahme von vornherein scheitern, ganz abgesehen von der Gefahr neuer Inflation.

Tatsächlich besteht aber keine unmittelbare Relation zwischen Mietzins und Neubautätigkeit: unentbehrliches Zwischenglied ist der Kredit; die Kreditentwicklung ist daher in erster Linie maßgebend für den Umfang der Beteiligung des Privatkapitals am Wohnungsbaumarkt, der gegenüber alle natürlichen oder konstruktiven Beziehungen zwischen Mietzins und Bautätigkeit zurücktreten müssen (Kiefersauer, BayGemVZ. 1924, 270).

I. Auszug aus der dritten Steuernotverordnung vom 14. Februar 1924. (RGBl. I S. 74).

Vorbemerkung.

Die dritte StNVO. enthält in Art. I und II (§§ 1—16) die Regelung der sog. Aufwertungsfrage (s. oben S. 70 ff.); weitere Bestimmungen regeln die Bewertung der Reichsmarkforderungen und -schulden für Steuern (§ 38), den Finanzausgleich (§§ 39—42), die Mitwirkung der Gemeindebehörden im Besteuerungsverfahren (§§ 43, 44), die Vereinfachung der Steuer-Rechtspflege (§§ 45—55), die Vereinfachung des Steuerstrafrechts (§§ 56, 57). Aus den Schlußbestimmungen (§§ 58—65) ist die Aufhebung des Wohnungsbauabgabegesetzes (§ 61) sowie die Ermächtigung der Reichsregierung (§ 64) hervorzuheben, „für besondere Fälle allgemeine Anordnungen ergänzenden oder abweichenden Inhalts zu treffen, soweit es sich als notwendig erweisen sollte". Das Kernstück der Notverordnung bildet — abgesehen von der Aufwertung — die Besteuerung der Inflationsgewinne, deren Ausgestaltung hinsichtlich der Kreditinanspruchnahme in § 24 ausdrücklich vorbehalten ist; nach der Einteilung der Notverordnung gliedert sich Art. III in folgende Abschnitte:

A. Geldentwertungsausgleich zugunsten des Reichs
   1. Geldentwertungsausgleich bei Schuldverschreibungen (§§ 17—23, Obligationensteuer);
   2. Geldentwertungsausgleich bei Inanspruchnahme von Krediten (§ 24, künftige Kreditentnahmesteuer);
   3. Geldentwertungsausgleich bei Ausgabe von Notgeld (§ 25, Notgeldsteuer zur Verfügung des Reichsfinanzministers).

B. Geldentwertungsausgleich zugunsten der Länder
   1. Geldentwertungsausgleich bei bebauten Grundstücken (§§ 26—32, Mietzinssteuer, Grundsteuer);
   2. Geldentwertungsausgleich bei unbebauten Grundstücken (§§ 33 bis 36, Aufwertungssteuer);
   3. Geldentwertungsausgleich bei Holzverkäufen aus Forsten öffentlicher Körperschaften (§ 37, Aufwertungssteuer).

Die Besteuerung der Geldentwertung bei bebauten und unbebauten Grundstücken, die im Rahmen dieses Werkes allein in Betracht kommt, steht in engstem Zusammenhang mit der Regelung der Aufwertung, die bei der großen Ausdehnung des Hypothekarkredites in Deutschland eine weitgehende Entschuldung des Grund- und Hausbesitzes zur Folge hat. Der hiernach dem Grundbesitz durch die gesetzgeberische Maßnahme als solche (vgl. nunmehr auch Staedel, JW. 1924, 485) zufallende, im eigentlichen Sinn des Wortes unverdiente Wertzuwachs soll durch eine besondere — allerdings ungenügende — Steuer erfaßt werden. Gegenstand der Besteuerung ist nicht etwa der Grund(Haus-)besitz als solcher, sondern die Entschuldung dieses Besitzes durch die Beseitigung der Gläubigerrechte: die Anomalie dieses Rechtszustandes besteht darin, daß der Gläubiger zugunsten des Schuldners seines Rechtes nahezu für verlustig erklärt wird, wogegen aus der wirtschaftlichen Besserstellung des Schuldners die öffentliche Hand nur geringfügigen Nutzen durch den „Geldentwertungsausgleich" in Form einer Steuer zieht. Der natürlichen Entwicklung entspräche dagegen die Zulassung der vollen Aufwertung nach Maßgabe der Grundsätze der Rechtsprechung und unter Berücksichtigung der jeweiligen Spannung zwischen innerer und äußerer Kaufkraft der Reichsmark sowie die Besteuerung des Gläubigers wegen des ihm angeblich zukommenden Aufwertungsgewinnes (Entwertungsabgabe, § 5 meines Entwurfes, I, 6; vgl. nunmehr auch Bühler, JW. 1924, 497).

Die Besteuerung der bebauten und unbebauten Grundstücke ist zwar in der Notverordnung getrennt geregelt; trotzdem ist die begriffliche Unterscheidung nicht streng durchgeführt. Es bleibt vielmehr, wie auch aus der weiteren Fassung des § 33 Abs. 1 erhellt, den Ländern überlassen, die auf Grund der §§ 26—36 der Notverordnung zu erhebenden Abgaben im Einklang mit den Bestimmungen ihrer Ertragsteuergesetze selbständig zu regeln. Hiernach, nicht nach dem Reichsgesetz, bemißt sich auch, ob die ländlichen Wohn- und Wirtschaftsgebäude den Vorschriften über den Geldentwertungsausgleich bei bebauten oder bei unbebauten Grundstücken unterliegen.

Da die bayer. VO. vom 31. März 1924 (Buchst. F) die Besteuerung des bebauten Grundbesitzes in der Form besonderer Zuschläge zur Haussteuer durchführt, ist die angeregte Frage ausschließlich nach den Bestimmungen der §§ 1, 2, 3—6 des bayer. Haussteuergesetzes vom 14. August 1910 in der Fassung vom 17. August 1918, 16. August 1919, 27. Juli 1921 und 18. Juli 1923 in Verbindung mit Buchst. A dieser Verordnung zu beurteilen. Hiernach sind sowohl gewerblich als auch landwirtschaftlich genutzte Gebäude steuerpflichtig (vgl. Kiefersauer, Wohnungsabgabe S. 168).

1. Geldentwertungsausgleich bei bebauten Grundstücken.

Die Verknüpfung der Mietzinssteuer mit der Neuregelung der Mietzinsbildung (dazu Kiefersauer, LZ. 1924, 158) brachte es mit sich, daß zivilrechtliche und steuerrechtliche Gesichtspunkte in den §§ 26—32 ineinander übergreifen, obwohl nach dem Ausgangspunkt der Notverordnung zunächst lediglich eine steuerliche Erfassung der aus der Aufwertungsfrage sich ergebenden Entschuldung des Grundbesitzes beabsichtigt ist. Zu einer grundsätzlichen Änderung des Rechtes der Mietzinsbildung bestand hiernach kein innerer Grund. Die Hereinziehung wohnungspolitischer Gesichtspunkte ist nur geeignet, die Auswirkungen der Mietzinssteuer zu verdunkeln. Die Verflechtung von Mietzinsbildung und Mietzinssteuer führt zu einer Sonderstellung des Hausbesitzers gegenüber den Besitzern der Vermögensanlagen im Sinne der §§ 1, 12 der VO. und zwar dadurch, daß

1. das Eigenkapital des Hausbesitzers durch eine Reihe von Sondernormen (§ 28 Abs. 3—5) in weit höherem Maße sichergestellt ist als dies bei Anwendung der Aufwertungsgrundsätze der Fall wäre (dazu Kiefersauer, BayGemVZ. 1924, 275);
2. die Annäherung des Mietzinssatzes an die Friedensmiete beginnt bereits mit dem 1. April 1924, während die Verzinsung des Aufwertungsbetrages nicht vor dem 1. Januar 1925 und auch nur in einem Ausmaße von zunächst 2 v. H. erfolgt (§ 5 Abs. 2);

3. die Mietzinssteuer soll als Sondersteuer spätestens (dazu Luther, JW. 1924, 473) am 31. März 1926 wieder außer Kraft treten (§ 32);
4. die Mietzinssteuer kann auf den Mieter abgewälzt werden (§ 28 Abs. 6, § 30 Ziff. 1).

Der Hausbesitz erhält hiernach nicht nur das völlig unberührte Eigentum, er wird vielmehr darüber hinaus auf Kosten des Kapitalbesitzes nahezu völlig entschuldet; eine teilweise Vorenthaltung der Friedensmiete aus diesem Grunde erscheint darum in erster Linie gerechtfertigt (Kiefersauer, LZ. 1924, 160).

Nur wer losgelöst von der Frage der Hypothekaufwertung die Besteuerung der Angleichung der Mieten an den Friedensstand betrachtet, kann sie unter Ablehnung des Gesichtspunktes des „Geldentwertungsausgleichs" als „dem verfassungsmäßig gewährleisteten Grundsatz der Allgemeinheit der Besteuerung hohnsprechende Steuer" bezeichnen und in ihr eine über die Sozialisierung hinausgehende und „mit ihr schlechterdings unvereinbare Konfiskation des Hausbesitzes" (so Goldschmidt, JW. 1924, 248) erblicken. Die Besteuerung beruht aber nicht auf der Aufwertung der Mieten, sondern auf der Entschuldung des Hausbesitzes als Folge der Zerstörung der Gläubigerrechte; dieser Ausgleich ist wohl auch mit den „Prinzipien eines Rechtsstaates vereinbar", zumal wenn er sich in so bescheidenen Grenzen wie hier hält. Als eine teilweise Besteuerung der Sachwerte (so v. Pistorius, JW. 1924, 475) kann man die Mietzinssteuer unter diesen Umständen wohl nicht ansehen.

Die Mietzinssteuer ist als eine Besteuerung des Wohnungsaufwandes vom Standpunkt der steuerlichen Gerechtigkeit insoweit zu beanstanden, als sie auf die Leistungsfähigkeit des Raumnutznießers keinerlei Rücksicht nimmt. Da weiterhin der Wohnungsaufwand der Minderbemittelten in der Regel ein höherer ist als jener der wohlhabenden Kreise (Erl. II 2 zu § 27), so bedeutet die Mietzinssteuer — zumal für kinderreiche Familien — eine progressive Belastung der ärmeren und kinderreichen Familien. Eine entsprechende Erleichterung wenigstens unter Berücksichtigung des Familienstandes wäre dringend wünschenswert (Kiefersauer, Wohnungsabgabe S. 50, 162). Den Ersatz der Mietzinssteuer durch zwangsweise Belastung der Grundstücke mit Goldhypotheken zugunsten des Reiches oder der Länder befürwortet Boldt, JW. 1924, 522.

Inhaltlich lassen sich die Bestimmungen wie folgt gliedern:

I. Mietzinsbildung:
   1. Ermächtigung zur Regelung, die von den Vorschriften des Reichsmietengesetzes und — nach Maßgabe des § 27 Abs. 2 — von anderen Grundsätzen des Bürgerlichen Rechtes abweicht (§ 27 Abs. 1 u. 2),
   2. Verpflichtung der Länder zur Anpassung der Mietzinshöhe an die Friedensmiete, ausgedrückt in Goldmark, § 27 Abs. 3.

II. Mietzinssteuer:
   1. Verpflichtung zur Erhebung; Zweckverwendung (§§ 26, 29); Zeitdauer der Erhebung (§ 32),
   2. Form der Besteuerung
      a) Aufwertungssteuer (§§ 28, 30),
      b) Steuer vom Grundvermögen (§ 28),

3. Bemessung der Steuer (§ 28 Abs. 2),
4. Ermäßigung der Steuer (§ 28 Abs. 3—5),
5. Befreiung von der Steuer (§ 29)
   a) für Neubauten, Umbauten oder Einbauten, soweit sie nach dem 1. Juli 1918 bezugsfertig geworden sind,
   b) Vorbehalt der Sonderregelung für Zuschußbauten (Beihilfebauten).

§ 26. (1) **Die Länder und nach näherer Bestimmung des Landesrechts die Gemeinden (Gemeindeverbände) erheben im Zusammenhange mit der Regelung des Mietwesens von dem bebauten Grundbesitz eine Steuer.**

(2) Das Aufkommen der Steuer soll zur Deckung des allgemeinen Finanzbedarfs der Länder und Gemeinden (Gemeindeverbände) sowie des Aufwandes dienen, der ihnen durch die Erfüllung der gemäß § 42 Abs. 1 zu selbständiger Regelung überlassenen Aufgaben erwächst. Die Länder und Gemeinden (Gemeindeverbände) werden — unbeschadet der Vorschrift des § 29 — mindestens 10 v. H. der aufkommenden Steuer zur Förderung der Neubautätigkeit verwenden.

Die Mietzinssteuer wird hier unter Hinweis auf die durch § 42 den Ländern übertragenen neuen Aufgaben der Wohlfahrtspflege — Abs. 2 —, des Schul- und Bildungswesens sowie der Polizei als allgemeine Staats(und Gemeinde-)steuer erklärt, bestimmt in der Hauptsache zur Deckung des allgemeinen Finanzbedarfs der Länder und Gemeinden. Nur 10 v. H. des Aufkommens sollen (nicht müssen) zur Förderung der Neubautätigkeit verwendet werden; lediglich die Erträgnisse aus der Besteuerung der Zuschuß(Beihilfe)bauten müssen in voller Höhe zur Förderung des Wohnungsbaues verwendet werden (§ 29 Satz 2).

Die Mietzinssteuer ist daher ihres ursprünglichen Charakters als Zwecksteuer grundsätzlich entkleidet; sie wird vielmehr im Gegenteil künftig einen wesentlichen Teil des staatlichen und gemeindlichen Steuersystems ausmachen. Ob unter diesen Verhältnissen noch mit einer nennenswerten unmittelbaren finanziellen Unterstützung des Wohnungsbaues — nur diese Art von Neubautätigkeit kommt hier trotz der allgemeinen Bezeichnung „Neubautätigkeit" in Abs. 2 in Betracht — gerechnet werden kann, bleibt abzuwarten. Die finanzielle Lage von Staat und Gemeinden sowie die Neigung, die Wohnungsbautätigkeit durch Kreditgewährung unmittelbar zu unterstützen, werden nach dieser Richtung künftig ausschlaggebend sein.

Für die Erhebung und Veranlagung der Mietzinssteuer ist im übrigen die Art der Nutzung unerheblich: auch soweit der Eigentümer den Gebrauch der Räume sich selbst — sei es ausschließlich im Eigenhaus, sei es mit Mietern zusammen im Miethaus — vorbehalten hat, ist die Steuer zu erheben (vgl. § 28 Erl. III 4). Für Bayern, wo die Steuer in der Form eines Zuschlages zur Haussteuer erhoben wird, regelt sich diese Frage nach dem Haussteuergesetz von selbst.

Steuerschuldner ist grundsätzlich der Grundstückseigentümer. Die Steuer ist als Haussteuer dem Gebäude als solchen auferlegt. Der für die bisherige Wohnungsabgabe maßgebende Grundsatz, wonach neben dem Gebäudeeigentümer auch der Nutzungsberechtigte unter bestimmten Voraussetzungen zahlungspflichtig, in jedem Falle aber als

Nutznießer Steuerschuldner hinsichtlich des ihn nach Maßgabe seiner Nutzung treffenden Anteiles ist (Kiefersauer, Wohnungsabgabe S. 200 ff.), entfällt hier völlig; für den Mieter oder sonstigen Nutzungsberechtigten kommt lediglich die „Überwälzung" (§ 30 Abs. 1) in Frage (Steuerträger vgl. § 28 Erl. IV).

§ 27. (1) **Die Länder werden ermächtigt, die Mietzinsbildung abweichend von den Vorschriften des Reichsmietengesetzes vom 24. März 1922 (Reichsgesetzbl. I S. 273) zu regeln.**

(2) **Wollen die Länder bei einer solchen Regelung vom bürgerlichen Rechte in anderer Weise abweichen, als dies im Reichsmietengesetze vorgesehen ist, so bedarf es der Zustimmung der Reichsregierung; die Reichsregierung kann insoweit mit Zustimmung des Reichsrats Grundsätze aufstellen.**

(3) **Die Länder haben von der ihnen durch Abs. 1 erteilten Ermächtigung in der Weise Gebrauch zu machen, daß die Mieten allmählich gemäß der Entwicklung der allgemeinen Wirtschaftslage den Friedensmieten angenähert werden. Dabei sind neben den steuerlichen Bedürfnissen der Länder und Gemeinden auch die allgemeinen Interessen, insbesondere an der ordnungsgemäßen Unterhaltung und Instandsetzung der Häuser und die Leistungsfähigkeit der als Mieter in Betracht kommenden Bevölkerungskreise zu berücksichtigen. Als Friedensmiete gilt der Goldmarkbetrag des Mietzinses, der für die mit dem 1. Juli 1914 beginnende Mietzeit vereinbart war; die Länder treffen über die Festsetzung der Friedensmiete für besondere Fälle Bestimmung.**

I. Die Mietzinsbildung im allgemeinen. Das Reichsmietengesetz bleibt grundsätzlich in Geltung: soweit von der Ermächtigung des § 22 RMG. oder der Abs. 1 u. 2 dieser Vorschrift landesrechtlich kein Gebrauch gemacht wird, gelten die Bestimmungen des Reichsmietengesetzes auch fernerhin. Dies gilt insbesondere für die Rechtswirkung der Einführung der gesetzlichen Miete auf bestehende Mietverhältnisse (§ 20 RMG.).

§ 27 Abs. 1 u. 2 bilden den Rahmen für die Weiterbildung des Mietrechtes, soweit die gesetzliche Regelung des Mietzinses in Frage kommt; wo eine gesetzliche Miete nicht mehr besteht, gilt — grundsätzlich — auch die Mietzinssteuer nicht (§ 32). Der landesrechtlichen Regelung ist hier ein so weiter Spielraum gewährt, daß eine ernstliche Gefährdung der Einheit des bürgerlichen Rechts nicht ausgeschlossen erscheint (dazu Kiefersauer, LZ. 1924, 158). Allgemeine Grundsätze hinsichtlich der Weiterbildung des Mietzinsrechtes in Abweichung von den Grundsätzen des BGB. und RMG. sind bisher von der Reichsregierung noch nicht erlassen worden.

II. Die Friedensmiete. Die schrittweise Anpassung der Mieten an die Friedensmiete ist das Endziel der Verordnung. Die Begründung führt hierzu aus: „Unerläßliche Vorbedingung dafür, daß die Wohnungswirtschaft wieder auf eine gesunde Grundlage kommt, ist die Rückkehr zu der wirtschaftlichen Einsicht, daß ein angemessener Teil des Einkommens auf die Miete verwandt werden muß. Die Aufwendungen für die Miete müssen wieder im Haushalt des Mieters die dem Friedensstand entsprechende Bedeutung gewinnen. Nur dann wird der Mieter, der sich jetzt bei den unverhältnismäßig niedrigen Mieten häufig keinerlei Beschränkungen des Wohnraumes auferlegte, unter dem Druck der höheren Miete sich bereit finden, den über sein Bedürfnis hinausgehenden Wohnraum zugunsten des allgemeinen Wohnungsmarkts zu opfern. Nur dann wird der Geldmarkt die nötige Anregung finden, um Kapitalien für die Belebung der Bautätigkeit flüssig zu machen."

Der Zweck, den hiernach die amtliche Begründung mit der Angleichung der Mieten an die Friedensmiete verfolgt, ist ein doppelter:

1. Die mittelbare zwangsweise Einschränkung des Wohnungsbedürfnisses, ein Ziel, dem auch die bisherige Wohnungsabgabe diente (Kiefersauer, Wohnungsabgabe S. 55 und Teil I S. 195). Ob heute noch eine allgemeine Mietpreiserhöhung unter diesem Gesichtspunkt begründet werden kann, erscheint zweifelhaft; die wirtschaftlichen Verhältnisse werden nur bei wenigen Mietern eine über das Bedürfnis hinausgehende Raumnutzung erlauben. Wo sie besteht, vermag sie die Anpassung der Miete an die Friedensmiete kaum zu beseitigen.

2. Die Anregung der Neubautätigkeit. Daß die Rückkehr zur Friedensmiete für sich allein nicht geeignet ist, die Neubautätigkeit zu beleben, wurde wiederholt betont (Kiefersauer, Bay. GemVZ. 1924, 273). Der Ausgangspunkt des Gedankenganges der Begründung ist das Verhältnis des Anteiles des Mietaufwandes am Einkommen des Mieters; dieses soll dem Friedensstand angenähert werden. Ist dies überhaupt möglich und wenn ja, ist die Annäherung von Einfluß auf die Wohnungsmarktlage? Beide Fragen sind zu verneinen. Die wirtschaftlichen Verhältnisse haben sich seit Kriegsende völlig verschoben; die allgemeine Einschränkung der Lebenshaltung weiter Volksschichten — erkennbar so recht erst seit der Stabilisierung der Mark — verlangt auch eine Einschränkung des Wohnungsbedürfnisses. Die Quote des Einkommens auch nur im Durchschnitt behördlich zu bestimmen, ist um so weniger möglich, je weniger Klarheit darüber besteht, wie hoch sie im freien Wirtschaftsleben der Vorkriegszeit zu veranschlagen war (vgl. dazu einerseits Kiefersauer, Wohnungsabgabe S. 47, 57 und Conrad-Köppe, Finanzwissenschaft 1921 S. 232, andererseits Stümper, BayGemVZ. 1924, 81). Die Annäherung an den Friedensstand hätte zur Voraussetzung, daß Friedenseinkommen wieder möglich sind und zwar im Rahmen einer den Vorkriegsverhältnissen entsprechenden allgemeinen Preisgestaltung. Beide Voraussetzungen sind im heutigen Wirtschaftsleben nicht erfüllt und wohl auch kaum in den nächsten Jahren erfüllbar.

Die Gedanken der Begründung lassen jede Rücksichtnahme auf die allgemeinen Wirtschaftsbedingungen, auf die Einstellung unserer ganzen Wirtschaft vermissen, als deren Teilausschnitt die Mietpreisbildung und die Neubautätigkeit erscheint. Die behördliche Mietpreisbildung kann an der Tatsache nicht vorübergehen, daß die gegenwärtige Wirtschaftskrisis eine Kreditkrisis ist, daß die Neubautätigkeit sowohl wie die Erhaltung der Häuser erheblich unter dem Einfluß der gegenwärtigen Kreditnot leidet und daß daher ohne deren Beseitigung oder Linderung die Mietpreispolitik für sich allein auch nicht als Anreizpolitik Erfolg haben wird, daß vielmehr jede wirtschaftlich nicht voll und ganz zu rechtfertigende Mietpreiserhöhung die Gefahr neuer Inflation nach sich zieht.

Für die Annäherung der Mieten an die Friedensmiete stellt Abs. 3 bestimmte Richtlinien auf; hierzu ist zu bemerken:

1. Über die Friedensmiete hinaus sollen die Mietzinse im Wege amtlicher Mietpreisbildung nicht gesteigert werden. Ob eine solche aus wirtschaftlichen Gründen — etwa aus Rücksichten auf die Neubautätigkeit — nötig und möglich sein wird, darüber läßt sich heute ein abschließendes Urteil noch nicht abgeben, vgl. hierzu Stümper, BayGemVZ. 1924, 81 und Kiefersauer, ebenda Sp. 270.

2. Die Annäherung soll nur allmählich erfolgen; ein bestimmter Zeitpunkt, zu dem dieses Ziel erreicht sein soll, ist nicht vorgesehen. Für das Tempo der Anpassung soll die Entwicklung der allgemeinen Wirtschaftslage maßgebend sein und zwar in dem Sinne, daß entscheidend wirken

a) in erster Linie die steuerlichen Bedürfnisse der Länder und Gemeinden — Folgerung aus der Umgestaltung der Mietzinssteuer aus der Zwecksteuer zur allgemeinen Staats(Gemeinde)steuer,

b) die „allgemeinen Interessen"; als solche sind insbesondere, also beispielsweise genannt das Interesse

α) an der ordnungsgemäßen Unterhaltung und Instandsetzung der Häuser,

β) an der Berücksichtigung der Leistungsfähigkeit der Mieter.

Im Vordergrund steht die Erhaltung der Wohnungen (vgl. oben S. 106); demgemäß muß die Miete so bemessen sein, daß der Vermieter in der Lage ist, seiner Erhaltungspflicht auf Grund der §§ 535, 536 BGB. nachzukommen und demgemäß die Lasten der Mietsache, also auch die steuerliche Belastung aus der Mietzinssteuer, nach dem Grundsatz des § 546 BGB. aus dem Mieterträgnis zu bestreiten (Kiefersauer, LZ. 1924, 158). Eine Ergänzung des § 27 Abs. 3 gibt in dieser Richtung die Vorschrift des § 28 Abs. 2 Satz 2 (siehe dortselbst unter II).

Die Berücksichtigung der Leistungsfähigkeit der Mieter kann höchstens für eine kurze Übergangszeit maßgebend sein; grundsätzlich darf weder auf die persönlichen Verhältnisse des Mieters noch auf jene des Vermieters Rücksicht genommen werden (Kiefersauer, ZtschrfW. 1920, 35; zustimmend Genthe, Anm. 2 zu § 3 RMG.). Für die Feststellung der Nutzungswerte kann letzten Endes immer nur der objektive Wert in Betracht kommen (Kiefersauer, ZtschrfW. 1920, 249). Die steuerliche Auswertung dieses Grundgedankens liegt auf der Hand; der Gedanke führt aber folgerichtig in Zeiten wirtschaftlicher Not, insbesondere einschnürender Kreditnot, zu einem wirtschaftlichen Zusammenschluß aller Raumnutznießer mit dem Ziele der Verbilligung der Hauslasten durch gemeinschaftliche Kostenaufbringung — Idee meiner „Wohnungsabnutzungsversicherung" s. oben S. 13.

3. Die Friedensmiete ist — in Goldmark ausgedrückt — die gleiche wie in § 2 Abs. 1 Satz 1 RMG. Die Festsetzung der Friedensmiete für besondere Fälle erfolgt, falls landesrechtlich nichts anderes bestimmt

ist, nach den Vorschriften des § 2 Abs. 4 RMG. Der Begriff der Grundmiete ist fallen gelassen.

Wegen der Bedenken, die gegen die steuerliche und wohnungspolitische Auswertung der auf Zufallsergebnissen beruhenden Feststellung und der vielfach nur mit Gefühlswerten arbeitenden Feststellung der Friedensmiete bestehen, vgl. oben S. 13. Die außerordentliche Arbeit, die die MEA. etwa seit dem Jahre 1919 bei der Festsetzung der Zuschläge zur Friedensmiete, bei den Erhebungen über diese „vereinbarte Miete" geleistet haben, wäre fruchtbringend für die Wohnungs- und Steuerpolitik in einer allgemeinen Nutzungswertfeststellung auf der Grundlage des objektiven Wertes zusammengefaßt worden, wie ich bei einer Sachverständigenbesprechung im Reichsarbeitsministerium bereits anfangs April 1920 vorgeschlagen habe. Mehr als vier Jahre sind seitdem — ungenutzt für dieses große Ziel — in unfruchtbarer, zeitraubender Kleinarbeit verflossen und bei der heutigen Einstellung der Wirtschaftspolitiker, bei der Mißachtung der Tätigkeit der MEA. scheint es sehr zweifelhaft, ob dieses Ziel noch erreicht werden kann. Den Schaden einer solchen planlosen und kurzsichtigen Mietpreispolitik trägt der Mieter sowohl wie der Vermieter und letzten Endes auch der Staat und die Gemeinden, denen manche Steuerquelle verloren geht.

§ 28. (1) Die Besteuerung kann in Form einer besonderen Aufwertungssteuer oder einer Steuer vom Grundvermögen erfolgen; im zweiten Falle muß eine getrennte Berechnung der auf Grund dieser Verordnung erhobenen Grundsteuer und der allgemeinen Grundsteuer vorgesehen sein.

(2) Die Steuer soll so bemessen sein, daß durch die Miete mindestens die Betriebs- und Instandsetzungskosten gedeckt werden, die nach den bestehenden Verhältnissen zur Erhaltung des Gebäudes erforderlich sind. Die dem Eigentümer hiernach verbleibenden Beträge müssen am 1. April 1924 30 v. H. der Friedensmiete erreicht haben.

(3) Soweit vor dem Inkrafttreten dieser Verordnung auf einem Grundstück eine privatrechtliche wertbeständige Last gemäß der Verordnung über die Eintragung von Hypotheken in ausländischer Währung vom 13. Februar 1920 (Reichsgesetzbl. S. 231) oder dem Gesetz über wertbeständige Hypotheken vom 23. Juni 1923 (Reichsgesetzbl. I S. 407) eingetragen ist, vermindert sich auf Antrag die Steuer um den Wert der aus der Last sich ergebenden laufenden Geldverpflichtung. Das gleiche gilt für die auf Grund des Gesetzes über das Zusatzabkommen zum Abkommen vom 6. Dezember 1920 zwischen dem Deutschen Reiche und der Schweizerischen Eidgenossenschaft, betreffend schweizerische Goldhypotheken in Deutschland, und gewisse Arten von Frankenforderungen an deutsche Schuldner vom 23. Juni 1923 (Reichsgesetzbl. II S. 284) aus der Umwandlung einer schweizerischen Goldhypothek entstandenen Frankengrundschulden. Zu den laufenden Geldverpflichtungen gehören in diesem Falle auch Tilgungsbeträge, die zur Abtragung der Frankengrundschuld angesammelt werden. Die näheren Bestimmungen darüber, in welcher Höhe Tilgungen als angemessen anzusehen sind, treffen die Landesregierungen. Soweit eine nicht wertbeständige privatrechtliche Last aufgewertet ist, vermindert sich auf Antrag die Steuer um den Wert der aus einer

Aufwertung bis zu 15 v. H. des Nennbetrags in Goldmark sich ergebenden laufenden Geldverpflichtung; dies gilt nicht, soweit die Verpflichtung den im § 5 Abs. 2 vorgesehenen Zinsbetrag übersteigen.

(4) Für den Fall, daß die hiernach erhobene Miete 70 v. H. der Friedensmiete übersteigt, vermindert sich auf Antrag des Eigentümers die Steuer im Verhältnis des Wertes seines Eigenkapitals zum Gesamtwert des Grundstücks, wobei der Betrag des Eigenkapitals um ein Drittel zu kürzen ist. Dem Antrag ist insoweit nicht zu entsprechen, als der Betrag der Steuer gegenüber dem Zustand bei einer 70%igen Friedensmiete gekürzt werden würde. Für die Berechnung des Gesamtwerts und des Eigenkapitals ist der Stand vom 1. Juli 1914 maßgebend oder bei späterer Fertigstellung des Gebäudes der Stand im Zeitpunkt der Fertigstellung.

(5) Bei Grundstücken, die zu dem im vorstehenden Absatz bezeichneten Absatz entweder unbelastet waren oder deren dingliche privatrechtliche Belastung nicht mehr als 20 v. H. des Gesamtwerts betrug, ist der Betrag der Steuer auf Antrag des Eigentümers unabhängig von der Überschreitung der 70%igen Friedensmiete so weit herabzusetzen, daß er nicht mehr als 20 v. H. der Friedensmiete ausmacht. Soweit es sich hierbei um Gebäude handelt, die nicht vermietet sind (Eigenhaus, Eigenwohnung), können die Länder eine weitere Minderung der Steuer eintreten lassen.

(6) Soweit nach den Bestimmungen eines Landes über die Mietzinsbildung die Steuer nicht in der gesetzlichen Miete enthalten, der Vermieter aber berechtigt ist, sie auf die Miete umzulegen, bleibt der Vermieter auch im Falle der Befreiung oder Minderung der Steuer gemäß Abs. 3, 4 und 5 zur Umlegung eines der vollen Steuer entsprechenden Betrages berechtigt.

I. Form der Steuer. Die VO. unterscheidet zwischen der besonderen Aufwertungssteuer und der Steuer vom Grundvermögen. Für beide Arten werden gemeinsame Vorschriften (Grundsätze der §§ 28, 29) erlassen; für die Aufwertungssteuer gilt außerdem noch die Sondervorschrift des § 30, für die Grundsteuer die Anordnung getrennter Berechnung gegenüber der allgemeinen Grundsteuer (§ 28 Abs. 1). Das Landesrecht kann zwischen beiden Arten der Besteuerung wählen. Eine namentliche Bezeichnung für die eine oder andere Steuer kennt die VO. nicht. In diesem Werk wird die Steuer, die auf Grund der §§ 26—32 erhoben wird, in jedem Falle Mietzinssteuer genannt, mag sie als Aufwertungs- oder als Grundsteuer ausgestaltet sein. Bayern hat sich in Anlehnung an die bisherige Wohnungsabgabe für die Erhebung der Mietzinssteuer als Steuer vom Grundvermögen entschieden: sie wird als besonderer Zuschlag zur Haussteuer erhoben (Buchst. F der VO. vom 31. März 1924).

II. Bemessung der Steuer. Die Vorschrift des Abs. 2 stellt eine untere Grenze für die Berechnung der Mietzinssteuer insoweit auf, als vom 1. April 1924 an dem Vermieter mindestens 30 v. H. der Friedensmiete zur Deckung der Betriebs- und Instandsetzungskosten verbleiben müssen. Zugleich ist angeordnet, daß dieser Betrag auf alle Fälle so hoch bemessen werden soll, daß „die nach den bestehenden Verhältnissen zur Erhaltung des Gebäudes" erforderlichen Betriebs- und Instandsetzungskosten aus der Miete bestritten werden können.

Geht man davon aus, daß der Begriff der Betriebs- und Instandsetzungskosten — allerdings unter Verzicht auf die Unterscheidung zwischen laufenden und großen Instandsetzungsarbeiten — aus dem Reichsmietengesetz (solange die Länder auf Grund des § 27 Abs. 1 nichts anderes bestimmen) zu entnehmen ist, so fällt die Mietzinssteuer, wenn sie als Grundsteuer erhoben wird, nach § 4 RMG. als eine „für das Haus zu entrichtende Steuer" unter den Begriff der Betriebskosten, so daß auf deren Höhe und damit auf die Mietzinssteuer bei der Festsetzung der Höhe der gesetzlichen Miete — § 32 — bereits Rücksicht genommen werden muß (vgl. auch § 28 Abs. 5). Abs. 2 bedeutet demnach im Grunde eine Wiederholung des in § 3 Abs. 2 RMG. niedergelegten Gedankens der Anpassung der Mietsätze an die jeweilige Höhe der Betriebs- und Instandsetzungskosten, wobei ein Mindestsatz von 30 v. H. der Friedensmiete festgelegt und in Abweichung von dem System der Durchschnittssätze des RMG. eine individuelle Berechnung (Erhaltung des Gebäudes) angestrebt wird.

Hiernach gibt Abs. 2 — in Ergänzung des § 27 Abs. 3 — eine Richtlinie für die Bemessung der Höhe der Friedensmiete unter Festlegung eines Mindestsatzes. Eine neue Begriffsbestimmung der gesetzlichen Miete kann hierin nicht erblickt werden; lediglich die Festsetzung der Friedensmiete kann landesrechtlich nach § 27 Abs. 3 anderweit geregelt werden.

Über die Höhe der Mietzinssteuer enthält Abs. 2 trotz seiner eigenartigen Fassung keinerlei Bestimmung. Legt man — unter Außerachtlassung des Grundsatzes, daß die Mietzinssteuer einen Teil der Betriebskosten darstellt — den Mindestsatz der Miete mit 30 v. H. zugrunde, so könnte theoretisch bei Ausschöpfung der vollen Friedensmiete 70 v. H. derselben als Mietzinssteuer erhoben werden. Für die hiernach notwendige Beurteilung der Frage, ob der Mindestsatz von 30 v. H. der Friedensmiete zur Bestreitung der Betriebs- und Instandsetzungskosten ausreicht, ist zu beachten, daß infolge der Aufwertungsordnung der §§ 1—15 der in der Miete enthaltene Anteil zur Verzinsung und Tilgung der fremden Hypothekenschulden (etwa 60—65 v. H. der Mieteinnahmen im Durchschnitt) um mehr als $^5/_6$ durchschnittlich in Wegfall gekommen ist, ferner daß nach § 5 die Verzinsung des Aufwertungsbetrages bis 1928 nur in beschränktem Umfang zugelassen und die Tilgung bis 1928 ganz ausgesetzt ist.

III. Ermäßigung der Steuer. Die VO. geht offenbar von dem Gedanken aus, daß dem Vermieter als Eigentümer, aber auch dem Eigenhausbesitzer — dieser kommt in erster Linie in Betracht — eine von der allgemeinen Abwertung der Vermögensanlagen unbeeinflußte angemessene Eigenrente, nämlich die volle (anders § 5) Verzinsung des — voll aufgewerteten — Eigenkapitals gewahrt werden müsse. Diesem Gedanken ist durch Zulassung einer Reihe von Ermäßigungsanträgen in den Abs. 3—5 Rechnung getragen [vgl. hierzu Pfefferle, JW. 1924, 488 (zu Abs. 3) und Boldt, JW. 1924, 522 (zu Abs. 5)]; landesrechtliche Sondernormen können diese Bestimmungen nicht beseitigen.

1. Hypotheken in ausländischer Währung (Gesetz vom 13. Febr. 1920) und wertbeständige Hypotheken (lautend z. B. auf Feingold,

Roggen, Kohle; Gesetz vom 23. Juni 1923) berechtigen den Eigentümer (Vermieter) zu dem Antrag, die Mietzinssteuer um den Wert der aus der Belastung sich ergebenden laufenden Geldverbindlichkeit zu ermäßigen.

2. Frankenschulden (Gesetz vom 23. Juni 1923) berechtigen gleichfalls nach dem gleichen Grundsatz zum Antrag auf Steuerermäßigung; hier dürfen neben den Zinsverpflichtungen auch Tilgungsbeträge in angemessenem Umfang berücksichtigt werden.

Bei den in Ziff. 1 u. 2 bezeichneten Verbindlichkeiten ist in der Regel nur ein beschränkter oder kein Entwertungsnutzen gegeben; die Mietzinssteuer greift deshalb nur insoweit Platz, als ihr Betrag die laufenden Zins- bzw. Tilgungsverpflichtungen übersteigt.

3. Aufgewertete, nicht wertbeständige privatrechtliche Lasten begründen gleichfalls einen Ermäßigungsantrag. Hiebei darf der Aufwertungsbetrag 15 v. H. des Nennbetrages der Schuld nicht übersteigen; die laufenden Geldverpflichtungen — Zins-, nicht aber Tilgungsbeträge — dürfen außerdem über den Zinsbetrag des § 5 Abs. 2 hinaus nicht berücksichtigt werden. Für das Jahr 1924 kommen derartige Lasten überhaupt nicht in Betracht, 1925 dürfen sie mit 2%, 1926 mit 3%, 1927 mit 4% und ab 1928 mit 5% in Ansatz gebracht werden. Ob die Aufwertung auf Vereinbarung, Gesetz oder Urteil beruht, ist gleichgültig.

4. Am 1. Juli 1914 unbelastete oder nur bis zu 20% des Wertes belastete Grundstücke rechtfertigen den Antrag des Eigentümers auf Steuerermäßigung ohne weiteres; hier muß die Mietzinssteuer soweit herabgesetzt werden, daß sie nicht mehr als 20 v. H. der Friedensmiete ausmacht. Bei nicht vermieteten Gebäuden (Eigenheimen, Eigenwohnungen) kann landesrechtlich dieser Satz noch unterschritten werden. Nur die Belastung bzw. Nichtbelastung am Stichtag ist maßgebend; später begründete Belastungen bleiben auch dann außer Betracht (anders aber § 33 Abs. 1), wenn durch ihre Wegfertigung oder nach §§ 1—15 der VO. dem Eigentümer ein Entwertungsnutzen zugeflossen ist. Eine mittelbare Herabsetzung der Mietzinssteuer unter 20% der Friedensmiete, etwa durch Einrechnung der normalen Haussteuer in diesen Satz, ist — abgesehen von Eigenheimen — reichsrechtlich und landesrechtlich nicht gestattet.

5. Übersteigt die gesetzliche Miete (Goldmiete) 70 v. H. der Friedensmiete, so ist auf Antrag des Eigentümers in allen Fällen die Mietzinssteuer im Verhältnis seines Eigenkapitals (Grundstückswert abzüglich Lasten nach dem Stand vom 1. Juli 1914 oder bei späterer Fertigstellung im Zeitpunkt der Fertigstellung) zum Grundstückswert (gemeiner Wert am 1. Juli 1914). Das Eigenkapital ist hierbei „nur“ mit $^2/_3$ seines Wertes (gegenüber 15% anderer Vermögensanlagen) in Ansatz zu bringen. Die Ermäßigung ist nach unten begrenzt: ein geringerer Steuerbetrag, als sich bei einer 70%igen Friedensmiete ergeben würde, darf nicht erhoben werden.

IV. Umlegung des Steuerbetrages auf die Mieter bei Zulassung der Umlegung der Betriebskosten (s. oben S. 108); die Mieter als die eigentlichen Träger der Steuer sind auch bei Ermäßigung der Steuer nach Maßgabe der Abs. 3—5 zur Aufbringung des vollen Steuerbetrages verpflichtet; die Vergünstigung kommt nicht ihnen, sondern dem Vermieter persönlich zugute. Vgl. hieher auch § 30 Ziff. 1.

§ 29. Von der Besteuerung sind auszuschließen Neubauten oder durch Um- oder Einbauten neugeschaffene Gebäudeteile, wenn der Bau erst nach dem 1. Juli 1918 bezugsfertig geworden ist, es sei denn, daß die Neubauten, Um- oder Einbauten mit Beihilfen aus öffentlichen Mitteln ausgeführt worden sind. Die aus der Besteuerung dieser Neubauten aufkommenden Steuerbeträge sind ausschließlich zur Förderung des Wohnungsbaues zu verwenden. An Stelle dieser Steuer können die Landesregierungen Grundstücke mit Gebäuden, die mit Beihilfen aus öffentlichen Mitteln errichtet worden sind, zur Förderung des Wohnungsbaues mit einer Grundschuld bis zu 40 v. H. des in Goldmark umgerechneten Wertes der Beihilfe oder bis zu einem entsprechenden Hundertsatz des Friedenswertes des Grundstückes belasten. Diese Belastung geht allen bisherigen Belastungen vor, mit Ausnahme der Belastung zugunsten der deutschen Rentenbank nach Maßgabe der Verordnung vom 15. Oktober 1923 (Reichsgesetzbl. I S. 963). Soweit auf dem Grundstück wertbeständige Beihilfehypotheken eingetragen oder soweit Beihilfebeträge zurückgezahlt worden sind, vermindert sich die Grundschuld um den entsprechenden Goldmarkwert. Die näheren Bestimmungen über die Berechnung des Goldmarkwertes der Beihilfen aus öffentlichen Mitteln oder über die Berechnung des Friedenswertes der Grundstücke, ferner über die Verzinsung und Ablösung der Last, über die Anrechnung eingetragener wertbeständiger Beihilfehypotheken und zurückgezahlter Beihilfebeträge und über die Verwendung der Gelder werden von den obersten Landesbehörden erlassen.

I. Neubauten, Um- oder Einbauten, gleichviel ob zu Wohn- oder anderen Zwecken verwendet, sind mietzinssteuerfrei, wenn der Bau erst am 1. Juli 1918 oder später bezugsfertig geworden ist. Die Ausnahmeregelung erfolgt in Übereinstimmung mit den Grundgedanken des § 33 MSchG., des § 16 RMG. und des § 12 WMG. im Interesse der Förderung der Neubautätigkeit.

Wegen der Begriffe Neubauten usw. vgl. Anm. 1 zu § 33 MSchG. (I 99) sowie Kiefersauer, Wohnungsabgabe S. 186. Unerheblich ist, ob das Gebäude oder der Gebäudeteil noch in der Hand des Erbauers sich befindet oder nicht; auch der Käufer eines solchen Gebäudes ist mietzinssteuerfrei. Dies gilt selbst dann, wenn die Herstellung des Baues in der Zeit der Inflation dem Bauherrn oder Zweiterwerber einen erheblichen Entwertungsnutzen gebracht hat.

II. Zuschußbauten (Beihilfebauten) d. h. mit Beihilfen aus öffentlichen Mitteln aufgeführte Bauten (vgl. Vorbem. zu den „Bestimmungen" unten III) werden in Anlehnung an § 33 Abs. 3 MSchG. in der Fassung vom 24. Dez. 1923 (I, 101, 247), bayer. MinBek. vom 23. Febr. 1924 (StAnz. Nr. 49 GVBl. S. 64) einer besonderen Regelung unterworfen. Sie besteht

1. in der Möglichkeit der Besteuerung dieser Bauten
   a) durch die Einführung der Mietzinssteuer — in Form der Aufwertungs- oder der Grundsteuer — nach Maßgabe der §§ 28, 30 oder
   b) durch Belastung der Beihilfebauten mit einer Grundschuld bis zu 40% des Goldmarkwertes der Beihilfe oder bis zu einem

entsprechenden Hundertsatz des Friedenswertes des Grundstückes nach Maßgabe näherer landesrechtlicher Anordnung. Die Grundschuld vermindert sich bei Rückzahlung der Beihilfen — gleichviel ob in guter oder verwässerter Papiermark — oder bei Eintragung wertbeständiger Beihilfehypotheken um den Goldmarkbetrag der Rückzahlung oder der Hypothek;

2. in dem Zwang zur Verwendung des Erträgnisses dieser Besteuerung (Ziff. 1) ausschließlich für Zwecke der Förderung des Wohnungsbaues — Ausnahme von dem Grundsatz des § 26 Abs. 2 Satz 2.

Die Sonderregelung für Beihilfebauten greift Platz ohne Rücksicht darauf, in welchem Umfang Zuschüsse in Anspruch genommen sind, ob sie vor oder nach Erteilung des Beihilfebescheides ganz oder teilweise zurückbezahlt worden sind (siehe aber Ziff. 1 b).

§ 30. **Erfolgt die Erfassung in Form einer besonderen Aufwertungssteuer, so gelten folgende Grundsätze:**

1. Die Steuer ist in einem von den Ländern zu bestimmenden Hundertsatze der Friedensmiete zu erheben. Sie ist bei der den Ländern vorbehaltenen Regelung der Mietzinsbildung auf den Mieter zu überwälzen.

2. Die Überlassung des Gebrauchs eines Gebäudes (Gebäudeteiles) auf andere Weise als durch Mietvertrag (Pacht, Nießbrauch usw.) steht der Miete gleich.

3. Folgende Befreiungen sind vorzusehen:

a) öffentliche Körperschaften für die in ihrem Eigentum stehenden und von ihnen für öffentliche Zwecke benutzten Gebäude;

b) inländische Personenvereinigungen und Vermögensmassen, die nach der Satzung, Stiftung oder sonstigen Verfassung ausschließlich gemeinnützigen, mildtätigen, ethischen oder religiösen Zwecken dienen, für die in ihrem Eigentum stehenden und von ihnen für diese Zwecke benutzten Gebäude;

c) Botschaften, Gesandtschaften und Konsulate für die im Eigentume des Entsendestaates stehenden und von ihnen für ihre Zwecke benutzten Gebäude, sofern Gegenseitigkeit gewährt wird.

Liegen nur für einen Teil des Gebäudes die vorstehenden Voraussetzungen vor, so bezieht sich die Befreiung nur auf diesen Teil.

I. Die Grundsätze gelten zunächst nur für die Aufwertungssteuer, nicht aber für die Grundsteuer (§ 28 Abs. 1). Der Übernahme dieser Grundsätze oder eines Teiles derselben auf die Grundsteuer durch landesrechtliche Ausführungsbestimmung (vgl. bayer. VO. vom 31. März 1924 Buchst. F II Ziff. 2—4) steht nichts entgegen. Die Grundsätze sind landesrechtlich auch erweiterungsfähig.

II. Grundsätze.

1. Den Steuersatz zu bestimmen, ist im Rahmen der Bemessung eines Hundertsatzes der Friedensmiete den Ländern überlassen.

2. Die Steuer ist abwälzbar (vgl. auch § 28 Abs. 6).

3. Jede Art entgeltlicher Gebrauchsüberlassung rechtfertigt — abweichend von dem Grundgedanken der Verknüpfung der Steuer mit der gesetzlichen Miete (§§ 32 VO., § 1 RMG.) — die Besteuerung; auch Pacht- und Nießbrauchverhältnisse sind der Mietzinssteuer unterworfen.

4. Befreiungen

a) für die Gebäude öffentlicher Körperschaften — Begriff I, 169 —, soweit und solange sie in ihrem Eigentum stehen und — abweichend von § 32 MSchG., § 7 WMG. sowie der bisherigen Regelung in Bayern (Kiefersauer, Wohnungsabgabe S. 181, 188) — zu öffentlichen Zwecken tatsächlich benutzt werden. Beide Voraussetzungen müssen gleichzeitig erfüllt sein. Die Benutzung — nicht bloß die Bestimmung für öffentliche Zwecke ist entscheidend. Der Begriff der Benutzung für öffentliche Zwecke kann nur nach dem der Körperschaft durch Gesetz oder Satzung zugewiesenen Aufgaben- und Wirkungskreis bestimmt werden. Öffentlich bedeutet den Gegensatz zu privatwirtschaftlich; daher scheidet die Zweckverwendung öffentlicher Gebäude für Erwerbszwecke z. B. eines Teiles des Bahnhofgebäudes als Wirtschaftsräume hier aus. Das gleiche gilt für Gebäude, die ausschließlich oder doch überwiegend der Erzielung von Einnahmen dienen, z. B. die Gebäude der Bayer. Staatsbank, der staatlichen Hüttenverwaltung usw.; gleichgültig ist im übrigen, ob die Einnahmen durch die gewerbliche Nutzung oder durch Vermietung als Wohnungen erzielt werden (vgl. hierzu Kiefersauer, Wohnungsabgabe S. 190). Dagegen ist regelmäßig der Betrieb gemeindlicher Gas-, Wasser- und Elektrizitätswerke hieher zu zählen.

b) für Gebäude inländischer (nicht ausländischer) Personenvereinigungen — gleichviel ob sie als juristische Personen des öffentlichen oder privaten Rechts anerkannt sind oder nicht — und Vermögensmassen, soweit und solange die Gebäude in ihrem Eigentum stehen und der tatsächlichen Benutzung zu einem der nachstehend genannten Zwecke ausschließlich zugeführt werden:

gemeinnützigen Zwecken — Begriff I, 98, 170 und Kiefersauer, Wohnungsabgabe S. 194 ff. —,

mildtätigen Zwecken, d. s. solchen, die ohne Rücksicht auf eine gesetzliche oder sonstige rechtliche Verpflichtung die Linderung oder Beseitigung menschlicher Nöte durch die „milde Hand" anstreben (vgl. I, 170),

ethischen oder religiösen Zwecken, vgl. I, 170.

c) für die im Eigentum — anders das bisherige Recht, wo die bloße Benutzung genügte, Kiefersauer, Wohnungsabgabe S. 181 — fremder Staaten stehenden Botschafts-, Gesandtschafts- und Konsulatsgebäude unter der doppelten Voraussetzung, daß Gegenseitigkeit gewährt und daß das Gebäude tatsächlich für Botschafts- usw. zwecke benutzt wird.

Soweit die Voraussetzungen nur für einen Teil des Gebäudes vorliegen, beschränkt sich die Steuerbefreiung auf diesen Gebäudeteil.

§ 31. Die nach §§ 26 bis 30 erforderlichen Bestimmungen erlassen die Landesregierungen.

Für Bayern ist die Verordnung vom 31. März 1924 maßgebend (unten II).

§ 32. (1) Die Bestimmungen der §§ 26 bis 31 gelten solange, als eine gesetzliche Miete in den betreffenden Landesteilen festgesetzt ist, jedoch nicht über den 31. März 1926 hinaus. Die Reichsregierung kann mit Zustimmung des Reichsrates die Bestimmungen zu einem früheren Zeitpunkt außer Kraft setzen.

(2) Treten die Bestimmungen außer Kraft, so bleibt ein Geldentwertungsausgleich bei bebauten Grundstücken entsprechend dem Geldentwertungsausgleiche bei unbebauten Grundstücken (§§ 33 bis 36) vorbehalten; die näheren Vorschriften trifft ein Reichsgesetz.

Die Mietzinssteuer soll hiernach mit der Aufhebung der gesetzlichen Miete — gleichviel ob diese nach den Bestimmungen des Reichsmietengesetzes oder auf Grund des § 27 Abs. 1 u. 2 in anderer Weise berechnet wird — oder nach Anordnung der Reichsregierung zu einem früheren Zeitpunkt in Wegfall kommen. Spätester Zeitpunkt: 31. März 1926, obwohl die Geltungsdauer des Reichsmietengesetzes bis zum 1. Juli 1926 reicht (§ 24 RMG.). Trotz der engen Verknüpfung zwischen gesetzlicher Miete und Mietzinssteuer (vgl. Vorbem. vor § 26) ist hiernach der Fall möglich, daß in der Zeit vom 1. April bis 1. Juli 1926 trotz Fortbestandes der gesetzlichen Miete die Mietzinssteuer entfällt und durch eine allgemeine Aufwertungssteuer nach Maßgabe des Abs. 2 ersetzt wird.

Die Vorschrift enthält neben der zeitlichen Begrenzung der Mietzinssteuer zugleich auch eine solche der auf die Mietzinsbildung bezüglichen Vorschriften; nach dem strengen Wortlaut des Abs. 1 müßte mit der gesetzlichen Miete zugleich auch § 27 Abs. 1 u. 2 und damit die Ermächtigungsgrundlage für eine außerhalb des Reichsmietengesetzes sich bewegende Mietzinsbildung in Wegfall kommen. Das ist sicherlich nicht die Absicht des Gesetzgebers, da gerade mit der Beseitigung der zwangsweisen Mietzinsbildung, also mit der Aufhebung der Grundsätze des RMG. durch das Landesrecht, die Vorschriften über die Mietzinssteuer außer Kraft treten sollen. Satz 1 des Abs. 1 ist daher auf die Bestimmungen über die Mietzinssteuer zu beschränken; auf § 27 bezieht sich dieser Satz nicht.

Die frühere Außerkraftsetzung der Mietzinssteuer durch die Reichsregierung wäre ohne die Sonderbestimmung des Satzes 2 möglich auf Grund des § 64, da diese Ermächtigungsklausel auch für § 32 Abs. 2 gilt.

2. Geldentwertungsausgleich bei unbebauten Grundstücken.

§ 33. (1) Die Länder sind berechtigt, von den Eigentümern solcher Grundstücke, die nicht den Bestimmungen über den Geldentwertungsausgleich bei bebauten Grundstücken (§§ 26 bis 32) unterliegen und die mit einer auf Reichsmark lautenden Hypothek, Reallast, Grundschuld oder Rentenschuld belastet sind oder in der Zeit seit dem 1. Januar 1919 belastet gewesen sind, eine Abgabe zu erheben.

(²) **Die Höhe der Abgabe darf 2 v. H. des um den Aufwertungsbetrag (§ 2 Abs. 1 Satz 1) verminderten Goldmarkbetrags der dinglichen Lasten nicht übersteigen.**

(³) **Soweit die dinglichen Lasten beim Inkrafttreten dieser Verordnung nicht mehr bestehen, kann die Steuer um den Betrag erhöht werden, um den der Goldwert des für die Tilgung aufgewendeten Betrags hinter dem Aufwertungsbetrage (§ 2 Abs. 1 Satz 1) zurückbleibt.**

(⁴) **Bei der Bemessung der Steuer ist auf die Leistungsfähigkeit der landwirtschaftlichen Betriebe Rücksicht zu nehmen.**

I. Gegenstand der Besteuerung in den §§ 33—36 sind die unbebauten Grundstücke. Eine strenge Scheidung zwischen bebauten und unbebauten Grundstücken ist nach der Absicht des Gesetzgebers nicht durchzuführen: nur soweit die Steuer auf Grund der §§ 26—32 die in Abs. 1 bezeichneten unbebauten Grundstücke nicht erfaßt, kann landesrechtlich eine Sonderbesteuerung nach Maßgabe der §§ 33—36 durchgeführt werden. Der Ertrag der Steuer ist nach Möglichkeit zur Förderung der landwirtschaftlichen Erzeugung zu verwenden (§ 36 Abs. 4, vgl. § 26 Abs. 2, § 29). Voraussetzung ist, daß es sich handelt

1. um unbebaute d. h. mit einem Bauwerk nicht versehene Grundstücke, mögen im übrigen land- oder forstwirtschaftlich oder gärtnerisch, vorübergehend oder dauernd benutzte Grundstücke in Frage kommen. Insbesondere gehören hieher die Bauplätze, mögen sie auch zunächst anderen Zwecken dienen (Lagerplätze, Parkanlagen, Gärtnereien).

Inwieweit eine wirtschaftliche Zusammengehörigkeit von Grundstücken und Wirtschaftsgebäuden die Anwendung der §§ 33—36 auch auf letztere rechtfertigen kann, ist Tatfrage; in der Regel wird die Angleichung der Steuer — der Abgabe zum Ausgleich der Geldentwertung — an das Ertragsteuersystem des einzelnen Landes diese Frage von selbst lösen.

2. um belastete Grundstücke; bei den unbelasteten Grundstücken ist ein Entwertungsnutzen nicht entstanden, daher nach Auffassung des Gesetzgebers eine besondere Besteuerung nicht gerechtfertigt, obwohl auch hier im Gegensatz zu den Vermögensanlagen des § 1 Abs. 2 die volle Vermögenssubstanz dem Grundstückseigentümer gesichert ist. Die Belastung ist formell beschränkt auf die auf Reichsmark lautende Hypothek, Grundschuld und Rentenschuld (§§ 1113—1203 BGB.) sowie auf solche Reallasten (§§ 1105—1112 BGB.). Soweit diese Belastungen wertbeständig sind, kommen sie nicht in Betracht.

Zeitlich ist die zu berücksichtigende Belastung, soweit sie nicht im Zeitpunkt der Veranlagung besteht, im Gegensatz zu § 28 Abs. 5 ausgedehnt auch auf Rechtsverhältnisse, die in der Zeit des Währungsverfalls begründet und wieder aufgehoben worden sind. Stichtag ist der 1. Januar 1919: war seit diesem Tage das Grundstück in irgendeinem Zeitpunkt, gleichviel ob kürzere oder längere Zeit belastet, so ist die Besteuerung gerechtfertigt. Zur Annahme der Belastung ist erforderlich, daß die Hypothek usw. nach den Vorschriften des bürgerlichen Rechts tatsächlich zur Entstehung gekommen ist.

Über die Feststellung des Goldmarkbetrages der Belastung vgl. § 34.

II. Höhe der Besteuerung: Höchstsatz 2% des Goldmarkbetrages der Belastung nach Abzug des Aufwertungsbetrages (§ 2 Abs. 1), also regelmäßig 2% aus 85% = 1,7% des Goldmarkbetrages der Belastung.

Berücksichtigung der Leistungsfähigkeit ist bei der Besteuerung landwirtschaftlicher Betriebe noch besonders vorgeschrieben (Abs. 4). Erster Zahlungstermin: frühestens 1. November 1925. Die Erhebung darf nur in Teilbeträgen erfolgen.

Erhöhung des Steuersatzes durch Erhebung einer Zusatzsteuer ist nach Abs. 3 zulässig bei bereits am 14. Februar 1924 erfolgter gänzlicher oder teilweiser Tilgung der Belastung. Wegen der Entrichtung der Zusatzsteuer in Teilbeträgen vgl. § 36.

III. Steuerbefreiung 1. unbedingt für Reich, Länder und Gemeinden sowie für Eigentümer, die die Obligationensteuer zu entrichten haben und 2. zulässig durch Festlegung einer Freigrenze (§ 35 Abs. 1 u. 2).

IV. Die Einführung der Steuer ist im Gegensatz zur Steuer vom bebauten Grundbesitz (§ 26 Abs. 1) in das Ermessen der Länder gestellt. Nur wenn sie davon Gebrauch machen wollen, sind die Vorschriften der §§ 33—36 maßgebend. Durch die Hinausschiebung des Zahlungstermines auf frühestens 1. November 1925 — die Länder können einen noch späteren Termin festsetzen — kommt die Entwertungsabgabe bei unbebauten Grundstücken praktisch vorläufig noch gar nicht in Betracht, bedauerlich zum mindesten insoweit, als die Heranziehung der als Bauplätze in Betracht kommenden Grundstücke bis dahin unmöglich ist. Eine fortlaufende Besteuerung der Bauplätze wäre schon aus wohnungspolitischen Gründen dringend wünschenswert (dazu Kiefersauer, Zur Reform des Wohnungswesens S. 30).

§ 34. (1) Als Goldmarkbetrag gilt bei dinglichen Lasten, die vor dem 1. Januar 1918 begründet worden sind, der Nennbetrag.

(2) Der Goldmarkbetrag der dinglichen Lasten, die seit diesem Zeitpunkt begründet worden sind, wird dadurch festgestellt, daß der Nennbetrag nach dem Mittelkurse der amtlichen Notiz der Berliner Börse für den nordamerikanischen Dollar (Auszahlung New-York) am Tage der Eintragung der dinglichen Last in Goldmark umgerechnet wird. Für die Zeit, in der der nordamerikanische Dollar an der Berliner Börse amtlich nicht notiert wurde, bestimmt die Reichsregierung den maßgebenden Börsenkurs.

§ 35. (1) Von der Abgabe befreit sind:

a) Reich, Länder und Gemeinden (Gemeindeverbände),
b) die Eigentümer von Grundstücken, soweit die dingliche Last für Schuldverschreibungen begründet worden ist, die der Besteuerung gemäß §§ 17 bis 23 unterliegen.

(2) Andere Eigentümer, deren Abgabe insgesamt den Betrag von 100 Goldmark nicht übersteigt, können abgabefrei gelassen werden.

§ 36. (1) Die erste Zahlung auf die Abgabe darf nicht vor dem 1. November 1925 fällig sein. Die auf die Erhöhung der Abgabe (§ 33 Abs. 3) zu entrichtenden Teilbeträge sind auf 2 v. H. des Goldmarkbetrages der dinglichen Last im Jahr zu bemessen. Mit

Zustimmung des Reichsrats und eines Ausschusses des Reichstags kann die Entrichtung auf einen längeren Zeitraum erstreckt werden.

(²) Für Vorauszahlungen auf die Erhöhung der Abgabe (§ 33 Abs. 3) können Ermäßigungen bis zu 20 v. H. der Erhöhung gewährt werden.

(³) Im Falle der Vorauszahlung (Abs. 2) ist zuzulassen, daß die Entrichtung in Pfandbriefen von Realkreditanstalten erfolgt.

(⁴) Der Ertrag der Abgabe ist nach Möglichkeit zur Förderung der landwirtschaftlichen Erzeugung zu verwenden.

II. Bayer. Verordnung

über die Entrichtung der Haussteuer und einer Abgabe zum Ausgleich der Geldentwertung bei bebauten Grundstücken für das Rechnungsjahr 1924.

Vom 31. März 1924 (StAnz. Nr. 77, GVBl. S. 133).

Auf Grund des § 64 der Verfassungsurkunde des Freistaates Bayern vom 14. August 1919 (GVBl. S. 531) und des § 31 der 3. Steuernotverordnung vom 14. Februar 1924 (RGBl. I S. 74) werden bezüglich der Entrichtung der Haussteuer und einer Abgabe zum Ausgleich der Geldentwertung bei bebauten Grundstücken für das Rechnungsjahr 1924 mit Wirkung vom 1. April 1924 ab folgende Anordnungen getroffen:

1. Die Verordnung gilt zunächst nur für das Rechnungsjahr 1924, d. i. vom 1. April 1924 bis 31. März 1925.

2. Der sachliche Geltungsbereich erstreckt sich

a) auf die Erhebung, nicht nur auf die Entrichtung der Haussteuer im allgemeinen (Buchst. A, B, C u. E),

b) auf die Erhebung zweier besonderer Abgaben in Form von Zuschlägen zur Haussteuer und zwar

1. einer Zweckabgabe zur Gewinnung von Mitteln zur Förderung des Wohnungsbaues und für Kulturzwecke allgemeiner Zuschlag in Höhe von 250 v. H. der Haussteuer (Buchst. D, E),
2. einer besonderen Abgabe zum Ausgleich der Geldentwertung — hier Mietzinssteuer genannt — besonderer, monatlich neu festzusetzender Zuschlag (Buchst. F).

3. Die bayer. Haussteuer ist nach dem Haussteuergesetz vom 14. August 1910 in der Fassung vom 17. August 1918 (GVBl. S. 423), 16. August 1919 (GVBl. S. 565), 27. Juli 1921 (GVBl. S. 412) und vom 18. Juli 1923 (GVBl. S. 237) in Verbindung mit der Verordnung vom 27. Dezember 1923 (StAnz. Nr. 300) eine Besteuerung der Nutzung aus Häusern, für deren Veranlagung und Entrichtung die gesetzlichen Bestimmungen des Haussteuergesetzes maßgebend sind. Vgl. dazu die Vollzugsvorschriften vom 2. März 1911 (GVBl. S. 107), 6. Oktober 1918 (GVBl. S. 807), 19. Februar 1922 (GVBl. S. 177) und 29. Dezember 1923 (GVBl. 1924 S. 3). Diese Vorschriften finden ihre

Ergänzung und Abänderung in der vorliegenden Verordnung (Buchst. A, B, C u. E). Darüber hinaus werden durch die Verordnung vom 31. März 1924 zwei Zuschläge zu dieser Haussteuer mit eingeführt, die die Rechtsnatur der Haussteuer teilen und daher, soweit aus den Bestimmungen nichts anderes zu entnehmen ist, nach den allgemeinen Grundsätzen des Haussteuergesetzes zu beurteilen sind. Dies gilt insbesondere für die Veranlagungsgrundsätze der §§ 2, 33 (Haussteuerbefreiung), § 34 (Steueränderungen), §§ 39, 40 (Steuernachlässe) usw. Hinsichtlich der Entrichtung der Mietzinssteuer ist die Anwendbarkeit der Bestimmungen des Haussteuergesetzes in Buchst. F I ausdrücklich vorgeschrieben (s. Erl. zu Buchst. E). Im Gegensatz zu der bisherigen Wohnungsabgabe ist sowohl für den besonderen als auch für den allgemeinen Zuschlag auf jede selbständige Regelung der Abgabe hinsichtlich ihrer Berechnung usw. verzichtet (für das bisherige Recht Kiefersauer, Wohnungsabgabe S. 167). Dem steht nicht entgegen, daß

1. bei der Zweckabgabe nach Buchst. D die Verwendung der Erträgnisse des Zuschlages für besondere Aufgaben vorgeschrieben und die Erhebung von Gemeinde- und Kirchenumlagen aus diesem Zuschlag verboten ist. Die besondere Zweckbestimmung erfordert lediglich eine besondere Verrechnung, die buchtechnisch umständlich sein mag, im übrigen aber den Charakter der Steuer als Haussteuer nicht zu ändern vermag und daß

2. bei der sog. Mietzinssteuer (Buchst. F) besondere Steuerermäßigungs- und -befreiungsgründe aufgeführt sind; denn abgesehen davon, daß diese Gründe nur auf Antrag, also nicht von Amts wegen berücksichtigt werden, muß das Ineinandergreifen der allgemeinen Befreiungsvorschriften der §§ 2, 33 des Haussteuergesetzes und der besonderen Befreiungsgründe nach Buchst. F II als vom Gesetzgeber gewollt angesehen werden, da die Veranlagungsgrundlagen für die Zuschläge ihrem Wesen nach keine anderen sein können als jene für die Steuer selbst, es sei denn, daß nach dem Aufbau der Regelung als solchen auf eine Verselbständigung des Zuschlagsrechtes geschlossen werden könnte. Dadurch, daß die VO. vom 31. März 1924 auf jede Ausgestaltung der Mietzinssteuer verzichtet, gibt sie im Gegensatz zu der VO. vom 6. Nov. 1921/11. Mai 1922 über die Wohnungsabgabe zu erkennen, daß die allgemeinen Bestimmungen über die Haussteuer Anwendung finden müssen; dies ergibt sich z. B. auch daraus, daß jede Bestimmung darüber fehlt, wer über die Steuerermäßigungs- und -befreiungsgründe im Streitfalle zu befinden hat, so daß auch ohne eine besondere Bestimmung — vgl. § 6 der VO. über die Wohnungsabgabe — Art. 10 Ziff. 26 VGG., der die Zuständigkeit bei Streitigkeiten über Inanspruchnahme der gänzlichen oder teilweisen Befreiung von der Haussteuer regelt, unmittelbare, nicht bloß entsprechende Anwendung auch auf die Steuerbefreiung und -ermäßigung nach Buchst. F zu finden hat.

Aus den allgemeinen Bestimmungen über die Haussteuer sind hier — abgesehen von den Ausführungen zu Buchst. E — anzuführen:

I. Die materiellen Vorschriften des Haussteuergesetzes über Haussteuerfreiheit, Beginn der Steuerpflicht für Neubauten und über Freijahre für Kleinwohnungsbauten und Kleinhäuser (§§ 2, 33 HStG.).

§ 2. I Haussteuerfrei sind:

1. *die Staatsgebäude,*
2. *Kirchen, Bethäuser, Synagogen,*
3. *die Dienstgebäude der Versicherungskammer,*
4. *die unmittelbar zur Erfüllung öffentlicher Aufgaben dienenden Gebäude der Kreisgemeinden, der Distriktsgemeinden, der Gemeinden und der Ortschaften sowie der zur Durchführung der Arbeiterversicherung auf Grund der Reichs- oder der Landesgesetze errichteten Kassen, Berufsgenossenschaften und Versicherungsanstalten,*
5. *die unmittelbar zu Zwecken des Unterrichts oder der Erziehung dienenden Gebäude öffentlicher Unterrichts- oder Erziehungsanstalten sowie Gebäude dieser Art von Privatanstalten, die für öffentliche Unterrichts- oder Erziehungsanstalten Ersatz bieten und nicht Erwerbszwecke verfolgen,*
6. *Gebäude, die unmittelbar zu Zwecken der öffentlichen Wohltätigkeit oder der öffentlichen Gesundheitspflege unter Ausschluss von Erwerbs- oder Sportszwecken dienen,*
7. *öffentliche Museen, öffentliche Monumente.*

II Auf Gebäudeteile, die anderen als den die Steuerfreiheit begründenden besonderen Zwecken dienen, finden die regelmässigen Veranlagungsvorschriften Anwendung. Jedoch erstreckt sich die Steuerfreiheit nach Abs. I Ziff. 3 bis 7 auch auf Dienstwohnungen, die zu dem Zwecke, auf den die Steuerfreiheit sich gründet, in Beziehung stehen.

III Für Staatsgebäude werden zur Begründung der Umlagenpflicht die Steuerverhältniszahlen ausgemittelt und im Kataster vorgemerkt. Diese Ermittelung und Vormerkung unterbleibt für die Gebäude oder Gebäudeteile, die unmittelbar zur Erfüllung öffentlicher Aufgaben dienen, sowie für Dienstwohnungen, die zu der Erfüllung dieser Aufgaben in Beziehung stehen.

VI Änderungen, die sich hinsichtlich der Voraussetzungen für die Steuerveranlagung ergeben, sind von dem auf die Änderung nächstfolgender Kalendervierteljahr an zu berücksichtigen.

§ 33. I Für neu aufgeführte Gebäude beginnt die Steuerpflicht mit Ablauf des dem Jahre, in dem der Neubau vollendet wurde, folgenden Kalenderjahrs.

II Ist das neu aufgeführte Gebäude ein Kleinwohnungsbau für die minderbemittelte Bevölkerung oder zur Ansiedelung landwirtschaftlicher Arbeiter, für den die im Art. 14 des Gesetzes, die Landeskulturrentenanstalt betreffend, in der Fassung der Bekanntmachung vom 31. März 1908 aufgeführten Merkmale zutreffen, so beginnt die Steuerpflicht mit Ablauf der dem Jahre, in dem der Neubau vollendet wurde, folgenden sechs Kalenderjahre.

III Enthält der Kleinwohnungsbau (Abs. II) nicht mehr als sechs Wohnungen oder ist er von einer Gemeinde oder von einer rechtsfähigen gemeinnützigen Vereinigung hergestellt, die sich mit der Erbauung, Beschaffung oder Verbesserung von Wohnungen für die minderbemittelte Bevölkerung befasst, so beginnt die Steuerpflicht mit Ablauf der dem Jahre, in dem der Neubau vollendet wurde, folgenden zwölf Kalenderjahre. Das gleiche gilt für Wohnungsbauten, die von einer Gemeinde oder einer rechtsfähigen gemeinnützigen Vereinigung zur Unterbringung von einzelstehenden, der minderbemittelten Bevölkerung angehörigen Personen hergestellt werden, wenn für die einzelne Person nicht mehr als ein Zimmer bereitgestellt ist. Eine Vereinigung gilt nicht als gemeinnützig, wenn satzungsgemäss die Einzahlungen der Mitglieder mit mehr als zehn vom Hundert verzinst werden oder den Mitgliedern im Falle der Auflösung mehr als die Einzahlungen ausgeantwortet wird.

IV Für Kleinwohnungsbauten und Wohnungsbauten der im Abs. III Satz 2 bezeichneten Art, die in der Zeit vom 1. April 1918 bis zum Ablaufe des achten dem allgemeinen Friedensschlusse folgenden Kalenderjahrs erbaut und fertiggestellt werden, beginnt die Steuerpflicht mit Ablauf der dem Jahre, in dem der Neubau vollendet wurde, folgenden 18 Kalenderjahre. Nach Beginn der Steuerpflicht ist für die Dauer der anschliesenden sieben Kalenderjahre nur die Hälfte der Jahressteuer zu veranlagen.

V Die in den Abs. II, III und IV für neu aufgeführte Kleinwohnungsbauten gewährten steuerlichen Vergünstigungen geniessen auch die in Stockwerksaufbauten und Dachgeschossen solcher Gebäude seit dem 1. April 1918 eingebauten Kleinwohnungen sowie Kleinwohnungen, die durch inneren Umbau bereits vorhandener, bisher nicht Wohnungszwecken dienenden Gebäude neu geschaffen werden.

VI Die Vorschriften der Abs. II, III, IV, V finden nur solange Anwendung, als die dort bezeichneten Voraussetzungen erfüllt bleiben; ausserdem wird die Steuer vom nächsten Kalendervierteljahr an zugeschrieben.

Wegen der Ergänzung des § 2 HStG. durch die Befreiungsvorschriften nach Buchst. F für die Mietzinssteuer vgl. Erl. dort. Zu § 2 HStG. vgl. insbesondere § 1 VollzV. vom 19. Februar 1922. § 33 HStG. hat durch Art. III des Abänderungsgesetzes vom 18. Juli 1923 eine kleine Änderung erfahren; sie ist im Text berücksichtigt. Vgl. hierzu §§ 3, 4 der VollzV. vom 29. Dezember 1923 (GVBl. 1924 S. 3) sowie § 5 VollzV. vom 19. Februar 1922 (GVBl. S. 174). Die Begriffsbestimmung für Kleinwohnungsbauten nach Art. 14 des Landeskulturrentengesetzes lautet:

I Als Kleinwohnungsbauten für die minderbemittelte Bevölkerung im Sinne dieses Gesetzes sind in der Regel nur solche Wohnungsbauten anzusehen, in welchen die selbständigen Einzelwohnungen nicht mehr als drei Zimmer nebst Küche und Zubehör umfassen.

II Das gleiche gilt auch bei Herstellung von Wohngebäuden zur Ansiedelung landwirtschaftlicher Arbeiter; in diesem Falle sind im Zubehör auch die zur Anlegung eines Haus- und Nutzgartens erforderliche Grundfläche, ferner Acker und Wiesland bis zu 2 ha und die notwendigen Wirtschaftsräume (Stall und Scheune) inbegriffen.

II. Die formellen Verfahrensvorschriften des Art. 10 Ziff. 26 des Verwaltungsgerichtsgesetzes.

Art. 10 Ziff. 26 des Verwaltungsgerichtsgesetzes und Eingang lautet: „Der Verwaltungsgerichtshof ist abgesehen von Art. 8 zur Bescheidung von Beschwerden gegen Beschlüsse oder Verfügungen der Regierungen, Kammern des Innern oder der Finanzen ..... in folgenden Angelegenheiten zuständig: Inanspruchnahme der gänzlichen oder teilweisen Befreiung von der Grund- und Häusersteuer."

1. Zuständigkeitsabgrenzung. Die Zulässigkeit des Verwaltungsstreitverfahrens ist an die Voraussetzung geknüpft, daß die gänz-

liche oder teilweise Befreiung von der Steuer beansprucht wird (§§ 2, 33 HStG. Buchst. F II dieser VO.). Unerheblich ist hierbei, ob die Steuerfreiheit unmittelbar in Anspruch genommen oder, falls Bezahlung erfolgt ist, eben wegen des durch das Gesetz oder die Verordnung eingeräumten Rechtes auf Steuerbefreiung ein Rückersatzanspruch geltend gemacht wird (Kiefersauer, Wohnungsabgabe S. 235; zustimmend VGH. 44 S. 45). In jedem Falle muß der Anspruch auf die gesetzlichen Befreiungsgründe gestützt sein; deshalb ist das Verwaltungsstreitverfahren nicht zulässig, wenn Anspruch auf Rückersatz der bezahlten Steuer mit der Begründung erhoben wird, daß der Kläger nicht Steuerschuldner sei und deshalb eine Verpflichtung zur Bezahlung der Steuer für ihn niemals bestanden habe. Hier wird ein zivilrechtlicher Anspruch auf Grund der §§ 812 ff. BGB. (ungerechtfertigte Bereicherung) geltend gemacht, zu dessen Entscheidung die ordentlichen Gerichte zuständig sind. Das Verwaltungsstreitverfahren nach Art. 10 Ziff. 26 VGG. greift weiterhin nicht Platz, wenn die die Steuerpflicht begründenden tatsächlichen Voraussetzungen bestritten (VGH. 24 S. 519) oder sonstige außerhalb der Voraussetzungen des Gesetzes oder der Verordnung liegende Einwendungen gegen das Veranlagungsverfahren geltend gemacht werden. Es haben demnach auszuscheiden: Streitigkeiten über die Berechnung der maßgebenden Steuerverhältniszahlen, insbesondere über die Berechnung der Friedensmiete, über das Ermittlungsverfahren überhaupt (§ 2 VollzB. vom 29. Dezember 1923) usw. In allen diesen Fällen greift das Veranlagungsverfahren Platz: das Finanzamt entscheidet durch einfache Verfügung.

Das Verwaltungsstreitverfahren ist auf die Fälle beschränkt, in denen der Begriff der Steuerfreiheit für die Begründung des geltend gemachten Anspruches ausschlaggebend ist (VGH. 24 S. 521). Hieher zählen sowohl die allgemeinen Befreiungsgründe für die Haussteuer nach § 2 HStG. als auch die besonderen, nur für die Veranlagung zur Mietzinssteuer (Buchst. F der Verordnung vom 31. März 1924) maßgebenden besonderen Gründe der Steuerbefreiung (Abs. II) oder der Steuerermäßigung (Abs. III—V). Zweifelhaft erscheint es dagegen, ob die Zuständigkeit der Verwaltungsbehörden auf Grund des Art. 10 Ziff. 26 VGG. auch für Ansprüche gegeben ist, die sich auf eine ausdehnende Auslegung der bezeichneten Voraussetzungen stützen. In Betracht kommt z. B. der Fall, daß Steuerfreiheit von dem Eigentümer eines Neubaues im Sinne des § 29 der Dritten Steuernotverordnung (Buchst. F II 1) in Anspruch genommen wird, der einen hierauf gerichteten Antrag nicht oder nicht rechtzeitig beim Finanzamt gestellt hatte, weil die Freiheit von der Besteuerung nach Reichsrecht von Amts wegen zu berücksichtigen sei. Hier wird ein Anspruch auf Steuerbefreiung ebenso geltend gemacht wie in dem Falle einer verschiedenen Auslegung des Begriffes „Umbauten" durch die veranlagende Behörde und den beteiligten Hauseigentümer; Art. 10 Ziff. 26 VGG. trifft daher hier zu. Das gleiche gilt, wenn über die Höhe der nach Buchst. F Abs. V (§ 28 Abs. 5 der Notverordnung) zulässigen Ermäßigung der Mietzinssteuer Streit besteht (Erl. zu § 28 III 4).

2. Verfahren. Die Frage, ob die Voraussetzungen der §§ 2, 33 HStG., Buchst. F II—V der Verordnung gegeben sind, unterliegt der selbständigen Prüfung des Finanzamtes, mag diese von Amts wegen z. B. in den Fällen des

§ 2 oder auf Antrag (Buchst. F) vorgenommen werden. Die Würdigung dieser Fragen bildet einen Teil des Veranlagungsverfahrens, das nach Maßgabe der gesetzlichen Bestimmungen und der Vollzugsvorschriften (Ausführungsbestimmungen) von den Finanzämtern durchzuführen ist (VGH. 35 S. 13). Da dieses Verfahren die Natur eines reinen Verwaltungsverfahrens, nicht aber eines Verwaltungsstreitverfahrens hat, so hat die amtliche Mitteilung des Ergebnisses des Einsteuerungs-(Veranlagungs-)verfahrens nicht die Bedeutung einer Streitsentscheidung; sie ist deshalb, auch wenn sie in Beschlußform erfolgen sollte (was durchaus überflüssig ist VGH. 35 S. 13) niemals der Rechtskraft fähig, sondern kann innerhalb der Verjährungsfrist jederzeit vom Finanzamt wieder zurückgenommen oder abgeändert werden (VGH. 34 S. 269).

Das Verwaltungsstreitverfahren beginnt erst, wenn der Steuerpflichtige bei Nichtberücksichtigung des ihm auf Grund des Gesetzes oder der Verordnung vermeintlich zustehenden Rechtes auf Steuerbefreiung die instanzielle Entscheidung über seinen Anspruch bei der (Zweigstelle der) Abt. I des Landesfinanzamtes (früher Regierungsfinanzkammer) beantragt (vgl. VO. vom 23. Januar 1920 GVBl. S. 16; MinBek. vom 20. April 1920 GVBl. S. 144; VGH. vom 2. Mai 1921 Nr. 21 XIII/21 BayGemVZ. 1922, 87). *Durch diesen Antrag* wird das *Verwaltungsstreitverfahren erst eingeleitet*, da nunmehr ein Streitfall vorliegt. Die Zweigstelle des Landesfinanzamtes entscheidet in erster Instanz (§ 27 Abs. VI, § 5 Abs. III der VollzV. z. HStG.).

Gegen die Entscheidung der Zweigstelle des Landesfinanzamtes ist Beschwerde zum Verwaltungsgerichtshof zulässig; sie muß gemäß Art. 45 II VGG. innerhalb einer unerstrecklichen Frist von vierzehn Tagen, von der Eröffnung der erstinstanziellen Verfügung an gerechnet, eingelegt werden. Der Verwaltungsgerichtshof entscheidet in letzter Instanz; seine Entscheidung ist endgültig.

Die Einlegung der Beschwerde hat in der Regel zur Voraussetzung, daß die Entscheidung der Zweigstelle des Landesfinanzamtes den Beteiligten „eröffnet" worden ist (Art. 45 Abs. II VGG.), da sonst die Beschwerdefrist nicht in Lauf gesetzt ist. Nach der ständigen Rechtsprechung des Verwaltungsgerichtshofes ist jedoch in Verwaltungsrechtssachen wie in Verwaltungsstreitsachen die Beschwerdeeinlegung auch *vor* Beginn der Beschwerdefrist als rechtswirksam anzuerkennen, da weder das Verwaltungsgerichtsgesetz noch sonstige Rechtsvorschriften die gegenteilige Ansicht rechtfertigen und die Auffassung von der Zulässigkeit der Beschwerdeeinlegung vor Beginn der Beschwerdefrist auch bei der Beratung des Gesetzentwurfs zum Ausdruck gekommen ist (VGH. 37 S. 125).

Die Frage der Beschwerdeberechtigung bedarf noch einer kurzen Erörterung. Für das Haussteuergesetz hat der Verwaltungsgerichtshof (Bd. 37 S. 125) sich auf Grund der Erwägung, daß zur Geltendmachung des Anspruchs auf Befreiung von der Haussteuer naturgemäß nur der berechtigt sein könne, gegen den sich „die Behauptung der Steuerpflicht richte". Dies sei nach dem ganzen Aufbau des Gesetzes nur der Gebäudeeigentümer; eine *Beteiligung* und damit eine Beschwerdeberechtigung der Gemeinden, denen ein Anteil der Mietzinssteuer nach F VI zusteht, ist nicht denkbar.

A.

Für das Gebiet des Freistaates Bayern ohne das Gebiet des ehemaligen Freistaates Koburg:

Die Grundlage für die Bemessung der Haussteuer ist

I. bei der Arealsteuer die Steuerschuldigkeit, wie sie sich nach § 4 Abs. I Buchst. b und § 6 Abs. II des Haussteuergesetzes vom 17. August 1918 (GVBl. S. 423, 858), dann § 7 des Haussteuergesetzes vom 14. August 1910 (GVBl. S. 1055), sowie § 8 der Vollzugsbekanntmachung hierzu vom 2. März 1911 (GVBl. S. 107) und § 1 der Vollzugsbekanntmachung vom 6. Oktober 1918 (GVBl. S. 807) unter Zugrundelegung eines Ertragsanschlags von vierzig Mark vom Ar des überbauten Grund und Bodens sowie der Hofräume berechnet. Von jeder Mark der Haussteuerverhältniszahl ist hiernach ein Betrag von zwei Pfennigen als Jahressteuer zu erheben;

II. bei der Mietsteuer die Steuerschuldigkeit, wie sie sich unter Zugrundelegung der Friedensmiete nach Maßgabe des § 2 des Reichsmietengesetzes vom 24. März 1922 (RGBl. S. 273) als Haussteuerverhältniszahl und § 7 des Haussteuergesetzes vom 12. August 1910 (GVBl. S. 1055) berechnet. Von jeder Mark der Haussteuerverhältniszahl ist hiernach ein Betrag von zwei Pfennigen als Jahressteuer zu erheben.

Zum besseren Verständnis werden hier die allgemeinen, bisher gültigen Bestimmungen des Haussteuergesetzes abgedruckt; durch Art. II Abs. 3 des Änderungsgesetzes vom 18. Juli 1923 waren schon früher § 4 Abs. 1 Buchst. a und Abs. 2 (Einschätzung nach Mietmustern, Abzüge für Wasserzins usw.) und § 6 Abs. 1 Steuerverhältniszahl bei der Mietsteuer) unter gleichzeitiger Anordnung der Ermittlung der Grundmiete nach Maßgabe des § 2 des Reichsmietengesetzes bis auf weiteres außer Wirksamkeit gesetzt worden. Mit der allmählichen, wenn auch zunächst ungesetzlichen (Kiefersauer, LZ. 1924, 158) Umstellung der Mietzinsbildung auf die Friedensmiete wurde diese, nachdem Art. II Abs. 3 des Änderungsgesetzes vom 18. Juli 1923 durch die Verordnung vom 27. Dezember 1923 (StAnz. Nr. 300) wieder aufgehoben worden war, nunmehr allgemein der Veranlagung bei der Mietsteuer zugrunde gelegt.

§ 3. Der Massstab für die Besteuerung der Häuser ist ihre Mietertragsfähigkeit, welche in dem jährlichen wirklichen (Mietzins, Mietschilling) oder dem möglichen (geschätzten oder angeglichenen) Mietertrage gesucht wird.

§ 4. I Der Mietertrag wird gefunden:

a) (Mietsteuer)

Da, wo in wirklichen Mietbeständen noch Anhaltspunkte (Mietmuster) vorliegen, durch kontrollierte Erhebung der jährlichen Mietzinse vermieteter Häuser oder Hausteile und durch Mieteinschätzung unvermieteter Häuser oder Hausteile.

b) (Arealsteuer)

Da, wo in wirklichen Mietbeständen keine genügenden Anhaltspunkte der Schätzung mehr gefunden werden können, durch die Annahme einer Ertragsgrösse, welche sich aus dem Flächeninhalte der überbauten und zu Hofräumen bestimmten Plätze nach Massgabe der Vorschriften unter § 6 berechnet.

In diese Kategorie sollen insbesondere jene Gebäude gereiht werden, welche dem Betriebe der Landwirtschaft gewidmet sind, dann die Schlösser und die Pfarrhöfe auf dem platten Lande, jene, insoferne sie in der Regel vermietet sind.

II Bei der Erhebung oder Einschätzung der Miete nach Abs. 1 lit. a darf, und zwar erstmals bei Gelegenheit der nächsten Mietsteuerrevision (§ 29), für die Ausgaben des Hausbesitzers für Wasserzins, Kehrichtabfuhr, Fäkalienwegschaffung, Strassenreinigung, Kaminreinigung und für die Versicherung der Gebäude gegen Feuer und sonstigen Schaden ein angemessener Betrag in Abzug gebracht werden, vorausgesetzt, dass in der Miete die Entschädigung hierfür inbegriffen ist.

§ 5. I Der geringste Ertrag für die Besteuerung von Gebäuden nach lit. a des § 4 Abs. I wird auf fünfzehn Mark festgesetzt.

II Für den unter lit. b des § 4 Abs. I erwähnten Fall werden als Minimum der überbauten und zu Hofräumen verwendeten Fläche drei und als Minimum derselben fünfundzwanzig Ar (0,03 und beziehungsweise 0,25 Hektar) bestimmt.

§ 6. I Der jährliche wirkliche oder geschätzte Mietertrag der zur Kategorie lit. a Abs. I gehörigen Gebäude wird in Mark ohne Bruchteil ausgedrückt und bildet die Haussteuerverhältniszahl.

II Bei den Gebäuden unter lit. b des § 4 Abs. I ist das Produkt aus dem in Aren ohne Bruchteil ausgedrückten Flächeninhalte des überbauten Grund und Bodens sowie der Hofräume und einem Ertragsanschlage von vierzehn Mark vom Ar die Verhältniszahl für die Haussteuer.

Auf der Unterscheidung zwischen Mietsteuer (§ 4 Buchst. a) und der Arealsteuer (§ 4 Buchst. b) sowie auf dem Begriff der Haussteuerverhältniszahl (dazu Kiefersauer, Wohnungsabgabe S. 164) beruht das System der Haussteuer. Durch die Neuregelung ab 1. April 1924 erfährt das Haussteuergesetz folgende Änderung

1. Die Ermittlung des Mietertrages erfolgt

a) bei der Mietsteuer abweichend von § 4 Abs. I Buchst. b durch Feststellung oder Festsetzung der Friedensmiete nach § 2 RMG., gleichviel ob es sich um Miethäuser oder Eigenheime handelt; eine Einschätzung nach Mietmustern findet künftig nicht mehr statt. Die Finanzämter werden sich deshalb mit den Bestimmungen des § 2 RMG. in Verbindung mit der bayer. VO. vom 28. März 1924 über die gesetzliche Miete vertraut machen müssen. Abzüge nach § 4 Abs. 2 HStG. sind künftig nicht mehr zulässig. Die Friedensmiete bildet die Haussteuerverhältniszahl (§ 6 Abs. 1);

b) bei der Arealsteuer wie bisher nach Maßgabe der §§ 4 Abs. 1 Buchst. b und § 6 Abs. 2 mit der Maßgabe, daß ein Ertragsanschlag von vierzig (bisher vierzehn) Mark zugrunde gelegt wird.

2. Die Steuer wird — entsprechend dem § 7 — von jeder Mark der Haussteuerverhältniszahl erhoben; der Satz ist — wie in der Vorkriegszeit — auf zwei Pfennig festgesetzt.

3. Wegen der formellen Seite des Ermittlungsverfahrens vgl. § 2 der MinBek. vom 29. Dezember 1923 (s. Exkurs).

B.

Für das Gebiet des ehemaligen Freistaates Koburg:

Die Grundlage für die Bemessung der Grundsteuer für die auf dem Grund und Boden errichteten Gebäude nach dem Gesetze vom 25. Mai 1860 und den Nachtragsgesetzen hierzu ist

I. bei der Grundsteuer nach der Stockwerksfläche die Grundsteuer mit viereinhalb Steuereinheiten,

II. bei der Grundsteuer nach dem Mietertrage die Grundsteuer unter Zugrundelegung der Friedensmiete nach Maßgabe des § 2 des Reichsmietengesetzes vom 24. März 1922 (RGBl. S. 273) als mittleren Mietertrags im Sinne des Art. 7 Abs. III Buchst. b mit eineinhalb Steuereinheiten.

C.

Der Maßstab für die Berechnung der Steuerschuldigkeiten für das Rechnungsjahr 1924 ist für die in Abschn. A und B bezeichneten Steuern der ganze für den Tag der Entrichtung oder Beitreibung der Steuerschuldigkeiten maßgebende Goldumrechnungssatz, den der Reichsminister der Finanzen auf Grund des § 2 Abs. 3 der Aufwertungsverordnung vom 11./18. Oktober 1923 (RGBl. I S. 939, 979) festsetzt und fortlaufend veröffentlicht.

D.

I. Um Mittel zur Förderung des Wohnungsbaues und für Kulturzwecke zu gewinnen, wird zu den nach Abschn. A und B festgesetzten und nach Abschn. C umgerechneten Steuern ein Zuschlag von zweihundertfünfzig v. H. für das Jahr erhoben.

II. Die Erhebung von Gemeinde- und Kirchenumlagen zu dieser Abgabe ist unzulässig.

Der allgemeine Zuschlag in Höhe von 250 v. H. der Haussteuer bildet die Grundlage der staatlichen Finanzierung der Neubautätigkeit; er bedeutet formell die Weitererhebung der Wohnungsbauabgabe mit dem Abmaße, daß die Erträgnisse der Steuer nicht nur zur Förderung des Wohnungsbaues, sondern zugleich auch für allgemeine Kulturzwecke Verwendung finden. Die Bezeichnung dieses Zuschlages als „Wohnungsbauabgabe" erscheint bisher nicht angängig.

Die Erhebung von Zuschlägen zu diesem Haussteuerzuschlag in Form von Gemeinde- oder Kirchenumlagen ist nach Abs. 2 ausdrücklich verboten. Entgegen dem bisherigen Rechtszustand können daher weder die Gemeinden noch die Bezirke Zuschläge zu dieser Sonderabgabe erheben; mit der Beseitigung der Wohnungsabgabe durch § 61 StNVO. ist daher auch die gemeindliche Wohnungsluxussteuer auf Grund des § 11 des Gesetzes vom 28. März 1923 weggefallen. Die Weitererhebung der an sich durchaus wünschenswerten (vgl. Kiefersauer, Wohnungsabgabe S. 55, 240 ff.) Wohnungsluxussteuer kann jedoch künftig auf Grund des Art. 2 VollzG. z. Finanzausgleichgesetz als örtliche Abgabe mit oder ohne besondere Zweckbestimmung erfolgen (s. auch Vorbem. II zu den „Bestimmungen" unten III).

Die Zweckabgabe nach Buchst. D ist zu unterscheiden von dem besonderen, monatlich festzusetzenden Zuschlag nach Buchst. F, der zwar als eigentliche Mietzinssteuer anzusehen ist, aber in der Hauptsache allgemein steuerlichen Zwecken dient.

E.

I. Für das Rechnungsjahr 1924 wird die Haussteuer nach den Abschn. A, B und C und der Zuschlag nach Abschn. D samt den Kreisumlagen mit je einem Zwölfteile der Jahresschuldigkeit am Ersten jeden Monats fällig. Die Gesamtschuldigkeiten sind jeweils innerhalb der ersten zehn Tage des Monats einzubezahlen.

II. Bei Verzögerung der Zahlung ist ein Zuschlag in Höhe von 5 v. H. des Rückstandes für jeden auf den Zeitpunkt der Fälligkeit folgenden angefangenen Monat zu entrichten. Hierauf ist in der Bekanntmachung über die Einhebungstermine jeweils besonders hinzuweisen. Der Zuschlag wird nicht erhoben, wenn die Zahlung innerhalb der auf den Zeitpunkt der Fälligkeit folgenden Woche entrichtet wird. Der Zuschlag wird nur von vollen Goldmark des rückständigen Betrags und nur dann erhoben, wenn der rückständige Betrag zehn Goldmark übersteigt. Gegen die Anforderung des Zuschlages steht nur die Beschwerde offen. Soweit ein Zuschlag erhoben wird, findet eine Verzinsung des rückständigen Betrages nicht statt. Das Staatsministerium der Finanzen wird ermächtigt, über die Höhe, Berechnung und Erhebung des Zuschlags abweichende Bestimmungen zu treffen.

III. Für Verzugszinsen und Stundungszinsen gelten bis auf weiteres die Bestimmungen der Reichssteuerzinsverordnung vom 6. März 1924 (RGBl. I S. 170). Das Staatsministerium der Finanzen wird ermächtigt, abweichende Bestimmungen zu treffen.

Während die Bestimmungen unter Buchst. A, B, C, D u. F — entgegen der zu engen Bezeichnung der Einleitung — die Erhebung und Berechnung der Haussteuer, Zweckabgabe und Mietzinssteuer betreffen, sind in Buchst. E — gemäß F I Satz 3 gültig auch für die Mietzinssteuer — die Vorschriften über die Entrichtung dieser Steuern zusammengefaßt. Hiernach gilt folgendes:

I. Zeitpunkt der Fälligkeit.

1. Für die Haussteuer im allgemeinen wird — abweichend von der Vierteilung des § 36 Abs. 1 des Haussteuergesetzes — bestimmt, daß sie in Monatsraten je am Ersten eines Monats fällig ist. Die Frage, ob die Steuer im voraus oder nachträglich zu entrichten ist, ob also die erste Zahlung auf Grund dieser Verordnung bereits im April oder erst im Monat Mai fällig ist, muß auf Grund des Haussteuergesetzes (§ 36) in Übereinstimmung mit der Regelung des früheren bayerischen Einkommensteuergesetzes (Art. 89) und des bayer. Gewerbesteuergesetzes dahin beantwortet werden, daß die Haussteuerschuld für den Monat April bereits am ersten dieses Monats fällig, die Steuer also — ohne Rücksicht auf die Art der Mietzinszahlung (vgl. Teil I S. 94) — im voraus zu entrichten ist. Für die Übergangszeit wird ein entgegenkommender Vollzug dieser Bestimmung im Interesse der Steuerpflichtigen zu rechtfertigen sein.

2. Für die Zweckabgabe nach Buchst. D gilt das gleiche.

3. Die Mietzinssteuer (Buchst. F) wird ohnehin erst monatlich festgesetzt, sie wird deshalb erst nach der Bekanntgabe der Festsetzung fällig.

II. Zeitpunkt der Entrichtung (Einzahlung).

1. Die Entrichtung der allgemeinen Haussteuer hat innerhalb der ersten zehn Tage nach Fälligkeit (I 1) zu erfolgen.

2. Für die Zweckabgabe nach Buchst. D gilt das gleiche.

3. Die Mietzinssteuer (Buchst. F) ist nach dem Wortlaut F 1 ohne Rücksicht auf den Zeitpunkt der Fälligkeit (I 3) gleichfalls innerhalb der ersten zehn Tage des Monats beim Finanzamt einzuzahlen. Dabei ist aber vorausgesetzt, daß die Bekanntgabe der Festsetzung so rechtzeitig erfolgt, daß die Einhaltung dieser Frist dem Zahlungspflichtigen möglich ist und ihm auch zugemutet werden kann.

Die Entrichtung der Haussteuer und der Zuschläge erfolgt durch eine einzige Zahlung (Buchst. E I, F I), soweit sich nicht aus Ziff. 3 für die Einzahlung der Mietzinssteuer ein anderes ergeben kann. Die Verrechnung hat indes getrennt zu erfolgen.

III. Folgen nicht rechtzeitiger Zahlung (§ 36 Abs. 2 HStG. in der Fassung des Änderungsgesetzes vom 18. Juli 1923 Art. IV).

1. Erhebung eines Zuschlages zur Steuerschuld in Höhe von 5 v. H. des Rückstandes für jeden Monat.

a) Der Zuschlag entfällt für den Monat der Fälligkeit (Abs. II Satz 1) oder wenn die Zahlung der Steuerschuld innerhalb der auf das Ende der Zahlungsfrist (II) — in der VO. irrtümlich als Zeitpunkt der Fälligkeit (I) bezeichnet — folgenden Woche erfolgt (Abs. II Satz 3).

b) Der Zuschlag wird nur bei einem Rückstand von mindestens 10 Goldmark und nur von vollen Goldmark erhoben (Abs. II Satz 4).

c) Bei Erhebung des Zuschlages entfällt die Verzinsungspflicht hinsichtlich des Rückstandes (Abs. II Satz 6).

d) Beschwerdemöglichkeit zum Landesfinanzamt.

2. Zahlung von Verzugszinsen nach Maßgabe des Abs. III.

Die Ausführungen zu 1 und 2 gelten gleichmäßig für die Haussteuer und die Zuschläge nach Buchst. D u. F.

IV. Stundung (E III u. F I), Niederschlagung (§ 37 Abs. 1 HStG.), Erstattung und Verzinsung zu Unrecht erhobener Beträge (§ 37 Abs. 2 HStG. in der Fassung des Änderungsgesetzes vom 18. Juli 1923 Art. V), Steuernachlässe (§§ 39, 40 HStG.), Steueränderungen (§ 34 HStG.) bestimmen sich nach den allgemeinen Vorschriften. Vgl. auch oben S. 141.

V. Haussteuer, Zweckabgabe und Mietzinssteuer sind Ertragssteuern; sie sind von dem Hauseigentümer ohne Rücksicht auf die tatsächlich erzielten Mieterträgnisse zu entrichten. Nachlässe sind nur in dem engen Rahmen der §§ 39, 40 HStG. möglich. Die Einführung der Vorauszahlung der Steuer in Monatsraten kann unter Umständen den Hauseigentümer als Vermieter nicht nur zur Verauslagung nicht unerheblicher Beträge für den Mieter (falls dieser nach der Regel den Mietzins nachträglich entrichtet § 551 BGB., I 94), sondern bei Uneinbringlichkeit der Miete auch zur endgültigen Tragung der

Steuer verpflichten. Die hieraus entstehenden Härten sind eine Folge der Rechtsnatur der Haussteuer und der Zuschläge als Ertragssteuern.

Beispiele für die Berechnung der Steuern: Die Jahresfriedensmiete beträgt 6000 Mk.; sie allein bildet den Ausgangspunkt für die Steuerberechnung. Unbeachtlich bleibt das tatsächlich für den Monat der Steuerentrichtung erzielte Mieterträgnis, mag dieses — umgerechnet auf ein Jahr — höher z. B. zufolge freier Vereinbarung zwischen Mieter oder Vermieter oder niedriger als die Friedensmiete sein, wie z. B. bei der gesetzlichen Miete für April oder Mai. Die Gesamtschuldigkeit des Hauseigentümers (Vermieters) berechnet sich hiernach

1. für den Monat April

a) Haussteuer: 2 Pfennig aus 6000 Mk. Verhältniszahl = 120 Mk. jährlich oder 10 Mk. monatlich,

b) Zweckabgabe: 250 v. H. aus 10 Mk. = 25 Mk.

c) Mietzinssteuer: 300 v. H. (Bek. vom 31. März 1924) aus 10 Mk. = 30 Mk.

Gesamtzahlung beträgt hiernach 10 + 25 + 30 = 65 Mk.; bei Erzielung der gesetzlichen Miete für das ganze Haus erhält der Vermieter (einschließlich des Nutzungsanschlages für die eigene Wohnung) 50% aus 6000 Mk.: 12 = 250 Mk. für den Monat April. Die gesamte Steuerschuldigkeit macht hiernach mehr als ein Viertel der Einnahme aus; es verbleiben für sonstige Betriebskosten (§ 4 RMG.) sowie für Instandsetzung 185 Mk. = 37% der Friedensmiete; § 28 Abs. 2 Satz 2 StNVO. ist hiernach nicht verletzt: nach Abzug der Mietzinssteuer (F) allein im Betrage von 30 Mk. verbleiben zur Deckung der Betriebs- und Instandsetzungskosten noch 220 Mk. = 44% der Friedensmiete gegenüber einem Mindestsatz von 30% der Friedensmiete.

2. für den Monat Mai

a) Haussteuer: wie vor 10 Mk.,

b) Zweckabgabe: wie vor 25 Mk.,

c) Mietzinssteuer: 450 v. H. (Bek. vom 29. April 1924) aus 10 Mk. = 45 Mk.,

also 80 Mk. Gesamtschuldigkeit. Die gesetzliche Miete für Mai beträgt 53%, also 256 Mk. Nach Abzug der Mietzinssteuer allein verbleiben gleichfalls 220 Mk. = 44% der Friedensmiete dem Hausbesitzer.

Befreiung von der Entrichtung der Steuer — etwa nach dem Vorbild des § 5 der VO. über die Wohnungsabgabe (Härteparagraph, soziale Klausel) — kommt hier, wo es sich um eine Ertragssteuer handelt, nicht in Betracht; kinderreiche Familien, unbemittelte Nutzungsberechtigte usw. müssen daher die Steuer bzw. den Mietzins in voller Höhe entrichten (dazu Kiefersauer, Wohnungsabgabe S. 161 ff.; Bay. GemVZ. 1920, 621); s. oben S. 125.

F.

I. An Stelle der in §§ 26 ff. der 3. Steuernotverordnung vorgesehenen Abgabe zum Ausgleich der Geldentwertung bei bebauten Grundstücken werden Zuschläge zur Haussteuer erhoben. Die Zuschläge werden vom Staatsministerium der Finanzen im Benehmen mit dem Staatsministerium für Soziale Fürsorge monatlich festgesetzt und sind mit der Haussteuer innerhalb der ersten 10 Tage des

Monats einzubezahlen. Die für die Entrichtung der Haussteuer maßgebenden Vorschriften gelten auch für diese Zuschläge.

II. Von diesen Zuschlägen sind auf Antrag befreit:

1. Neubauten oder durch Um- und Einbauten neu geschaffene Gebäudeteile, wenn der Bau erst nach dem 1. Juli 1918 bezugsfertig geworden ist. Bezüglich solcher Neubauten, Um- oder Einbauten, die mit Beihilfen aus öffentlichen Mitteln ausgeführt worden sind, bleibt besondere Regelung vorbehalten;

2. öffentliche Körperschaften für die in ihrem Eigentum stehenden und von ihnen für öffentliche Zwecke benutzten Gebäude;

3. inländische Personenvereinigungen und Vermögensmassen, die nach der Satzung, Stiftung oder sonstigen Verfassung ausschließlich gemeinnützigen, mildtätigen, ethischen oder religiösen Zwecken dienen, für die in ihrem Eigentume stehenden und von ihnen für diese Zwecke benutzten Gebäude;

4. Botschaften, Gesandtschaften und Konsulate für die im Eigentume des Entsendestaats stehenden und von ihnen für ihre Zwecke benutzten Gebäude, sofern Gegenseitigkeit gewährt wird.

Liegen nur für einen Teil des Gebäudes die vorstehenden Voraussetzungen vor, so bezieht sich die Befreiung nur auf diesen Teil.

III. Soweit vor dem 14. Februar 1924 auf einem Grundstück eine privatrechtliche wertbeständige Last gemäß der Verordnung über die Eintragung von Hypotheken in ausländischer Währung vom 13. Februar 1920 (RGBl. S. 231) oder dem Gesetz über wertbeständige Hypotheken vom 23. Juni 1923 (RGBl. I S. 407) eingetragen ist, vermindern sich auf Antrag die Zuschläge (Abs. I) um den Wert der aus der Last sich ergebenden laufenden Geldverpflichtung. Das gleiche gilt für die auf Grund des Gesetzes über das Zusatzabkommen zum Abkommen vom 6. Dezember 1920 zwischen dem Deutschen Reiche und der Schweizerischen Eidgenossenschaft, betreffend schweizerische Goldhypotheken in Deutschland und gewisse Arten von Frankenforderungen an deutsche Schuldner vom 23. Juni 1923 (RGBl II S 284) aus der Umwandlung einer schweizerischen Goldhypothek entstandenen Frankengrundschulden. Zu den laufenden Geldverpflichtungen gehören in diesem Falle auch Tilgungsbeträge, die zur Abtragung der Frankengrundschuld angesammelt werden. In welcher Höhe Tilgungen als angemessen anzusehen sind, bestimmt das Staatsministerium der Finanzen.

IV. Soweit eine nicht wertbeständige privatrechtliche Last aufgewertet ist, vermindert sich auf Antrag vom 1. Januar 1925 ab der Zuschlag um den Wert der aus einer Aufwertung bis zu 15 v. H. des Nennbetrages in Goldmark sich ergebenden laufenden Geldverpflichtung. Dies gilt nicht, soweit die Verpflichtungen den in § 5 Abs. 2 der 3. Steuernotverordnung vorgesehenen Zinssatz übersteigen.

V. Bei Grundstücken, die am 1. Juli 1914 entweder unbelastet waren oder deren dingliche privatrechtliche Belastung nicht mehr als 20 v. H. des Wehrbeitragswertes betrug, sind die Zuschläge auf Antrag des Eigentümers soweit herabzusetzen, daß die Haussteuer mit Umlagen und Zuschlägen 20 v. H. der Friedensmiete nicht übersteigen.

VI. Der Ertrag dieser Zuschläge (Abschn. F) wird zur Hälfte den Gemeinden nach Maßgabe des örtlichen Aufkommens überwiesen. Die Auszahlung erfolgt unmittelbar durch das Finanzamt. Die Gemeinden können für das einzelne Rechnungsjahr beschließen, daß der ihnen zugewiesene Anteil ganz oder teilweise unerhoben bleibt.

Buchst. F bringt in Ergänzung und Ausführung der §§ 26—32 der Steuernotverordnung vom 14. Februar 1924 die Besteuerung der bebauten Grundstücke in Form einer Steuer vom Grundvermögen, einer Mietzinssteuer (§ 28 Abs. 1). Die Steuer steht im engen Zusammenhang mit der VO. vom 28. März 1924 über die gesetzliche Miete; wie diese, so wird auch die Mietzinssteuer jeden Monat festgesetzt. Als Zuschlag zur Haussteuer teilt sie deren Charakter; die für diese geltenden Vorschriften finden Anwendung, soweit in Abs. II—V nichts anderes bestimmt ist.

Die Mietzinssteuer ist eine Staatssteuer, die zur Deckung allgemeiner Staatsbedürfnisse dient. Die Hälfte des Ertrages der Steuer wird den Gemeinden nach Maßgabe des örtlichen Aufkommens überwiesen. Diese können auf den Hälfteanteil ganz oder teilweise verzichten mit der Wirkung, daß die Mietzinssteuer insoweit unerhoben bleibt, der Verzicht also nicht dem Staate zukommt. Eine Erhebung von Zuschlägen zur Steuer zugunsten der Gemeinde oder sonstiger Körperschaften kommt nicht in Frage, da es sich um eine auf reichsrechtlicher Grundlage beruhende Sondersteuer handelt, an der die Gemeinden gemäß § 26 Abs. 1 der Notverordnung nur „nach näherer Bestimmung des Landesrechts" Anteil haben. Die Beteiligung der Gemeinden ist in Abs. VI ausschließend geregelt; einer besonderen Bestimmung, etwa wie in Buchst. D Abs. II, bedarf es hier nicht.

Dem Verwendungszwang des § 26 Abs. 2 der Notverordnung ist in erster Linie durch die Erhebung der Zweckabgabe nach Buchst. D Rechnung getragen; die Mietzinssteuer (Buchst. F) steht — abgesehen von $^1/_{10}$ s. oben S. 126, 149 — für allgemeine Staatszwecke zur Verfügung. Der Anteil der Gemeinden (Abs. V) ist zu $^1/_{10}$ für den Wohnungsbau zu verwenden.

Die Regelung beschränkt sich in Abs. II—V auf die Festlegung der Befreiungs- und Ermäßigungsgründe; diese werden nur auf Antrag gewährt. Im einzelnen gilt:

Zu II. 1. Ziff. 1 stimmt mit § 29 der Notverordnung überein; entgegen der landesrechtlichen Regelung muß die Befreiung nach Reichsrecht von Amts wegen durchgeführt werden.

2. Ziffer 2—4 entspricht wörtlich den in § 30 Ziff. 3 Buchst. a—c der Notverordnung für die Aufwertungssteuer übernommenen Grundsätzen; gegen ihre Anwendung auf die Mietzinssteuer (Grundsteuer) bestehen keine Bedenken.

Die hier aufgezählten Befreiungsgründe, deren Berücksichtigung nur auf Antrag erfolgt, decken sich zum Teil mit den in § 2 HStG. aufgeführten allgemeinen Gesichtspunkten für die Haussteuerfreiheit, die schon bei der Veranlagung zur Haussteuer von Amts wegen zu beachten sind. Soweit § 2 HStG. zutrifft, ist auch die Erhebung der Mietzinssteuer ausgeschlossen, selbst wenn die besonderen Befreiungsgründe (II) oder ein hierauf gerichteter Antrag nicht vorliegt (vgl. hieher Eingang 3 II Ziff. 1 [Zuständigkeitsabgrenzung]).

Zu III—IV. Die Vorschriften entsprechen wörtlich dem § 28 Abs. 3 u. 5. Die Wiederholung der Vorschrift des § 28 Abs. 4 der Notverordnung ist nicht notwendig, solange — wie bisher — die gesetzliche Miete den Betrag von 70 v. H. der Friedensgoldmiete noch nicht erreicht hat.

Wegen der Höhe der Mietzinssteuer vgl. für den Monat April 1924 (300 Prozent der Haussteuer) MinBek. vom 31. März 1924 (StAnz. Nr. 77), für den Monat Mai 1924 (450 Prozent der Haussteuer) MinBek. vom 29. April 1924 (StAnz. Nr. 100), für den Monat Juni 1924 (700 % der Haussteuer) MinBek. vom 28. Mai 1924 (StAnz. Nr. 124). In Prozenten der Friedensmiete ausgedrückt beträgt hiernach die Mietzinssteuer in diesen drei Monaten 6, 9 und 14 v. H. der Friedensmiete.

Zur Mietzinssteuer im allgemeinen vgl. Stützel, ZtschrfW. in Bayern 1924, 2.

Exkurs zur Verordnung vom 31. März 1924. Nutzungswertfeststellung.

Durch die VollzBek. vom 29. Dez. 1923 (GVBl. 1924 S. 3) wurde die Grundlage der Haussteuerveranlagung, soweit wenigstens die Mietsteuer in Betracht kommt, vollständig geändert: an Stelle der Mietwerte und der daraus abgeleiteten Haussteuerverhältniszahlen treten mit Wirkung vom 1. April 1924 an auf Grund der VO. vom 31. März 1924 Haussteuerverhältniszahlen, die sich aus dem Goldmarkbetrag der Friedensmiete im Sinne des § 2 des Reichsmietengesetzes in Verbindung mit Ziff. 3 der Verordnung vom 28. März 1924 ergeben. Abzüge von der Friedensmiete sind auch nicht etwa in entsprechender Anwendung des § 4 Abs. 2 HStG. zulässig.

Leider läßt § 2 der VollzBek. vom 29. Dezember 1923 die grundlegende Umgestaltung, die in dieser Neuordnung (oben S. 7) liegt, nicht genügend erkennen. Aus den Verhältniszahlen, die in den Mietertragslisten vorgemerkt sind, lassen sich die Friedensmieten nur in den seltensten Fällen und immer nur in den größeren Städten ohne weiteres im Büroweg ermitteln. Wer mit der Praxis der Mieteinigungsämter vertraut ist, wird dies bestätigen. Auf dem Lande bilden die Fälle, in denen die bisherige Haussteuerverhältniszahl der Friedensmiete auch nur annähernd entspricht, die Ausnahme; regelmäßig bleibt sie weit hinter der Friedensmiete im Sinne des Reichsmietengesetzes zurück. Dies gilt insbesondere für die nicht seltenen Fälle, in denen bisher vom Eigentümer selbst benutzte Gebäudeteile nunmehr — freiwillig oder unfreiwillig — vermietet sind. Ein praktisches Beispiel hiefür habe ich in meiner Wohnungsabgabe S. 151 angeführt.

Die tatsächliche Gestaltung der Dinge würde für die Regel eine selbständige Ermittlung der Friedensmiete durch die Finanzämter erfordern, wobei sie sich der Feststellungen der Mieteinigungsämter bedienen können. Soweit dieser Behelf nicht ausreicht, insbesondere in den Fällen, in denen das MEA. mangels Anwendung des RMG. — § 16 — nicht in Tätigkeit treten konnte, bedarf es der unmittelbaren Feststellung oder Festsetzung (§ 2 Abs. 4 RMG.) der Friedensmiete durch die Finanzbehörden, wobei allein § 2 RMG. in Verbindung mit Ziff. 3 der VO. vom 28. März 1924 maßgebend sein darf. Die Anweisung in Abs. IV des § 2 VollzBek. ist ungenügend und irreführend.

Bei dieser Sachlage gibt es nur zwei Möglichkeiten: entweder es wird die Friedensmiete vorschriftsgemäß ermittelt oder sie wird — mangels der erforderlichen Zeit oder auch im Hinblick auf die weitgehende Fassung der Vollzugsanweisung — grundsätzlich oder in der Hauptsache unterlassen. Im ersteren Fall ist es unmöglich für die erste Zahlung — 1. April 1924 — eine ordnungsgemäße Veranlagungsgrundlage zu beschaffen. Nutzungswertfeststellungen lassen sich nicht im Büroweg, sondern nur durch Einsichtnahme in die Verhältnisse durchführen, wenn ihre Ergebnisse Anspruch auf Beachtung erheben sollen. Heute diese umfangreiche Arbeit den ohnehin überlasteten Finanzämtern zuzumuten, ist unmöglich. Seit Jahren kämpfe ich für die Idee einer allgemeinen Nutzungswertfeststellung auf der Grundlage des objektiven Werts, die vom wohnungspolitischen und steuerpolitischen Gesichtspunkt aus notwendig und vom Mieteinigungsamt und Finanzamt in gemeinsamer Arbeit durchzuführen gewesen wäre. Jetzt wäre in den fünf Jahren die Arbeit geleistet und ein Dauerwert geschaffen, zum Nutzen des Staates und — der Mieterschaft. Denn für diese kann es nicht gleichgültig sein, ob die von ihnen in der gesetzlichen Miete bezahlte Steuer — Haussteuer, Zweckabgabe und Mietzinssteuer — dem Staate zukommt oder zum Teil dem Vermieter; letzteres ist der Fall, wenn im einzelnen Fall die Haussteuerverhältniszahl hinter der für die Berechnung der gesetzlichen Miete wirklich maßgebenden Friedensmiete zurückbleibt. Bei der vom Gesetz gewollten engen Verknüpfung zwischen Mietzinsbildung und Mietzinssteuer (s. oben S. 124) wäre es nicht zu rechtfertigen, wenn z. B. die Gesamtabgabe eines Hauses nach der VO. vom 31. März 1924 nach der in der Mietertragsliste eingetragenen Verhältniszahl von 271 (mag sie auch schätzungsweise, da sie aus dem Jahre 1911 stammt, um 50% auf 400 erhöht werden) berechnet wird, während das MEA. die Friedensmiete für den inzwischen vermieteten Hausteil — etwa $^2/_3$ des Gebäudes — auf 400 Mk. festgesetzt hat. Hier beträgt die Friedensmiete des ganzen Hauses 600 Mk., während die Steuer nur aus der Verhältniszahl 271 oder 400 berechnet wird, so daß im ungünstigsten Falle (bei 400 Verhältniszahlen) der Mieter die Steuer für sich und den Vermieter bezahlt. Aus dem Beispiel sind zugleich die Folgen ersichtlich, die entstehen, wenn die Feststellung der Friedensmiete nicht peinlich genau durchgeführt wird. Die nachstehend abgedruckten Vollzugsanweisungen (zur VO. vom 27. Dezember 1923 und zum Abänderungsgesetz vom 18. Juli 1923) können demgemäß nicht streng genug ausgelegt werden.

*§ 1. (Zu Abschn. A Abs. II der Verordnung, § 7 des **Haussteuergesetzes**, § 8 der Vollzugsvorschriften vom 2. März 1911 — GVBl. S. 107 — und § 1 der Vollzugsvorschriften vom 6. Okt. 1918 — GVBl. S. 807 —).*

*I **Die Haussteuer (Areal- und Mietsteuer) wird für ein Jahr in der Weise berechnet, dass die im Kataster vorgetragenen Steuerverhältniszahlen — bei der Arealsteuer unter Zugrundelegung eines Ertragsanschlags von vierzehn Mark vom Ar des überbauten Grund und Bodens sowie der Hofräume — mit dem Betrag von 2 Pfg. vervielfacht werden.***

*II **Für das Rechnungsjahr 1923 ist Besteuerungsgrundlage für die Mietsteuer die Haussteuerverhältniszahl, wie sie nach dem Haussteuergesetze vom 14. August 1910 ermittelt wurde. Für selbstbenützte oder vermietete Räume, deren Mietertrag nach dem 1. Januar 1922 eingeschätzt*** *wurde oder wird, ist die Friedensmiete zu ermitteln und nötigenfalls unter Anwendung der §§ 8 ff. des Haussteuergesetzes festzusetzen. Vom 1. April 1924 soll die Friedensmiete (im Sinne des § 2 des Reichsmietengesetzes vom 24. März 1922 — GVBl. S. 273 —) allgemein als Besteuerungsgrundlage bestimmt werden. Die Vorarbeiten für die Steuerberechnung nach der Friedensmiete sind alsbald in Angriff zu nehmen.*

III Auf Grund der der Staatsregierung in § 7 Abs. II Satz 2 des Änderungsgesetzes erteilten Ermächtigung wird als Mindestbetrag der Haussteuer bis auf weiteres ein in Pfennigen ausgedrückter Betrag festgesetzt, der der jeweiligen Briefgebühr entspricht. Briefgebühr ist der Betrag, der jeweils für die Beförderung eines Briefes bis zu 20 Gramm im Fernverkehr zu entrichten ist. Angenommen, die Haussteuer betrüge nach den katastermässigen Grundlagen und Abschn. A Abs. I Ziff. 2 der Verordnung 30 Pfg., so würde als Steuerschuldigkeit gemäss Abschn. C Abs. I Ziff. 2 der Verordnung der Betrag von 9 Pfg. zu erheben sein. Mit Rücksicht auf den festgesetzten Mindestbetrag beträgt die Steuerschuldigkeit aber zur Zeit 10 Pfg., mit anderen Worten: unter dem Mindestbetrage zurückbleibende Steuerschuldigkeiten nach der Verordnung sind auf den Mindestbetrag aufzurunden.

IV Der von der Staatsregierung jeweils festgesetzte Mindestbetrag der Haussteuer (Abs. III) ist auch als Mindestbetrag der Umlagenberechnung zugrunde zu legen. Angenommen, die Haussteuer würde ($30 \times {}^3/_{10} =$) 9 Pfg. betragen, so wäre der Mindestbetrag der Haussteuer 10 Pfg. und bei einem Umlagenhundertsatze von 450 der Mindestbetrag der Umlagen 45 Pfg.

§ 2. (Zu Abschn. A Abs. II Ziff. 2 und Abschn. B Abs. II Ziff. 2 der Verordnung).

I Die Friedensmieten im Sinne des § 2 des Reichsmietengesetzes vom 24. März 1922 (RGBl. S. 273) werden sich in der weitaus überwiegenden Zahl der Fälle im Büroweg aus den für die Haussteuer vorgemerkten Verhältniszahlen gewinnen lassen. Soweit tunlich, ist von Erhebungen Umgang zu nehmen. Wo sich solche nicht vermeiden lassen, sind die von den gemeindlichen Mieteinigungsämtern gepflogenen Verhandlungen und Feststellungen in weitestem Umfange heranzuziehen.

II Die Höhe der so ermittelten Friedensmiete bildet vom 1. April 1924 ab die Steuerverhältniszahl. Sie ist in den Mietertragslisten an geeigneter Stelle mit roter Tinte vorzutragen und der Berechnung der Haussteuer zugrunde zu legen.

III Die Bestimmung, wonach auf das Verfahren für die Ermittlung die Vorschriften in den §§ 8 ff. des Haussteuergesetzes Anwendung zu finden haben (§ 1 Abs. II Satz 2) erwies sich insbes. für jene Fälle geboten, in denen im Hinblick auf § 16 des Reichsmietengesetzes die Friedensmiete nicht festgestellt wird. Für diese Fälle wird sich, soweit nicht nach den Vorschriften des Haussteuergesetzes Steuerfreiheit einzutreten hat oder Steuerfreijahre laufen, ein Schätzungsverfahren nicht vermeiden lassen. Diese Einschätzungen sollen jedoch in tunlichster Angleichung an vermietete Gebäude wenn irgend angängig im Büroweg erfolgen. Eine Mietenerhebung wird, wenn sich eine solche überhaupt als notwendig erweisen sollte, auf besondere Fälle und auf das Reklamationsverfahren beschränkt werden können.

IV Die Steuerverhältniszahl ist vom 1. April 1924 ab die Friedensmiete; diese ist für alle vermieteten und selbstbenützten Räume durch Vergleich mit jenem Mietzins zu ermitteln, der für die mit dem 1. Juli 1914 beginnende Zeit in der Gemeinde für Räume gleicher Art und Lage regelmässig vereinbart oder zu erzielen war.

V Nach diesen Grundsätzen ist auch bei allen jenen Gemeinden zu verfahren, in denen an Stelle der Arealsteuer die Mietsteuer zur Einführung gelangt oder in der letzten Zeit gelangt ist. Die infolge der Neueinschätzung gegenüber den Einschätzungen vom Jahre 1911 aufgetretenen Unstimmigkeiten werden dadurch beseitigt werden. Wo die Feststellung der Friedensmieten sich in ehemaligen Arealsteuergemeinden nicht innerhalb kürzester Frist ermöglichen lässt, ist für das Rechnungsjahr 1923 noch die Arealsteuer zu erheben.

VI Jm Hinblick auf Abschn. B Abs. II Ziff. 2 der Verordnung ist für das Gebiet des ehemaligen Freistaates Coburg für das Rechnungsjahr 1923 noch der geschätzte mittlere Mietertrag im Sinne des Art. 7 Abs. III des Grundsteuergesetzes vom 25. Mai 1860 und den Nachtragsgesetzen hierzu der Berechnung der Grundsteuereinheit zugrunde zu legen, wie er aus den Grundsteueranschlägen ersichtlich ist. Die Grundsteuereinheit ist hiernach bei der Steuer nach dem Mietertrage der 75. Teil von 2 Dritteilen des geschätzten mittleren Mietertrags. Die Steuer ist jedoch nach eineinhalb Grundsteuereinheiten zu berechnen. Vom 1. April 1924 ab gilt § 1 Abs. II dieser Bekanntmachung entsprechend auch für das Gebiet des ehemaligen Freistaates Coburg.

III. Bayer. MinBek. über Förderung des Wohnungsbaues durch staatliche Wohnungsbaudarlehen.

Vom 5. April 1924. (StAnz. Nr. 83.)

Die Förderung des Wohnungsbaues mit Hilfe der auf Grund der Bekanntmachung des Gesamtstaatsministeriums vom 31. März 1924 über die Entrichtung der Haussteuer usw. (StAnz. Nr. 77) zur Verfügung stehenden staatlichen Mittel erfolgt durch Gewährung von Baudarlehen für Wohnungsbauten nach Maßgabe der folgenden

Bestimmungen.

Vorbemerkung.

I.

Ursprüngliche Rechtsgrundlage für die Gewährung von Baukostenzuschüssen aus öffentlichen Mitteln bildeten die Bundesratsverordnung vom 31. Oktober 1918 BayStAnz. Nr. 273 (vgl. dazu Kiefersauer, Bayer. Bürgermeister 1919, 61 ff., 130), die Reichsratsbekanntmachung vom 10. Januar 1920 (Zentralblatt f. d. Deutsche Reich 1920 S. 56) und die Bekanntmachung der Reichsregierung vom 19. Februar 1921 (ZentrBl. 1921 S. 130) sowie die VO. des Reichsarbeitsministers vom 1. Februar 1923 (ReichsMinBl. S. 148). Die gegenwärtige Regelung beruht mittelbar auf der Ermächtigung der §§ 26, 30 der Dritten Steuernotverordnung zur Erhebung der sog. Mietzinssteuer (s. oben I).

Neben der unmittelbaren Förderung der Wohnungsbautätigkeit durch Gewährung von öffentlichen Zuschüssen (Beihilfen) bestehen einzelne Bestimmungen, durch die mittelbar der gleiche Zweck angestrebt wird. Hieher gehören z. B.

1. die Gewährung von steuerlichen Vergünstigungen bei Aufwendungen für die Neubeschaffung von Kleinwohnungen*) (§ 59 EStG.),
2. die Befreiung der Neubauten von den Vorschriften zur Bekämpfung des Wohnungsmangels (§ 12 WMG., § 40 WMBek.), von den Vorschriften des Reichsmietengesetzes (§ 16 RMG.), von den Bestimmungen des Mieterschutzgesetzes (§ 33 MSchG.) und von der Belastung durch die Mietzinssteuer (§ 29 der StNVO.).

Alle diese Bestimmungen sind an sich zweifellos geeignet, zu einer Förderung der Bautätigkeit beizutragen; allein es dürfen aber auch nicht die Schattenseiten einer solchen Ausnahmeregelung (Ziff. 2) übersehen werden. Hierauf habe ich bereits in den Erläuterungen zu den einzelnen Bestimmungen hingewiesen; in dieser Beziehung darf auch auf meine früheren Ausführungen über die inneren wirtschaftlichen Zusammenhänge zwischen Wohnungsbau und Wohnungsnutzung (oben S. 8) und über die rechtliche Entwicklung des Eigentumsbegriffes und der Nutzung am Grundstückseigentum (Teil I S. 3) Bezug genommen werden. Die Zielrichtung aller Förderungsmaßnahmen bleibt solange unsicher und daher in ihren Erfolgen ungewiß, als nicht Klarheit darüber besteht, ob die Wiederherstellung des vollen Eigentumsrechtes an Gebäudegrundstücken und in Verbindung damit die Wiederkehr der Nutzung auf rein obligatorischer Grundlage nach Maßgabe der §§ 535 ff. BGB. beabsichtigt ist oder ob eine Einschränkung des Eigentumsbegriffes und eine Entwicklung des Mietrechts zu einem dinglich ausgestalteten Nutzungsrecht das Ergebnis des Wohnungsnotrechtes in seiner Weiterentwicklung sein wird.

Betrachtet man, wie hier (Teil I S. 3) die Rechtsentwicklung von letzterem Gesichtspunkt aus, so ist klar, daß weder die unmittelbare Förderung der Wohnungsbautätigkeit durch öffentliche Beihilfen noch die steuerlichen und wohnungspolitischen Begünstigungen die Neubautätigkeit wesentlich werden anspornen können. Leider fehlt eine statistische Unterlage dafür, wie viele von den mit öffentlichen Zuschüssen erbauten Wohnungen zur Vermietung bereitgestellt worden sind. Die Mehrzahl der Neubauten wird wohl nur der Eigennutzung dienen (Eigenbauten); die auf genossenschaftlicher Grundlage erbauten Wohnungen bilden ohnehin ein Mittelding zwischen Eigenbau und Mietwohnung (vgl. Teil I S. 19).

Wenn hiernach auch das bisherige Verfahren als eine Lösung des Problems nicht angesehen werden kann, so bedeutet die unmittelbare finanzielle Förderung der Wohnungsbautätigkeit durch den Staat gegenwärtig — insbesondere angesichts der ungeheueren Kreditnot

---

*) Vgl. dazu die MinBek. vom 14. Juli 1921 (StAnz. Nr. 161), vom 18. Mai 1922 (StAnz. Nr. 119) und vom 9. April 1923 (StAnz. Nr. 85). Wegen Haussteuerfreiheit vgl. § 33 des Haussteuergesetzes (s. oben S. 142).

(s. oben S. 121) — die einzige Möglichkeit, wenigstens einigermaßen die Neubautätigkeit in Gang zu bringen.

Die Neubautätigkeit wird künftighin im wesentlichen nicht mehr in den Händen privater Personen liegen, wenigstens nicht soweit es sich um Herstellung von Wohnungen für Dritte (Mietwohnungen) handelt. Sie wird vielmehr mehr und mehr zu einer sozialen Pflichtleistung des Arbeitgebers werden müssen: jeder Arbeitgeber, der mehrere Personen — die Zahl kann unter Umständen nach unten begrenzt werden — beschäftigt, soll verpflichtet sein, für die Arbeitnehmer die erforderlichen Wohnungen zu beschaffen; auch der Staat sowie andere öffentlichrechtliche Körperschaften werden sich dieser Verpflichtung nicht länger mehr entziehen können. Ansätze zu einer solchen Entwicklung waren bereits im geltenden Recht zu finden: § 2 des Reichsgesetzes über die Erhebung einer Abgabe zur Förderung des Wohnungsbaues in der Fassung vom 28. März 1923 (RGBl. I S. 238) verpflichtete den Unternehmer, der nach Erlaß dieses Gesetzes gewerbliche Räume neu errichtet oder neu schafft, für einen Teil der Arbeitnehmer neuen Wohnraum zu erstellen. Durch die Aufhebung dieses Gesetzes ab 1. April 1924 (§ 61 der Steuernotverordnung) ist freilich die Ausführung der Vorschrift unmöglich geworden.

Der Gedanke wäre zweifellos entwicklungsfähig; freilich werden noch Jahrzehnte vergehen, bis er in vollem Umfang verwirklicht und der Arbeitgeber in der Hauptsache der Träger des Mietwohnungsbaues sein wird. Neben ihm wird, insbesondere in den nächsten Jahrzehnten, der genossenschaftliche Wohnungsbau die wichtigste Förderung der Bautätigkeit verwirklichen.

Ob es sich — wenigstens vorübergehend zur Beseitigung des gegenwärtigen Notstandes — empfiehlt, durch eine Anordnung ähnlich einer Bestimmung in dem tschechoslowakischen Gesetz vom Herbst 1923 (Teil I S. 208) eine allgemeine Baupflicht für leistungsfähige Mieter einzuführen und darüber hinaus auch vermögliche Personen, die ein eigenes Haus besitzen, zur Errichtung eines Wohnhauses zur Vermietung oder sonstigen Gebrauchsüberlassung an Dritte anzuhalten, wäre bei weiterer Verschärfung der Wohnungsnot ernstlich in Erwägung zu ziehen.

Man wird sich jedenfalls mit Rücksicht auf die völlige Verschiebung der wirtschaftlichen Verhältnisse im Deutschen Reich sowohl wie in anderen Staaten — Wohnungsnot besteht in England und in den Vereinigten Staaten — mit dem Gedanken vertraut machen müssen, daß durch eine Preisgabe jeglicher staatlicher Fürsorge und Überlassung der Initiative an den privaten Unternehmer auch auf dem Gebiete des Wohnungswesens nicht nur kein Fortschritt, sondern ein starker Rückschritt auf der ganzen Linie erzielt werden wird. Die völlige Aufgabe des Mieterschutzrechtes, des Rechtes der Mietzinsbildung würde eine Erschütterung des wirtschaftlichen und politischen Lebens nach sich ziehen; es kann nicht oft genug betont werden, daß die Freigabe der Mietzinsbildung in den Althäusern für sich allein keinen Einfluß auf die Wohnungsbautätigkeit — hier käme überhaupt nur eine Rückwirkung auf den Miethausbau in Betracht — ausüben würde, solange — bei der herrschenden Kapitalnot und der abnormen Zinssätze bis zu 90 Prozent bietet sich hiefür keine Schwierigkeit — eine bessere Anlage für Gelder sich findet. Die Schwierigkeiten, die die Beschaffung zweiter Hypotheken schon in der Vorkriegszeit machte, dürften derzeit überhaupt nicht zu bewältigen sein.

Die Frage, in welcher Form und in welchem Umfang die staatliche Fürsorge auf dem Gebiete des Wohnungswesens beibehalten werden soll, scheint hiernach hinsichtlich der Förderung der Neubautätigkeit noch ebensowenig entscheidungsreif zu sein wie auf dem Gebiete der Wohnungsnutzung (Mieterschutz, Mietzinsbildung und Wohnungsmangel). Will man nicht zu Zwangsmaßnahmen greifen wie in der Tschechoslowakei, so bleibt nur übrig

1. unmittelbare finanzielle Förderung (Gelddarlehen, Bauplätze usw.), soweit die Kräfte des Staates und der Gemeinden es erlauben und
2. weitgehende Erleichterung privater Betätigung durch langdauernde Befreiung der Neubauten von Steuern und Abgaben jeder Art, entgegenkommende baupolizeiliche Behandlung des Baugesuches usw.

II.

Die finanzielle Deckung der staatlichen Wohnungsbaudarlehen bildet die Zweckabgabe nach Buchst. D der Verordnung vom 31. März 1924; daneben können vom Staat wohl auch allgemeine Mittel des Staatshaushaltes, zu dessen Verfügung die eigentliche Mietzinssteuer nach Buchst. F steht, verwendet werden.

Die Gemeinden sind in der Fürsorge für den Wohnungsbau an sich frei; ihnen stehen besondere Mittel nicht zur Verfügung. Der Anteil an dem örtlichen Aufkommen der Mietzinssteuer (F VI) ist nur zu $^1/_{10}$ für diesen Zweck gebunden. Eine besondere Einnahmequelle für die Förderung des Wohnungsbaues steht den Gemeinden in der auf Grund des Art. 2 des Vollzugsgesetzes zum Finanzausgleichsgesetz nach Maßgabe der MinBek. vom 25. November 1922 (StAnz. Nr. 277) zu erhebenden örtlichen Abgabe zur Verfügung. Hiernach können die Gemeinden die gewerblichen Arbeitgeber zu den Kosten des Wohnungsbaues für Arbeitnehmer durch eine besondere Abgabe heranziehen. Diese Möglichkeit besteht auch noch nach Einführung der Zweckabgabe (Buchst. D) und der Mietzinssteuer (F) fort, da diese beiden Steuern staatliche Steuern sind und aus dem Gesichtspunkt der Besteuerung des Entwertungsnutzens erhoben werden, während jene MinBek. — vgl. hierzu die Richtlinien der ihr beigegebenen Mustersatzung — die Erhebung der Abgabe aus ganz anderen Gründen rechtfertigt. Auf die Möglichkeit der Forterhebung der Wohnungsluxussteuer als örtliche Abgabe auf Grund des Art. 2 VollzG. z. Finanzausgleichsgesetz (Fassung der MinBek. vom 30. April 1924, GVBl. S. 156) trotz Aufhebung des Wohnungsabgabegesetzes wurde bereits oben S. 148 hingewiesen.

Als örtliche Abgabe kann auf Grund des Art. 2 Vollz. z. FAGG. auch die Beherbergungssteuer erhoben werden. Diese ursprünglich als gemeindliche Wohnsteuer, seit der MinBek. vom 13. Dezember 1922 (StAnz. Nr. 290) nunmehr auch amtlich als Beherbergungssteuer bezeichnete Abgabe wird für das gewerbsmäßige Vermieten von Zimmern oder Wohnungen in Hotels, Gasthöfen, Pensionen, Privathäusern an Personen zu vorübergehendem Aufenthalt erhoben. Die hiefür erforderliche Genehmigung des Staatsministeriums des Innern wird für Gemeinden mit mehr als 10000 Einwohnern allgemein, für die übrigen Gemeinden nur dann erteilt werden, wenn dort ein besonderer Reise- oder Fremdenverkehr besteht. Wegen der Rechtsgrundlage wird auf die MinBek. vom 30. Januar 1919 (StAnz. Nr. 31) samt Änderungen vom 22. Januar 1920 (StAnz. Nr. 19), 28. September 1921 (StAnz. Nr. 227), vom 12. April 1922 (StAnz. Nr. 87) (dazu Kiefersauer, Wohnungsabgabe S. 262), auf die MinBek. vom 13. Dezember 1922 (StAnz. Nr. 290), vom 17. Mai und 14. August 1923 (StAnz. Nr. 114 u. 188) sowie vom 25. April 1924 (StAnz. Nr. 97) hingewiesen. Letztere Bekanntmachung verbietet u. a. die Festsetzung höherer Steuersätze für diejenigen Personen, die ihren Wohnsitz nicht im Deutschen Reich haben. Die Steuer ist nicht vom Mieter, sondern vom Vermieter zu entrichten; Steuerschuldner ist hiernach nur der Vermieter, Steuerträger aber nach der Absicht der Bek. der Mieter, d. h. auf diesen wird sie abgewälzt. Die Erträgnisse stehen zur freien Verfügung der Gemeinde. Durch die Beherbergungssteuer wird die erhöhte Reichsumsatzsteuer nach §§ 25 Abs. 1 Ziff. 2 u. 28 des Umsatzsteuergesetzes nicht berührt (VGH. 41, 118 und Kiefersauer, Wohnungsabgabe S. 266).

Beleihungsfähige Bauten.

1. I Staatliche Baudarlehen[1] für Wohnungsbauten (in Nachstehendem „Baudarlehen" genannt) werden nur zur Herstellung von Kleinwohnungen und[2] von Mittelstandswohnungen gewährt.

II Als Kleinwohnungen gelten Wohnungen mit nicht mehr als drei Wohnräumen nebst Küche und Zubehör. Als Mittelstandswohnungen gelten größere Wohnungen, bei denen nach Ausmaß und Ausstattung über das beim Mittelstand übliche Maß nicht hinausgegangen wird.

III Bei Verteilung der Baudarlehen werden Bauvorhaben, die zugleich der Ansässigmachung oder der Umsiedlung von der Stadt aufs Land dienen (Eigenheime, vorstädtische und ländliche Siedlungsbauten) vorzugsweise berücksichtigt, besonders wenn sie als „Reichsheimstätten"[3] errichtet werden.

IV Baudarlehen können auch für Groß-Wohnhäuser gewährt werden da, wo diese am Platze sind (innerhalb der großen Städte). Auf dem Land und in kleinen Städten werden Baudarlehen in der Regel nur für Wohnungsbauten mit nicht mehr als zwei Wohngeschossen gewährt, soweit nicht zur Ausfüllung von Baulücken eine höhere Bauweise geboten erscheint.

V In allen Fällen müssen die zu beleihenden Wohnungen den Anforderungen entsprechen, die an gesunde, zweckmäßig eingeteilte und solid gebaute Dauerwohnungen zu stellen sind[4].

2. I Für Behelfswohnungen (Wohnungen, die nach Art ihres technischen Aufbaues voraussichtlich einen Bestand von weniger als 30 Jahren haben werden) und für Notwohnungen (Räume, die nur vorübergehend zu Wohnzwecken nutzbar gemacht werden und den baupolizeilichen Bestimmungen für Wohnungen nicht genügen) werden Baudarlehen nicht gewährt.

II Ferner werden Baudarlehen nicht gewährt für Werkwohnungen[5] d. h. für Wohnungen, die von Arbeitgebern für ihre Ar-

beiter und Angestellten errichtet werden und im Eigentum der Arbeitgeber bleiben.

1. Die Baudarlehen im Sinne dieser „Bestimmungen" bilden nicht die einzige staatliche Hilfe für den Wohnungsbau; bereits das Landeskulturrentengesetz in der Fassung vom 31. März 1908 (GVBl. S. 235) bezeichnet es als Aufgabe der Landeskulturrentenanstalt (staatliche Anstalt) Darlehen zu gewähren „zur Herstellung und gesundheitlichen Verbesserung von Kleinwohnungen für die minderbemittelte Bevölkerung und zur Ansiedlung von landwirtschaftlichen Arbeitern" (Art. 2 Abs. III). Wegen der Begriffsbestimmung für „Kleinwohnungen" vgl. Art. 14 (oben S. 143 abgedruckt).

Die Baudarlehen der Landeskulturrentenanstalt bilden eine wichtige Ergänzung der staatlichen Fürsorgetätigkeit hinsichtlich des Wohnungsbaues. Da indes die Darlehen derzeit nur in den von der Anstalt ausgegebenen Goldbriefen (nicht in bar) ausbezahlt werden, die Goldbriefe selbst aber erheblich unter dem Nennwert notieren, bedeutet die Goldbriefannahme eine nicht unbeträchtliche Belastung des Darlehensnehmers.

Wegen der Gewährung von Arbeitgeberdarlehen zur Errichtung von Wohnungen für bayerische Landesbeamte vgl. die Grundsätze der MinBek. vom 29. März 1922 (StAnz. Nr. 78), die entsprechend anzuwenden sein werden. Für Eigenheime können diese Darlehen nicht gewährt werden. Auf die Bestimmungen der Ziffer 10, 11 und 13 der Bek. wird besonders hingewiesen.

2. Die Einbeziehung von Mittelstandswohnungen in die beleihungsfähigen Bauten bedeutet einen wesentlichen Fortschritt gegenüber dem bisherigen Rechtszustand. Für die praktische Auswirkung dieser Regelung kommt es freilich auf die Auslegung des Begriffes des Mittelstandes überhaupt und des „üblichen Maßes" (Abs. 2 Satz 2) an; eine allzu enge und engherzige Abgrenzung dürfte nicht im Sinne des Gesetzgebers liegen (vgl. dazu Stützel, ZtschrfW. in Bayern 1924, 2).

Eine Beschränkung der Darlehensgewährung auf Grund bestimmter Wohnfläche der Wohnung ist nicht mehr vorgesehen. Für Luxus- und sogenannte ausgesprochene Herrschaftswohnungen werden Darlehen nicht gewährt; ob solche Wohnungen vorliegen, bemißt sich nach dem Zuschnitt des Hauses, der Ausstattung des Hauses, der Lage der Räume zueinander usw. (vgl. Kiefersauer, Wohnungsabgabe S. 144). Die Zahl der Wohnräume als solche ist für sich allein nicht ausschlaggebend: auch eine nur 3 oder 4 Zimmer umfassende Wohnung kann nach ihrer sonstigen Ausstattung als Luxuswohnung zu betrachten sein.

3. Reichsheimstättengesetz vom 10. Mai 1920 RGBl. S. 962; bayer. VollzVorschr. vom 30. August 1921 StAnz. Nr. 204 und autogr. Entschl. des Minist. f. Soz. Fürsorge vom 5. November 1923 Nr. 1811 c 4 (mit zwei Mustern für Heimstättenverträge). Das RHStG. unterscheidet Wohn- und Wirtschaftsheimstätten. Jenes sind Einfamilienhäuser mit Nutzgärten; sie unterstehen der Aufsicht des Ministeriums für Soziale Fürsorge (Art. 1 VollzV.). Die Wirtschaftsheimstätten bestehen in landwirtschaftlichen oder gärtnerischen Anwesen, zu deren Bewirtschaftung eine Familie regelmäßig keiner ständigen Arbeitskraft bedarf; für sie ist das Landwirtschaftsministerium zuständig. Auch Erbbaurechte können als Heimstätten begründet werden.

Die Heimstätteneigenschaft eines solchen Grundstückes ist Ausdruck für eine Reihe von Belastungen und Bindungen des Eigentümers; zugunsten des Eigentümers gilt nur § 20 RHStG., wonach die Zwangsvollstreckung in eine Heimstätte wegen persönlicher Schulden des Heimstätters unzulässig ist. Durch die Begründung der Heimstätteneigenschaft erwirbt der Ausgeber ein dingliches Recht am Grundstück, dem ein ausschließlich erster Rang zusteht (§ 5). Ausgeber einer Heimstätte können nur bestimmte Personen sein: Reich, Land, Gemeinden (Gemeindeverbände) kraft Reichsrecht (§ 1), die Bayer. Landessiedlung nach Landesrecht; die Ermächtigung zum Ausgeben von Wohn- oder Wirtschaftsheimstätten ist nach Art. 1 VollzB. auch für andere leistungsfähige gemeinnützige Unternehmungen vorbehalten. Die Begründung erfolgt nicht nur durch Ausgabe d. i. Übereignung eines Grundstücks an den Heimstätter und Eintragung der Heimstätteneigenschaft und des Ausgebers im Grundbuch (§§ 1, 4, 7 RHStG., Art. 3, 4 VollzB.), sondern auch durch Vertrag zwischen dem Grundstückseigentümer und einem „Ausgeber" (§ 25 RHStG., Art. 7 VollzB.) unter Eintragung im Grundbuch. Gerade der letztere Fall zeigt deutlich, daß die Heimstätteneigenschaft ihrem Rechtsinhalt nach eine Spaltung des Eigentumsrechtes bedeutet, dessen stärkerer Teil (Obereigentum) dem „Ausgeber" zufällt. Das Kausalgeschäft der Rechtsbegründung als Heimstätte kann immer nur ein entgeltlicher Vertrag sein; nach § 6 ist der reine „Bodenpreis" — auch als Rente (Rentengut) — festzustellen und im Grundbuch einzutragen.

Der Inhalt der Heimstätteneigenschaft umfaßt, abgesehen von der bereits erwähnten Vollstreckungsbeschränkung wegen persönlicher Schulden,

1. Verfügungsbeschränkungen. Der Heimstätter ist beschränkt in Teilung, Teilveräußerung, Vergrößerung und Belastung des Grundstücks; es bedarf hierzu der Zustimmung des Ausgebers, §§ 9, 10, 17, 19, 22 RHStG. Bei Vollveräußerung besteht ein Vorkaufsrecht des Ausgebers (Ziff. 2 unten). Für Belastungen bedarf er der Zustimmung des Ausgebers nach Maßgabe des § 17 RHStG., Art. 5 VollzB.; eine Verschuldungsgrenze, über die hinaus Belastungen der Zustimmung des Ausgebers und der Bayer. Landessiedlung, Verwaltungsabteilung, bedürfen, ist nur für Wirtschaftsheimstätten vorgesehen (§ 18 RHStG., Art. 6 VollzB.).
2. Vorkaufs- und Wiedererwerbsrechte zugunsten des Ausgebers nach Maßgabe der §§ 11—16. Das Wiedererwerbsrecht, im Gesetz Heimfallanspruch genannt, ist regelmäßig ein Wiederkaufsrecht, weil der Ausgeber bei Ausübung einen „Kaufpreis" zu zahlen hat (§ 15 RHStG.); vertraglich kann aber das Entgelt ganz wegbedungen sein (andersartiges Wiedererwerbsrecht).

Die Heimstätteneigenschaft erlischt durch Aufgabe des Rechts am Grundstück (Ausgeberrechts) durch den Ausgeber und Eintragung der Aufgabe im Grundbuch § 875 BGB.; nach § 21 RHStG. ist außerdem noch Zustimmung des Landwirtschaftsministeriums oder des Ministeriums für Soziale Fürsorge erforderlich.

4. Auf solide Bauart wird in erster Linie hinzuwirken sein; über zweckmäßige Einteilung läßt sich immerhin im Einzelfall streiten. Wegen der Anforderungen vom gesundheitlichen Standpunkt aus vgl. Spaet, BayGemVZ. 1905, 6 ff.

5. Vgl. Teil I S. 79 ff. und 215; auch Vorbem. II a. E.

Baudarlehensempfänger.

3. I Baudarlehen können gewährt werden an Gemeinnützige Bauvereinigungen (Baugenossenschaften usw.), an Gemeinden oder Gemeindeverbände und an Private (Einzelpersonen und Firmen).

II Baugenossenschaften können Baudarlehen nur erhalten, wenn ihr dauernder Bestand und ihre Leistungsfähigkeit gesichert erscheint. Baugenossenschaften, die seit längerem bestehen und schon eine größere Zahl von Wohnungsbauten errichtet haben, werden in erster Linie berücksichtigt. Neugegründete Baugenossenschaften, die kein nennenswertes Vermögen besitzen, können in der Regel nicht berücksichtigt werden.

III Private, die für den eigenen Wohnbedarf bauen wollen, können Baudarlehen nur erhalten, wenn sie entweder wohnungslos und für eine Wohnung vorgemerkt sind, oder wenn sie zwar eine Wohnung besitzen, die aber ihren persönlichen oder wirtschaftlichen Verhältnissen nicht entspricht und die durch die Errichtung der neuen Wohnung für den allgemeinen Wohnungsmarkt frei wird. Private, die Wohnungen für andere errichten wollen, können Baudarlehen nur erhalten, wenn sie die Verpflichtung übernehmen, die Wohnungen nur an solche Personen zu vergeben, bei denen eine der beiden vorbezeichneten Voraussetzungen gegeben ist. Private, die ohne dringenden Anlaß lediglich bauen wollen, um die günstige Gelegenheit der Erlangung billigen Baukapitals auszunützen, können kein Baudarlehen erhalten.

IV Soweit hiernach Private bei Verteilung der Baudarlehen berücksichtigt werden können, genießen unter ihnen Kriegsbeschädigte, abgebaute Beamte und kinderreiche Familien den Vorzug.

Die Reihenfolge der Empfangsberechtigten im allgemeinen bestimmt Abs. 1; Abs. 4 die Reihenfolge unter den privaten Baulustigen. Den abgebauten Beamten gleichzuachten sind auch Beamte, die in Bälde in den Ruhestand treten und deshalb ihre bisherige Wohnung (Dienstwohnung) räumen müssen. Der Begriff der kinderreichen Familien wird dem § 14 WMG. (§ 26 WMBek.) zu entnehmen sein: Familien mit drei oder mehr in der häuslichen Gemeinschaft lebenden Kindern. Das Vorliegen mehrerer Bevorzugungsgründe verstärkt auch hier die Stellung (§ 26 Abs. 2 WMBek.). Wegen des Begriffes der Gemeinnützigkeit vgl. Teil I S. 98.

Wesentlich ist die Bestimmung des Abs. 3 Satz 3, wonach die spekulative Ausnutzung der staatlichen Fürsorge insbesondere durch Bauunternehmer verhütet werden soll. Bei Anwendung dieser Vorschrift werden insbesondere die günstige Vermögenslage des Baulustigen oder besonders gute Einkommensverhältnisse zu berücksichtigen sein. Es wird sich empfehlen als Bedingung in die Darlehensgewährung (Ziff. 6 h) einen Vorbehalt der Rückzahlungspflicht aufzunehmen, falls günstige Einkommens- oder Vermögensverhältnisse nachträglich festgestellt würden. Streitigkeiten hierüber wären nach Ziff. 7 zu entscheiden.

Im übrigen darf bei der Prüfung der Voraussetzungen des Abs. 3 nicht zu engherzig verfahren werden, da es letzten Endes gleichgültig ist, von wem eine Wohngelegenheit beschafft wird. Bezüglich der Vormerkung vgl. Teil I S. 208.

Für den Wiederaufbau abgebrannter Wohnhäuser, für die Erneuerung baufälliger Wohnhäuser sowie für die Vergrößerung bestehender Wohnungen können Baudarlehen in der Regel nicht bewilligt werden; das gleiche gilt für die Errichtung von sog. Austraghäusern. Insbesondere müssen sog. Brandleider auf die Baunotversicherung verwiesen werden, die gegen mäßige Prämien völlige Schadloshaltung gewährleisten (so bereits für das bisherige Recht Kiefersauer, Wohnungsabgabe S. 154).

Rechtsform und Höhe der Baudarlehen.

4. I Die Baudarlehen werden als wertbeständige Hypothekdarlehen gegeben, die vorerst mit mindestens 2½ v. H. zu verzinsen und mit mindestens 1 v. H. zu tilgen sind. Die Festsetzung höherer Zins- und Tilgungssätze auf Grund der Feststellung der Gesamtbaukosten nach Maßgabe der seinerzeitigen gesetzlichen oder ortsüblichen Mieten für gleichwertige Wohnungen bleibt allgemein und für den einzelnen Fall vorbehalten. Die Erhöhung der Zins- und Tilgungssätze wird erfolgen, wenn die Mieten in Höhe der gesetzlichen Mieten oder — nach Aufhebung der Zwangswirtschaft — der ortsüblichen Mieten für gleichwertige Wohnungen bei ordnungsgemäßer Verwaltung des Hauses zur Bestreitung höherer Zins- und Tilgungssätze ausreichen. Bei Baugenossenschaften, die im Gesuch um Gewährung des Baudarlehens zum Nachweis der Rentabilität der Neubauten den Mietertrag auch ihrer früher errichteten Wohnungen herangezogen haben, wird auch bei der nachträglichen Erhöhung der Zins- und Tilgungssätze des Baudarlehens der Mietertrag ihrer sämtlichen Wohnungen zugrunde gelegt werden.

II Die Neufestsetzung der Zins- und Tilgungssätze kann von Halbjahr zu Halbjahr erfolgen; hierbei wird in erster Linie der Tilgungssatz bis auf höchstens 3 v. H. und sodann der Zinssatz bis auf höchstens 5½ v. H. erhöht werden.

III Die Zins- und Tilgungsbeträge sind erstmals am 1. Juli 1925, von da ab halbjährlich zum 1. Januar und 1. Juli zu entrichten. Nähere Bestimmung hierüber bleibt vorbehalten.

IV Das Baudarlehen wird in einer Höhe bis zu zwei Drittel der Gesamtbaukosten, jedoch nicht über den Betrag von 5000 Goldmark für eine Wohnung hinaus gewährt. Das Baudarlehen wird in einer festen Summe bewilligt, eine nachträgliche Erhöhung ist ausgeschlossen.

V Um eine möglichst große Anzahl von Wohnungsbauten mit Baudarlehen bedenken zu können, werden solche Bauvorhaben in erster Linie berücksichtigt, die zur vollen Finanzierung Baudarlehen

in einem geringeren Betrag als dem vorbezeichneten Höchstbetrage benötigen.

Darlehen, wertbeständig und mit dinglicher Sicherung an Stelle der bisher unverzinslichen Darlehen. Zins- und Tilgungssatz ist gleitend; er wird den Mietpreisen jeweils angepaßt.

Bemessung der Darlehen nach den Gesamtbaukosten; Höchstgrenze einerseits $^2/_3$ dieser Kosten, andererseits Höchstsumme 5000 GM. Wesentlich ist, daß die Baukosten in ihrer tatsächlichen Höhe ermittelt werden, da die Gefahr naheliegt, daß eine höhere Veranschlagung der Baukosten zu dem Zwecke erfolgt, um ein möglichst hohes Baudarlehen zu erzielen. Regelmäßig wird die Höchstsumme von 5000 Mk. nicht erreicht werden können, da möglichst viel Wohnungen mit den zur Verfügung stehenden Mitteln gefördert werden sollen. In anderen Ländern sind meist geringere Höchstbeträge in Aussicht genommen, so z. B. in Preußen nur 3000 Mk.

Voraussetzung für Gewährung der Baudarlehen.

5. I Baudarlehen werden nur gewährt, wenn der Bauherr mindestens ein Drittel der Baukosten bzw. den durch das Baudarlehen nicht gedeckten Teil der Baukosten aus eigenen Mitteln oder anderweitig (etwa durch private Hypothekdarlehen, Arbeitgeberdarlehen usw.) nachweislich zu beschaffen imstande ist.

II Die Finanzierung des gesamten Bauvorhabens muß einwandfrei gesichert sein. Ferner muß feststehen, daß die Zins- und Tilgungsbeträge für die aufzunehmenden fremden Baugelder und für das staatliche Baudarlehen sowie die notwendigen Betriebs- und Instandhaltungskosten durch die anfallenden Mieten gedeckt werden können. (Die Möglichkeit der Verzinsung der auf dem Bau verwendeten eigenen Mittel durch den Mietertrag braucht nicht gegeben zu sein.) Hierbei ist für die fremden Baugelder der zu ihrer Verzinsung und Tilgung vertragsgemäß erforderliche Aufwand, für das staatliche Baudarlehen eine Verzinsung und Tilgung von zusammen 3½ v. H. anzusetzen. Für Betriebs- und Instandhaltungskosten ist hierbei bei Kleinwohnungen ein Betrag in Höhe von 10 v. H., bei anderen Wohnungen (mit Rücksicht auf deren Haussteuerpflicht) in Höhe von 20 v. H. der Friedensmiete für gleichwertige Wohnungen anzusetzen. Für die zum Bau verwendeten eigenen Mittel darf, solange die Höchstsätze für Verzinsung und Tilgung des staatlichen Baudarlehens nicht erreicht sind, höchstens ein Satz von 3 % in Ansatz gebracht werden. Als Mietertrag der neuen Wohnungen dürfen bei der Rentabilitätsberechnung höchstens Mieten in Höhe der Friedensmieten für gleichwertige Wohnungen in Ansatz gebracht werden. Baugenossenschaften, die schon Wohnungen besitzen, können die Mieten der älteren Wohnungen zur Deckung des Aufwands für die neuen Wohnungen mit in Rechnung ziehen.

Auf möglichste Sicherung der Finanzierung des Baues ist um so mehr mit Nachdruck hinzuwirken, als zufolge der Stabilisierung der Währung eine Kostenberechnung im voraus annähernd möglich ist. Die Verzinsungs- und Tilgungsmöglichkeit des Darlehens muß unter allen

Umständen gesichert sein. Der Mietertrag muß so groß sein, daß die Lasten des Hauses (§ 546 BGB.: Zins- und Tilgungsbeträge für Hypotheken usw.) getragen werden können und gleichzeitig die Erhaltung des Hauses (§§ 535, 536 BGB., §§ 4, 5 RMG.) gewährleistet ist. Höchstsatz für die Berechnung ist die volle Friedensmiete; insbesondere können bei Eigenheimen mit Gärten regelmäßig weit höhere Beträge als die gesetzliche Miete für eine gleichgroße Wohnung in Ansatz gebracht werden.

Bedingungen der Darlehensgewährung.

6. Baudarlehen werden nur unter der Bedingung gewährt, daß der Bauherr für sich und seine Rechtsnachfolger folgende Verpflichtungen bis zur vollständigen Tilgung des Baudarlehens übernimmt:

a) das Anwesen nur mit Zustimmung der Stelle, die das Baudarlehen bewilligt hat, zu veräußern,
b) das Anwesen in gutem Zustand zu erhalten und ausreichend gegen Brandschäden zu versichern,
c) das Anwesen nur zu Wohnzwecken zu benützen,
d) im Anwesen der nach den Ausführungsplänen vorgesehenen Zahl von Familien Wohnung zu gewähren,
e) das Baudarlehen durch Aufnahme eines privaten Hypothekardarlehens abzulösen, sobald dies nach Lage des allgemeinen Hypothekenmarktes möglich ist,
f) den Bau innerhalb der im Baudarlehensbescheid festgesetzten Frist zu beginnen und planmäßig fertigzustellen,
g) soweit die Wohnungen vermietet werden, für dieselben mindestens die gesetzliche Miete zu erheben; sofern der Hauseigentümer ein Privater ist: die Miete über die gesetzliche Miete hinaus nur mit Zustimmung der Bezirksverwaltungsbehörde zu erhöhen,
h) die sonstigen im einzelnen Fall im Baudarlehensbescheid auferlegten Bedingungen zu erfüllen.

Die Bedingungen sind Bestandteil des Darlehensvertrages. Wegen weiterer Bedingungen vgl. die Erl. zu Ziffer 3.

Möglich ist auch, daß bei Inanspruchnahme von Zwischenkrediten durch den Staat — bis zum Eingang der Erträgnisse der Zweckabgabe (Buchst. D der VO. vom 31. März 1924) — der Bauherr die Kosten dieses Zwischenkredits (Zinsen) zu tragen hat; sie werden auf den Betrag des Baudarlehens angerechnet.

Die Mietzinsbemessung (Buchst. g) ist für alle Mietwohnungen festgelegt auf die jeweils geltende gesetzliche Miete als Mindestmiete; sie wird unter den gegenwärtigen Verhältnissen, insbesondere bei Berücksichtigung der Haussteuerfreiheit für Kleinwohnungen (§ 33 HStG.) und der Befreiung von der Mietzinssteuer (§ 29 StNVO.) regelmäßig zur Deckung der Lasten ausreichen, sofern nicht besonders hohe Gestehungskosten in Frage kommen (Ziff. 11). Eine Mietpreisfeststellung durch die Bezirksverwaltungsbehörde findet im allgemeinen nicht mehr statt; diese ist nur dann zur Mitwirkung bei der Mietpreisfestsetzung berufen, wenn es sich um Mietwohnungen handelt, die nicht von öffentlichen Körperschaften, von gemeinnützigen Baugenossenschaften (Ziffer 3 oben) vermietet sind und wenn die gesetzliche Miete überschritten wird. Die Bezirksverwaltungsbehörde wird die Zustimmung zur Mieterhöhung über die gesetzliche Miete hinaus nicht verweigern können, wenn und soweit die Gesamtherstellungskosten (Ziff. 11) oder die Erhaltung des Anwesens eine höhere Mieteinnahme bedingen; dies gilt unter Umständen selbst dann, wenn dadurch die Friedensmiete (Ziff. 5) überschritten werden muß. Möglich ist allerdings auch, daß die gesetzliche Miete selbst die Friedensmiete in kurzer Zeit schon erreicht oder gar überschreitet; alsdann bedarf es einer Mitwirkung der Bezirksverwaltungsbehörde nicht.

Zuschußbauten unterliegen hinsichtlich der Beendigung des Mietverhältnisses den Beschränkungen des Mieterschutzgesetzes (I 99 und MinBek. vom 23. Februar 1924 StAnz. Nr. 49). Fraglich war bisher, ob die Rückzahlung des Darlehens (Ziff. 7 u. 8) zur Folge hat, daß auch die Mietzinsbildung von jeder behördlichen Kontrolle befreit wird. Dies war wohl schon bisher anzunehmen; die gegenteilige Auffassung läßt sich auch nicht mit Hilfe der Konstruktion eines Vertrages zugunsten Dritter (§ 328 BGB.) rechtfertigen (so Meyerowitz, JW. 1923, 711), weil die Begründung einer solchen Leistung bei Abschluß des Mietvertrages nicht in der Absicht (§ 328 Abs. 2) der Vertragsteile gelegen ist. Durch Ziff. 8 ist dies nunmehr für die freiwillige Rückzahlung ausdrücklich festgestellt, während für die pflichtgemäße Rückzahlung nach Ziff. 7 dies aus der Tatsache der Fälligkeit infolge Nichteinhaltung der Bedingungen folgt. § 16 RMG. findet Anwendung. Von der Anwendung des Mieterschutzgesetzes dagegen befreit die Rückzahlung nicht, weil es sich hier um ein gesetzlich festgelegtes Recht des Wohnungsinhabers handelt (I 101).

Rückzahlung des Baudarlehens.

7. Das Baudarlehen wird im vollen Umfange zur Rückzahlung fällig, wenn eine der in Ziff. 6 aufgeführten Bedingungen nicht eingehalten wird. In diesem Falle kann die sofortige Rückzahlung des Baudarlehens nebst 5½ v. H. Zinsen aus dem zurückzuzahlenden Betrage für die Zeit seit Empfang des Baudarlehens verlangt werden. Auf die Zinsen werden die für den zurückzuzahlenden Betrag seither bereits entrichteten Zinsbeträge angerechnet. Streitigkeiten über die Verpflichtung zur Rückzahlung des Baudarlehens werden unter Ausschluß des ordentlichen Rechtsweges von einem Schiedsgericht entschieden. Hierzu ernennt jede Partei einen Vertreter, die zusammen einen Obmann wählen. Kommt eine Einigung über die Person des Obmanns nicht zustande, so wird der Obmann vom Präsidenten des zuständigen Landgerichts bestimmt. Das Schiedsgericht entscheidet durch Stimmenmehrheit.

8. Der Baudarlehensempfänger oder sein Rechtsnachfolger kann sich jederzeit durch freiwillige Rückzahlung des Baudarlehens bzw. des noch ungetilgten Restes desselben nebst 4½ v. H. Zinsen hieraus für die Zeit seit Empfang des Baudarlehens von allen übernommenen Verpflichtungen befreien. Auf die Zinsen werden die für den zurückzuzahlenden Betrag seither bereits entrichteten Zinsbeträge angerechnet.

Rückzahlung unter gleichzeitiger rückwirkender Erhöhung des Zinssatzes. Ausschluß des Rechtsweges bei Streitigkeiten. Sicherung der Rückzahlungspflicht nach Ziff. 9.

Freiwillige Rückzahlung unter Umrechnung nach Goldmark und rückwirkender Erhöhung des Zinssatzes.

Über die Rechtsfolgen der Darlehensrückzahlung hinsichtlich Mieterschutz und Mietzinsbildung vgl. Erl. zu Ziff. 6. Wegen der zivilrechtlichen Beurteilung der Mietzinsvereinbarung im Falle der Anwendung des § 16 RMG. vgl. § 138 BGB. sowie die Erl. im Exkurs zu § 16 (Geldentwertung). Wegen der strafrechtlichen Würdigung übermäßiger Mietpreise §§ 302c, 302d StGB.

Zu der ganzen Frage s. Vorbem. zur VO. gegen den Wucher bei der Vermittlung von Mieträumen (abgedruckt Anhang Nr. 7).

Wegen der steuerlichen Erfassung der Rückzahlungen während des Währungsverfalls s. § 29 StNVO.

Sicherung des Baudarlehens.

9. I Zur Sicherung des Baudarlehens und der Rückzahlungspflicht gemäß Ziff. 7 ist an dem Baugrundstück eine wertbeständige Hypothek im Sinne des Gesetzes vom 23. Juni 1923 (RGBl. S. 407) zugunsten des Staates einzutragen. Die Eintragung hat in Gramm Feingold zu erfolgen.

II Dieser Hypothek dürften im Rang nur Hypotheken für den Kaufpreisrest des Baugrundstückes und für die aufgenommenen fremden Baugelder vorgehen. Die Eintragung einer Eigentümergrundschuld für die von dem Bauherrn aus eigenen Mitteln zur Errichtung des Hauses aufgewendeten Beträge im Rang vor dieser Hypothek ist nicht zulässig.

Auch an Baugrundstücken der Gemeinden und Bezirke muß die Hypothek eingetragen werden.

Ankaufsrecht.

10. I An dem Baugrundstück ist ferner, soweit nicht eine Gemeinde oder ein Gemeindeverband Darlehensempfänger ist, für die Zeit bis zur völligen Tilgung des Baudarlehens ein Ankaufsrecht zugunsten des Staates mit folgendem Inhalt zu bestellen:

II Der Staat kann die kaufsweise Übertragung des Eigentums an dem Baugrundstück verlangen, wenn die in Ziff. 6 bezeichneten Bedingungen nicht eingehalten werden.

III Der Ankaufspreis wird in folgender Weise berechnet:

IV Zunächst ist der Verkaufswert des Baugrundstücks zur Zeit der Ausübung des Ankaufsrechtes zu ermitteln. Der festgestellte Verkaufswert ist im Verhältnis der Gesamtherstellungskosten zu den Aufwendungen des Bauherrn und seiner Rechtsnachfolger zu teilen. Zu den Aufwendungen des Bauherrn gehören auch seine Leistungen für dauernde Verbesserungen des Anwesens und die Abzahlung auf den etwa stehengebliebenen Kaufpreisrest für das Baugrundstück und auf die aufgenommenen Baugelder. Der hiernach auf die Aufwendungen des Bauherrn treffende Teil des Verkaufswerts ist der Ankaufspreis. Etwaige Streitigkeiten über das Vorliegen der

Voraussetzungen des Ankaufsrechts und über die Höhe des Ankaufspreises entscheidet unter Ausschluß des Rechtsweges das in Ziff. 7 bezeichnete Schiedsgericht.

V Durch Nichtausübung im einzelnen Fall erlischt das Ankaufsrecht nicht. Es kann jedoch im einzelnen Fall nur innerhalb dreier Monate ausgeübt werden, nachdem die Stelle, welche den Baudarlehensbescheid erteilt hat, von einem Fall, der zur Ausübung des Ankaufsrechts berechtigt, Kenntnis erhalten hat.

VI Das Ankaufsrecht ist durch eine Vormerkung im Grundbuch zu sichern.

Ankaufsrecht als obligatorischer Anspruch des Staates auf rechtsgeschäftliche Übertragung des Eigentums am Baugrundstück gegen Zahlung eines nach bestimmten Gesichtspunkten zu ermittelnden Ankaufspreises.

Die Einräumung des Ankaufsrechtes ist die vertragliche Vereinbarung eines aufschiebend bedingten Kaufes; die Bedingung ist (formlose) Geltendmachung durch den Staat wegen Verletzung einer der in Ziff. 6 Buchst. a—g bezeichneten oder auf Grund des Buchst. h im Baudarlehensbescheid ausgesprochenen Verpflichtung des Darlehensnehmers. Vertragliche Regelung nach § 313 BGB. ist vorausgesetzt; einseitige Bestellung ist nicht möglich (Bourier, BayNotZ. 1921, 369; RG. BayZfR. 1923, 65). Beurkundung des Ankaufsrechts im Wege des Vergleichs vor dem MEA. wäre nicht genügend, RG. 107, 284. Eine Wiedererwerbspflicht des Staates besteht nicht.

Das Ankaufsrecht ist dem Wiederkaufsrecht des Heimstättenausgebers (Heimfallanspruch) nach §§ 12—16 des Reichsheimstättengesetzes oder dem Wiederkaufsrecht der Landessiedlung oder des früheren Eigentümers nach §§ 20, 21 des Reichssiedlungsgesetzes vergleichbar (Ziff. 1 Anm. 3; ferner Schanz, BayNotZ. 1919, 211). Hier wie dort ist im Gegensatz zum Vorkaufsrecht nicht vorausgesetzt, daß der Eigentümer das Grundstück überhaupt zu veräußern gewillt ist; andererseits handelt es sich beim Ankaufsrecht des Staates nach Ziff. 10 weder um ein dingliches Recht (vgl. Abs. VI § 883 BGB.) noch um Rückgängigmachung einer Grundstücksveräußerung; vielmehr soll der Staat, der durch Darlehensgewährung die Errichtung des Wohnhauses ermöglicht hat, nicht nur die Rückzahlung des Darlehens (Ziff. 7, 8), sondern auch die Auflassung des Grundstücks an ihn erzwingen können. Es handelt sich hiernach um ein über die Wirkungen des Vorkaufsrechtes hinausgehendes (vgl. RG. 106, 326) bedingtes Ankaufsrecht (vgl. auch RG. 107, 300). Der Staat ist jederzeit, solange das Baudarlehen nicht völlig getilgt ist, zum Ankauf berechtigt: ähnlich wie beim vertraglichen Wiederkaufsrecht (dazu BayObLG. 1. April 1924, Mitt. d. Bayer. Notarvereins 1924, 149) berühren Verfügungen des Baudarlehensempfängers den Ankaufsberechtigten nicht; er kann (vgl. § 499 BGB.) die Beseitigung der durch die Verfügung begründeten Rechte Dritter verlangen (vgl. Ziff. 6 Buchst. a). Nichtausübung während mehrerer Jahre bewirkt nicht den Verlust des Rechts (so für das vertragliche Wiederkaufsrecht, RG. BayZfR. 1923, 65).

Durch die Vormerkung (§ 883 BGB.) wird der bedingte Anspruch des Staates auf Eigentumsübertragung derart dinglich gesichert, daß alle späteren Verfügungen des Eigentümers, Zwangsvollstreckungen usw. insoweit unwirksam sind, als sie das Ankaufsrecht beeinträchtigen oder vereiteln würden (vgl. RG. 69, 282).

Über die gebührenrechtliche Unselbständigkeit der Vereinbarung vgl. für das bisherige Vorkaufsrecht BayObLG. 1. Juli 1921 BayNotZ. 1922, 52.

Feststellung der Gesamtherstellungskosten.

11. I Nach Fertigstellung des Baues werden die Gesamtherstellungskosten behördlich festgestellt. Diese Feststellung erfolgt im allgemeinen durch die Bezirksverwaltungsbehörde. Bei Bauten, bei denen der Bauherr ein Bezirk, eine unmittelbare Stadt, ein Bezirkswohnungsverband oder eine unter maßgebenden Einfluß der Verwaltung einer unmittelbaren Stadt oder eines Bezirks stehende Bauorganisation (Stadtbaugesellschaft, Bezirksbaugenossenschaft usw.) ist, erfolgt die endgültige Festsetzung der Gesamtherstellungskosten durch die Stelle, die den Darlehensbescheid erteilt hat.

II Die Gesamtherstellungskosten umfassen:

III Die Grunderwerbskosten, die eigentlichen Baukosten und die Nebenkosten (Straßen-, Wasserleitungs- usw. Kosten, Anliegerleistungen).

IV Bei Feststellung der Gesamtherstellungskosten kann nur der Bauaufwand anerkannt werden, der zur planmäßigen Herstellung des Baues erforderlich war.

V Die Feststellung der Gesamtherstellungskosten erfolgt durch einen schriftlichen Bescheid. Gegen diesen Bescheid ist, soweit die Feststellung nicht durch das Staatsministerium für Soziale Fürsorge erfolgt, binnen 2 Wochen nach Zustellung des Bescheids, Beschwerde zur vorgesetzten Behörde zulässig.

Vgl. dazu Kiefersauer, BayGemVZ. 1921, 508.

Verfahren.

12. I Anträge auf Gewährung von Baudarlehen sind mittels des hierfür vorgeschriebenen Formblatts bei der Bezirksverwaltungsbehörde, in deren Bezirk der Wohnungsbau errichtet werden soll, einzureichen, in mittelbaren Gemeinden durch die Vermittlung der Gemeindebehörde. Dem Antrag muß in doppelter Ausfertigung beigefügt sein:

II Der Lageplan im Maßstab von 1:500, Planskizzen (Grundriß mit beispielsweise eingezeichneter Möbelstellung, Ansicht und Schnitt) im Maßstab von 1:100 und ein Kostenvoranschlag in Goldmark gerechnet.

III Die Bezirksverwaltungsbehörde hat den Antrag in technischer und wirtschaftlicher Hinsicht zu prüfen und der zur Erteilung des Baudarlehensbescheides zuständigen Stelle vorzulegen.

IV Der Baudarlehensbescheid wird für alle Bauvorhaben in Städten mit mehr als 25000 Einwohnern, vom Staatsministerium für Soziale Fürsorge, in allen übrigen Fällen von der zuständigen Regierung, Kammer des Innern, erteilt.

V In dem Baudarlehensbescheid werden die Höhe des Baudarlehens und die Bedingungen, unter denen es bewilligt wird, festgesetzt.

VI Nach Zustellung des Baudarlehensbescheids hat der Bauherr die Baudarlehenshypothek zu bestellen und das Ankaufsrecht durch Vormerkung im Grundbuch sichern zu lassen. Eine Abschrift der mit der grundbuchamtlichen Eintragungsbestätigung versehenen Notariatsurkunde über die Bestellung der Hypothek und des Ankaufsrechts hat der Bauherr durch Vermittlung der Bezirksverwaltungsbehörde der Stelle, welche den Baudarlehensbescheid erteilt hat, vorzulegen.

VII Die Auszahlung des Baudarlehens erfolgt in der Regel dem Baufortschritt entsprechend in drei Raten, von denen die erste nach erfolgter Eintragung der Baudarlehenshypothek und nach erfolgtem Baubeginn ausbezahlt wird.

VIII Die Bezirksverwaltungsbehörde hat darüber zu wachen, daß die Bauten plangemäß und mit größter Beschleunigung ausgeführt werden.

Das Gesuch, für das ein bestimmtes Formblatt verwendet werden muß, zerfällt in 6 Abschnitte: I. Bauherr, II. Bauvorhaben, III. Baukosten, IV. Deckung der Baukosten, V. Rentabilitätsberechnung, VI. Verpflichtung zur Erfüllung der Bescheidsbedingungen.

Über Anweisung und Auszahlung der Baudarlehen vgl. die MinE. vom 24. Mai 1924 (StAnz. Nr. 126); die erste Teilzahlung darf hiernach in der Regel ein Drittel des gewährten Baudarlehens nicht überschreiten. Den Bezirksverwaltungsbehörden ist zur Pflicht gemacht, die Anforderung der angewiesenen Beträge nur nach Bedarf zu betätigen, soweit der Bauherr die Mittel zur Bestreitung der laufenden Bauausgaben und zur Beschaffung des für die nächste Zeit erforderlichen Baumaterials jeweils benötigt, dabei aber jede unnötige Verzögerung der Auszahlung zu vermeiden.

Die Beurkundung der zugunsten des Staates zu bestellenden Hypotheken und Ankaufsrechte sowie die Eintragung und Löschung dieser Hypotheken und der Vormerkungen für die Ankaufsrechte im Grundbuch sind, soweit die Staatskasse in Betracht kommt, gebühren- und stempelfrei. Das gleiche gilt, wenn seitens der Gemeinden oder Gemeindeverbände Baudarlehen für Wohnungsbauten unter ähnlichen Bedingungen gewährt werden (VO. vom 12. Mai 1924, GVBl. S. 156, StAnz. Nr. 112).

Die Gewährung von Zusatzdarlehen durch die Gemeinden erscheint insbesondere in Gemeinden mit teuereren Bauverhältnissen dringend notwendig (Stützel, Ztschr. f. W. in Bayern 1924, 4).

Anhang zu Teil I und II.

1. Gesetz über Mieterschutz und Mieteinigungsämter.

Vom 1. Juni 1923 (RGBl. I S. 353).*)

Der Reichstag hat das folgende Gesetz beschlossen, das mit Zustimmung des Reichsrats hiermit verkündet wird:

1. Abschnitt.

Mieterschutz.

a) Beschränkung der Aufhebung von Mietverhältnissen.

§ 1. I Mietverhältnisse über Gebäude oder Gebäudeteile können, vorbehaltlich der §§ 19 bis 26, auf Verlangen des Vermieters gegen den Willen des Mieters nur aus den in den §§ 2 bis 4 bezeichneten Gründen aufgehoben werden. Die Aufhebung erfolgt auf Klage des Vermieters durch gerichtliches Urteil.

II Ist das Mietverhältnis für eine bestimmte Zeit eingegangen, so wird es nach dem Ablauf der Mietzeit fortgesetzt, wenn nicht der Mieter spätestens zu dem Zeitpunkt, zu dem nach § 565 des Bürgerlichen Gesetzbuchs eine für den Ablauf der Mietzeit zulässige Kündigung zu erfolgen haben würde, sich auf die Beendigung des Mietverhältnisses beruft. Ein vertraglich vorbehaltenes Rücktrittsrecht kann vom Vermieter nicht gegen den Willen des Mieters ausgeübt werden.

III Dem Vermieter steht gleich, wer nach dem Abschluß des Mietvertrags das Eigentum an dem Grundstück erwirbt.

§ 2. I Der Vermieter kann auf Aufhebung des Mietverhältnisses klagen, wenn der Mieter oder eine Person, die zu seinem Hausstand oder Geschäftsbetriebe gehört, oder der er den Gebrauch des Mietraums überlassen hat, sich einer erheblichen Belästigung des Vermieters oder eines Hausbewohners schuldig macht oder durch unangemessenen Gebrauch des Mietraums oder Vernachlässigung der gebotenen Sorgfalt den Mietraum oder das Gebäude erheblich gefährdet, oder wenn der Mieter einem Dritten den Gebrauch des Mietraums beläßt, obwohl er zur Überlassung nicht befugt ist. Die angemessene Wahrnehmung der Befugnisse eines Mietervertreters ist als Belästigung nicht anzusehen.

---

*) Mit den Änderungen der VO. vom 24. Dezember 1923 (RGBl. I S. 1247) und der VO. vom 14. Februar 1924 (RGBl. I S. 111).

II Die Aufhebung ist nur zulässig, wenn der Mieter ungeachtet einer Abmahnung des Vermieters das Verhalten fortsetzt oder es unterläßt, eine ihm mögliche Abhilfe zu schaffen, oder wenn das Verhalten des Mieters oder einer der im Abs. 1 bezeichneten Personen ein solches war, daß dem Vermieter die Fortsetzung des Mietverhältnisses nicht zugemutet werden kann. Hatte der Vermieter oder eine zu seinem Hausstand gehörige Person die Belästigung (Abs. 1) durch eigenes Verschulden veranlaßt, so findet eine Aufhebung nicht statt.

III Der Vermieter muß die Klage binnen sechs Monaten von dem Zeitpunkt an erheben, in dem er von dem Aufhebungsgrunde Kenntnis erlangt hat. Die Klage ist ausgeschlossen, wenn seit dem Entstehen des Aufhebungsgrundes ein Jahr verstrichen ist.

§ 3. I Der Vermieter kann auf Aufhebung des Mietverhältnisses klagen, wenn der Mieter, welcher den Mietzins in kürzeren als vierteljährigen Zeitabschnitten zu entrichten hat, mit einem Betrag im Verzug ist, welcher den für die Dauer von zwei Monaten zu entrichtenden Mietzins erreicht. Ist der Mietzins in vierteljährigen oder längeren Zeitabschnitten zu entrichten, so kann die Aufhebungsklage erhoben werden, wenn der Mieter mit einem Betrag im Verzug ist, welcher den für die Dauer eines Vierteljahres zu entrichtenden Mietzins erreicht; bei nur einmaligem Rückstand ist die Erhebung der Klage, wenn Vorauszahlung vereinbart war, erst vier Monate, im übrigen erst einen Monat nach der Fälligkeit zulässig. Bezieht sich der Rückstand auf mehrere Zeitabschnitte, so ist für die Berechnung des nach Satz 1, 2 maßgebenden Betrags der Mietzins des Zeitabschnitts zugrunde zu legen, hinsichtlich dessen der Mieter zuerst in Verzug geraten ist.

II Der Anspruch besteht nicht, wenn der Verzug auf eine nicht auf Fahrlässigkeit beruhende Unkenntnis des Mieters über den Betrag oder den Zeitpunkt der Fälligkeit des Mietzinses zurückzuführen ist.

III Die Aufhebung ist nicht mehr zulässig, wenn der Mieter den Vermieter vor dem Erlasse des Urteils befriedigt oder wenn sich der Mieter von seiner Schuld durch Aufrechnung befreien kann und bis zum Erlasse des Urteils die Aufrechnung erklärt.

§ 4. I Der Vermieter kann auf Aufhebung des Mietverhältnisses klagen, wenn für ihn aus besonderen Gründen ein so dringendes Interesse an der Erlangung des Mietraums besteht, daß auch bei Berücksichtigung der Verhältnisse des Mieters die Vorenthaltung eine schwere Unbilligkeit für den Vermieter darstellen würde. Zugunsten des Mieters ist dabei der Umstand mit zu berücksichtigen, daß der Mieter im Einverständnis mit dem Vermieter in dem Mietraum bauliche, mit einem erheblichen Kostenaufwande verbundene Arbeiten hat vornehmen lassen. Bei gewerblichen Räumen ist es zugunsten eines Mieters, der keine weitere Betriebsstätte als den herauszugebenden Raum besitzt, mit zu berücksichtigen, wenn der Vermieter außer einer Hauptbetriebsstätte mehrere Zweigstellen in demselben Gemeindebezirk innehat und den Mietraum lediglich zur Vergrößerung seines Betriebs verwenden will. Die Absicht des Vermieters, den Raum selbst in Gebrauch zu nehmen oder ihn Angehörigen zum Gebrauche zu überlassen, rechtfertigt allein die Aufhebung nicht.

II Das Gericht kann die Aufhebung auf einen Teil des Mietraums beschränken, insbesondere wenn der Vermieter Nebenräume, welche nicht

Wohnräume sind, oder entbehrliche Teile des Mietraums zur Herstellung selbständigen Wohnraums braucht. In diesem Falle ist, sofern ein vereinbarter Mietzins zu zahlen ist, auf Antrag in der Urteilsformel auszusprechen, um welchen Betrag sich der Mietzins für den verbleibenden Teil des Mietraums mindert; gilt die gesetzliche Miete, so wird der verbleibende Teil des Mietzinses nach § 2 Abs. 4 des Reichsmietengesetzes von dem Mieteinigungsamte festgesetzt.

III Wird das Mietverhältnis lediglich auf Grund des Abs. 1 aufgehoben, so kann das Gericht auf Antrag des Mieters den Vermieter verpflichten, dem Mieter die für den Umzug innerhalb des Gemeindebezirkes erforderlichen Kosten ganz oder teilweise zu ersetzen, wenn dies nach Lage der Sache, insbesondere nach den Vermögens- und Erwerbsverhältnissen der Vertragsteile, der Billigkeit entspricht. Die oberste Landesbehörde kann bestimmen, daß benachbarte Gemeinden als eine Gemeinde im Sinne dieser Vorschrift anzusehen sind. Für Gemeinden, die verschiedenen Ländern angehören, kann auf Antrag der beteiligten obersten Landesbehörden der Reichsarbeitsminister die Bestimmung treffen.

IV Soweit die Ersatzpflicht ausgesprochen wird, ist auf Antrag des Mieters die Zwangsvollstreckung von der Hinterlegung eines in der Urteilsformel zu bezeichnenden, die Umzugskosten oder den zugebilligten Teil mutmaßlich deckenden Geldbetrags abhängig zu machen.

V Der Mieter ist über die Zulässigkeit der in den Abs. 3, 4 bezeichneten Anträge zu belehren. Wird das Urteil nur wegen der Umzugskosten angefochten, so erfolgt die Anfechtung durch sofortige Beschwerde.

VI Auf Antrag des Mieters kann durch einstweilige Verfügung die Hinterlegung des im Abs. 4 bezeichneten Betrags angeordnet werden, wenn der Mieter mit der erforderlichen behördlichen Genehmigung (§ 31) einen Ersatzraum gemietet oder wenn das Mieteinigungsamt einen Mietvertrag über einen Ersatzraum festgesetzt hat. Zum Erlasse der einstweiligen Verfügung ist nicht erforderlich, daß eine Gefährdung des Anspruchs glaubhaft gemacht wird.

VII Das Gericht kann in dem das Mietverhältnis aufhebenden Urteil aussprechen, daß eine Beschlagnahme des Mietraums durch die Gemeindebehörde unter bestimmten, im Urteil zu bezeichnenden Voraussetzungen ausgeschlossen ist. Eine Anfechtung des Urteils findet insoweit nicht statt.

§ 5. I In den Fällen der §§ 2 bis 4 ist das Mietverhältnis für den Zeitpunkt aufzuheben, für den eine zur Zeit der Klageerhebung erfolgende Kündigung nach dem Vertrag oder beim Mangel einer Vertragsbestimmung nach § 565 des Bürgerlichen Gesetzbuchs zulässig sein oder an dem die vereinbarte Mietzeit ablaufen würde. In den Fällen der §§ 2, 3 kann auf Antrag des Vermieters das Mietverhältnis mit sofortiger Wirkung aufgehoben werden.

II Der Zeitpunkt, für den die Aufhebung erfolgt, ist in der Urteilsformel festzustellen.

III In der Urteilsformel ist ferner zu bestimmen, daß der Mieter den Mietraum zu dem im Abs. 1 bezeichneten Zeitpunkt an den Vermieter herauszugeben hat. § 721 der Zivilprozeßordnung bleibt unberührt.

§ 6. I Wird ein Mietverhältnis lediglich auf Grund des § 4 Abs. 1 aufgehoben, so ist die Zwangsvollstreckung durch Ausspruch in der Urteilsformel davon abhängig zu machen, daß für den Mieter ein unter

Berücksichtigung seiner Wohn- und Geschäftsbedürfnisse angemessener Ersatzraum gesichert ist. Enthält das Urteil den Ausspruch nicht, so ist es zu ergänzen; auf das Verfahren finden die Vorschriften des § 319 Abs. 2, 3 der Zivilprozeßordnung entsprechende Anwendung.

II Erfolgt die Aufhebung aus einem anderen Grunde oder ist sie auf einen Teil des Mietraums beschränkt (§ 4 Abs. 2), so kann die Zwangsvollstreckung von der Sicherung eines ausreichenden Ersatzraums abhängig gemacht werden, wenn dies zur Vermeidung unbilliger Härten erforderlich erscheint. Abs. 1 Satz 2 gilt entsprechend, wenn der Mieter den Ausspruch beantragt hatte. Wird das Urteil nur wegen des Ausspruchs oder wegen des Mangels eines solchen angefochten, so erfolgt die Anfechtung durch sofortige Beschwerde.

III Solange in den Fällen der Abs. 1, 2 der Ersatzraum nicht gesichert ist, jedoch nicht über den Zeitpunkt der Herausgabe des Mietraums hinaus, haben die Beteiligten in Ansehung dieses Raumes die aus dem Mietverhältnisse sich ergebenden Rechte und Pflichten.

IV Enthält das Urteil eine Beschränkung der Zwangsvollstreckung nach den Abs. 1, 2 oder nach § 4 Abs. 4 und treten nach der Rechtskraft des Urteils Tatsachen ein, welche die Aufhebung des Mietverhältnisses nach den §§ 2, 3 rechtfertigen würden, so kann der Vermieter die Aufhebung der Beschränkung verlangen. Über den Antrag des Vermieters wird auf Grund mündlicher Verhandlung durch Urteil entschieden; gegen das Urteil findet sofortige Beschwerde statt. § 25 Abs. 2 des Gerichtskostengesetzes gilt entsprechend.

b) Verfahren.

§ 7. I Über die Aufhebungsklage entscheidet das Amtsgericht unter Zuziehung von Beisitzern. Ausschließlich zuständig ist das Amtsgericht, in dessen Bezirk sich der Mietraum befindet. Die Vereinbarung der schiedsgerichtlichen Erledigung ist unwirksam.

II Die Beisitzer müssen zur Hälfte Vermieter aus dem Kreise der Hausbesitzer, zur Hälfte Mieter sein. Die Bestellung erfolgt auf Grund von Vorschlagslisten, die von örtlichen Hausbesitzer- und Mietervereinen zu erfordern sind, auf die Dauer von mindestens einem Jahre. Die Beisitzer erhalten für ihre Tätigkeit eine Vergütung.

III Für die Auswahl der Beisitzer darf nur maßgebend sein, daß von ihnen eine gewissenhafte und unparteiische Ausübung des Amtes zu erwarten ist; nach der Zugehörigkeit zu bestimmten Berufsarten oder Bevölkerungskreisen darf ein Unterschied nicht gemacht werden. Personen, die gleichzeitig Vermieter und Mieter sind, sollen nicht zu Beisitzern bestellt werden. Das gleiche gilt für Mitglieder und Vertreter von Gesellschaften und Genossenschaften, die ihren Mitgliedern satzungsgemäß Wohnungen verschaffen, soweit diese Personen Wohnungen inne haben, die nicht den Vorschriften dieses Gesetzes unterliegen, es sei denn, daß sie von einem örtlichen Hausbesitzer- oder Mietervereine vorgeschlagen sind. Die Beisitzer dürfen nicht zugleich mit dem Vollzuge der Maßnahmen gegen Wohnungsmangel betraut sein. Sie dürfen nur bestellt werden, wenn sie sich verpflichten, für Dritte keine berufliche oder ehrenamtliche Tätigkeit auszuüben, die sich auf Mietverhältnisse über Gebäude oder Gebäudeteile bezieht; im Falle ihrer Geschäftsvereinigung mit anderen müssen auch diese sich verpflichten, keine solche Tätigkeit im Bezirke des Gerichts gegen Vergütung auszuüben. Als Tätigkeit dieser Art gelten nicht die Verwaltung eines Hauses für Mitberechtigte, die Wahrnehmung der Mieterinteressen von Hausgenossen und die ehrenamtliche Tätigkeit in einem Hausbesitzer- oder Mietervereine. Im übrigen finden für die Berufung und deren Ablehnung sowie für die Verhältnisse, die bei der Ausübung des Amtes in Betracht kommen, die für Schöffen geltenden Vorschriften der §§ 31 bis 35, 51, 52, 54, 56 des Gerichtsverfassungsgesetzes entsprechende Anwendung; jedoch kann die Zahl der im § 35 Nr. 2 bezeichneten Sitzungstage anderweit gemäß Abs. 7 bestimmt werden.

IV Die Beisitzer sind in bestimmter Reihenfolge zu den Sitzungen heranzuziehen.

V Wer eine Verpflichtung nach Abs. 3 Satz 5 übernommen hat, darf nicht dieser Verpflichtung zuwider vor einem Gericht, einem Mieteinigungsamt oder einer Beschwerdestelle (§ 42) als Bevollmächtigter oder Beistand in Angelegenheiten auftreten, die sich auf Mietverhältnisse über Gebäude oder Gebäudeteile beziehen.

VI Für jeden Beisitzer ist mindestens ein Stellvertreter zu bestellen. Die Vorschriften der Abs. 2 bis 5 gelten auch für die Stellvertreter.

VII Das Nähere über die Bestellung der Beisitzer regelt die oberste Landesbehörde.

§ 8. I Die nicht auf Grund einer mündlichen Verhandlung ergehenden Beschlüsse und Verfügungen werden von dem Amtsrichter allein erlassen.

II Im übrigen sind für die Befugnisse des Amtsrichters und der Beisitzer die Vorschriften über das landgerichtliche Verfahren maßgebend. Das Gericht kann anordnen, daß ein Augenschein durch die Beisitzer oder, wo mehr als zwei Beisitzer tätig sind, durch je einen Beisitzer aus dem Kreise der Vermieter und der Mieter eingenommen wird; andere Beweiserhebungen können Beisitzern nicht übertragen werden. Die Entscheidungen bedürfen nicht der Unterschrift durch die Beisitzer.

III In bezug auf die Beratung und Abstimmung finden die §§ 194 bis 200 des Gerichtsverfassungsgesetzes entsprechende Anwendung. Die Vorschriften der Zivilprozeßordnung über die Ausschließung und Ablehnung der Gerichtspersonen gelten sinngemäß; die Entscheidung über die Ausschließung oder Ablehnung eines Beisitzers erfolgt durch den Amtsrichter.

§ 9. Die Bestimmung eines Termins zum Zwecke eines gerichtlichen Sühneversuchs kann auch von dem Mieter beantragt werden, der eine Aufhebungsklage befürchtet. § 510 c der Zivilprozeßordnung gilt entsprechend.

§ 10. Jede Ladung einer Partei zur mündlichen Verhandlung über die Aufhebungsklage soll den Hinweis darauf enthalten, daß gegen die Partei Versäumnisurteil ergehen kann, wenn sie im Termin nicht erscheint oder sich nicht ordnungsmäßig vertreten läßt.

§ 11. I In dem ersten auf die Klage angesetzten Termine kann die Zuziehung der Beisitzer unterbleiben.

II Erscheint in dem Termine nur eine der Parteien, so erläßt auf ihren Antrag der Amtsrichter das Versäumnisurteil.

III Erscheinen beide Parteien und kommt ein Vergleich nicht zustande, so hat der Amtsrichter die Entscheidung zu erlassen, wenn sie sofort erfolgen kann und beide Parteien es beantragen. Andernfalls ist ein neuer Verhandlungstermin, zu dem die Beisitzer zuzuziehen sind, anzusetzen und sofort zu verkünden. Zeugen und Sachverständige, deren Vernehmung der Amtsrichter für erforderlich erachtet, sind zu diesem Termine zu laden.

§ 12. Wird vor einem nach § 7 Abs. 1 besetzten Gericht oder vor dem Amtsrichter eine Partei, die einer Vereinigung der Hausbesitzer, der Mieter, der Arbeitgeber oder der Arbeitnehmer angehört, von einem Beauftragten der Vereinigung vertreten, so findet § 157 Abs. 1 der Zivilprozeßordnung insoweit keine Anwendung.

§ 13. I Bis zum Schlusse der mündlichen Verhandlung, auf die das Urteil ergeht, können andere als die in der Klage vorgebrachten Klagegründe geltend gemacht werden. In der Berufungsinstanz gilt dies nur, wenn glaubhaft gemacht wird, daß der Vermieter ohne sein Verschulden außerstande gewesen sei, jene Gründe im ersten Rechtszug vorzubringen, oder wenn der Mieter zu der Änderung der Klage seine Einwilligung erteilt hat.

II Die Leistung eines Eides ist durch Beweisbeschluß anzuordnen.

III Erfolgt die Aufhebung des Mietverhältnisses lediglich nach § 4, so ist das Urteil nicht für vorläufig vollstreckbar zu erklären. Ein Urteil, das auf einem anderen Grunde beruht, darf nur dann für vorläufig vollstreckbar erklärt werden, wenn glaubhaft gemacht wird, daß die Aussetzung der Vollstreckung dem Vermieter einen nicht zu ersetzenden Nachteil bringen würde.

IV Die Kosten des Rechtsstreits können, wenn die Aufhebung lediglich nach § 4 erfolgt, dem Vermieter ganz oder teilweise auferlegt werden, sofern dies nach Lage der Sache, insbesondere nach den Vermögens- und Erwerbsverhältnissen der Vertragsteile, der Billigkeit entspricht. Die Entscheidung über die Kosten kann in diesem Falle selbständig angefochten werden, sofern der Wert des Beschwerdegegenstandes den Betrag von dreißig Goldmark*) übersteigt; die Anfechtung erfolgt durch sofortige Beschwerde.

V Für die Wertberechnung bei der Aufhebungsklage ist der Betrag des für die Dauer eines Vierteljahrs zu entrichtenden Mietzinses maßgebend.

§ 14. I Gegen ein Urteil, durch das ein Mietverhältnis aufgehoben oder eine Aufhebungsklage abgewiesen ist, finden die Berufung und in den Fällen des § 6 Abs. 2 Satz 3, Abs. 4 auch die sofortige Beschwerde ohne Rücksicht auf den Wert des Beschwerdegegenstandes statt.

II Jedes auf eine Aufhebungsklage ergehende Urteil soll einen Hinweis auf den zulässigen Rechtsbehelf sowie auf die Form und Frist seiner Einlegung enthalten.

§ 15. I Der Vermieter kann in der Klage neben dem Aufhebungsanspruch auch andere Ansprüche erheben, sofern sie das gleiche Mietverhältnis betreffen und das Gericht auch für sie zuständig ist.

II Die Erhebung einer Widerklage ist nur statthaft, sofern der Gegenanspruch des Mieters das gleiche Mietverhältnis betrifft.

---

*) In der Fassung der VO. vom 14. Februar 1924 (I 246).

III Wird mit der Aufhebungsklage ein Anspruch anderer Art verbunden, so ist auf Antrag des Beklagten anzuordnen, daß der Anspruch in getrenntem Prozesse verhandelt werde. Die Anordnung kann auch von Amts wegen getroffen werden. In entsprechender Weise ist zu verfahren, wenn eine Widerklage anderer Art erhoben wird. Die Abtrennung der Widerklage ist auf Antrag auch dann anzuordnen, wenn der mit ihr erhobene Anspruch die sachliche Zuständigkeit des Amtsgerichts übersteigt.

IV Der Antrag auf Abtrennung ist nur vor der Verhandlung des Antragstellers zur Hauptsache zulässig. Die Abtrennung von Amts wegen darf nur erfolgen, solange nicht eine Verhandlung zur Hauptsache stattgefunden hat und darauf ein Beschluß verkündet ist.

§ 16. I Enthält das Urteil einen Ausspruch nach § 6 Abs. 1, 2, so darf von demjenigen Teile des Urteils, welcher die Herausgabe des Mietraums zum Gegenstande hat, eine vollstreckbare Ausfertigung nur auf Anordnung des Vorsitzenden erteilt werden. Die Anordnung ist erst zulässig, wenn durch eine Bescheinigung der Gemeindebehörde oder durch andere öffentliche oder öffentlich beglaubigte Urkunden nachgewiesen ist, daß der Ersatzraum für den Mieter gesichert ist und daß entweder der Mieter sich mit dem Ersatzraum einverstanden erklärt oder binnen einer Woche seit der Zuweisung des Ersatzraums Einwendungen beim Mieteinigungsamt nicht erhoben hat oder daß die Einwendungen vom Mieteinigungsamt, das hierüber endgültig entscheidet, für unbegründet erklärt worden sind. Hat der Mieter gegenüber der Gemeindebehörde auf die Zuweisung eines Ersatzraums verzichtet, so genügt eine Bescheinigung der Gemeindebehörde über den Verzicht. Ist die Vollstreckung nach § 4 von der Hinterlegung eines Geldbetrags abhängig gemacht, so muß in gleicher Weise nachgewiesen sein, daß die Hinterlegung erfolgt und daß dem Mieter eine beglaubigte Abschrift der Hinterlegungserklärung zugestellt ist.

II Die Anordnung des Vorsitzenden ist in der Vollstreckungsklausel zu erwähnen.

III Die Vollstreckung darf erst beginnen, wenn die vollstreckbare Ausfertigung mindestens drei Tage vorher zugestellt ist. Auf Antrag des Mieters kann der Vorsitzende eine längere Frist bestimmen.

IV Die vorstehenden Vorschriften finden keine Anwendung, wenn die Beschränkung der Zwangsvollstreckung nach § 6 Abs. 4 aufgehoben ist.

§ 17. Der Vermieter, der mit der Aufhebungsklage abgewiesen ist, kann das Recht, die Aufhebung zu verlangen, nicht mehr auf Tatsachen gründen, die er in einem früheren Rechtsstreit geltend gemacht hat oder geltend machen konnte. Tatsachen, auf die aus diesem Grunde oder wegen § 2 Abs. 3 eine Aufhebungsklage nicht mehr gegründet werden kann, dürfen zur Unterstützung einer auf andere Tatsachen gegründeten Aufhebungsklage geltend gemacht werden.

§ 18. Im Wege der einstweiligen Verfügung darf die Herausgabe eines Mietraums nicht angeordnet werden.

c) Besondere Mietverhältnisse. Sonstige Vorschriften.

§ 19. I Das beim Tode des Mieters dem Vermieter wie dem Erben nach § 569 des Bürgerlichen Gesetzbuchs zustehende Kündigungsrecht wird durch dieses Gesetz nicht berührt; entgegenstehende Bestimmungen des Mietvertrags kommen nicht in Betracht. Der Vermieter kann jedoch nicht kündigen, wenn der Erbe der Ehegatte des Mieters oder ein volljähriger Verwandter bis zum zweiten Grade ist und beim Tode des Mieters zu dessen Hausstand gehört hat.

II Kündigt der Vermieter oder der Erbe nach der im Abs. 1 bezeichneten Vorschrift, so treten Familienangehörige des Mieters, bei denen die im Abs. 1 Satz 2 bezeichneten Voraussetzungen vorliegen, in die Rechte und Pflichten des Mieters ein. Gibt ein Angehöriger unverzüglich, nachdem er von der Kündigung Kenntnis erlangt hat, dem Vermieter gegenüber die Erklärung ab, daß er das Mietverhältnis nicht fortsetzen wolle, so gilt hinsichtlich dieses Angehörigen der Eintritt als nicht erfolgt.

III Ist der Erbe nicht ein Familienangehöriger des Mieters, so kann er von Familienangehörigen, die beim Tode des Mieters zu dessen Hausstand gehört haben, die Herausgabe des Mietraums nur nach den für die Aufhebung eines Mietverhältnisses geltenden Vorschriften verlangen. Die für die weitere Überlassung des Raumes zu entrichtende Vergütung wird auf Antrag eines Vertragsteils von dem Mieteinigungsamte festgesetzt.

IV Auf Mietverhältnisse, die sich lediglich auf Geschäftsräume beziehen, finden die Vorschriften des Abs. 1 Satz 2 sowie der Abs. 2, 3 keine Anwendung. Abs. 1 Satz 1 gilt mit der Maßgabe, daß der Vermieter nicht kündigen kann, wenn der Erbe das Geschäft fortführt.

§ 20. I Ist der Raum nur mit Rücksicht auf ein zwischen den Vertragsteilen bestehendes Dienst- oder Arbeitsverhältnis vermietet, so gelten die §§ 1 bis 19 auch über die Dauer des Dienst- oder Arbeitsverhältnisses hinaus. Dies gilt nicht, wenn der Mieter durch sein Verhalten dem Vermieter gesetzlich begründeten Anlaß zur Auflösung des Dienst- oder Arbeitsverhältnisses gegeben hatte oder wenn der Mieter das Verhältnis aufgelöst hat, ohne daß ihm vom Vermieter ein solcher Anlaß gegeben war. Ist streitig, ob ein begründeter Anlaß zur Auflösung des Dienst- oder Arbeitsverhältnisses vorlag und ist für die Entscheidung die Zuständigkeit einer anderen Stelle begründet, so ist die Verhandlung bis zur endgültigen Erledigung des Streites auszusetzen. Die Entscheidung der anderen Stelle ist für das Gericht bindend, das über den Mietstreit entscheidet.

II Gewerkschaftliche Betätigung, insbesondere eine Beteiligung an Gesamtstreitigkeiten über Lohn- oder Arbeitsbedingungen, rechtfertigen die Aufhebung des Mietverhältnisses nicht.

§ 21. Ist ein Raum nur mit Rücksicht auf ein zwischen den Vertragsteilen bestehendes Dienst- oder Arbeitsverhältnis überlassen und stellt die Überlassung einen Teil der für die Leistung der Dienste zu gewährenden Vergütung dar, so finden die Vorschriften des § 20 nach der Auflösung des Dienst- oder Arbeitsverhältnisses entsprechende Anwendung. Der für die weitere Überlassung des Raumes zu entrichtende Mietzins wird auf Antrag eines Vertragsteils von dem Mieteinigungsamte festgesetzt.

§ 22. Gelten in den Fällen der §§ 20, 21 die §§ 1 bis 19 auch nach der Beendigung des Dienst- oder Arbeitsverhältnisses, so genügt es an Stelle des im § 4 bezeichneten Aufhebungsgrundes, daß der Vermieter den Mietraum aus besonderen Gründen, insbesondere für den

Nachfolger des Mieters in dem Dienst- oder Arbeitsverhältnis dringend braucht. Der Vermieter wie der Mieter kann verlangen, daß die Zwangsvollstreckung statt von der im § 6 bezeichneten Sicherung eines Ersatzraums davon abhängig gemacht wird, daß der Vermieter an den Mieter einen angemessenen Geldbetrag zahlt; § 6 Abs. 2 Satz 2, § 14, § 16 gelten entsprechend.

§ 23. Sind Räume in Gebäuden, die von dem Inhaber eines Betriebs zur Unterbringung von Angehörigen des Betriebs errichtet sind, an einen Betriebsfremden überlassen, so kann der Vermieter die Aufhebung des Mietverhältnisses verlangen, wenn er den Raum für einen Angehörigen des Betriebs dringend braucht. § 22 findet mit der Maßgabe entsprechende Anwendung, daß der Geldbetrag nur zuzuerkennen ist, wenn die Versagung eine unbillige Härte darstellen würde.

§ 24. I Die Vorschriften der §§ 1 bis 19 finden auch auf Untermietverhältnisse Anwendung. An Stelle des im § 4 bezeichneten Aufhebungsgrundes genügt es jedoch, daß der Untervermieter ein begründetes Interesse an der Erlangung des Raumes hat, insbesondere wenn er diesen für sich selbst oder wenn er einen Teil des Raumes zur Herstellung selbständigen Wohnraums braucht; an Stelle des § 6 Abs. 1 findet § 6 Abs. 2 Anwendung. Diese Einschränkung gilt nicht, wenn der Untermieter in dem Mietraum eine eigene Wirtschaft oder Haushaltung führt oder fortsetzt.

II Einem Untermietverhältnis steht es gleich, wenn ein Hauseigentümer oder jemand, der einen Raum auf Grund eines Erbbaurechts, Nießbrauchs oder eines ähnlichen Rechtsverhältnisses inne hat, einen Teil des von ihm selbst im Hause benutzten Raumes vermietet.

§ 25. Ist ein Raum für besondere Zwecke zu vorübergehendem Gebrauche vermietet oder untervermietet, so finden, unbeschadet des § 27, die §§ 1 bis 19 keine Anwendung.

§ 26. Das dem Vermieter nach § 19 der Konkursordnung zustehende Kündigungsrecht wird durch dieses Gesetz nicht berührt.

§ 27. I Die für die Aufhebungsklage geltenden Vorschriften über die Zuziehung von Beisitzern finden auch in einem Rechtsstreit Anwendung, der die Herausgabe eines Mietraums zum Gegenstande hat, ohne daß eine Aufhebung des Mietverhältnisses im Sinne dieses Gesetzes verlangt wird. Die Zwangsvollstreckung kann von der Sicherung eines ausreichenden Ersatzraums abhängig gemacht werden, wenn dies zur Vermeidung unbilliger Härten erforderlich erscheint; § 6 Abs. 2 bis 4, § 16 mit Ausnahme von Abs. 1 Satz 3 finden Anwendung. Im übrigen bestimmt sich das Verfahren nach den §§ 7 bis 12, § 13 Abs. 2, Abs. 3 Satz 2, §§ 14, 15, 18.

II Die Vorschriften des Abs. 1 gelten auch, soweit der Vermieter oder der Erbe des Mieters von dessen Familienangehörigen die Herausgabe eines Raumes verlangen kann (§ 19). Für Räume, die nur mit Rücksicht auf ein bestehendes Dienst- oder Arbeitsverhältnis vermietet oder überlassen sind, findet Abs. 1 Satz 1, 3 Anwendung.

III Die Vorschriften des § 16 gelten auch, wenn in einem gerichtlichen Vergleiche die Aufhebung eines Mietverhältnisses oder in den Fällen der Abs. 1, 2 die Herausgabe eines Raumes mit der Bestimmung vereinbart ist, daß die Zwangsvollstreckung aus dem Vergleiche von der Sicherung eines Ersatzraums für den Mieter abhängig sein soll. Enthält der Vergleich eine solche Bestimmung nicht, so gilt sie, falls die Klage lediglich auf § 4 gestützt war, als dahin vereinbart, daß ein ausreichender Ersatzraum gesichert sein soll.

§ 28. Auf eine Verpflichtung des Mieters, eine ihm nach § 538 Abs. 2 des Bürgerlichen Gesetzbuchs gegenüber dem Vermieter zustehende Ersatzforderung nicht gegen eine Mietzinsforderung aufzurechnen, kann sich der Vermieter nicht berufen. Hat jedoch der Mieter die gesetzliche Miete zu zahlen, so kann er eine solche Forderung nur aufrechnen, soweit die im § 6 Abs. 2 des Reichsmietengesetzes bezeichnete Stelle vor der Vornahme der Arbeit die Vornahme einer laufenden Instandsetzungsarbeit (§ 5 jenes Gesetzes) für erforderlich erklärt hat.

§ 29. Die Erlaubnis des Vermieters, den Gebrauch des Wohnraums einem Dritten zu überlassen, insbesondere ihn unterzuvermieten (§ 549 Abs. 1 des Bürgerlichen Gesetzbuchs), wird durch die Erlaubnis des Mieteinigungsamts ersetzt. Das Mieteinigungsamt soll die Erlaubnis versagen, wenn der Vermieter sie aus einem wichtigen Grunde verweigert hat.

§ 30. I Ist in Fällen, in denen die gesetzliche Miete zu zahlen ist, der Mietzins nach einem längeren Zeitabschnitt als einem Vierteljahre bemessen, so kann der Vermieter verlangen, daß der Mieter den Mietzins in vierteljährigen Zeitabschnitten entrichtet.

II Die oberste Landesbehörde kann anordnen, daß in Fällen, in denen die gesetzliche Miete gilt, der Vermieter wie der Mieter berechtigt ist, zu verlangen, daß der Mietzins wöchentlich oder monatlich*) gezahlt wird.

§ 31. I Bestehen in einer Gemeinde Anordnungen, nach denen der Abschluß von Mietverträgen über Gebäude oder Gebäudeteile anzuzeigen oder zur Genehmigung mitzuteilen ist, so können aus einem dieser Anordnung zuwider nicht angezeigten oder nicht genehmigten Mietvertrage Rechte weder einem Vertragsteil noch einem Dritten noch einer Behörde gegenüber geltend gemacht werden; insbesondere finden die Vorschriften über die Aufhebung des Mietverhältnisses sowie die Vorschriften des § 27 keine Anwendung.

II Ist die Anzeige erstattet oder die Genehmigung erteilt, so kann der Mieter die Herausgabe des Mietraums von demjenigen verlangen, der den Raum ohne Abschluß eines Vertrags oder auf Grund eines nicht angezeigten oder nicht genehmigten Mietvertrags inne hat.

§ 32. I Hat das Reich oder ein Land Gebäude oder Gebäudeteile vermietet oder zum Gebrauch überlassen, die in seinem Eigentum oder in seiner Verwaltung stehen und entweder öffentlichen Zwecken oder zur Unterbringung von Angehörigen der Verwaltung des Reichs oder des Landes zu dienen bestimmt sind, so finden die §§ 1 bis 31 keine Anwendung.

II Die Zwangsvollstreckung aus einem Urteil, welches die Herausgabe eines vermieteten oder überlassenen Raumes zum Gegenstande hat, ist durch Ausspruch in der Urteilsformel davon abhängig zu machen, daß

*) In der Fassung der VO. vom 24. Dezember 1923.

ein ausreichender Ersatzraum gesichert ist. Über Einwendungen gegen den Ersatzraum entscheidet die Behörde, welche der über den Raum verfügungsberechtigten Behörde vorgesetzt ist. Der Mieter oder derjenige, dem der Gebrauch überlassen ist, kann vom Reiche oder vom Lande den Ersatz der erforderlichen Umzugskosten verlangen, es sei denn, daß ihm bereits nach den Dienstvorschriften angemessene Umzugskosten zustehen. Über die Ersatzpflicht ist auf Antrag des Berechtigten in der Urteilsformel Bestimmung zu treffen.

III Abs. 2 gilt nicht, wenn Tatsachen vorliegen, welche die Aufhebung des Mietverhältnisses nach den §§ 2, 3 rechtfertigen würden oder wenn der Raum für besondere Zwecke zu vorübergehendem Gebrauch überlassen ist.

IV Die Vorschriften der Abs. 1 bis 3 sowie des § 23 finden auf Gemeinden, Körperschaften des öffentlichen Rechts, gemeinnützige Anstalten und Stiftungen sowie auf gemeinnützige, nicht auf Erwerb gerichtete Organisationen, soweit sie die Räume für eigene Zwecke dringend benötigen, entsprechende Anwendung.

§ 33. I Die Vorschriften der §§ 1 bis 31 finden ferner keine Anwendung auf Neubauten oder durch Um- oder Einbauten neugeschaffene Räume, wenn sie nach dem 1. Juli 1918 bezugsfertig geworden sind oder künftig bezugsfertig werden. Das gleiche gilt für Räume solcher Gesellschaften und Genossenschaften, deren Zweck ausschließlich darauf gerichtet ist, minderbemittelten Familien oder Personen gesunde und zweckmäßig eingerichtete Wohnungen in eigens erbauten oder angekauften Häusern zu billigen Preisen zu verschaffen und bei denen die unter Ziffer 1 des Abschnitts „Befreiungen" der Nr. 1 des Tarifs zum Reichsstempelgesetze vom 3. Juli 1913 (Reichsgesetzbl. S. 639) in der Fassung des Gesetzes zur Änderung des Reichsstempelgesetzes vom 26. Juli 1918 (Reichsgesetzbl. S. 799) aufgeführten Voraussetzungen vorliegen; soweit derartige Gesellschaften und Genossenschaften einem Revisionsverbande nicht angehören, entscheidet die oberste Landesbehörde, ob die Voraussetzungen zutreffen.

II Auf Neubauten, die mit Zuschüssen aus den für die Wiederherstellung der während des Krieges zerstörten Gebiete bereitgestellten Mitteln errichtet sind, finden die Vorschriften dieses Gesetzes Anwendung.

*) III Die oberste Landesbehörde kann anordnen, daß die Vorschriften der §§ 1 bis 31 auf Neubauten oder durch Um- oder Einbauten neu geschaffene Räume Anwendung finden, die nach dem 1. Juli 1918 bezugsfertig geworden sind oder künftig bezugsfertig werden und für die Zuschüsse aus öffentlichen Mitteln gegeben sind.

IV Für die Erledigung eines Rechtsstreits, der vor dem Inkrafttreten einer Anordnung nach Abs. 3 anhängig geworden ist, gilt § 51 Abs. 1. Die Zwangsvollstreckung aus einem vor dem Inkrafttreten der Anordnung erlassenen Urteil erfolgt nach den vor dem Inkrafttreten dieses Gesetzes in Geltung gewesenen Vorschriften; Anordnungen, nach denen die Vollstreckung von der Genehmigung des Mieteinigungsamts abhängig war, finden Anwendung.

§ 34. Die oberste Landesbehörde kann mit Zustimmung des Reichsarbeitsministers für bestimmte Gemeinden, insbesondere Grenzgemeinden,

*) Abs. III u. IV in der Fassung der VO. vom 24. Dezember 1923.

anordnen, daß die §§ 1 bis 31 oder ein Teil dieser Vorschriften keine Anwendung finden, wenn der Mieter im Ausland eine seine Arbeitskraft ganz oder überwiegend in Anspruch nehmende Beschäftigung ausübt, ohne zu einem deutschen Arbeitgeber in einem Dienst- oder Arbeitsverhältnis zu stehen. Die Anordnung kann auf einzelne Gruppen von Mietern beschränkt werden.

§ 35. I Hatte der Mieter am 1. Januar 1914 seinen Wohnsitz nicht im Inland, so genügt es an Stelle des im § 4 bezeichneten Aufhebungsgrundes, daß der Vermieter ein begründetes Interesse an der Erlangung des Mietraums hat; die Vorschriften über den Ersatz von Umzugskosten und die Sicherung eines Ersatzraums finden keine Anwendung.

II Abs. 1 gilt nicht, wenn die dort bezeichneten Voraussetzungen auch auf seiten des Vermieters vorliegen oder wenn der Mieter zu den im § 9c der Bekanntmachung über Maßnahmen gegen Wohnungsmangel vom 23. September 1918 (Reichsgesetzbl. S. 1143) in der Fassung des Gesetzes über Maßnahmen gegen Wohnungsmangel vom 11. Mai 1920 (Reichsgesetzbl. S. 949) bezeichneten Personen gehört.

§ 36. I Ist die Zwangsvollstreckung aus einem Urteil nach den §§ 6, 27 von der Sicherung eines Ersatzraums abhängig, so hat die Gemeindebehörde dem zur Herausgabe Verpflichteten einen entsprechenden Ersatzraum beschleunigt zuzuweisen, es sei denn, daß der Verpflichtete gegenüber der Gemeindebehörde auf die Zuweisung eines Ersatzraums verzichtet hat. Dies gilt auch im Falle eines gerichtlichen Vergleichs, wenn das Gericht die beschleunigte Zuweisung eines Ersatzraums angeordnet hat; eine Anfechtung der Entscheidung findet nicht statt. Die Gemeindebehörde hat den bisherigen Vermieter von dem Zeitpunkt der Zuweisung zu benachrichtigen.

II Ein Ersatzraum ist auch beschleunigt zuzuweisen, wenn der Mieter in den Fällen der §§ 22, 23 den Mietraum gegen Zahlung eines Geldbetrags hat herausgeben müssen oder wenn in den Fällen des § 32 die Zwangsvollstreckung von der Sicherung eines Ersatzraums abhängig ist.*)

III Wer gemäß Abs. 1, 2 zur Herausgabe eines Raumes verpflichtet ist, darf von der Gemeindebehörde nicht in den gleichen Raum wieder eingewiesen werden.

2. Abschnitt.

Mieteinigungsämter.

§ 37. I Die in diesem Gesetze, dem Reichsmietengesetz und in der Bekanntmachung über Maßnahmen gegen Wohnungsmangel vom 23. September 1918 (Reichsgesetzbl. S. 1143) in der Fassung des Gesetzes über Maßnahmen gegen Wohnungsmangel vom 11. Mai 1920 (Reichsgesetzbl. S. 949) und des Gesetzes über Verlängerung der Geltungsdauer des Gesetzes über Maßnahmen gegen Wohnungsmangel vom 11. Juli 1921 (Reichsgesetzbl. S. 933) den Mieteinigungsämtern übertragenen Aufgaben sind durch Mieteinigungsämter wahrzunehmen, die dem § 38 entsprechen.

---

*) In der Fassung der VO. vom 14. Februar 1924.

II Die oberste Landesbehörde kann Gemeinden, Gemeindeverbände und weitere Kommunalverbände zur Errichtung von Mieteinigungsämtern anhalten. Sie kann die Aufgaben einer anderen Stelle übertragen, wenn deren Zusammensetzung dem § 38 entspricht, insbesondere auch einem mit Beisitzern besetzten Gerichte; soweit die Übertragung an ein Gericht erfolgt, kann auch bestimmt werden, daß die Feststellung der Sicherung eines Ersatzraums (§§ 6, 16) schon im Verfahren über die Aufhebung des Mietverhältnisses getroffen werden kann. Für das Verfahren bleiben die für das Mieteinigungsamt geltenden Vorschriften maßgebend.

§ 38. I Das Mieteinigungsamt besteht aus einem Vorsitzenden und mehreren Beisitzern. Für jedes Mitglied ist mindestens ein Stellvertreter zu bestellen.

II Der Vorsitzende muß zum Richteramte befähigt sein oder die Prüfung zum höheren Verwaltungsdienst abgelegt haben. Während seiner Amtszeit, die mindestens ein Jahr betragen soll, darf er gegen seinen Willen nur nach den für die Entlassung eines nicht richterlichen Beamten geltenden Vorschriften aus dem Amte entfernt werden, es sei denn, daß er vorher aus der Gemeindeverwaltung ausscheidet.

III Auf die Beisitzer finden die Vorschriften des § 7 Abs. 2—6 entsprechende Anwendung. Die Vorschriften des § 7 Abs. 3 Satz 1, 4 bis 6, Abs. 4 bis 6 gelten entsprechend auch für den Vorsitzenden.

IV In bezug auf die Beratung und Abstimmung sowie auf die Ausschließung und Ablehnung des Vorsitzenden und der Beisitzer gilt § 8 Abs. 3 mit der Maßgabe, daß an Stelle des Landgerichts die Beschwerdestelle (§ 42) tritt.

V Das Nähere über die Besetzung des Mieteinigungsamts regelt die oberste Landesbehörde.

§ 39. I Das Mieteinigungsamt entscheidet in der Besetzung von einem Vorsitzenden und mindestens zwei Beisitzern. Die Beisitzer müssen zur Hälfte Vermieter, zur Hälfte Mieter sein; ihre Zahl bestimmt die oberste Landesbehörde.

II Die oberste Landesbehörde kann zulassen, daß der Vorsitzende oder die Beisitzer (Abs. 1 Satz 2) oder, wenn die Aufgaben des Mieteinigungsamts einem Gericht übertragen sind, der Gerichtsschreiber Vorverhandlungen abhalten, insbesondere einen Augenschein einnehmen, und daß, falls nicht ein Vergleich zustande kommt, der Vorsitzende eine Entscheidung trifft, wenn sie sofort erfolgen kann und die Beteiligten es beantragen.

III Gegen die Entscheidungen des Vorsitzenden kann innerhalb der Notfrist von einer Woche das Mieteinigungsamt angerufen werden.

§ 40. I Die Beteiligten sind zu einem Termine, der nicht in ihrer Anwesenheit anberaumt ist, schriftlich zu laden; § 10 gilt entsprechend. Die Ladungsfrist beträgt drei Tage; eine Abkürzung der Frist ist zulässig. Das Mieteinigungsamt muß in der Lage sein, festzustellen, daß die Ladungsschrift den Beteiligten rechtzeitig zugegangen ist.

II Sind die Beteiligten ordnungsgemäß geladen und ist die Sache zu einer Entscheidung reif, so kann das Mieteinigungsamt auch in Abwesenheit eines Beteiligten entscheiden. Wird die Verhandlung vertagt, so hat der säumige Teil die den anderen Beteiligten durch das Ausbleiben verursachten notwendigen Kosten zu ersetzen. Erscheint der

Säumige auch in dem zweiten Termine nicht, so darf eine weitere Vertagung nur mit Zustimmung der anderen Beteiligten stattfinden.

III Die Entscheidung (§ 39) erfolgt im Rahmen der im § 37 bezeichneten Vorschriften und der dazu erlassenen Anordnungen nach billigem Ermessen. Sie darf nur erlassen werden, wenn den Beteiligten Gelegenheit gegeben worden ist, sich zur Sache und über das Ergebnis einer Beweisaufnahme zu äußern und der Erhebung der Beweise beizuwohnen.

IV Die Entscheidung ist schriftlich zu begründen. Sind die Beteiligten im Termin anwesend, so kann die Begründung mündlich erfolgen; jeder Beteiligte kann jedoch innerhalb der Notfrist (§ 39 Abs. 3, § 41 Abs. 1) die schriftliche Mitteilung der Gründe beantragen. Die Beteiligten sind auf die zulässigen Rechtsbehelfe hinzuweisen; § 14 Abs. 2 gilt entsprechend.

V Vor der Entscheidung kann eine einstweilige Anordnung erlassen werden.

VI Die §§ 319, 321 der Zivilprozeßordnung gelten entsprechend. Ist die Entscheidung dem Vorsitzenden erlassen, so erfolgt die Berichtigung oder die Ergänzung durch das Mieteinigungsamt.

§ 41. I Gegen die Entscheidung des Mieteinigungsamts findet innerhalb der Notfrist von zwei Wochen die Rechtsbeschwerde statt. § 16 Abs. 1 Satz 2 bleibt unberührt.

II Die Rechtsbeschwerde kann nur darauf gestützt werden, daß die Entscheidung auf einer Verletzung des Gesetzes beruhe. Dies ist stets anzunehmen, wenn § 40 Abs. 3 Satz 2 nicht beachtet ist; das gleiche gilt, wenn die Voraussetzungen vorliegen, unter denen nach § 551 Nr. 1 bis 5 der Zivilprozeßordnung eine gerichtliche Entscheidung als auf einer Verletzung des Gesetzes beruhend anzusehen ist. Ebenso liegt eine Gesetzesverletzung vor, wenn § 5a der Bekanntmachung über Maßnahmen gegen Wohnungsmangel vom 23. September 1918 (Reichsgesetzbl. S. 1143) in der Fassung des Gesetzes über Maßnahmen gegen Wohnungsmangel vom 11. Mai 1920 (Reichsgesetzbl. S. 949) unbeachtet geblieben ist; die endgültige Entscheidung hierüber hat bei Gebäuden, die zur Verfügung des Reichs stehen, die Reichsregierung, im übrigen die Landesregierung. Die §§ 550, 563 der Zivilprozeßordnung finden Anwendung. Die Entscheidung über die Kosten (§ 46) kann nur zugleich mit der Entscheidung in der Hauptsache angefochten werden.

III Die Beschwerdestelle ist befugt, in Fällen, in denen es ihr notwendig erscheint, von Amts wegen die Nachprüfung oder Vornahme einzelner tatsächlicher Feststellungen anzuordnen.

IV Der Gegner des Beschwerdeführers kann sich der Rechtsbeschwerde anschließen. Die §§ 521 Abs. 1, 522 der Zivilprozeßordnung gelten entsprechend.

§ 42. I Erachtet das Mieteinigungsamt die Rechtsbeschwerde für begründet, so hat es ihr abzuhelfen; andernfalls ist die Beschwerde der Beschwerdestelle vorzulegen.

II Die Beschwerdestelle entscheidet in einer Besetzung von mindestens drei Mitgliedern; der Vorsitzende und mindestens ein Beisitzer müssen zum Richteramte befähigt sein oder die Prüfung zum höheren Verwaltungsdienst abgelegt haben. Werden Hausbesitzer und Mieter bestellt, so dürfen sie nur in gleicher Zahl herangezogen werden. Die Mitglieder

der Beschwerdestelle dürfen nicht Mitglieder eines Mieteinigungsamts sein; § 7 Abs. 5 gilt entsprechend.

III Das Nähere über die Besetzung der Beschwerdestelle bestimmt die oberste Landesbehörde. Sie kann die Aufgaben der Beschwerdestelle einer Verwaltungsbehörde, dem Landgericht oder einem höheren Gericht übertragen.

§ 43. I Die Beschwerdestelle kann in der Sache selbst entscheiden oder sie zur nochmaligen Verhandlung und Entscheidung an das Mieteinigungsamt zurückverweisen. Die Zurückverweisung kann an eine andere Abteilung des Mieteinigungsamts erfolgen. Das Mieteinigungsamt, an das die Sache zurückverwiesen wird, hat die rechtliche Beurteilung, die der Aufhebung der Entscheidung zugrunde liegt, auch seiner Entscheidung zugrunde zu legen.

II Eine Entscheidung, die der Beschwerde unterliegt, wird erst endgültig, wenn die Beschwerdefrist abgelaufen ist, ohne daß eine Beschwerde eingelegt worden ist, oder wenn die Beschwerde nach Ablauf der Beschwerdefrist zurückgenommen oder von der Beschwerdestelle zurückgewiesen wird.

§ 44. Wer mit einem Antrag endgültig abgewiesen ist, kann den gleichen Antrag nicht mehr auf Tatsachen gründen, die er in einem früheren Verfahren geltend gemacht hat oder geltend machen konnte. Tatsachen, auf die der Antrag nicht mehr gegründet werden kann, dürfen zur Unterstützung eines auf andere Tatsachen gegründeten Antrags geltend gemacht werden.

§ 45. I Aus Vergleichen, die vor dem Mieteinigungsamte, dem Vorsitzenden des Mieteinigungsamts oder der Beschwerdestelle zwischen dem Vermieter, dem Mieter oder einem Dritten abgeschlossen sind, findet die gerichtliche Zwangsvollstreckung statt.

II Die oberste Landesbehörde kann bestimmen, daß auch aus Vergleichen, die in einem vor Beisitzern oder vor dem Gerichtsschreiber stattfindenden Verfahren (§ 39 Abs. 2) abgeschlossen sind, die gerichtliche Zwangsvollstreckung stattfindet.

§ 46. I Für das Verfahren vor dem Mieteinigungsamt und der Beschwerdestelle werden Gebühren erhoben. Die Höhe der Gebühren bestimmt die oberste Landesbehörde. Der Gesamtbetrag der Gebühren darf das Dreifache, im Verfahren vor der Beschwerdestelle das Fünffache der vollen Gebühr des § 8 des Gerichtskostengesetzes nicht übersteigen; der Berechnung darf kein höherer Wert zugrunde gelegt werden als der Jahresbetrag der gesetzlichen Miete (§ 1 des Reichsmietengesetzes).

II Neben den Gebühren kann die Erstattung der in dem Verfahren entstandenen baren Auslagen verlangt werden.

III Die Kosten (Abs. 1, 2) hat der unterliegende Teil zu tragen. Die §§ 92, 93, 97 der Zivilprozeßordnung gelten entsprechend. Kosten, die hiernach einer Gemeinde, einem Gemeindeverband oder einem weiteren Kommunalverbande zur Last fallen würden, bleiben außer Ansatz. Das Mieteinigungsamt kann die Kosten dem obsiegenden Teile auferlegen, soweit dies nach Lage der Sache, insbesondere nach den Vermögens- und Erwerbsverhältnissen der Beteiligten, der Billigkeit entspricht.

IV Von der Verpflichtung zur Kostentragung ist befreit, wer ohne Beeinträchtigung des für ihn und seine Familie notwendigen Unterhalts hierzu außerstande ist, es sei denn, daß die beabsichtigte Rechtsverfolgung oder Rechtsverteidigung mutwillig oder aussichtslos erscheint. Bessern sich die Verhältnisse des Kostenschuldners, so ist er zur Nachzahlung verpflichtet.

[V] Die Körperschaften des öffentlichen Rechtes sowie gemeinnützige Anstalten und Stiftungen genießen Gebühren- und Stempelfreiheit und sind von der Erstattung von Auslagen (Abs. 2) befreit.

§ 47. Im übrigen wird das Verfahren vor dem Mieteinigungsamt und der Beschwerdestelle von der Reichsregierung mit Zustimmung des Reichsrats geregelt.

3. Abschnitt.

Schluß- und Übergangsvorschriften.

§ 48. Die oberste Landesbehörde kann die ihr nach diesem Gesetze zustehenden Befugnisse einer anderen Behörde übertragen. Sie kann die Übertragung widerrufen und die Behörde zur Aufhebung einer auf Grund der Befugnis getroffenen Anordnung oder Maßnahme anhalten, auch eine solche Anordnung oder Maßnahme selbst aufheben.

§ 49. [I] Auf die nach diesem Gesetze den Beteiligten zustehenden Rechte kann nicht verzichtet werden. Eine Vereinbarung, nach der einem Beteiligten bei Ausübung der Rechte besondere Nachteile erwachsen sollen, ist unwirksam.

[II] Die Vorschriften dieses Gesetzes finden auch auf Verträge Anwendung, die unter Umgehung oder zum Zwecke der Umgehung des Gesetzes abgeschlossen sind.

§ 50. [I] Dieses Gesetz tritt, unbeschadet des § 53 Abs. 2, am 1. Oktober 1923 in Kraft. Bis dahin bleiben die Bekanntmachung zum Schutze der Mieter vom 23. September 1918 (Reichsgesetzbl. S. 1140) / 22. Juni 1919 (Reichsgesetzblatt S. 591) in der Fassung von Nr. II des Gesetzes über Maßnahmen gegen Wohnungsmangel vom 11. Mai 1920 (Reichsgesetzbl. S. 949) und des Gesetzes über Verlängerung der Geltungsdauer des Gesetzes über Maßnahmen gegen Wohnungsmangel vom 11. Juli 1921 (Reichsgesetzbl. S. 933) sowie die dazu erlassenen Anordnungen in Geltung; diese Vorschrift tritt mit der Verkündung in Kraft.

[II] Anordnungen, die auf Grund der Bekanntmachung über Maßnahmen gegen Wohnungsmangel vom 23. September 1918 (Reichsgesetzbl. S. 1143) in der Fassung des Gesetzes über Maßnahmen gegen Wohnungsmangel vom 11. Mai 1920 (Reichsgesetzbl. S. 949) und des Gesetzes über Verlängerung der Geltungsdauer des Gesetzes über Maßnahmen gegen Wohnungsmangel vom 11. Juli 1921 (Reichsgesetzbl. S. 933) erlassen sind, treten insoweit außer Kraft, als die Vorschriften dieses Gesetzes entgegenstehen.

§ 51. [I] Ein vor dem Inkrafttreten dieses Gesetzes anhängig gewordener Rechtsstreit, der die Herausgabe eines vermieteten oder sonst zum Gebrauch überlassenen Raumes zum Gegenstande hat, ist nach den bisherigen Vorschriften zu erledigen. Die Zwangsvollstreckung kann von der Sicherung eines ausreichenden Ersatzraums abhängig gemacht werden, wenn dies zur Vermeidung unbilliger Härten erforderlich erscheint; § 6

Abs. 2 bis 4, § 12, § 13 Abs. 2, Abs. 3 Satz 2, § 14, § 16 mit Ausnahme von Abs. 1 Satz 3 und § 36 finden entsprechende Anwendung.

II Die Zwangsvollstreckung aus einem vor dem Inkrafttreten des Gesetzes erlassenen Urteil erfolgt nach den bisherigen Vorschriften. Anordnungen, nach denen die Vollstreckung von der Genehmigung des Mieteinigungsamts abhängig ist, bleiben insoweit unberührt.

III Die Vorschriften des Abs. 1 Satz 2 und des Abs. 2 Satz 2 gelten nicht für die in den §§ 32, 33 bezeichneten Gebäude und Gebäudeteile.

V Ist bei Inkrafttreten des Gesetzes dem Vermieter die nach den bisherigen Vorschriften erforderliche Zustimmung zur Kündigung für einen nach dem Inkrafttreten liegenden Zeitpunkt, für den sie nur vor dem Inkrafttreten erfolgen konnte, lediglich vorläufig erteilt, so kann spätestens am dritten Werktag nach dem Inkrafttreten eine Klage auf Aufhebung des Mietverhältnisses für den Zeitpunkt erhoben werden, für den die Kündigung erfolgt war. Bedarf es in einem solchen Falle zur Erlangung des Mietraums einer Aufhebungsklage nicht, so kann der Vermieter für den bezeichneten Zeitpunkt die Herausgabe des Mietraums verlangen.

§ 52. Die oberste Landesbehörde kann mit Zustimmung des Reichsarbeitsministers anordnen, daß bestimmte Gemeinden oder Gemeindeteile oder bestimmte Arten von Mieträumen von den Vorschriften des ersten Abschnitts ausgenommen werden. Das Gericht kann jedoch auch in diesen Fällen die Zwangsvollstreckung aus Urteilen oder Vergleichen, welche die Herausgabe eines Mietraums zum Gegenstande habe, von der Sicherung eines ausreichenden Ersatzraums abhängig machen, wenn dies zur Vermeidung unbilliger Härten erforderlich erscheint; § 6 Abs. 2 bis 4, §§ 9, 10, 12, § 13 Abs. 2, Abs. 3 Satz 2, § 14, § 16 mit Ausnahme von Abs. 1 Satz 3, §§ 18, 36 gelten entsprechend.

§ 53. I In Ländern, in denen vor dem Inkrafttreten des Reichsmietengesetzes auf Grund der Bekanntmachung zum Schutze der Mieter eine Höchstgrenze für Mietzinssteigerungen vorgeschrieben war und im Einzelfall ein Zuschlag für unverschuldete Zubußen gewährt werden konnte, sind die obersten Landesbehörden befugt, mit Zustimmung des Reichsarbeitsministers zur Beseitigung von Härten anzuordnen, daß

a) ein bereits bewilligter Zuschlag neben der gesetzlichen Miete des Reichsmietengesetzes weiterzuzahlen ist,

b) falls ein Zuschlag vor dem Inkrafttreten noch nicht bewilligt war, auf Antrag des Vermieters ein solcher Zuschlag unter den gleichen Voraussetzungen zugebilligt werden kann, wie dies nach den früheren Vorschriften zulässig gewesen wäre, jedoch nicht für die vor dem 1. Januar 1922 liegende Zeit. Der Antrag auf Bewilligung des Zuschlags ist nur binnen zwei Monaten nach dem Erlasse der landesrechtlichen Anordnung zulässig.

II Diese Vorschrift tritt mit der Verkündung in Kraft. Die Anordnungen der obersten Landesbehörden müssen spätestens binnen drei Monaten erlassen werden.

§ 54. Dieses Gesetz tritt am 1. Juli 1926 außer Kraft.

---

2. Bayer. MinBek. über Maßnahmen gegen Wohnungsmangel.

Vom 25. September 1923 und 7. Januar 1924 (StAnz. Nr. 223 u. Nr. 6).

Auf Grund der §§ 1, 9 und 10 des Reichswohnungsmangelgesetzes vom 26. Juli 1923 (RGBl. S. 754 ff.) werden für alle Gemeinden des Freistaates Bayern folgende Anordnungen getroffen.

§ 1. I Ohne vorhergehende behördliche Zustimmung dürfen

a) Gebäude oder Teile von Gebäuden nicht abgebrochen,

b) mehrere Wohnungen zu einer nicht vereinigt werden,

c) Gebäude oder Bestandteile und Zubehör von Gebäuden nicht in einer Art verändert werden, die auf die Brauchbarkeit für Wohnzwecke von Einfluß ist.

II Im Falle der Zuwiderhandlung können Hausbesitzer oder Wohnungsinhaber zur Wiederherstellung des früheren Zustandes angehalten werden. Im Weigerungsfalle kann die Wiederherstellung auf ihre Kosten erfolgen. Die Kosten sind in unmittelbaren Städten wie Gemeindegefälle, im übrigen gemäß Art. 6 des Gesetzes zur Ausführung der Reichszivilprozeßordnung und Konkursordnung beizutreiben.

III Zuständig zu den in den vorstehenden Vorschriften vorgesehenen Verfügungen ist in unmittelbaren Städten der Stadtrat, in mittelbaren Gemeinden die Bezirkspolizeibehörde.

§ 2. Räume, die bisher ständig oder zeitweise zu Wohnzwecken bestimmt oder benutzt waren, dürfen zu anderen Zwecken, insbesondere als Fabrik-, Lager-, Werkstätten-, Dienst- oder Geschäftsräume nicht verwendet werden. In besonderen Fällen kann in unmittelbaren Städten der Stadtrat, in mittelbaren Gemeinden die Bezirkspolizeibehörde Ausnahmen zulassen, wenn für den beanspruchten Raum neuer Wohnraum erstellt wird.

§ 3. Der Hauseigentümer oder sein Stellvertreter, sowie jeder Vermieter beschlagnahmter Räume hat der Ortspolizeibehörde binnen 48 Stunden Anzeige zu erstatten, sobald in dem Anwesen

a) Wohnungen oder Fabrik-, Lager-, Werkstätten-, Dienst-, Geschäftsräume, Läden oder sonstige Räume unbenützt sind (§ 5),

b) Wohnungen oder Räume der unter a bezeichneten Art durch Kündigung oder sonstwie frei sind, oder sobald sie Kenntnis davon haben, daß Räume der genannten Art demnächst zu einer bestimmten Zeit in der angegebenen Weise frei werden.

§ 4. Der Wohnungsinhaber oder sein Stellvertreter hat der Ortspolizeibehörde auf Anfordern die Zahl, Lage, Größe und Verwendung der Räume seiner Wohnung, sowie die Anzahl der Personen des Haushalts anzugeben. Der Hauseigentümer, der Wohnungsinhaber und ihre Stellvertreter haben dem Beauftragten der Ortspolizeibehörde Auskunft über Wohnungen und Räume, sowie über deren Vermietung zu erteilen, ferner dem Beauftragten der Gemeinde und jedem Wohnungsuchenden, dem die Wohnung durch die Ortspolizeibehörde zur Auswahl zugewiesen wird und der einen Ausweis der Ortspolizeibehörde hierüber vorzeigt, die Besichtigung zu gestatten.

§ 5. I Als unbenutzt im Sinne dieser Bekanntmachung gelten Wohnungen und Räume, wenn sie völlig leerstehen oder nur zur Aufbewahrung von Sachen dienen, soferne dem Besitzer eine andere Aufbewahrung ohne erhebliche Härte zugemutet werden kann, oder wenn der Verfügungsberechtigte seinen Wohnsitz dauernd oder zeitweilig in das Ausland verlegt hat.

II Wohnungen, deren Inhaber sich aus beruflichen oder wirtschaftlichen Gründen in einer anderen inländischen Gemeinde aufhalten müssen und denen dort nachweislich noch keine angemessene Wohnung zugewiesen werden konnte, die ihnen die Führung eines eigenen Haushalts ermöglicht, gelten nicht als unbenutzt.

§ 6. I Wer in der gleichen Gemeinde mehrere Wohnungen oder außer der in der Gemeinde gelegenen Wohnung noch eine oder mehrere andere Wohnungen in anderen Gemeinden hat, muß der Ortspolizeibehörde auf Anfordern Anzeige erstatten und dabei angeben, welche Wohnung als seine Hauptwohnung angesehen werden soll. Die gleiche Anzeige haben auf Anfordern auch Mitglieder eines gemeinsamen Haushaltes zu erstatten, die außer der mit den übrigen Haushaltsangehörigen gemeinsamen Wohnung noch eine eigene Wohnung in der gleichen oder in einer anderen Gemeinde besitzen.

II Wird in der Anzeige die in der Gemeinde gelegene Wohnung als Hauptwohnung bezeichnet, so hat die Ortspolizeibehörde die Anzeige an jene Gemeinden weiterzuleiten, in welchen sich andere Wohnungen des Anzeigenden befinden.

III Wird in der Anzeige keine Wohnung als Hauptwohnung bezeichnet, wird die Anzeige unterlassen oder wird als Hauptwohnung eine Wohnung bezeichnet, die nach der Sachlage als solche nicht in Frage kommt, so bestimmt, wenn die Wohnungen in der gleichen Gemeinde liegen, die Ortspolizeibehörde, welche Wohnung als Hauptwohnung anzusehen ist. Liegen die Wohnungen in verschiedenen bayerischen Gemeinden und kommt zwischen den Ortspolizeibehörden dieser Gemeinden keine Einigung zustande, so wird diese Bestimmung, wenn die Wohnungen im gleichen Bezirk liegen, vom Bezirksamt, wenn sie in verschiedenen Bezirken, aber im gleichen Kreise liegen, von der Regierung und in den übrigen Fällen vom Staatsministerium für Soziale Fürsorge getroffen. Liegen die Wohnungen im Bereiche verschiedener Länder, so obliegt die Bestimmung der Hauptwohnung dem Reichsarbeitsminister.

§ 7. Zur Unterbringung wohnungsuchender Personen können beschlagnahmt werden:

a) unbenutzte Wohnungen oder andere unbenutzte Räume, die zu Wohnzwecken geeignet sind,

b) die Räume und Nebenräume zu großer Wohnungen (§ 10 Abs. 3),

c) Wohnungen, die nach § 6 nicht als Hauptwohnung anzusehen sind, auch wenn die Anzeige (§ 6) einer anderen als der beschlagnahmenden Ortspolizeibehörde zu erstatten war,

d) unbenutzte Fabrik-, Lager-, Werkstätten-, Dienst-, Geschäftsräume, Läden, sowie sonstige unbenützte Räume, auch Dachgeschosse,

e) benutzte Räume der unter d bezeichneten Art, soferne nicht dem Inhaber der Räume durch ihre Beschlagnahme die ordnungsgemäße Fortführung des Betriebes in unbilliger Weise erschwert wird.

§ 8. Zu dienstlicher, geschäftlicher, gewerblicher oder anderweitiger Verwendung können, wenn dadurch mittelbar Räume zu Wohnzwecken frei werden, beschlagnahmt werden:

a) unbenützte Fabrik-, Lager-, Werkstätten-, Dienst- Geschäftsräume, Läden, sowie sonstige unbenützte Räume,

b) benützte Räume der unter a bezeichneten Art, soferne nicht dem Inhaber der Räume durch ihre Beschlagnahme die ordnungsgemäße Fortführung des Betriebes in unbilliger Weise erschwert wird.

§ 9. Als zuständige Landesbehörde im Sinne des § 7 des Reichswohnungsmangelgesetzes gilt das Staatsministerium, zu dessen Geschäftsbereich das Gebäude oder die Dienstwohnung gehört.

§ 10. I Vor jeder Beschlagnahme ist zu versuchen, unter den Beteiligten eine gütliche Einigung zu erzielen. Hierüber ist eine Niederschrift aufzunehmen. Eingriffe in die Freizügigkeit, in die Unverletzlichkeit der Wohnung und des Eigentums sollen nur erfolgen, nachdem der Versuch einer gütlichen Einigung erfolglos geblieben ist.

II Bei jeder Beschlagnahme sind die persönlichen, die Familien-, Berufs- und Erwerbsverhältnisse der Beteiligten zu berücksichtigen. Auch ist zu prüfen, ob sich die Räume ihrer Lage, ihrer baulichen Beschaffenheit und ihrer Ausstattung nach zu den Zwecken eignen, für welche sie beschlagnahmt werden sollen.

III Bei der Beschlagnahme von Räumen und Nebenräumen zu großer Wohnungen (§ 7 Buchstabe b) sind dem Wohnungsinhaber die zur angemessenen Unterbringung der Haushaltsangehörigen und die für deren Berufs- und Erwerbstätigkeit erforderlichen Räume, d. h. die nach Zahl, Alter, Geschlecht und Gesundheitszustand der Haushaltungsangehörigen benötigten Schlafräume, eine Küche mit Zubehör, mindestens 1 Wohnraum, die nötigen Arbeitsräume, ferner ausreichende Räume zur Aufbewahrung der in den freizumachenden Räumen befindlichen Möbel und Einrichtungsgegenstände zu belassen. Dabei ist neben der Zahl auch die Größe der belassenen Räume zu berücksichtigen. Soweit für Räume von Dienst- und Privatwohnungen auf Grund der §§ 2 und 3 des Gesetzes zur Abänderung des Gesetzes betr. die Besteuerung der Dienstwohnungen der Reichsbeamten vom 31. Mai 1881, vom 16. Juni 1922 (RGBl. S. 517) Steuern nicht erhoben werden dürfen, sind diese Räume nicht als entbehrlich zu erachten.

IV Die Räume können auch für mehrere Wohnungssuchende beschlagnahmt werden. Dem zugewiesenen Untermieter steht ein Anspruch auf Mitbenützung der Kochgelegenheit des Vermieters nicht zu.

V Zur Unterbringung wohnungsuchender Einzelpersonen hat der Inhaber beschlagnahmter Räume, soweit es ihm billigerweise zugemutet werden kann, gegen angemessene Vergütung in den Räumen das notwendigste Mobiliar zu belassen.

VI Die Mitbenützung der Abortanlage, des Ausgusses und der Wasserleitung ist in jedem Falle nach näherer Regelung durch die Ortspolizeibehörde zu gestatten.

§ 11. I Die Verfügungsberechtigten sind vor jeder Beschlagnahme zu hören. Ihre Einwendungen sind zu würdigen.

II Jede Beschlagnahme muß den Verfügungsberechtigten oder ihren in häuslicher Gemeinschaft lebenden Ehegatten schriftlich eröffnet werden (§ 39). In dieser Verfügung sind die beschlagnahmten Räume genau anzuführen; ferner ist anzugeben, von welchem Tage ab die Räume beschlagnahmt sind. Die Verfügung ist mit einer Belehrung über die Wirkungen der Beschlagnahme (§ 12) und die Bestrafung bei Zuwiderhandlungen sowie über die Beschwerdemöglichkeit zu versehen.

III Der Hausbesitzer ist von jeder Beschlagnahme in seinem Anwesen zu verständigen.

§ 12. I Mit der Eröffnung der Beschlagnahmeverfügung (§ 11) verlieren die Verfügungsberechtigten die Befugnis, über die beschlagnahmten Räume zu verfügen. Sie dürfen nur mehr mit vorheriger Zustimmung der die Beschlagnahme verfügenden Behörde die Räume anderen überlassen oder bauliche Änderungen und sonstige Arbeiten an den Räumen vornehmen.

II Die Beschlagnahme wird mit Eintritt der Rechtskraft der Beschlagnahmeverfügung wirksam. Sie bleibt auch einem neuen Verfügungsberechtigten gegenüber wirksam.

III Die Inhaber beschlagnahmter Räume haben diese innerhalb einer angemessenen Frist zu räumen; die Frist wird von der die Beschlagnahme verfügenden Behörde bestimmt und hat mindestens eine Woche, beginnend mit der Wirksamkeit der Beschlagnahme, zu betragen.

§ 13. I Die Gemeinde kann nach Anhörung des Verfügungsberechtigten in den beschlagnahmten Räumen bauliche Veränderungen und sonstige Arbeiten durchführen, soweit diese erforderlich sind, um die Räume für den Zweck der Beschlagnahme herzurichten. Die Anordnung baulicher Veränderungen soll nach Möglichkeit die Schaffung eines dauernd verwertbaren Zustandes anstreben. Die Gemeinde kann es dem Hauseigentümer überlassen, die Abänderungen oder Arbeiten binnen bestimmter Frist selbst auszuführen.

II Die Kosten der baulichen Änderungen und der sonstigen Arbeiten hat die Gemeinde zu tragen.

III Vor der Vornahme baulicher Änderungen und sonstiger Arbeiten bei Gebäuden im Sinne des § 7 des Reichswohnungsmangelgesetzes und bei Dienstwohnungen von Beamten hat die Gemeinde die vorherige Zustimmung der zuständigen Reichs- oder Landesbehörde (§ 9) zu erholen.

§ 14. I Wird die Beschlagnahme von Räumen aufgehoben oder wird die Beschlagnahme aus sonstigen Gründen gegenstandslos, so hat die Gemeinde die Räume dem Verfügungsberechtigten in angemessener Frist zurückzugewähren.

II Sind auf Anordnung der Ortspolizeibehörde in den beschlagnahmten Räumen bauliche Änderungen oder sonstige Arbeiten vorgenommen worden (§ 13), so hat im Falle des Absatzes 1 die Gemeinde auf Verlangen des Hauseigentümers den der früheren Zweckbestimmung und Ausstattung entsprechenden Zustand der Räume wieder herzustellen, soferne dieses Verlangen nicht offenbar unbillig ist.

III Verlangt der Hauseigentümer im Falle des Absatzes 1, daß der durch die baulichen Änderungen und die sonstigen Arbeiten (§ 13) geschaffene Zustand erhalten bleiben soll, so hat er der Gemeinde die von ihr für die Änderungen und die Arbeiten gemachten Aufwendungen insoweit zu ersetzen, als der Ertragswert des Anwesens durch diese Arbeiten zurzeit der Rückgewährung (Abs. 1) erhöht ist.

§ 15. I Die Ortspolizeibehörde hat über die für Zuweisung einer Familienwohnung (selbständigen Wohnung mit Kochgelegenheit) vorgemerkten Personen Listen (Vormerkungslisten) zu führen. Soweit nicht in den nachfolgenden Vorschriften die Gewährung eines Vorzugsrechtes begründet ist, sind die wohnungsuchenden Personen nach der Zeit der Anmeldung ihres Wohnungsanspruches in die Vormerkungsliste einzutragen. Das Nähere über die Einrichtung der Vormerkungslisten regelt die Ortspolizeibehörde.

II Die Vormerkung begründet keinen Rechtsanspruch auf Zuweisung einer Wohnung.

III Anspruch auf Eintragung in die Vormerkungsliste und Zuweisung einer Wohnung haben ortsansässige Inländer, die wohnungslos sind oder aus dringenden Gründen ihre Wohnnug wechseln müssen, weiterhin Inländer, die aus einer fremden Gemeinde aus dringenden beruflichen oder wirtschaftlichen Gründen zugezogen sind.

IV Die Eintragung in die Vormerkungsliste und die Zuweisung einer Wohnung ist zu versagen:

1. gegenüber Ausländern, soweit nicht die den Ortspolizeibehörden vorgesetzten Stellen allgemein oder in besonderen Fällen etwas anderes anordnen;
2. gegenüber Personen, deren Einkommens- und Vermögensverhältnisse offensichtlich derart sind, daß ihnen die Beschaffung einer Wohnung im Wege der Neubautätigkeit oder der Ermietung einer beschlagnahmefreien Wohnung billigerweise zugemutet werden kann;
3. gegenüber Minderjährigen.

V Weiterhin kann die Eintragung in die Vormerkungsliste und die Zuweisung einer Wohnung versagt werden gegenüber Angestellten und Arbeitern, die infolge Neugründung oder Erweiterung eines Betriebes oder infolge vorübergehender Betriebsvornahmen durch einen privaten Unternehmer zum Zuzug in eine Gemeinde veranlaßt wurden.

VI Wohnungsuchenden, die vor Zuweisung einer Wohnung auf Grund ihrer Beschäftigung im öffentlichen Dienst aus einer Gemeinde wegziehen müssen und in dieser Gemeinde noch keine Wohnung inne hatten, die ihnen die Führung eines eigenen Haushalts ermöglichte, ist in der neuen Aufenthaltsgemeinde die Vormerkungszeit anzurechnen, die sie ausweislich einer Bestätigung der Ortspolizeibehörde an ihrem bisherigen Aufenthaltsort zurückgelegt haben.

§ 16. I Die Ortspolizeibehörde hat sich bei der Vergebung der freiwerdenden Familienwohnungen an die Reihenfolge der Vormerkung zu halten. Zuweisungen außer der Reihe dürfen nur aus dringenden sozialen oder wirtschaftlichen Gründen oder auf besondere Anordnung der Aufsichtsbehörde erfolgen. Durch Zuweisungen außer der Reihe dürfen höchstens 20 v. H. der in jeder Größenklasse monatlich freiwerdenden Wohnungen in Anspruch genommen werden; hierbei bleiben diejenigen Wohnungen außer Betracht, die auf Anordnung der Aufsichtsbehörde oder mit Rücksicht auf ein gegen einen Wohnungsinhaber vorliegendes vollstreckbares Räumungsurteil außer der Reihe zugewiesen werden müssen.

II Die Genehmigung der Zuweisung außer der Reihe darf nicht im Bureauweg, sondern nur durch Sitzungsbeschluß nach näherer Regelung des Gemeinderates erfolgen. Jeder Beschluß, der die Zuweisung außer der Reihe anordnet, ist mit den zugehörigen Unterlagen unverzüglich der Aufsichtsbehörde zur Genehmigung vorzulegen. Er wird erst wirksam, wenn die Aufsichtsbehörde nicht binnen 14 Tagen nach Absendung der Vorlage durch den Gemeinderat die Genehmigung versagt. Die Entscheidung der Aufsichtsbehörde ist endgültig.

III Beschlüsse über Zuweisung außer der Reihe, die vor dem 15. Aug. 1923 gefaßt wurden, dürfen ohne vorherige Vorlage an die Aufsichtsbehörde vollzogen werden.

IV Die Zuweisung einer Wohnung außer der Reihe gegen Zahlung eines Geldbetrages ist unzulässig. Aus besonderen Gründen kann mit Genehmigung der Aufsichtsbehörde eine Wohnung außer der Reihe zugewiesen werden unter der Bedingung, daß durch den Wohnungsuchenden mindestens eine gleiche Anzahl von Wohnräumen durch Neu- oder Einbau hergestellt und der Ortspolizeibehörde zur freien Verfügung gestellt wird. Der Vollzug der Wohnungszuweisung soll in diesem Falle erst erfolgen, wenn die neu zu erstellenden Wohnräume bezugsfertig sind.

§ 17. I Die Abwendung der Beschlagnahme von überzähligen Wohnräumen und von Doppelwohnungen durch Geldzahlung darf nur zugelassen werden unter der Voraussetzung, daß

1. der zu zahlende Betrag mindestens so hoch bemessen wird, daß im Zeitpunkt der Vereinbarung eine entsprechende Zahl von Wohnräumen durch Neu- oder Einbau geschaffen werden kann,
2. der geleistete Betrag von der Gemeinde unverzüglich zur Schaffung von Ersatzräumen verwendet wird.

II Die Abwendung der Zwangsräumung von Wohnräumen, die ohne Zustimmung der Ortspolizeibehörde bezogen wurden, durch Geldzahlung ist in jedem Falle unzulässig.

§ 18. I Dem Eigentümer eines Hauses ist auf Verlangen eine in dem Haus freiwerdende Wohnung zuzuweisen, falls sie seinem Wohnbedarf entspricht und er eine gleichwertige Wohnung im gleichen Ort der Ortspolizeibehörde zur Verfügung stellt.

II Dem Käufer eines Hauses kann, soferne er Inländer ist, eine durch den Wegzug des Verkäufers in dem Haus freiwerdende Wohnung zugewiesen werden, soferne sie den Wohnbedarf des Käufers nicht übersteigt und der Verkäufer auf Zuweisung einer selbständigen, der Zwangswirtschaft unterliegenden Wohnung in einer anderen bayerischen Gemeinde schriftlich verzichtet.

§ 19. I Die Ortspolizeibehörde kann die beschlagnahmten Räume selbst vermieten. Sie kann auch dem Verfügungsberechtigten für die Räume einen Wohnungsuchenden oder mehrere Wohnungsuchende zur Auswahl zuweisen. Entscheidet sich bei der Zuweisung mehrerer Wohnungsuchender der Verfügungsberechtigte nicht binnen einer angemessenen, von der Ortspolizeibehörde festzusetzenden Frist für einen bestimmten Wohnungsuchenden, so weist ihm die Ortspolizeibehörde einen solchen zu.

II **Kommt** zwischen dem Verfügungsberechtigten und dem ausgewählten oder zugewiesenen Wohnungsuchenden ein Mietvertrag nicht zustande, so setzt auf Anrufen der Beteiligten oder der Ortspolizeibehörde das Mieteinigungsamt, in mittelbaren Gemeinden ohne Mieteinigungsamt das Bezirksamt, in unmittelbaren Gemeinden ohne Miteinigungsamt die nach § 34 zu errichtende Beschwerdestelle, falls für den Verfügungsberechtigten kein unverhältnismäßiger Nachteil zu besorgen ist, den Mietvertrag fest. Bis zu dieser endgültigen Festsetzung des Mietvertrages kann die Ortspolizeibehörde den Vertrag vorläufig festsetzen. Der Inhalt des Vertrags gilt den Parteien gegenüber als vereinbart.

III Die festsetzende Stelle kann dabei anordnen, daß die Gemeinde an Stelle des Wohnungsuchenden als Mieter gilt und berechtigt ist, die Mieträume des Wohnungsuchenden weiter zu vermieten.

IV Stellt der Verfügungsberechtigte der Ortspolizeibehörde Wohnräume, die eine abgeschlossene Wohnung nicht darstellen, oder abgeschlossene Wohnungen, die durch Teilung oder Ausbau einer Wohnung gewonnen werden, bevor eine Beschlagnahme erfolgt ist, freiwillig zur Verfügung, so genügt der Nutzungsberechtigte den Vorschriften des Abs. 1, wenn er mit einem der auf der Vormerkungsliste der Ortspolizeibehörde eingezeichneten Wohnungsuchenden, der vor dem 1. Januar 1914 in Deutschland seinen Wohnsitz hatte oder zu den im § 14 des Reichswohnungsmangelgesetzes bezeichneten vertriebenen Personen gehört und dessen Wohnbedarf die in Frage kommenden Räume nicht übersteigen, einen Mietvertrag innerhalb der Frist abschließt. Die Ortspolizeibehörde ist verpflichtet, dem Verfügungsberechtigten Aufschluß darüber zu geben, ob der in Frage kommende Wohnungsuchende vorgemerkt ist.

V Die Vorschriften des Abs. 4 gelten auch für den Fall, daß zur Verfügung gestellter Wohnraum durch Aufhebung des Mietvertrages wieder frei wird.

§ 20. I Auf Räume, die zur Unterbringung von Angehörigen eines Betriebes von dem Inhaber des Betriebes errichtet oder zu diesem Zwecke vor dem 1. Juli 1918 zu Eigentum erworben oder gemietet sind, finden die Vorschriften der §§ 3, 4, 7 Buchstabe a, c, d und e, sowie der §§ 19 und 25 nur dann Anwendung, wenn solche Räume länger als vier Wochen nicht benutzt sind und keine sichere Aussicht auf die Benutzung innerhalb der nächsten 4 Wochen besteht.

II Soweit es sich um die Unterbringung von Personen handelt, die vor dem 1. Januar 1914 ihren Wohnsitz in Deutschland nicht hatten oder zu den in § 14 des Reichswohnungsmangelgesetzes genannten vertriebenen Personen nicht gehören, bedarf der Inhaber des Betriebes der Zustimmung der Ortspolizeibehörde, es sei denn, daß es sich um die Belegung von Räumen handelt, die für die besonderen Zwecke der Unterbringung von Wanderarbeitern oder ähnlichen Personen errichtet sind.

III Wohnungen, in denen Arbeiter oder versicherungspflichtige oder versicherungsberechtigte Angestellte oder diesen sozial gleichgestellte Beamte des Kohlenbergbaues wohnen, dürfen nur zur Unterbringung von Personen der gleichen Berufsklassen in Anspruch genommen werden.

§ 21. Werden vor dem 1. Juli 1918 bezugsfertig gewordene Räume, die im Eigentum von Gesellschaften oder Genossenschaften der im § 16 Abs. 1 Satz 3 des Reichsmietengesetzes bezeichneten Art stehen, von der Ortspolizeibehörde zur Unterbringung von Wohnungsuchenden in Anspruch genommen, so ist die Ortspolizeibehörde zur Bezeichnung der aufzunehmenden Wohnungsuchenden erst dann berechtigt, wenn die Gesellschaft oder Genossenschaft die Räume nicht innerhalb der ihr gestellten Frist an einen Wohnungsuchenden vergibt, der bereits seit mindestens einem Jahre der Gesellschaft oder Genossenschaft als Mitglied angehört und dessen Wohnbedarf die in Frage kommenden Räume nicht übersteigt.

§ 22. Die durch Inanspruchnahme von Gebäuden im Sinne des § 7 des Reichswohnungsmangelgesetzes und von Dienstwohnungen von Beamten gewonnenen Wohnungen sind zunächst an Beamte und Angestellte des betreffenden Dienstzweiges, dann an Beamte und Angestellte überhaupt zu vergeben.

§ 23. I Für die Überlassung der beschlagnahmten Räume hat die Gemeinde dem Verfügungsberechtigten von der tatsächlichen Inanspruchnahme der Räume (§ 12 Abs. 3) an eine angemessene Vergütung zu gewähren, soweit diesem durch Inanspruchnahme der beschlagnahmten Räume nachweisbar ein Ausfall an Miete entsteht. In den Fällen der §§ 7 e und 8 b hat die Gemeinde dem Verfügungsberechtigten außer der Gewährung dieser Vergütung auch allen Schaden zu ersetzen, der ihm durch die Beschlagnahme in seinem Erwerbe entsteht. Soweit der Schaden durch die Beschlagnahme von Räumen entsteht, die bisher an Fremde vermietet wurden, und der Verfügungsberechtigte zur Vermietung dieser Räume an Fremde keine Genehmigung gemäß § 33 der Reichsgewerbeordnung besitzt, ist als Schadensersatz nur der ortsübliche Mietpreis für ortsansässige Dauermieter zu leisten.

II Als Grundlage für die Festsetzung der Vergütung für die Überlassung von Räumen mit Mobiliar (§ 10 Abs. 5) hat, soweit nicht auf Grund des § 33 der Reichsgewerbeordnung genehmigte Gewerbebetriebe in Frage kommen, der ortsübliche Mietpreis für die Vermietung möblierter Räume an ortsansässige Dauermieter zu gelten.

III Kommt eine Einigung über die Vergütung nicht zustande, so wird die von der Gemeinde zu leistende Zahlung nach Höhe und Zahlungsbedingungen vom Mieteinigungsamt, in unmittelbaren Gemeinden ohne Mieteinigungsamt von der gemäß § 34 errichteten Beschwerdestelle, in mittelbaren Gemeinden ohne Mieteinigungsamt vom Bezirksamt festgesetzt. Über Beschwerden gegen diese Festsetzung entscheidet die Regierung, Kammer des Innern, soweit es sich um Festsetzungen von Mieteinigungsämtern und Beschwerdestellen unmittelbarer Städte und von Bezirksämtern handelt, das Bezirksamt, soweit es sich um Festsetzungen von Mieteinigungsämtern mittelbarer Gemeinden handelt.

IV In dem Falle, daß die Ortspolizeibehörde für die beschlagnahmten Räume dem Verfügungsberechtigten einen oder mehrere Wohnungsuchende zugewiesen hat (§ 19), ist die Vergütung von der Gemeinde bis zum Zeitpunkt der Zuweisung zu gewähren, es sei denn, daß die Festsetzung eines Zwangsmietvertrags durch die zuständige Stelle abgelehnt wurde.

V Bei der Festsetzung der Vergütung sind auch die durch die Freimachung der Räume (§ 12 Abs. 3) entstandenen Kosten zu berücksichtigen.

§ 24. I Wohnungen dürfen nur durch die Ortspolizeibehörden vermittelt werden.

II Jede private Wohnungsvermittlung ist verboten.

III Wohnungsgesuche und -Angebote sowie alle auf die Vermittlung von Wohnungen bezüglichen Ankündigungen dürfen nur mit vorheriger Zustimmung der Ortspolizeibehörde veröffentlicht werden.

§ 25.*) I Wohnungen dürfen nur mit der vorherigen schriftlichen Zustimmung der Ortspolizeibehörde vermietet, überlassen oder in Gebrauch genommen werden, soweit nicht für bestimmte Gruppen von Wohnräumen die Zustimmung allgemein erteilt wurde. Ausgenommen sind Wohnungen in Gebäuden, die im Eigentum oder in der Verwaltung des Reiches, eines Landes oder einer Körperschaft oder Stiftung des öffentlichen Rechtes stehen sowie Dienstwohnungen von Beamten.

II Als Ingebrauchnahme von Wohnungen gilt auch die Fortsetzung des Mietverhältnisses oder der Wohnungsbenützung durch die Erben des verstorbenen Wohnungsinhabers, nicht jedoch die Fortsetzung des Mietverhältnisses oder der Wohnungsbenützung durch den Ehegatten oder volljährige Verwandte bis zum zweiten Grad des verstorbenen Wohnungsinhabers, die mit letzterem bis zu dessen Tod in häuslicher Gemeinschaft gelebt haben. Als Ingebrauchnahme von Wohnungen gilt ferner das Verbleiben des Untermieters in den gemieteten Räumen nach Erlöschen des Hauptmietverhältnisses. Jeder Wechsel im Eigentum oder im Besitz eines Wohnhauses ist der Ortspolizeibehörde von dem bisherigen Besitzer, bei Erbfällen vom Erben unter Mitteilung der genauen Anschrift des neuen Anwesensbesitzers mitzuteilen; die Anzeige ist spätestens binnen zweier Wochen von dem Übergang des Eigentums oder Besitzes, bei Erbfällen von der Feststellung des Erbrechtes ab zu erstatten. Zum Beziehen der durch den Eigentums- oder Besitzwechsel freiwerdenden Wohnungen ist die vorherige Zustimmung der Ortspolizeibehörde erforderlich.

§ 26. I Die nachstehend bezeichneten Personen sind bei der Zuweisung von Wohnungen von Amts wegen in der Weise vorzugsweise zu berücksichtigen, daß sie in der Reihenfolge der Wohnungsvormerkungen um mindestens 3/4 Jahre vorgezogen werden:

1. Personen, die im Sinne des § 14 des Reichswohnungsmangelgesetzes als vertriebene Deutsche zu erachten sind,
2. die in der Pfalz angestellten Reichs- und Staatsbeamten, die aus den Landesteilen rechts des Rheins stammen und bei der Versetzung in den Ruhestand in das rechtsrheinische Bayern zurückkehren,
3. Kriegsblinde und Schwerkriegsbeschädigte,
4. Familien mit 3 oder mehr in der häuslichen Gemeinschaft lebenden Kindern.

II Falls mehrere Bevorzugungsgründe gleichzeitig vorliegen, ist die Bevorzugung aus jedem Grund gesondert zu gewähren.

§ 27. I Über die durch Versetzung eines Beamten freiwerdende Wohnung kann dessen vorgesetzte Behörde entweder zugunsten des Amtsnachfolgers oder eines oder mehrerer anderer Beamten verfügen. Einer

---

*) In der Fassung der Bek. vom 7. Januar 1924.

Versetzung gleichzustellen ist die Einberufung eines Beamten zur Dienstleistung in einen anderen Zweig der Reichs- oder Staatsverwaltung.

II Die durch Todesfall oder beim Ausscheiden eines Beamten aus dem Reichs- oder Staatsdienst freiwerdende Wohnung unterliegt nicht dem Zugriff der Ortspolizeibehörde, sofern die für den Beamten zuständige Behörde diese Wohnung innerhalb einer dreiwöchigen Frist für einen Beamten in Anspruch nimmt. Die Ortspolizeibehörde ist verpflichtet, der dem verstorbenen bzw. ausscheidenden Beamten vorgesetzten Behörde von dem Freiwerden der Wohnung Mitteilung zu machen. Die Frist von drei Wochen beginnt mit dem Tage des Eingangs dieser Mitteilung bei der vorgesetzten Behörde.

III Weigert sich der Vermieter, die Zustimmung zu einem Tausch zu erteilen oder mit dem von der vorgesetzten Behörde bezeichneten Beamten einen Mietvertrag abzuschließen, so hat die Ortspolizeibehörde die Festsetzung eines Zwangsmietvertrages bei der gemäß § 19 hierfür zuständigen Stelle zu beantragen.

IV Im übrigen sind versetzte Reichs- oder Staatsbeamte in der Reihenfolge der Wohnungsvormerkungen um mindestens ¾ Jahre vorzuziehen. Das Staatsministerium für Soziale Fürsorge behält sich vor, für einzelne Orte, in denen die Lage des Wohnungsmarktes dies zuläßt, die Bevorzugungszeit zu erhöhen.

V Als Beamte im Sinne dieser Anordnungen gelten auch die Geistlichen der vom Staat anerkannten Religionsgesellschaften, sowie die Angehörigen der Reichswehr und Landespolizei.

VI Falls ein Beamter in eine mit Arbeitgeberzuschüssen des Reiches oder Staates errichtete neue Wohnung oder in eine neuerrichtete staats- oder reichseigene Wohnung übernommen wird, so ist die hierdurch frei werdende Wohnung der in Frage kommenden Dienstesstelle des Reichs oder Landes durch die Ortspolizeibehörde zur Verfügung zu stellen.

§ 28. Wollen Personen, die vor dem 1. Januar 1914 in Deutschland ihren Wohnsitz hatten, oder Personen, bei denen die in § 14 des Reichswohnungsmangelgesetzes genannten Voraussetzungen vorliegen, ihre selbständig benutzten Wohnungen innerhalb des Reichsgebietes miteinander tauschen, so sind sie verpflichtet, die Zustimmung der beteiligten Ortspolizeibehörden unter Beifügung des schriftlich gegebenen Einverständnisses der Vermieter vor Durchführung des Tausches einzuholen. Wird das Einverständnis durch die Vermieter versagt, so kann die gemäß § 19 zur Festsetzung des Zwangsmietvertrages zuständige Stelle das Einverständnis der Vermieter ersetzen. Unter diesen Voraussetzungen ist die Zustimmung der Ortspolizeibehörde innerhalb einer Frist von vierzehn Tagen zu erteilen; die Frist beginnt in dem Zeitpunkt, in dem die erforderlichen Unterlagen der Ortspolizeibehörde vollzählig vorliegen. Bei Überschreitung dieser Frist gilt die Genehmigung als erteilt. Die Vorschriften über die zulässige Belegung und Benutzung behalten Gültigkeit.

§ 29. I Zuständig zu den Verfügungen und Entscheidungen dieser Bekanntmachung sind, soweit nichts anderes bestimmt ist, die Ortspolizeibehörden, in München, Nürnberg und Fürth der Stadtrat. Diese können mit Zustimmung der Aufsichtsbehörde unter Fortdauer ihrer Verantwortung und unter ihrer ständigen Aufsicht und Leitung die Anordnung und Durchführung der auf Grund dieser Bekanntmachung zu treffenden

Maßnahmen einer besonderen gemeindlichen Stelle (Wohnungsamt) übertragen.

II Die Tätigkeit des Wohnungsamtes kann nach Beschluß des Gemeinderats mit Zustimmung der Aufsichtsbehörde durch einen Wohnungsausschuß wahrgenommen werden, der mit einem unparteiischen Vorsitzenden und der gleichen Anzahl von Mietern und Vermietern zu besetzen ist.

§ 30. Die Ortspolizeibehörden sind verpflichtet, von den Befugnissen dieser Bekanntmachung Gebrauch zu machen, soweit es zur Bekämpfung des Wohnungsmangels notwendig ist. Soweit dies nicht oder in nicht genügendem Maße geschieht, haben die Gemeindeaufsichtsbehörden die den Ortspolizeibehörden zukommenden Befugnisse an deren Stelle auszuüben.

§ 31.*) Die Ortspolizeibehörden sind verpflichtet, die von ihnen verfügten Beschlagnahmen aufzuheben, wenn die Voraussetzungen für die Beschlagnahme weggefallen sind.

§ 32. Stadträte und Gemeinderäte können zur Durchführung der Vorschriften dieser Bekanntmachung allgemeine Anordnungen erlassen. Diese bedürfen der Genehmigung des Staatsministeriums für Soziale Fürsorge.

§ 33. In Gemeinden, für deren Bezirk ein Mieteinigungsamt nicht errichtet ist, sind die in dieser Bekanntmachung den Mieteinigungsämtern zugewiesenen Befugnisse von der gemäß § 34 zur Verbescheidung von Beschwerden zuständigen Stelle auszuüben.

§ 34. I Gegen die auf Grund dieser Bekanntmachung im Einzelfalle getroffenen Verfügungen der Ortspolizeibehörden können die Beteiligten innerhalb einer Woche nach Eröffnung der Verfügung Beschwerde einlegen. Die Beschwerde ist bei der Stelle einzureichen, welche die Verfügung getroffen hat. Diese kann der Beschwerde abhelfen.

II Über Beschwerden gegen Verfügungen der Ortspolizeibehörden und Wohnungsämter entscheidet eine Beschwerdestelle. Für jede unmittelbare Stadt ist eine solche zu errichten. Sie ist mit einem rechtskundigen Vorsitzenden und je einem Vertreter der Mieter und Vermieter zu besetzen. Der rechtskundige Vorsitzende und die Beisitzer werden vom Stadtrat bestellt. Falls die örtlichen Organisationen der Mieter und Vermieter Vorschlagslisten für die Wahl der Beisitzer zum Mieteinigungsamt einreichen, sind die Beisitzer der Beschwerdestelle aus diesen Vorschlagslisten zu bestellen.

III In dieser Besetzung entscheiden die Beschwerdestellen über Beschwerden gegen Verfügungen der Ortspolizeibehörden und Wohnungsämter, durch die in bestehende Rechte eingegriffen wird. In den übrigen Fällen entscheidet der Vorsitzende der Beschwerdestelle oder sein Stellvertreter im Bureauweg.

IV Die Stadträte der unmittelbaren Städte werden ermächtigt, die den Beschwerdestellen auf Grund dieser Bekanntmachung zukommenden Befugnisse den gemeindlichen Mieteinigungsämtern zu übertragen. Die Mieteinigungsämter gelten in diesem Falle als Beschwerdestellen.

---

*) In der Fassung der Bek. vom 7. Januar 1924.

V Über Beschwerden gegen Verfügungen der Ortspolizeibehörden und Wohnungsämter mittelbarer Gemeinden entscheiden als Beschwerdestellen die Mieteinigungsämter, soweit solche nicht vorhanden sind die Bezirksämter.

VI Über Beschwerden gegen Verfügungen, die von den Bezirksämtern an Stelle der Ortspolizeibehörden erlassen werden, entscheiden die Regierungen, Kammern des Innern.

§ 35.*) I Die Beschwerdestellen und die Mieteinigungsämter, soweit sie im Vollzuge des Reichswohnungsmangelgesetzes und der gegenwärtigen Bekanntmachung tätig werden, sind Verwaltungsstellen, die unter der Aufsicht des Staatsministeriums für Soziale Fürsorge und der Aufsichtsbehörden ihrer Gemeinden entscheiden; sie haben sich in ihrer Tätigkeit an die von ihren vorgesetzten Stellen aufgestellten Verwaltungsgrundsätze für die Handhabung der Vorschriften über Maßnahmen gegen Wohnungsmangel zu halten.

II Im übrigen entscheiden die Bezirksämter, Beschwerdestellen und Mieteinigungsämter nach freiem Ermessen.

III Für das Verfahren vor den Beschwerdestellen und Mieteinigungsämtern gelten die für das Verfahren vor den Mieteinigungsämtern erlassenen Vorschriften in entsprechender Anwendung.

IV Für die Entscheidungen der Bezirksämter, Beschwerdestellen und Mieteinigungsämter werden im Falle der Abweisung der Beschwerde die Gebühren erhoben, die das bayerische Kostengesetz in seiner jeweiligen Fassung für Bescheide der Bezirksverwaltungsbehörden vorsieht. Im Falle der Abweisung der Beschwerde sind weiter die baren Auslagen des Verfahrens festzusetzen und es ist zu bestimmen, wer sie zu tragen hat. Falls die Regierungen, Kammern des Innern, über Beschwerden gegen Verfügungen entscheiden, die von den Bezirksämtern an Stelle der Ortspolizeibehörden erlassen wurden, gilt dies entsprechend.

§ 36. Eine Beschwerde an das Staatsministerium für Soziale Fürsorge findet in keinem Falle statt. Das Staatsministerium für Soziale Fürsorge behält sich jedoch vor, aus erheblichen Gründen des öffentlichen Interesses, Ortspolizeibehörden zur Zuweisung von Wohnungen an bestimmte Persönlichkeiten zu veranlassen und den Vollzug von Verfügungen, die auf Grund der Vorschriften über Maßnahmen gegen Wohnungsmangel ergangen sind, einzustellen.

§ 37. Die Beschwerde hat aufschiebende Wirkung. Die zur Verbescheidung der Beschwerden zuständigen Stellen können in dringenden Fällen den vorläufigen Vollzug der angefochtenen Verfügung anordnen, wenn hierdurch für die Beteiligten kein unwiederbringlicher Nachteil entsteht. Die zur Verbescheidung der Beschwerden zuständigen Stellen können den von den Vorinstanzen angeordneten sofortigen Vollzug der angefochtenen Verfügung einstweilen einstellen.

§ 38. I Die zur Bekämpfung des Wohnungsmangels getroffenen Verfügungen können im Wege des unmittelbaren polizeilichen Zwanges durchgeführt werden. Insbesondere können Wohnungen, die unter Verletzung der Vorschriften dieser Bekanntmachung bezogen worden sind, im

---

*) In der Fassung der Bek. vom 7. Januar 1924.

Wege unmittelbaren Zwanges geräumt werden. Das gleiche gilt, wenn im Falle des § 12 Abs. 3 die Räumung verweigert wird. Unmittelbarer Zwang kann ferner angewendet werden, wenn der Verfügungsberechtigte nach Festsetzung des Zwangsmietvertrages sich weigert, dem Zwangsmieter die zugewiesenen Räume zu überlassen und wenn im Falle des § 13 die Vornahme baulicher Änderungen und sonstiger Arbeiten verhindert wird.

II Die Kosten fallen dem Ungehorsamen zur Last. Sie werden in unmittelbaren Städten wie Gemeindegefälle, im übrigen gemäß Art. 6 des Gesetzes zur Ausführung der Reichszivilprozeßordnung und Konkursordnung beigetrieben.

III Gegen Reich und Land ist die Anwendung derartiger Zwangsmaßnahmen unzulässig, das gleiche gilt für die Reichsbank.

§ 39. Die zur Bekämpfung des Wohnungsmangels getroffenen Verfügungen sind mit schriftlicher, tatsächlicher und rechtlicher Begründung dem Betroffenen zuzustellen.

§ 40. I Als Wohnungen im Sinne dieser Bekanntmachung gelten auch Wohnräume, insbesondere möblierte Zimmer, weiterhin auch die Ateliers der Künstler.

II Die Vorschriften des Reichswohnungsmangelgesetzes und dieser Bekanntmachung finden auf Neubauten oder durch Um- oder Einbauten neugeschaffene Räume keine Anwendung, wenn sie nach dem 1. Juli 1918 bezugsfertig geworden sind oder künftig bezugsfertig werden. Diese Anordnung gilt nicht für Räume, die als Ersatz für andere, dem Wohnungsmarkt durch Elementarereignisse oder Abbruch entgangene Räume hergestellt werden.

III Die mit Unterstützung des Hilfswerkes Oppau errichteten Räume unterliegen in allen Fällen der Beschlagnahme.

§ 41. Zuwiderhandlungen gegen die Anordnungen dieser Bekanntmachung oder die auf Grund dieser Bekanntmachung ergehenden Verfügungen werden mit Geldstrafe von mindestens 20000 Mk. und mit Gefängnis oder mit einer dieser Strafen bestraft.

§ 42. I Diese Bekanntmachung tritt mit dem 1. Oktober 1923 in Kraft.

II Mit dem gleichen Tage treten die Bekanntmachungen über Maßnahmen gegen Wohnungsmangel vom 10. August 1920 (StAnz. Nr. 186), die Bekanntmachung über Maßnahmen gegen Wohnungsmangel vom 7. Februar 1921 (StAnz. Nr. 34), die Bekanntmachung über Förderung der privaten Bautätigkeit vom 31. März 1921 (StAnz. Nr. 77) und die Bekanntmachung über Förderung der privaten Bautätigkeit vom 30. Januar 1923 (StAnz. Nr. 25) außer Wirksamkeit.

3. Reichsmietengesetz.

Vom 24. März 1922 (RGBl. S. 273).

Der Reichstag hat das folgende Gesetz beschlossen, das mit Zustimmung des Reichsrats hiermit verkündet wird:

Gesetzliche Miete.

§ 1. I Der Vermieter wie der Mieter eines Gebäudes oder Gebäudeteils kann jederzeit dem anderen Vertragsteil gegenüber erklären, daß die Höhe des Mietzinses nach den Vorschriften dieses Gesetzes berechnet werden soll (gesetzliche Miete). Die Erklärung bedarf der schriftlichen Form. Sie hat die Wirkung, daß die gesetzliche Miete von dem ersten Termin ab, für den die Kündigung nach § 565 des Bürgerlichen Gesetzbuchs zulässig sein würde, an die Stelle des vereinbarten Mietzinses tritt.

II Kommt ein Einverständnis über die Höhe der gesetzlichen Miete nicht zustande, so entscheidet auf Antrag eines Vertragsteils das Mieteinigungsamt.

III Auf Verlangen der Gemeindebehörde hat das Mieteinigungsamt Mietzinsvereinbarungen über Gebäude oder Gebäudeteile nachzuprüfen und, wenn der vereinbarte Mietzins im Vergleiche zu der gesetzlichen Miete für einen Vertragsteil eine schwere Unbilligkeit darstellt, an Stelle des vereinbarten Mietzinses die gesetzliche Miete festzusetzen.

IV Die oberste Landesbehörde kann für das ganze Land oder für bestimmte Gemeinden oder Gemeindeteile anordnen, daß das Mieteinigungsamt die Nachprüfung und Festsetzung auch von Amts wegen vornehmen kann; sie kann weiter anordnen, daß Vereinbarungen über die Höhe des Mietzinses der Gemeindebehörde oder dem Mieteinigungsamt anzuzeigen sind.

V Diese Vorschriften finden auch Anwendung, wenn der bisherige Mietzins durch das Mieteinigungsamt festgesetzt oder auf Grund landesrechtlicher Vorschriften zu berechnen war.

Berechnung der gesetzlichen Miete.

§ 2. I Bei Berechnung der gesetzlichen Miete ist von dem Mietzins auszugehen, der für die mit dem 1. Juli 1914 beginnende Mietzeit vereinbart war (Friedensmiete). Der in der Friedensmiete für Betriebs- und Instandsetzungskosten enthaltene Betrag ist abzurechnen. Das gleiche gilt für Vergütungen, die in der Friedensmiete für die Heizstoffe, für Sammelheizung oder Warmwasserversorgung oder für andere von der obersten Landesbehörde bestimmte Nebenleistungen (z. B. Glasversicherung) enthalten sind. Die oberste Landesbehörde hat für die abzurechnenden Beträge Hundertsätze der Friedensmiete festzusetzen. Der sich nach Abzug dieser Hundertsätze ergebende Betrag bildet die Grundmiete.

II Der Vermieter hat dem Mieter auf Verlangen Auskunft über die Höhe der Friedensmiete zu geben. Insbesondere hat der Vermieter einen in seinem Besitze befindlichen Mietvertrag über die Räume, aus dem die Höhe der Friedensmiete hervorgeht, dem Mieter auf Verlangen vorzulegen.

III Besteht über die Höhe der Friedensmiete Streit, so ist sie auf Antrag eines Vertragsteils von dem Mieteinigungsamte festzustellen.

IV War eine Friedensmiete nicht vereinbart oder läßt sie sich nicht mehr feststellen, oder weicht sie aus besonderen, in der damaligen Beschaffenheit des Raumes oder den damaligen Verhältnissen der Vertragsteile liegenden Gründen in außergewöhnlichem Umfang von dem damaligen ortsüblichen Mietzins ab, so hat das Mieteinigungsamt auf Antrag eines Vertragsteils als Friedensmiete den ortsüblichen Mietzins festzusetzen. Das gleiche gilt für Gebäude und Gebäudeteile, die nach dem 1. Juli 1914 bezugsfertig geworden oder in erheblicher Weise baulich verändert sind oder zu wesentlich anderen Zwecken verwendet werden, sofern diese Umstände einen abweichenden Mietzins rechtfertigen. Als ortsüblich ist der Mietzins anzusehen, der für die mit dem 1. Juli 1914 beginnende Zeit in der Gemeinde für Räume gleicher Art und Lage regelmäßig vereinbart war. Bei Bauten, deren Fertigstellung in der Zeit vom 1. Juli 1914 bis zum 30. Juni 1918 erfolgte, hat das Mieteinigungsamt die Friedensmiete in der Höhe festzusetzen, welche den gegen die Friedenszeit erhöhten Baukosten entspricht.

V Stehen in einem Gebäude die Friedensmieten der einzelnen Wohnungen oder Räume in einem offenbaren Mißverhältnisse zueinander, so hat das Mieteinigungsamt auf Antrag eines Vertragsteils die Friedensmieten innerhalb ihres Gesamtbetrags gegeneinander auszugleichen. Für das Wertverhältnis ist die Ortsüblichkeit am 1. Juli 1914 maßgebend.

VI Der ortsübliche Mietzins ist nach Abs. 4 auch dann festzusetzen, wenn eine Festsetzung des ortsüblichen Mietzinses auf Grund landesrechtlicher Vorschriften erfolgt war.

§ 3. I Zu der Grundmiete (§ 2 Abs. 1) treten Zuschläge für

1. die Steigerung der Zinsen einer in der Vorkriegszeit vorhandenen Belastung des damaligen Grundstückswerts, soweit die Belastung in dem Bezirke, für den der Zuschlag festgesetzt wird, allgemein üblich war, und die Steigerung der Kosten für die Erneuerung dieser Belastung,
2. die Betriebskosten,
3. die Kosten für laufende Instandsetzungsarbeiten.

II Die Zuschläge zu 2 und 3 müssen der jeweiligen Höhe der Betriebskosten und der Kosten für laufende Instandsetzungsarbeiten Rechnung tragen. Sie sind in Hundertsätzen der Grundmiete festzusetzen und können nach Gruppen und Klassen von Mieträumen abgestuft werden.

§ 4. I Betriebskosten sind für das Haus zu entrichtende Steuern, öffentliche Abgaben, Versicherungsgebühren, Verwaltungskosten und ähnliche Unkosten.

II Die Kosten der Heizstoffe für Sammelheizung und Warmwasserversorgung und die von der obersten Landesbehörde nach § 2 Abs. 1 Satz 3 bestimmten Nebenleistungen sind nicht zu berücksichtigen.

§ 5. Als laufende Instandsetzungsarbeiten gelten nicht die vollständige Erneuerung der Dachrinnen und Ablaufrohre, das Umdecken des Daches, der Abputz oder Anstrich des Hauses im Äußern, der Neuanstrich des ganzen Treppenhauses im Innern, die Erneuerung der Heizanlage bei Sammelheizung und Warmwasserversorgung (große Instandsetzungsarbeiten). Die oberste Landesbehörde kann bestimmen, daß auch ähnliche außerordentliche, einen größeren Kostenaufwand erfordernde Instandsetzungsarbeiten, soweit sie zur ordnungsmäßigen Erhaltung des Hauses als solche erforderlich sind, als große Instandsetzungsarbeiten gelten sollen.

§ 6. [I] Der Instandsetzungszuschlag (§ 3) ist von dem Vermieter für die erforderlichen laufenden Instandsetzungsarbeiten sachgemäß zu verwenden. Der Vermieter hat der Mietervertretung auf Antrag die Verwendung der Gelder nachzuweisen.

[II] Hat der Vermieter die Ausführung notwendiger laufender Instandsetzungsarbeiten unterlassen oder die Gelder nicht sachgemäß verwendet, so hat eine von der obersten Landesbehörde zu bestimmende Stelle auf Antrag des Mieters oder von Amts wegen die sachgemäße Ausführung von Instandsetzungsarbeiten durch geeignete Anordnungen zu sichern. Sie kann insbesondere anordnen, daß die Mieter einen entsprechenden Teil des Mietzinses nicht an den Vermieter, sondern an die Stelle selbst oder eine andere Stelle zu entrichten haben; der hiernach zu zahlende Betrag darf nicht höher sein als der Instandsetzungszuschlag (§ 3). Ist eine solche Anordnung getroffen, so erlischt insoweit der Anspruch des Vermieters auf Zahlung des Mietzinses; nicht verwendete Beträge sind dem Vermieter herauszugeben.

[III] Vor einer Anordnung nach Abs. 2 sind beide Vertragsteile zu hören. Handelt es sich dabei um schwierigere heiztechnische Fragen für Heizanlagen größeren Umfanges, so soll vor der Entscheidung eine geeignete sachverständige Stelle gehört werden.

[IV] Die oberste Landesbehörde regelt das Verfahren im einzelnen; sie kann insbesondere anordnen, daß die Beträge von den Mietern wie Gemeindeabgaben beigetrieben werden können.

Große Instandsetzungsarbeiten.

§ 7. [I] Zur Schaffung von Mitteln für große Instandsetzungsarbeiten ist von den Mietern ein weiterer Zuschlag in einem Hundertsatze der Grundmiete zu zahlen, der von der obersten Landesbehörde festzusetzen ist. Dieser Zuschlag ist von dem Vermieter auf ein für sein Haus oder seinen Hausbesitz besonders einzurichtendes Hauskonto einzuzahlen und lediglich für große Instandsetzungsarbeiten an den Gebäuden des Vermieters zu verwenden. Eine Verfügung des Vermieters über das Hauskonto bedarf der Zustimmung der Mieter. Wird die Zustimmung verweigert, so kann sie auf Antrag des Vermieters durch eine von der obersten Landesbehörde zu bestimmende Stelle ersetzt werden. Die oberste Landesbehörde trifft nähere Anordnungen über die Zustimmung der Mieter sowie über die Einrichtung sowie die Verwendung des Hauskontos. Sie kann insbesondere anordnen, daß die Mieter den Zuschlag nicht an den Vermieter, sondern unmittelbar auf das Hauskonto einzuzahlen haben. Ist eine solche Anordnung getroffen, so erlischt insoweit der Anspruch des Vermieters auf Zahlung des Zuschlags. § 6 Abs. 4 findet Anwendung.

[II] Die oberste Landesbehörde kann ferner anordnen, daß der Vermieter für nicht vermietete Räume sowie für Räume, für welche nicht die gesetzliche Miete zu zahlen ist, den entsprechenden Betrag auf das Hauskonto einzuzahlen hat. § 6 Abs. 4 findet Anwendung.

[III] Gemeinden und Gemeindeverbände können mit Zustimmung der obersten Landesbehörde einen Ausgleichsfonds einrichten, aus dem für große Instandsetzungsarbeiten, die mit den im Abs. 1 bestimmten Zuschlägen nicht gedeckt werden können, an wirtschaftlich Schwache Beihilfen nach billigem Ermessen gewährt werden. Die Mittel hierzu sind durch einen besonderen Zuschlag zu dem nach den §§ 6, 9 des Gesetzes über die Erhebung einer Abgabe zur Förderung des Wohnungsbaues vom 26. Juni 1921 (Reichsgesetzbl. S. 773) den Gemeinden (Gemeindeverbänden) zufließenden Zuschlag zu der Abgabe zur Förderung des Wohnungsbaues zu beschaffen. Die oberste Landesbehörde kann die Höhe des Zuschlags bestimmen, sie kann ferner nähere Vorschriften über die Verwaltung und Verwendung der Mittel erlassen. Über einen Antrag auf Gewährung von Mitteln aus dem Ausgleichsfonds ist unter Hinzuziehung von Vermieter- und Mietervertretern zu entscheiden. Sind örtliche Vermieter- und Mietervereinigungen vorhanden, so sind die von diesen benannten Vertreter zu hören. Der Ausgleichsfonds ist steuerfrei.

IV Mit Zustimmung des Reichsarbeitsministers kann die oberste Landesbehörde Ausnahmen von dem Grundsatz des Abs. 1 zulassen. Soweit eine solche Ausnahme zugelassen ist, ist auf Antrag eines Vertragsteils vom Mieteinigungsamt ein Zuschlag unter Berücksichtigung der Bedürfnisse des Gebäudes für eine im Einzelfalle seit Oktober 1920 ausgeführte oder in den nächsten zwölf Monaten erforderlich werdende große Instandsetzungsarbeit zu bestimmen.

§ 8. Läßt der Vermieter trotz Aufforderung durch die Gemeindebehörde eine notwendige große Instandsetzungsarbeit innerhalb einer angemessenen, von der Gemeindebehörde bei der Aufforderung zu bestimmenden Frist nicht ausführen, so ist die Gemeindebehörde berechtigt, die Arbeit selbst vorzunehmen. Im Falle des § 7 Abs. 1 kann die Gemeindebehörde die erforderlichen Mittel von dem Hauskonto in Anspruch nehmen. Im Falle des § 7 Abs. 4 ist sie zur Stellung des Antrags bei dem Mieteinigungsamte berechtigt. Das Mieteinigungsamt kann anordnen, daß die Mieter den Zuschlag nicht an den Vermieter, sondern an die Gemeindebehörde zu entrichten haben; ist eine solche Anordnung getroffen, so erlischt insoweit der Anspruch des Vermieters auf Zahlung des Betrags. Die Gemeindebehörde kann die Beträge von den Mietern wie Gemeindeabgaben beitreiben lassen.

§ 9. I Hat der Vermieter das Gebäude erst nach dem 1. Januar 1920 erworben oder erwirbt er es erst nach dem Inkrafttreten dieses Gesetzes, so kann er die Gewährung von Mitteln für große Instandsetzungsarbeiten zur Beseitigung solcher Mängel nicht verlangen, die beim Erwerbe des Gebäudes bereits vorhanden waren, und die er gekannt hat oder kennen mußte.

II Soweit der Vermieter mit Bezug auf das Gebäude Versicherungssummen, Vergütungen für Bergschäden oder Zuwendungen aus anderen Gründen zur Wiederherstellung des früheren Zustandes erhält, sind Mittel für große Instandsetzungsarbeiten nach § 7 nicht zu zahlen.

Gewerbliche Betriebe.

§ 10. I Sind Räume an den Unternehmer eines gewerblichen Betriebs vermietet, so kann das Mieteinigungsamt auf Antrag des Vermieters einen besonderen Zuschlag zu der gesetzlichen Miete festsetzen, wenn und soweit infolge der Eigenart des Betriebs besonders hohe Betriebs- und Instandsetzungskosten entstehen und die nach § 3 Abs. 1 Nr. 2 und 3 festgesetzten Zuschläge zur Deckung dieser Kosten nicht ausreichen.

II Für Räume, die zu gewerblichen Zwecken (§ 1 der Reichsgewerbeordnung) hergestellt sind oder mit Zustimmung der Gemeindebehörde für gewerbliche Zwecke verwendet werden, kann ein weiterer Zuschlag in Hundertsätzen der Grundmiete festgesetzt werden. Bei seiner Festsetzung ist auf die allgemeine Lage der Gewerbe sowie darauf Rücksicht zu nehmen, daß wirtschaftlich schwache Betriebe nicht in ihrer Existenz gefährdet werden. Der Zuschlag kann nach Klassen abgestuft werden.

Festsetzung der Hundertsätze.

§ 11. Die oberste Landesbehörde kann die in den §§ 2, 3, 7, 10 bezeichneten Hundertsätze für das Land oder für bestimmte Gemeinden oder Gemeindeteile selbst festsetzen oder die Festsetzung der Gemeindebehörde übertragen. Vor der Festsetzung der Hundertsätze sind Vermieter- und Mietervertreter zu hören; sind örtliche Vermieter- oder Mieterorganisationen vorhanden, so sind die von diesen benannten Vertreter zu hören. Eine Änderung der Hundertsätze ist zulässig; ist die Festsetzung durch die Gemeindebehörde erfolgt, so kann auch die oberste Landesbehörde die Sätze ändern. Die Änderung wirkt von dem auf den Zeitpunkt der Bekanntgabe folgenden nächsten Monatsersten oder von dem bei der Bekanntgabe bestimmten späteren Zeitpunkt. Das Nähere über das Verfahren bestimmt die oberste Landesbehörde.

Sammelheizung, Warmwasserversorgung und Nebenleistungen.

§ 12. I Die Kosten der Heizstoffe für Sammelheizung und Warmwasserversorgung sowie für andere von der obersten Landesbehörde nach § 2 Abs. 1 Satz 3 bestimmte Nebenleistungen sind getrennt von der gesetzlichen Miete zu berechnen. Soweit derartige Nebenleistungen (z. B. Glasversicherung) nur bei einzelnen Mietern entstehen, haben nur diese Mieter sie zu tragen.

II Die oberste Landesbehörde bestimmt, wie die Kosten der Heizstoffe für Sammelheizung und Warmwasserversorgung und die nach § 2 Abs. 1 Satz 3 bestimmten sonstigen Nebenleistungen auf die Mieter umzulegen sind. Sie kann anordnen, daß der Vermieter verpflichtet ist, dem Mieter Auskunft über die Höhe der Kosten der Heizstoffe oder der Nebenleistungen zu geben und die erforderlichen Belege vorzulegen.

§ 13. I Das Mieteinigungsamt kann, gleichviel ob ein Mietzins vereinbart oder die gesetzliche Miete zu zahlen ist, auf Antrag eines Vertragsteils anordnen, daß der Vermieter berechtigt oder verpflichtet ist, die Sammelheizung oder Warmwasserversorgung in gewissen Fällen ganz oder teilweise einzustellen.

II Ist eine solche Anordnung getroffen, so tritt eine entsprechende Minderung der für die Heizstoffe für Sammelheizung oder Warmwasserversorgung zu leistenden Vergütung ein.

Untermiete.

§ 14. I Ist ein Mietraum weitervermietet, so muß der hierfür zu entrichtende Mietzins unter Berücksichtigung etwaiger Nebenleistungen, wie Überlassung von Einrichtungsgegenständen und Leistung von Diensten, in einem angemessenen Verhältnis zu dem auf den Raum entfallenden Teile des Hauptmietzinses stehen. Die oberste Landesbehörde hat nähere Bestimmungen über die Berechnung der Untermiete zu treffen. § 1 gilt entsprechend.

II Abs. 1 gilt auch, wenn ein Hauseigentümer oder jemand, der ein Grundstück auf Grund eines Erbbaurechts, Nießbrauchs oder eines ähnlichen Rechtsverhältnisses inne hat, einen Teil des von ihm selbst im Hause benutzten Raumes vermietet.

Entscheidungen des Mieteinigungsamts.

§ 15. Die auf Grund dieses Gesetzes vom Mieteinigungsamte getroffenen Entscheidungen gelten als vereinbarte Bestimmungen des Mietvertrags.

Ausnahmebestimmungen.

§ 16. I Die Vorschriften dieses Gesetzes finden auf Neubauten oder durch Um- oder Einbauten neugeschaffene Räume, wenn sie nach dem 1. Juli 1918 bezugsfertig geworden sind oder künftig bezugsfertig werden, keine Anwendung. Das gleiche gilt für Räume in Gebäuden, die im Eigentum des Reichs, eines Landes oder einer sonstigen Körperschaft des öffentlichen Rechtes stehen und entweder öffentlichen Zwecken oder zur Unterbringung von Angehörigen der Verwaltung des Reichs, des Landes oder der Körperschaft dienen oder diesen Zwecken, falls die Gebäude bereits vor dem 1. Oktober 1918 im Eigentume der genannten Körperschaften standen, zu dienen bestimmt sind. Die Vorschriften des Gesetzes finden ferner keine Anwendung auf die Abgabe von Räumen solcher Gesellschaften und Genossenschaften, deren Zweck ausschließlich darauf gerichtet ist, minderbemittelten Familien oder Personen gesunde und zweckmäßig eingerichtete Wohnungen in eigens erbauten oder angekauften Häusern zu billigen Preisen zu verschaffen, und bei denen die unter Ziffer 1 des Abschnitts „Befreiungen" der Nr. 1 des Tarifs zum Reichsstempelgesetze vom 3. Juli 1913 (Reichsgesetzbl. S. 639) in der Fassung des Gesetzes zur Änderung des Reichsstempelgesetzes vom 26. Juli 1918 (Reichsgesetzbl. S. 799) aufgeführten Voraussetzungen vorliegen; soweit derartige Gesellschaften und Genossenschaften einem Revisionsverbande nicht angehören, entscheidet die oberste Landesbehörde, ob die in dem ersten Halbsatz genannten Voraussetzungen zutreffen.

II Auf Neubauten, die mit Zuschüssen aus den für die Wiederherstellung der während des Krieges zerstörten Gebiete bereitgestellten Mitteln errichtet sind, finden die Vorschriften dieses Gesetzes Anwendung.

Mietervertretung.

§ 17. I Die Mieter eines Hauses sind berechtigt, einen oder mehrere von ihnen mit ihrer Vertretung in Mietangelegenheiten zu beauftragen (Mietervertretung, Vertrauensmann der Mieter, Mieterausschuß).

II Die Mietervertretung soll das Einvernehmen zwischen den Mietern und dem Vermieter fördern. Jeder Beteiligte soll sich in Streitfällen, insbesondere vor Anrufung des Mieteinigungsamts, zunächst an die Mietervertretung, soweit eine solche vorhanden, wenden; diese soll den Sachverhalt nach Möglichkeit klären und eine gütliche Einigung herbeizuführen suchen. Die Mietervertretung ist ferner befugt, die nach § 6 zulässigen Anträge neben dem Mieter oder an seiner Stelle zu stellen. In den Fällen des § 7 Abs. 1 Satz 4 und Abs. 4 soll vor der Entscheidung über einen Antrag des Vermieters die Mietervertretung gehört werden. Im Falle des § 7 Abs. 3 kann die oberste Landesbehörde bestimmen, daß die Mietervertretung die Auszahlung von Mitteln beantragen kann. Für Mieträume mit Sammelheizung und Warmwasserversorgung kann von der obersten Landesbehörde bestimmt werden, daß der Vermieter die Kosten der Heizstoffe einer zu diesem Zwecke nach näherer Anordnung der obersten Landesbehörde zu bildenden Mietervertretung nachzuweisen hat und daß dieser ein Mitwirkungs- und Aufsichtsrecht bei Beschaffung, Lagerung und Verwendung der Heizstoffe zusteht.

III Bei der Wahrnehmung ihrer Aufgaben hat die Mietervertretung dahin zu wirken, daß die Vertragsteile Forderungen und Maßnahmen unterlassen, welche die gemeinsamen Interessen der Vertragsteile oder das Gemeininteresse schädigen.

Mietenverzeichnis.

§ 18. I Die oberste Landesbehörde kann allgemein oder für bestimmte Gemeinden anordnen, daß der Vermieter der Gemeindebehörde binnen einer bestimmten Frist anzuzeigen hat, was ihm über die Höhe der das Haus betreffenden Friedensmieten (§ 2 Abs. 1 Satz 1) bekannt ist. In den Fällen des § 2 Abs. 3, 4 und 5 hat das Mieteinigungsamt die von ihm festgestellte oder festgesetzte Friedensmiete der Gemeindebehörde mitzuteilen.

II Die Gemeindebehörden haben die Anzeigen zu sammeln und nach näherer Bestimmung der obersten Landesbehörde aufzubewahren. Die oberste Landesbehörde bestimmt auch die Form und den Inhalt der von dem Vermieter zu erstattenden Anzeige.

Schlußbestimmungen.

§ 19. I Auf die nach diesem Gesetze den Vertragsteilen zustehenden Rechte kann nicht verzichtet werden. Eine Vereinbarung, nach der einem Vertragsteil bei Ausübung der Rechte besondere Nachteile erwachsen sollen, ist unwirksam.

II Die Vorschriften dieses Gesetzes finden auch auf Verträge Anwendung, die unter Umgehung oder zum Zwecke der Umgehung des Gesetzes abgeschlossen sind.

§ 20. Tritt die gesetzliche Miete an die Stelle des vereinbarten Mietzinses, so richtet sich die Verpflichtung zur Tragung der Betriebskosten und zur Instandhaltung des Mietraums nach den Vorschriften des Bürgerlichen Gesetzbuchs; außerdem erlischt jede vom Vermieter oder Mieter übernommene, ihm nach den Vorschriften des Bürgerlichen Gesetzbuchs über den Mietvertrag nicht obliegende Verpflichtung, sofern sie auf die Festsetzung der Höhe des Mietzinses offenbar von Einfluß war. Im übrigen bleiben die auf Gesetz oder Vertrag beruhenden Rechte und Pflichten der Vertragsteile unberührt.

§ 21. Die Reichsregierung kann mit Zustimmung des Reichsrats Vorschriften zur Ausführung dieses Gesetzes erlassen. Soweit sie von dieser Befugnis keinen Gebrauch macht, kann die oberste Landesbehörde die Ausführungsvorschriften erlassen.

§ 22. Die oberste Landesbehörde kann die in diesem Gesetz ihr selbst oder der Gemeindebehörde zugewiesenen Befugnisse allgemein oder in bestimmten Fällen anderen Stellen übertragen. Sie kann anordnen, daß die Berechnung der gesetzlichen Zuschläge in bestimmten Gemeinden oder Gemeindeteilen nach anderen Grundsätzen erfolgen soll, als im Gesetze vorgesehen ist, insbesondere, daß die Zuschläge für einzelne Mieträume besonders zu berechnen sind. Sie kann nach Anhörung des Reichsarbeitsministers weiter anordnen, daß bestimmte Gemeinden oder Gemeindeteile oder bestimmte Arten von Mieträumen von den Bestimmungen dieses Gesetzes auszunehmen sind; sie kann nach Anhörung des Reichsarbeitsministers ferner anordnen, daß für das Land oder für bestimmte Gemeinden oder Gemeindeteile die gesetzliche Miete für alle Mietverhältnisse gelten soll.

§ 23. Ein Vermieter, der eine ihm nach § 1 Abs. 4 oder § 18 obliegende Anzeige vorsätzlich nicht oder nicht rechtzeitig erstattet oder wissentlich unrichtige oder unvollständige Angaben macht, wird mit Geldstrafe bis zu hunderttausend Mark oder mit Haft bestraft.

§ 24. [I]Dieses Gesetz tritt zu dem von der obersten Landesbehörde bestimmten Tage, spätestens am 1. Juli 1922 in Kraft; gleichzeitig tritt die Verordnung über Sammelheizung und Warmwasserversorgungsanlagen in Mieträumen vom 22. Juni 1919 (Reichsgesetzbl. S. 595) / 29. Oktober 1920 (Reichsgesetzbl. S. 1846) außer Kraft. Ein auf Grund der bisherigen Vorschriften festgesetzter Mietzins gilt als vereinbart.

[II]Das Gesetz tritt mit dem 1. Juli 1926 außer Kraft.

---

4. Bayer. Verordnung über die gesetzliche Miete.

Vom 28. März 1924 (GVBl. S. 139).

Auf Grund der §§ 27 und 31 der dritten Steuernotverordnung vom 14. Februar 1924 (RGBl. S. 74) wird über die Mietzinsbildung bestimmt:

1. Die gesetzliche Miete besteht bis auf weiteres aus einem Betrage, der in einem Hundertsatz der Friedensmiete ausgedrückt wird und in Goldmark zu berechnen ist. Der zur Deckung der Kosten der großen und der laufenden Instandsetzungsarbeiten bestimmte Anteil der gesetzlichen Miete wird hierbei besonders bezeichnet.

2. Die gesetzliche Miete kann für einzelne Gemeinden oder Arten von Gemeinden verschieden festgesetzt und nach Gruppen und Klassen von Mieträumen abgestuft werden. Bezüglich der Betriebskosten kann — unter entsprechender Minderung des Hundertsatzes der gesetzlichen Miete — für einzelne wie für alle Gemeinden des Landes das Umlegungsverfahren angeordnet oder zugelassen werden.

3. [I] Als Friedensmiete im Sinne dieser Bestimmungen gilt der Goldmarkbetrag des Mietzinses, der für die mit dem 1. Juli 1914 beginnende Mietzeit vereinbart war oder der auf Grund des § 2 RMG. festgesetzt worden ist.

[II] Vergütungen, die in der Friedensmiete für die Heizstoffe für Sammelheizung oder Warmwasserversorgung oder für Nebenleistungen der in § 4 Ziff. 4 der Ausführungsbek. zum Reichsmietengesetz vom 14. Juni 1922 (StAnz. Nr. 137) bezeichneten Art enthalten sind, sind abzurechnen. Der Betrag, der bei Sammelheizung abzurechnen ist, wird auf 10 v. H. der Friedensmiete und der Betrag, der bei Warmwasserversorgung abzurechnen ist, auf 3 v. H. der Friedensmiete festgesetzt; bei hochwertigen Geschäftsräumen kann das Mieteinigungsamt im Einzelfalle den Abzug für Sammelheizung und Warmwasserversorgung entsprechend niedriger festsetzen. Die Festsetzung der Höhe der Beträge, die für Nebenleistungen von der Friedensmiete abzurechnen sind, bleibt der Vereinbarung der Beteiligten überlassen; im Streitfalle entscheidet das Mieteinigungsamt.

4. Für Räume, die zu gewerblichen Zwecken (§ 1 der Reichsgewerbeordnung) hergestellt sind oder mit Zustimmung der Gemeindebehörde für gewerbliche Zwecke verwendet werden, kann ein Zuschlag zur gesetzlichen Miete festgesetzt werden. Der Zuschlag ist in einem Hundertsatz der Friedensmiete auszudrücken und in Goldmark zu berechnen.

5. Die Festsetzung der Höhe der gesetzlichen Miete (Ziff. 1) und des Zuschlages für gewerbliche Räume (Ziff. 4), sowie die Erlassung der näheren Bestimmungen über die Mietzinsbildung obliegt dem Staatsministerium für Soziale Fürsorge, dem die vorherige Anhörung des „Landesausschusses für Mietzinsbildung" anheimgestellt bleibt.

6. Die §§ 19 mit 25 der Ausführungsbek. zum Reichsmietengesetz vom 14. Juni 1922 (StAnz. Nr. 137) werden mit Wirkung vom 1. April ds. Js. ab aufgehoben; vom gleichen Zeitpunkt ab erlöschen auch die bisher auf Grund des § 25 a. a. O. für die Kosten großer Instandsetzungsarbeiten bewilligten Sonderzuschläge.

7. Soweit im Vorstehenden nichts anderes bestimmt ist, bleibt das Reichsmietengesetz samt den dazu erlassenen Ausführungsbestimmungen in Geltung.

---

5. Bundesratsbekanntmachung vom 7. Nov. 1918

(RGBl. S. 1298),

verlängert durch Gesetz vom 15. März 1924 (RGBl. I S. 257) über die

Bildung von Wohnungsverbänden.

[I] Hiernach können Gemeinden, Gutsbezirke und Gemeindeverbände

1. sich zur Vorbereitung und Durchführung von Notmaßnahmen zur Bekämpfung des Wohnungsmangels zu Verbänden (Wohnungsverbänden) mit staatlicher Genehmigung zusammenschließen oder

2. durch Anordnung der Landeszentralbehörde zu solchen Wohnungsverbänden zusammengeschlossen werden, soweit sie räumlich oder wirtschaftlich zusammengehören.

II Ausführungsbestimmungen erlassen die Länder.*)

III Die Geltungsdauer der Verordnung ist bis zum 31. März 1927 verlängert.

---

*) Vgl. dazu bayer. MinBek. vom 9. und 19. August 1920 (StAnz. Nr. 185 u. 195) mit dem Muster einer Satzung für Wohnungsverbände.

---

6. Verordnung zur Behebung der dringendsten Wohnungsnot.

Vom 9. Dezember 1919 (RGBl. S. 1968).

Vorbemerkung.

Die Verordnung bezweckt, zur Behebung der dringendsten Wohnungsnot namentlich dadurch beizutragen, daß Unternehmern, insbesondere gemeinnützigen Bauunternehmungen, die ein verständiges Bauvorhaben durchführen wollen, alle unnötigen Schwierigkeiten und Widerstände schnellstens aus dem Wege geräumt werden. Den Bezirkswohnungskommissaren sind zu diesem Zwecke weitgehende Befugnisse gegeben worden.

Die bayer. VollzVO.*) wurde am 13. August 1921 (StAnz. Nr. 195) erlassen; von einem Abdruck des Beschleunigungserlasses vom 10. September 1921 (StAnz. Nr. 221), der materiell nichts Neues enthält, wurde abgesehen.

---

*) Die wesentlichen Bestimmungen der bayer. Verordnung haben folgenden Wortlaut:

Unter Aufhebung der Bekanntmachungen vom 25. Februar 1919 und 8. Mai 1919 betr. die Bestellung von Bezirkswohnungskommissaren („Bayer. Staatsanzeiger" Nr. 54 u. 122) sowie der coburgischen Ausführungsverordnung vom 12. Februar 1920 („Coburger RegBl." S. 69) wird zum Vollzug der Verordnung zur Behebung der dringendsten Wohnungsnot vom 9. Dezember 1919 (RGBl. S. 1968 ff.) folgendes verordnet:

1. I Die Befugnisse der „Bezirkswohnungskommissare" im Sinne der Verordnung werden durch die Regierungen, Kammern des Innern, ausgeübt.

II Ihnen obliegen auch die Verfügungen nach § 9 der Verordnung.

2. I Die Verfügung nach §§ 8, 9 und 10 Abs. 2 sind im Benehmen mit der Rohstoffwirtschaftsstelle in München zu treffen.

II Die Bewirtschaftung der durch eine Verfügung nach §§ 8, 9 und 10 Abs. 2 zu gewinnenden oder gewonnenen Baustoffe obliegt der Rohstoffwirtschaftsstelle.

3. I Die endgültig entscheidenden Berufungsbehörden im Sinne von § 4 Abs. 3 der Reichsverordnung werden bei den Landgerichten gebildet.

§ 1. Die Landeszentralbehörden sind verpflichtet, für diejenigen Bezirke, in denen sich ein dringendes Bedürfnis nach Klein- und Mittelwohnungen in der Übergangszeit nach dem Kriege herausstellt, zur schnellen Durchführung der Unterbringung obdachloser Familien Bezirkswohnungskommissare zu bestellen.

§ 2. Dem Bezirkswohnungskommissar liegt die Förderung der Herstellung geeigneter Klein- und Mittelwohnungen innerhalb seines Verwaltungsbezirks ob.

§ 3. Steht für Klein- und Mittelwohnungen Bau- und Gartenland in passender Lage zu angemessenem Preise nicht zur Verfügung, so ist der Bezirkswohnungskommissar befugt, geeignete Grundstücke gegen angemessene Entschädigung zu enteignen. Wertsteigerungen, die auf außerordentliche Verhältnisse des Krieges zurückzuführen sind, dürfen bei Festsetzung der Entschädigung nicht berücksichtigt werden.

§ 4. I Vor der Enteignung ist den von ihr Betroffenen und der Gemeinde oder dem Gemeindeverbande Gelegenheit zur Äußerung zu geben.

II Die Enteignung erfolgt ohne besonderes Verfahren durch formlosen Bescheid an den Eigentümer. In dem Bescheid ist anzugeben, zu wessen Gunsten die Enteignung stattfindet und welche Entschädigung gezahlt werden wird.

III Die Enteignung wird mit der Zustellung des Enteignungsbescheids an den Eigentümer wirksam. Gegen die Festsetzung der Ent-

---

Zuständig ist die Berufungsbehörde bei demjenigen Landgericht, in dessen Bezirk das Grundstück liegt.

II Die Berufungsbehörde besteht aus einem Richter des Landgerichts als Vorsitzenden und zwei weiteren Richtern, sowie zwei nichtrichterlichen Mitgliedern als Beisitzern.

Ziff. 4—7 regeln die Bestellung der Berufungsbehörde.

8. Die Dienstaufsicht über die Geschäftsführung der Berufungsbehörden führt das Staatsministerium der Justiz im Benehmen mit dem Ministerium für Soziale Fürsorge.

9. . . . . . .

10. Der Antrag auf Entscheidung der Berufungsbehörde (§§ 4 Abs. 3, 5 Abs. 2, 6 Abs. 2, 7 Abs. 3, 10 Abs. 3, 11 Abs. 2 der Verordnung) kann von dem durch die Entscheidung des Bezirkswohnungskommissars Betroffenen und von demjenigen, zu dessen Gunsten die Entscheidung ergangen ist, gestellt werden. Der Antrag ist beim Bezirkswohnungskommissar oder bei der Berufungsbehörde binnen einer Notfrist von 14 Tagen nach der Zustellung des Bescheids schriftlich oder zu Protokoll zu stellen. Er soll unter Darlegung der Sachlage und Angabe der Beweismittel kurz begründet werden. Der Antragsteller soll die ihm zugänglichen Beweisurkunden beifügen.

Ziff. 11—22 enthält Vorschriften über das Verfahren vor der Berufungsbehörde.

23. Etwa erforderliche Vollzugsvorschriften zu dieser Verordnung erlassen die Staatsministerien der Justiz, des Innern und für Soziale Fürsorge gemeinsam.

schädigung kann jeder Beteiligte innerhalb von vierzehn Tagen, nachdem sie ihm zugestellt ist, die Entscheidung einer von der Landeszentralbehörde zu bestimmenden Berufungsbehörde, welche endgültig entscheidet, anrufen; im übrigen ist der Bescheid des Bezirkswohnungskommissars unanfechtbar.

IV Der Reichsarbeitsminister wird ermächtigt, das Nähere zu bestimmen.

§ 4 hat rückwirkende Kraft RG. VII 24. Mai 1921 RG. 102, 211.

§ 5. I An Stelle der völligen Entziehung des Eigentums kann der Bezirkswohnungskommissar auf Antrag des Eigentümers die Belastung des Grundstücks mit einem Erbbaurecht aussprechen. Er setzt in diesem Falle mangels Einigung der Beteiligten einen Erbbauvertrag, insbesondere einen angemessenen Erbbauzins, fest.

II Die Vorschriften des § 4 gelten entsprechend; an die Stelle der Entschädigung tritt der Erbbauzins. Der Erbbauvertrag gilt mit der Zustellung an den Eigentümer als geschlossen.

Vgl. die Verordnung über das Erbbaurecht vom 15. Januar 1919. Dazu Kober, ErgBd. zu Staudinger Bd. III.

§ 6. I Zur Bereitstellung des für Behelfsbauten (Holzhäuser, Leichtbauten, Baracken) nötigen Geländes kann der Bezirkswohnungskommissar an Stelle der Enteignung eine Zwangspachtung für die Dauer bis zu dreißig Jahren gegen Zahlung eines angemessenen jährlichen Pachtzinses aussprechen. Er setzt in diesem Falle mangels Einigung der Beteiligten einen Pachtvertrag fest.

II Die Vorschriften des § 4 gelten entsprechend; an die Stelle der Entschädigung tritt der Pachtzins. Der Pachtvertrag gilt mit der Zustellung an den Eigentümer als geschlossen.

Die rechtliche Natur der in den §§ 6, 8 und 9 vorgesehenen Zwangspachtverträge ist die gleiche wie die des Zwangsmietvertrags nach § 4 WMG. (I 158). Zwangspachtverträge sind ferner vorgesehen in § 5 der Kleingarten- und Kleinpachtlandordnung vom 31. Juli 1919 (RGBl. S. 1371), in den §§ 2 und 7 der Verordnung über die Sicherung der Landbewirtschaftung vom 4. Februar 1919 (RGBl. S. 179) und § 1 des Gesetzes über ein Enteignungsrecht von Gemeinden bei Aufhebung oder Ermäßigung von Rayonbeschränkungen vom 27. April 1920 (RGBl. S. 697).

§ 7. I Zur Durchführung von Bau- oder Siedlungsvorhaben kann der Bezirkswohnungskommissar Befreiungen von bestehenden landesgesetzlichen Vorschriften, Verordnungen, Ortsstatuten und Bauordnungen eintreten lassen oder Fristen zur Erledigung der erforderlichen Genehmigungsverfahren festsetzen. Ist ein Verfahren nach Ablauf der von dem Bezirkswohnungskommissar dafür festgesetzten Frist nicht durchgeführt oder sind die Widersprüche von Beteiligten nicht behoben, so hat der Bezirkswohnungskommissar das Recht, an Stelle der sonst zuständigen Verwaltungs- und Gemeindebehörden die Genehmigungen zu erteilen und die aus Anlaß des Bau- oder Siedlungsvorhabens zu zahlenden Gebühren und Beiträge festzusetzen. Hierbei ist er an die Vorschriften der Landesgesetze, Verordnungen, ortsstatutarischen Bestimmungen und Bauordnungen nicht gebunden.

II Der Bezirkswohnungskommissar kann auch anordnen, daß die Gemeinden, Gemeindeverbände oder sonstigen Eigentümer den Anschluß an ihre Versorgungsnetze oder Entwässerungsanlagen unter den von ihm festzusetzenden angemessenen Bedingungen gestatten.

III Der Bescheid des Bezirkswohnungskommissars wird mit der Zustellung an die beteiligten Gemeinden, Gemeindeverbände oder sonstigen Eigentümer wirksam. Gegen die Festsetzung der Entschädigung kann der Eigentümer, soweit es sich nicht um kommunale Versorgungsnetze oder Entwässerungsanlagen handelt, innerhalb von vierzehn Tagen, nachdem sie ihm zugestellt ist, die Entscheidung der Berufungsbehörde (§ 4 Abs. 3) anrufen; im übrigen ist der Bescheid des Bezirkswohnungskommissars unanfechtbar.

IV Die Gemeinde oder der Gemeindeverband hat kein Widerspruchsrecht gegen die Ausführung und Ingebrauchnahme der auf Anordnung des Bezirkswohnungskommissars errichteten Wohnungen.

§ 8. Der Bezirkswohnungskommissar kann die in seinem Bezirke belegenen, der Herstellung von Baumaterialien und Bauteilen aller Art dienenden Werke zur Wiederaufnahme des Betriebs anhalten und, wenn sie der an sie ergangenen Aufforderung nicht nachkommen, die Beschlagnahme des Betriebs und seine Übertragung an einen von ihm zu bestimmenden Dritten anordnen. Über die Auseinandersetzung mit dem Eigentümer und den Eintritt in bestehende Lieferungs- und Ausbeutungsverträge bestimmt mangels Einigung der Beteiligten der Bezirkswohnungskommissar. Über die Höhe einer festgesetzten Entschädigung kann jeder Beteiligte innerhalb eines Monats die Entscheidung des ordentlichen Gerichts anrufen; im übrigen ist die Bestimmung des Bezirkswohnungskommissars unanfechtbar.

§ 9. Die Landeszentralbehörde oder die von ihr bestimmte Stelle kann die in ihrem Bezirke belegenen, der Herstellung von Baustoffen oder Bauteilen dienenden Werke, deren Inhaber oder Betriebsleiter den Vorschriften über Festsetzung der Richt- oder Höchstpreise zuwidergehandelt oder beschlagnahmte oder bewirtschaftete Baustoffe der Beschlagnahme oder Bewirtschaftung entzogen haben und deshalb rechtskräftig bestraft sind, beschlagnahmen und die Übertragung des Betriebs an einen von ihr zu bestimmenden Dritten anordnen. § 8 Satz 2 und 3 gilt entsprechend.

Zuständig sind in Bayern die Regierungen, Kammern des Innern, die die Verfügungen im Benehmen mit der Rohwirtschaftsstelle zu treffen hat (Ziff. 1 u. 2 VollzV.).

§ 10. I Soweit der Unternehmer sich das nötige Bauholz nicht rechtzeitig und zu angemessenen Preisen zu beschaffen vermag, kann der Bezirkswohnungskommissar Holzbestände aus Forsten gegen angemessene Entschädigung enteignen. Dabei ist er jedoch an die Anordnungen gebunden, die vom Reiche oder von den Ländern für die Bewirtschaftung des Holzes getroffen werden. Die Enteignung erfolgt zugunsten der Gemeinde, des Gemeindeverbandes oder einer gemeinnützigen Unternehmung, in deren Bezirk der Bau ausgeführt wird; als gemeinnützige Unternehmungen gelten diejenigen, die als solche von der Landeszentralbehörde anerkannt sind. Die Bedingungen der Weiterlieferung an den Unternehmer setzt mangels Einigung der Beteiligten der Bezirkswohnungskommissar fest.

II Die gleichen Befugnisse sowie das Recht der Beschlagnahme hat der Bezirkswohnungskommissar für die zur Durchführung des Bauvorhabens erforderlichen Naturerzeugnisse sowie Halb- und Fertigfabrikate.

III Für das Enteignungsverfahren gelten die Vorschriften des § 4 entsprechend. Auf Antrag des Eigentümers kann der Bezirkswohnungskommissar den Eintritt der Wirkung der Enteignung davon abhängig machen, daß der Wert der enteigneten Sachen festgestellt wird. Für die Feststellung gelten § 486, § 487 Nr. 1 bis 3, §§ 490 bis 494 der Zivilprozeßordnung entsprechend; die Berufungsbehörde hat die Einleitung des Verfahrens anzuordnen, wenn ihr der diesbezügliche Enteignungsbescheid des Bezirkswohnungskommissars vorgelegt wird.

§ 11. Werden bei Neubauten, die der Herstellung von Wohnungen dienen können, die Bauarbeiten länger als sechs Monate unterbrochen, so kann der Bezirkswohnungskommissar bei schuldhaftem Verzögern oder bei Leistungsunfähigkeit des Bauherrn das Baugrundstück zugunsten der Gemeinde enteignen, sofern diese bereit und in der Lage ist, den Bau unverzüglich bezugsfähig fertig herzustellen.

Die Enteignung erfolgt nach Bestimmungen der §§ 3 und 4.

§ 12. I Der Bezirkswohnungskommissar ist berechtigt, die Ausführung aller von ihm nicht für erforderlich erachteten Bauten, insbesondere Luxusbauten, zu verbieten sowie die Einstellung bereits begonnener Bauten anzuordnen. Die Landeszentralbehörde kann ferner anordnen, daß in bestimmten Bezirken Bauten, insbesondere Luxusbauten, nur mit Genehmigung des Bezirkswohnungskommissars ausgeführt werden dürfen.

II Der Bezirkswohnungskommissar kann auch die Verwendung bestimmter Baustoffe allgemein oder für besondere Fälle verbieten oder von seiner Genehmigung abhängig machen.

§ 13. I Wer als Bauherr oder als Bauunternehmer einer auf Grund des § 12 Abs. 1 getroffenen Anordnung der Landeszentralbehörde oder des Bezirkswohnungskommissars vorsätzlich zuwiderhandelt, wird mit Geldstrafe in der Höhe des doppelten Wertes des Bauwerks, soweit es unrechtmäßigerweise in Angriff genommen ist, mindestens jedoch von zehntausend und höchstens von einhundertfünfzigtausend Mark bestraft. Daneben kann auf Gefängnis bis zu sechs Monaten erkannt werden.

II Wer einer auf Grund des § 12 Abs. 2 getroffenen Anordnung des Bezirkswohnungskommissars zuwiderhandelt, wird mit Gefängnis bis zu sechs Monaten oder mit Geldstrafe bis zu zehntausend Mark bestraft.

Höchstbetrag der Geldstrafen bei Vergehen ist 10000 Goldmark (VO. vom 6. Februar 1924 [RGBl. I S. 44]).

§ 14. Die Landeszentralbehörden haben dem Reichsarbeitsministerium am Ende jedes Kalendervierteljahres Zusammenstellungen über die getroffenen Maßnahmen nach einem vorzuschreibenden Muster einzusenden.

§ 15. Der Reichsarbeitsminister erläßt die Bestimmungen zur Ausführung dieser Verordnung. Soweit er von dieser Befugnis oder von der Ermächtigung aus § 4 Abs. 4 keinen Gebrauch macht, können die Landesregierungen die erforderlichen Vorschriften erlassen.

§ 16. Den Zeitpunkt des Außerkrafttretens bestimmt der Reichsarbeitsminister.

---

7. Verordnung gegen den Wucher bei Vermittlung von Mieträumen.

Vom 31. Juli 1919/31. Mai 1920 (RGBl. 1919 S. 1364, 1920 S. 1201).

Vorbemerkung.

Die Verordnung ist gegen die Mißstände gerichtet, die sich bei der Vermittlung von Mieträumen durch wucherische Ausbeutung der wohnungsuchenden Personen gezeigt haben, und durch die die Schwierigkeiten des Wohnungswesens in bedenklicher Weise vergrößert werden. Besondere gesetzliche Maßnahmen waren erforderlich, weil die bestehenden gesetzlichen Vorschriften zu einem entschiedenen Vorgehen gegen diese Art des Wuchers nicht ausreichten.

Weitergehende Beschränkungen der Vermittlungstätigkeit können auf Grund des § 6 WMG. angeordnet werden (RGStr. 55, 88); so ist nach § 24 Abs. 3 bayer. WMBek. die Ankündigung in Zeitungen und Zeitschriften an die Zustimmung der Ortspolizeibehörde gebunden.

Ob und inwieweit die Vermietung von Räumen als solche einen Mietwucher enthält, ist nach den einschlägigen zivilrechtlichen und strafrechtlichen Vorschriften zu beurteilen.

In zivilrechtlicher Beziehung kommt § 138 Abs. 1 (Verstoß gegen die guten Sitten) und Abs. 2 (Wucher) BGB. in Betracht; über das Verhältnis der beiden Bestimmungen zueinander vgl. RG. VI 23. Dezember 1920 LZ. 1921, 216; III 14. Oktober 1921 RG. 103, 35. Ob die Voraussetzungen des § 138 BGB. im einzelnen Fall gegeben sind, bemißt sich nach den Umständen des einzelnen Falles; das Vorhandensein eines außerordentlich knappen Raumangebots in Zeiten außerordentlicher Wohnungsnot wird die Anwendungsmöglichkeit gegenüber der Vorkriegszeit erweitern, da die Stellung des Vermieters derzeit eine monopolartige ist (vgl. die zum Zusammenschluß der Spediteure ergangene Rechtsprechung in RG. 103, 82 u. 106, 386).

In strafrechtlicher Hinsicht dürfte unter Umständen § 4 der Preistreibereiverordnung vom 13. Juli 1923 (RGBl. I S. 700) in Betracht zu ziehen sein. Hiernach wird wegen Leistungswuchers bestraft,

> wer vorsätzlich für eine Leistung zur Befriedigung des täglichen Bedarfs — das Wohnungsbedürfnis zählt hieher — eine Vergütung fordert, die unter Berücksichtigung der gesamten Verhältnisse einen

übermäßigen Verdienst enthält oder eine solche sich oder einem anderen gewähren oder versprechen läßt.

Unter dem Begriff „Leistung" wird man wohl auch die Gebrauchsgewährung nach Mietrecht zu verstehen haben, zumal hier nach der bürgerlichrechtlichen Begriffsregelung auch noch die positive Fürsorgepflicht des Vermieters bezüglich der Instandhaltung der Mietsache in Frage kommt. Das Vermieten erfordert hiernach auch eine Arbeitstätigkeit (Verwaltung, § 4 RMG.), so daß auch die „Vergütung" hiefür im Mietzins eingeschlossen ist. Maßstab für die Ermittlung des „übermäßigen Verdienstes" bildet grundsätzlich die gesetzliche Miete; bei Neubauten werden die erhöhten Baukosten einerseits, andererseits die Erleichterung durch Gewährung öffentlicher Zuschüsse, die Abtragung der Bauschulden durch Rückzahlung in entwerteter Papiermark usw. zu berücksichtigen sein (vgl. auch § 3 Abs. 1 Satz 2, der hier entsprechend gilt). Die Anwendung des § 4 Abs. 1 entfällt, wenn der Mietzins von der zuständigen Behörde genehmigt oder festgesetzt ist, z. B. wenn gemäß Ziff. 4 u. 6 der „Bestimmungen" oben S. 165 ff. der Mietpreis bei Zuschußhäusern bemessen ist. Mietwucher findet sich zumeist bei der Vermietung möblierter Zimmer; gesetzliche Miete hiefür ist in § 14 RMG. geregelt.

§ 1. Es ist verboten, durch öffentliche Bekanntmachungen oder sonstige Mitteilungen, die für einen größeren Personenkreis bestimmt sind,

1. **Belohnungen für den Nachweis von Mieträumen oder den Abschluß von Mietverträgen über Mieträume auszusetzen,**
2. **Mieträume unter einer Deckadresse (Buchstabenadresse und dergleichen) anzubieten,**
3. **Mieträume anzubieten unter Aufforderung zur Abgabe von Preisangeboten,**
4. **Mietwohnungen unter der Bedingung des gleichzeitigen Erwerbes von Einrichtungsgegenständen anzubieten.**

Voraussetzung der Strafbarkeit der in Ziff. 1—4 bezeichneten Handlungen ist, daß sie

1. entweder durch öffentliche Bekanntmachung (z. B. Zeitungsinserate, öffentl. Plakatanschlag, Ausrufen usw.) oder
2. durch sonstige Mitteilungen erfolgen, die für einen größeren Personenkreis bestimmt sind, z. B. Mitteilungen an einzelne Personen, die in Erwartung oder mit dem Auftrage mündlicher oder schriftlicher Verbreitung gemacht sind, oder Verbreitung durch Rundschreiben usw. Das Angebot nur an eine einzelne Person genügt nicht.

Der Inhalt des Angebots richtet sich nach Ziff. 1—4; Mietverträge, die auf Grund einer hiernach strafbaren Handlung zustande kommen, sind nicht nach § 134 BGB. nichtig, da die strafbare Handlung nicht Gegenstand des Mietvertrages ist, § 1 nur das Handeln des einen der beiden Vertragschließenden verbietet.

Ziff. 1—3 umfassen Mieträume jeder Art, nicht nur Wohnräume; Ziff. 4 dagegen gilt nur für Wohnungen.

Zu Ziffer 1. Wegen des Begriffes Nachweis vgl. Erl. zu § 3, wegen des Mietvertrages Teil I S. 18. Auch das Versprechen einer

Prämie an den Vermieter selbst fällt hierunter. Die Aussetzung der Belohnung kann auch in Form der Auslobung (§ 657 BGB.) erfolgen.

Zu Ziffer 2. Das Anbieten unter einer Deckadresse ist auch dem Vermieter untersagt. Deckadresse ist jede Bezeichnung, die nicht jedem beliebigen Dritten die Person des Anbietenden ohne weiteres erkennen läßt. Pseudonyme fallen nicht ohne weiteres unter diesen Begriff.

Zu Ziffer 3. Die Aufforderung muß eine allgemeine sein; richtet sie sich nur an bestimmte einzelne Mietlustige, so liegt der Tatbestand der Ziffer 3 nicht vor.

Zu Ziffer 4. Hieher gehören insbesondere einzelne Zimmer; ob diese bisher zu anderen als Wohnzwecken, insbesondere als Büroräume, verwendet wurden, ist dann unerheblich, wenn sie gerade für Wohnzwecke nunmehr angeboten werden. Auch die Aufgabe der eigenen Wohnung gegen Übernahme der Einrichtungsgegenstände zugunsten eines Wohnungsuchenden gehört hieher. Erwerb ist Übernahme durch Kauf- oder Tauschvertrag.

§ 2. Wer dem Verbote des § 1 vorsätzlich zuwiderhandelt, wird mit Geldstrafe bis zu zehntausend Mark bestraft.

Strafbar ist nur die vorsätzliche Zuwiderhandlung gegen eines der Verbote des § 1. Kenntnis des Verbotsgesetzes ist nicht erforderlich. Jedoch kann nach der Bekanntmachung über die Verfolgung von Zuwiderhandlungen gegen Vorschriften über wirtschaftliche Maßnahmen vom 18. Januar 1917 (RGBl. S. 58) und vom 12. Februar 1920 (RGBl. S. 230) Straflosigkeit eintreten, wenn der Beschuldigte in unverschuldetem Irrtum über das Bestehen oder die Anwendbarkeit des § 1 die Tat für erlaubt gehalten hat.

Der Höchstbetrag der Geldstrafe ist, da es sich um ein Vergehen handelt, zehntausend Goldmark, die Mindeststrafe drei Goldmark (VO. vom 6. Februar 1924 RGBl. I S. 44).

§ 3. Die gleiche Strafe (§ 2) trifft denjenigen, welcher sich für den Nachweis oder die Vermittlung von Mieträumen von dem Mieter Vermögensvorteile versprechen oder gewähren läßt, die einen von der Gemeindebehörde für Rechtsgeschäfte dieser Art festgesetzten Satz übersteigen. Die Gemeindebehörden sind zur Festsetzung derartiger Sätze berechtigt.

Voraussetzung für die Anwendbarkeit dieser, den eigentlichen Mietvermittlungswucher treffenden Bestimmung ist, daß durch die Gemeindebehörde Provisionssätze festgesetzt und öffentlich bekanntgegeben sind. Wo dies nicht der Fall ist, ist für § 3 kein Raum; es könnte dann nur noch § 302e StGB. in Betracht kommen.

Verboten ist nicht nur die Annahme, sondern auch schon das Versprechenlassen einer übermäßigen Provision; nicht notwendig ist, daß der Versprechensempfänger die übermäßige Provision verlangt hat. Täter kann auch der Vermieter selbst sein. Nachweis ist die Mitteilung der Kenntnis von der Verfügungsmöglichkeit über Mieträume; Vermittlung ist jede Tätigkeit, die eine Verbindung zwischen Mietlustigen und Vermieter herstellt, sie muß nicht notwendig auch eine Mitwirkung beim Vertragsabschluß umfassen. Nachweis unter der Bedingung späteren Vertragsschlusses (Voraussetzung der Provision nach § 652

BGB.) fällt gleichfalls unter § 3. Die Vermögensvorteile können in jeder geldwerten Leistung bestehen. Als Mieträume kommen Räume jeder Art, nicht nur Wohnungen in Betracht.

Strafbar ist im Gegensatz zu § 2 Vorsatz und Fahrlässigkeit. Zivilrechtlich ist das Rechtsgeschäft, weil seinem Inhalt nach gegen § 3 verstoßend, nach § 134 BGB. nichtig, die etwa geleistete Zahlung kann in vollem Umfang zurückgefordert werden.

§ 4. Diese Verordnung tritt mit dem Tage der Verkündung in Kraft. Der Reichsarbeitsminister bestimmt den Zeitpunkt, an dem sie außer Kraft tritt; sie tritt spätestens am 31. Dezember 1925 außer Kraft.

---

8. Verordnung über den Verkehr mit landwirtschaftlichen Grundstücken.

Vom 15. März 1918 (RGBl. S. 123).

Vorbemerkung.

Bis zum 15. September 1919 galten in Bayern für den Verkehr mit landwirtschaftlichen Grundstücken die Bek. des Kriegsministeriums vom 15. Oktober 1917 und 15. März 1918 (StAnz. Nr. 241/1917 und Nr. 67/1918). Hiernach hatte das Kriegsministerium auf Grund des Kriegszustandsgesetzes angeordnet, daß zur Veräußerung eines landwirtschaftlichen Grundstücks die Genehmigung der Distriktsverwaltungsbehörde eingeholt werden muß, wenn der Erwerber nicht Landwirt ist. Als Landwirte im Sinne der Vorschrift waren nur solche Personen anzusehen, die die Landwirtschaft selbständig oder unselbständig im Hauptberufe ausüben. Die Vorschrift sollte unter anderem eine Handhabe bieten, um dem damals vielfach beklagten Überhandnehmen des gewerbsmäßigen Güterhandels wirksam entgegentreten zu können; auch sollte verhindert werden, daß durch den Krieg in außerordentlichem Maße reichgewordene Leute (Kriegsgewinnler) landwirtschaftlichen Besitz erwerben, ohne selbst willens und in der Lage zu sein, die landwirtschaftliche Erzeugung entsprechend zu fördern. Vgl. im allgemeinen Osthelder, BayNotZ. 1917, 372; Schmitt, BayNotZ. 1918, 115, auch die Mitteilungen S. 347; wegen des Übergangsrechts Schanz, BayNotZ. 1920, 146.

Seit dem 15. September 1919 gilt auf Grund der Ziff. 1 der Min.-Bek. vom 5. September 1919 (MGBl. S. 211) auch in Bayern die Bundesratsbekanntmachung über den Verkehr mit landwirtschaftlichen Grundstücken vom 15. März 1918. Sie verfolgt gleich der beiden KMC. in erster Linie den Zweck, der Gefährdung der Volksernährung durch den Rückgang der landwirtschaftlichen Erzeugung entgegenzutreten. Diese Gefährdung liegt darin, daß infolge der zahlreichen Veräußerungen landwirtschaftliche Grundstücke vielfach in fremde Hände kommen, die an der ordnungsgemäßen Bewirtschaftung kein Interesse haben (RG. 106, 146). Die Verordnung dient weiterhin dem Schutze der Selbständigkeit der Landwirte und soll sie vor Ausbeutung durch kapitalkräftige Personen schützen.

Die VO., deren Auswirkung durch landesrechtliche Normen (§§ 8, 9) bestimmt wird, zerfällt in zwei Abschnitte: die §§ 1—5 beschränken die Veräußerung von Grundstücken sowie Vereinbarungen hinsichtlich des Genusses der Grundstückserzeugnisse, während § 6 die rechtliche Grundlage zu einem Verbot der Veräußerung oder Entfernung von Grundstücksinventar schafft. § 7 verleiht den behördlichen Anordnungen nach beiden Richtungen den erforderlichen Nachdruck durch Strafandrohung. Im einzelnen gilt:

1. Dingliche und schuldrechtliche Grundstücksveräußerungsverträge sowie Vereinbarungen über den Genuß der Erzeugnisse bedürfen der Genehmigung der zuständigen Behörde: die zivilrechtliche Wirksamkeit solcher Rechtsgeschäfte ist an die Genehmigung der Verwaltungsbehörde geknüpft; fehlt diese oder wird sie verweigert, so entbehrt das Rechtsgeschäft, mag es sonst auch allen Erfordernissen des BGB. genügen, der Rechtswirksamkeit. Wegen des Schwebezustandes vgl. Anm. 3 zu § 1.

Die Genehmigungspflicht des Rechtsgeschäftes entfällt

a) bei Grundstücken, die eine bestimmte Größe — in Bayern ein Hektar statt der in § 1 vorgesehenen fünf Hektar — nicht überschreiten, es sei denn, daß es sich um Bestandteile eines mehr als 1 ha umfassenden, einheitlich bewirtschafteten Grundstückes handelt,

b) bei Rechtsgeschäften der in § 2 VO. bezeichneten Art.

Die Erteilung oder Verweigerung der Genehmigung ist dem pflichtgemäßen, im Beschwerdeweg nach Maßgabe des § 5 nachprüfbaren Ermessen der Behörde überlassen. Wegen der Einschränkung dieses Ermessens vgl. § 3 Anm. 1.

Die Eintragung einer Rechtsänderung im Grundbuch, für die die erforderliche Genehmigung der zuständigen Behörde fehlt, ist als fehlerhafte und darum unzulässige, aber wirksame Eintragung zu behandeln; sie macht das Grundbuch unrichtig. Deshalb hat der Grundbuchrichter nach § 54 GBO. von Amts wegen einen Widerspruch einzutragen. Darüber hinaus gibt § 4 VO. der zuständigen Behörde die Befugnis, die Eintragung eines Widerspruchs zu verlangen. Die Löschung des Widerspruchs regelt § 4 Abs. 2.

2. Unabhängig von dem Genehmigungszwang bei rechtsgeschäftlichen Verfügungen der in § 1 VO. bezeichneten Art gibt § 6 der zuständigen Behörde die Befugnis, die Veräußerung oder Entfernung des zu einem landwirtschaftlichen Grundstück gehörenden — lebenden oder toten — Inventars oder einzelner Stücke desselben zu untersagen, wenn dadurch die ordnungsgemäße Bewirtschaftung des Grundstücks gefährdet wird. Gegen das Verbot ist Beschwerde zulässig.

Die VO. ist ursprünglich nur als Kriegsmaßnahme gedacht; ihre Weiterentwicklung zu einem selbständigen Grundstücksverkehrsrecht, das ähnlich dem Mieterschutzrecht hinsichtlich der Benutzung bebauter Grundstücke das Veräußerungsrecht des Grundbesitzers unter dem Gesichtspunkt der Unterordnung des Einzelwillens unter die Interessen der Gesamtheit Beschränkungen unterwirft, wird von dem gleichen Grundgedanken getragen werden müssen wie die Fortentwicklung des Mietrechts zu einem allgemeinen Nutzungsrecht: Zurückdrängung privater Interessen zugunsten des Gemeinwillens (I 8 und Erl. zu § 9).

Über die Gültigkeit landesgesetzlicher Beschränkungen des Grundstücksverkehrs vgl. einerseits RG. 107, 262 (bejahend), andererseits Sinoschewer JW. 1924, 784, Recht 1924, 48 und Gruch. 67, 15 (verneinend).

Die landesrechtlichen Ausführungsanordnungen für Bayern umfassen die Vollzugsbekanntmachung vom 5. September 1919 (MABl. S. 211) sowie die Ausführungsbestimmungen vom gleichen Tage (MABl. S. 213); beide sind jeder Vorschrift der Verordnung angefügt. Weiter gehören hieher VollzBek.: MBek. vom 27. Mai 1920 (StAnz. Nr. 123), vom 17. September 1920 (StAnz. Nr. 220), vom 25. Oktober 1922 (StAnz. Nr. 251). Wegen der von den Bezirksverwaltungsbehörden zu führenden Verzeichnisse über Veräußerungen und Verpachtungen s. ME. vom 28. Mai 1924 (StAnz. Nr. 128).

Die Rechtsprechung ist, soweit zugänglich, bei den Erl. verwertet; aus dem Schrifttum ist zu erwähnen: Bendix, LZ. 1918, 665 u. JW. 1918, 494; Holzapfel, Recht 1918, 285; Kratzer, BayGemVZ. 1923, 248; Macher, DJZ. 1920, 716; Marcus, Ges. u. R. 19, 205 u. ZBlFG. 19, 105; Predari, Gruch. 62, 433; Reblich, DJZ. 1918, 529; Riehl, DJZ. 1918, 276 und Skalweit, JW. 1919, 494.

§ 1. **Die Auflassung eines Grundstücks[1], die Bestellung eines dinglichen Rechtes zum Genusse der Erzeugnisse eines Grundstücks sowie jede Vereinbarung[2], welche den Genuß der Erzeugnisse oder die Verpflichtung zur Übereignung eines Grundstücks zum Gegenstande hat, bedarf, wenn[1] das Grundstück über fünf Hektar groß ist, zu ihrer Wirksamkeit der Genehmigung[3] der zuständigen[4] Behörde. Die Genehmigung kann auch unter Auflagen[5] erteilt werden[6].**

VollzBek. Ziff. 2:

I Die Grundstücksgrösse, von der ab die Genehmigung nach § 1 der Bundesratsverordnung erforderlich ist, beträgt mehr als 1 ha.

II Darnach bedarf die Auflassung eines Grundstückes, die Bestellung eines dinglichen Rechtes zum Genusse der Erzeugnisse eines Grundstückes, sowie jede Vereinbarung, welche den Genuss der Erzeugnisse oder die Verpflichtung zur Übereignung eines Grundstückes zum Gegenstande hat, zu ihrer Wirksamkeit der Genehmigung der zuständigen Behörde, wenn das Grundstück über 1 ha gross ist, oder wenn es Bestandteil eines mehr als 1 ha umfassenden Grundbesitzes ist, der bisher zusammen bewirtschaftet worden ist. Die Genehmigung kann auch unter Auflagen erteilt werden.

VollzBek. Ziff. 3:

Zuständige Behörde im Sinne der Bundesratsverordnung ist die Bezirksverwaltungsbehörde, in deren Bezirk das Grundstück gelegen ist, in den unmittelbaren Städten der Stadtrat. Erstreckt sich ein Grundstück über mehrere Bezirke, so ist zuständig diejenige Bezirksverwaltungsbehörde, in deren Bezirk der Betriebssitz, oder, wenn ein solcher nicht vorhanden ist, der grössere Teil des Grundstücks liegt.

AusfBest. hierzu:

Zu § 1: I Die Vorschrift erstreckt sich auf alle Grundstücksarten; sie erklärt als genehmigungspflichtig Grundstückgeschäfte sowohl dinglicher als auch schuldrechtlicher Art, z. B. Kauf, Tausch, Pacht, Nießbrauch. Unter Vereinbarungen, die den Genuß der Erzeugnisse zum Gegenstande haben, sind nur Pacht- und pachtähnliche Verträge zu verstehen, die dem Erwerber auf Grund der Gebrauchsüberlassung oder Besitzübertragung des Grundstückes den unmittelbaren Genuß der Erzeugnisse desselben ermöglichen. Daher sind nicht genehmigungspflichtig Verträge zwischen Originalzüchtern und Landwirten über Vermehrung von Saat (Vermehrungsverträge), in denen sich der Züchter den Erwerb des Eigentums an der Samenernte sichert, ebensowenig Anbau- und Lieferungsverträge (z. B. zwischen Zuckerfabriken und Landwirten, zwischen Genossenschaftsbrennereien und Landwirten, zwischen Trocknungsanstalten und Landwirten usw.).

II Von der Genehmigung hängt die Wirksamkeit des Geschäftes ab; solange die Genehmigung nicht erfolgt, ist es unwirksam.

III Der Begriff Grundstück ist im wirtschaftlichen Sinne zu verstehen. Als ein Grundstück gelten daher auch mehrere zusammen bewirtschaftete, eine Wirtschaftseinheit bildende Grundstücke.

IV Einzelgrundstücke mit nicht mehr als 1 ha Fläche sind nur dann genehmigungspflichtig, wenn sie bisher zusammen mit anderen Grundstücken einheitlich in einem Grundstücke bewirtschaftet wurden, das mehr als 1 ha umfaßt. Einzelgrundstücke mit einem Flächeninhalte von mehr als 1 ha unterliegen in allen Fällen der Genehmigungspflicht, gleichgültig, ob sie für sich oder zusammen mit anderen bewirtschaftet wurden.

V Die Auflage, unter der die Genehmigung erteilt wird, kann z. B. dahingehen, daß ein bisher als Ackerland bewirtschaftetes Grundstück nicht aufgeforstet wird, daß ein Anwesen nicht zertrümmert wird, daß es innerhalb einer bestimmten Frist nicht weiter veräußert wird usw. Die Einhaltung der Auflage, die entsprechend zu überwachen ist, gehört nicht zu den Voraussetzungen der Wirksamkeit des Rechtsgeschäfts. Dagegen macht sich, wer die Auflage nicht erfüllt, nach § 7 Abs. 1 Nr. 2 der VO. strafbar.

VI Soweit es sich um Kauf landwirtschaftlicher Grundstücke handelt, wird in allen Fällen das Vorkaufsrecht der Bayer. Landessiedlung, G. m. b. G., auf Grund des Reichssiedlungsgesetzes und der Ausführungsbestimmungen hiezu in Frage kommen. Ihre Erklärung ist von der zuständigen Behörde herbeizuführen, wenn sie nicht bereits vorliegt.

1. G r u n d s t ü c k im Sinne dieser VO. ist jedes abgegrenzte Stück der Erdoberfläche (Ausschnitt) mit dem darunter befindlichen Teil des Erdkörpers, gleichviel ob bebaut oder unbebaut (Sportplätze), ob für landwirtschaftliche oder andere z. B. gewerbliche Zwecke bestimmt oder benutzt. Aus der Überschrift „Verkehr mit l a n d w i r t s c h a f t l i c h e n Grundstücken" folgt keineswegs, daß z. B. ein städtisches Grundstück nicht unter die VO. fällt; vielmehr ist jedes Grundstück der Genehmigungspflicht unterstellt, sofern es nur die erforderliche Größe hat (RG. JW. 1922, 491 = BayZfR. 1922, 47). Allerdings hat, wie auch die Vorschrift des § 3 ersehen läßt, die VO. in erster Linie die Regelung der landwirtschaftlichen Grundstücksverhältnisse im Auge und praktisch wird sich die Anwendung in der Regel — zumal mit Rücksicht auf die Größe — hierauf beschränken (vgl. § 3 Anm. 1). Ob die eine oder andere Zweckbestimmung (§ 3) vorliegt, hat ausschließlich die Verwaltungsbehörde zu entscheiden. Eine Nachprüfung dieser Frage durch das ordentliche Gericht findet hier nicht statt (so auch RG. V 13. März 1920 LZ. 1920, 693; a. M. R i e h l, DJZ. 1918, 279); eine Überschreitung der Zuständigkeit (I 36) wird hier regelmäßig nicht in Betracht kommen (vgl. aber unten Anm. 4). Auch der beurkundende Notar kann nicht über die Anwendbarkeit der Vorschriften entscheiden (unrichtig G u t m a n n, BayNotZ. 1920, 20 und 1922, 25).

Der Begriff des Grundstücks ist — wie in den AusfBest. hervorgehoben — kein rechtlicher, sondern ein wirtschaftlicher. Nicht der Vortrag im Grundbuch oder die katastermäßige Abgrenzung einer Fläche und Bezeichnung mit einer Plannummer ist entscheidend, sondern die Z u g e h ö r i g k e i t zu einem b e s t i m m t e n W i r t s c h a f t s b e t r i e b. Deshalb.

gelten mehrere bis zur Veräußerung zusammen bewirtschaftete Flächen als ein Grundstück, wenn sie eine wirtschaftliche Einheit darstellen. Räumlicher Zusammenhang der Grundstücke oder Gleichheit der Bewirtschaftungsart ist nicht erforderlich (Schanz, Bay.-NotZ. 1920, 45). Nach der Zusammengehörigkeit der mehreren, selbständig zu veräußernden Grundstücksflächen ist auch zu beurteilen, ob nicht im einzelnen Fall eine Umgehung der Vorschriften durch Abschluß von Einzelverträgen beabsichtigt ist, bei denen die erforderliche Größe von einem Hektar nicht erreicht wird. Mit Recht bestimmt daher Ziff. 2 Abs. 2 der VollzBek., daß die Genehmigung auch dann erforderlich ist, wenn das zu veräußernde Trenngrundstück zwar nicht selbst 1 ha umfaßt, wohl aber Bestandteil eines mehr als 1 ha umfassenden, einheitlich bewirtschafteten Grundstücks ist. Auf die Größe des im Besitze des Veräußernden verbleibenden Restgrundstückes kommt es in keinem Falle an. Die Entscheidung über diese Fragen steht wiederum ausschließlich den Verwaltungsbehörden zu (vgl. § 2 Anm. 3).

Nur Grundstücke bestimmter Größe fallen unter die VO. (Ziff. 2 VollzBek.), kleinere Grundstücke sind nicht genehmigungspflichtig.

2. Alle Rechtsgeschäfte bestimmter Art — nicht bloß Veräußerungen — sind dem Genehmigungszwang unterworfen. Zwischen schuldrechtlichen und dinglichen Rechtsgeschäften wird nicht unterschieden; wo demnach, wie bei der Grundstücksveräußerung, obligatorische und dingliche Rechtsakte zusammenwirken müssen, um die beabsichtigte Rechtsänderung — den Übergang des Eigentums — herbeizuführen, bedürfen grundsätzlich der Kaufvertrag (§ 313 BGB.) und die Auflassung (§ 925 BGB.) der Genehmigung (RG. LZ. 1920, 693). Beide Rechtsgeschäfte sind streng auseinander zu halten (Anm. 3); dies folgt schon daraus, daß auch in jenen Fällen, in denen ein schuldrechtlicher Vertrag entweder nicht vorliegt oder nicht oder nicht formgerecht (vgl. § 313 BGB.) beurkundet ist, die Auflassung als solche genehmigungspflichtig ist. Aus der Genehmigung des schuldrechtlichen Kaufvertrages folgt noch kein unbedingtes Recht auf Auflassung; denn auch diese steht wiederum unter dem Erfordernis der Genehmigung (RG. V 3. Januar 1923 JW. 1923, 752[5] = RG. 106, 142). Die theoretische Unterscheidung zwischen schuldrechtlichem Vertrag und Auflassung hindert indes nicht, daß bei einheitlicher Beurkundung beider Rechtsgeschäfte auch die Genehmigung der ganzen Urkunde durch eine einzige Erklärung erfolgt; eine zweite Genehmigung ist nicht erforderlich (Bendix, LZ. 1918, 668 und Schanz, BayNotZ. 1920, 259). Ob sich die Genehmigung der zuständigen Behörde auf beide Rechtsgeschäfte erstreckt, ist nach den Umständen des einzelnen Falles zu beurteilen.

Der Kreis der genehmigungspflichtigen Rechtsgeschäfte umfaßt

a) jede Grundstücksveräußerung (= jede Verpflichtung zur Übereignung eines Grundstücks), mag die Veräußerung entgeltlich (Kauf, Tausch) oder unentgeltlich (Schenkung) erfolgen. Da nicht nur die rechtsgeschäftliche Eigentumsübertragung, sondern überhaupt jede Auflassung eines Grundstücks genehmigungspflichtig ist, so bedarf auch z. B. der Erwerb eines Grundstücks durch den Vermächtnisnehmer, dem ein Grundstück zugewendet ist, der Genehmigung (so auch Bendix, LZ. 1918, 668).

b) jedes Recht auf den Genuß der Erzeugnisse eines Grundstücks, mag es auf schuldrechtlicher (Pacht) oder auf dinglicher Grundlage (Nießbrauch, beschränkte persönliche Dienstbarkeit, Reallast) beruhen. Grundstückserzeugnisse sind auch Bodenbestandteile wie (RG. JW. 1919, 379[6]) Steine, Kies (RG. 94, 279), Sand, Lehm, Ton usw. (§ 99 BGB.).

Maßgebend für die Anwendung der VO. ist der Zeitpunkt des Vertragsabschlusses, also die Annahme, nicht die Abgabe der auf Abschluß des Vertrages gerichteten Willenserklärung (§§ 145 ff. BGB.) RG. LZ. 1920, 693. Bei einer zur Auflassung im voraus erteilten Genehmigung muß diese noch im Zeitpunkt der Auflassung vorhanden sein (RG. 106, 142).

3. Das Erfordernis der Genehmigung des Rechtsgeschäfts ist, wie die VO. selbst sagt, Voraussetzung der Wirksamkeit d. h. der zivilrechtlichen Gültigkeit des Rechtsgeschäftes. Der Mangel der Genehmigung kann eine zweifache rechtliche Beurteilung erfahren:

a) Solange die Genehmigung der zuständigen Behörde noch nicht erteilt — sei es weil die Parteien einen Antrag hierauf noch nicht gestellt haben, sei es weil die Behörde nach Stellung des Antrages eine Entscheidung noch nicht getroffen hat — und auch die Versagung der Genehmigung noch nicht feststeht, ist das Rechtsgeschäft in Schwebe. Dieser Schwebezustand äußert Rechtswirkungen nach zwei Seiten: der Vertrag ist, da es an der behördlichen Genehmigung fehlt, rechtsunwirksam in dem Sinne, daß keine der Parteien die Bewirkung der von der anderen Partei versprochenen Leistung verlangen kann (RG. V LZ. 1920, 693; RG. V 24. Februar 1923 DJZ. 1923, 632 = RG. 106, 321). Andererseits sind aber die Parteien bis zur Beendigung dieses Schwebezustandes an das Rechtsgeschäft in dem Sinne gebunden, daß sie sich nicht beliebig (einseitig) lossagen können (RG. LZ. 1920, 693; V 29. Oktober 1921 RG. 103, 104; RG. 106, 321); denn es würde Treu und Glauben widersprechen, wenn die Vertragschließenden eine gegenseitige Bindung eingehen, die erforderliche Genehmigung der Verwaltungsbehörde aber nicht abwarten wollen (RG. 98, 48; 75, 406; 64, 154 u. 40, 235). Dagegen sind die Parteien auch während des Schwebezustandes nicht gehindert, durch gegenseitige Übereinkunft den Vertrag noch vor der Entscheidung wieder aufzuheben.

b) Mit der Beseitigung des Schwebezustandes durch die endgültige (§ 5) Entscheidung der Verwaltungsbehörde tritt folgende Rechtslage ein:

α) Wird die Genehmigung erteilt, so ist das Rechtsgeschäft endgültig wirksam, die Bindung der Vertragsteile ist eine endgültige (RG. V 19. November 1921 BayZfR. 1922, 47 = JW. 1922, 491[17]). Die Leistungen sind nach dem Vertrage zu bewirken, insbesondere hat der Käufer des Grundstücks Anspruch auf Herbeiführung der Auflassung (§ 433 BGB.; vgl. aber auch Anm. 2). Die Unsicherheit, ob der Vertrag wirksam werden wird, ist endgültig beseitigt.

Ist die Genehmigung erteilt und ist diese Entscheidung den Beteiligten bekannt gegeben, so ist die Verwaltungsbehörde zu einer Abänderung, insbesondere zu einer Zurücknahme ihrer Entscheidung nicht mehr befugt; dies gilt wohl (vgl. RG. 106, 147 letzter und vorletzter Satz) auch dann, wenn die Genehmigung auf Grund unzulänglicher oder unrichtiger Informationen erteilt worden ist. Denn die durch die Erteilung der Genehmigung bewirkte endgültige Bindung der

Parteien erzeugt Rechte und Verpflichtungen unter den Vertragsteilen, deren Beseitigung nicht in der Macht der Verwaltungsbehörde liegt; andernfalls würde der Zustand der Unsicherheit, den die Genehmigung beseitigt hat, auch noch weiterhin fortbestehen und damit eine unerträgliche Rechtsunsicherheit geschaffen werden. Demgegenüber kommt der Umstand, daß nach verwaltungsmäßigen Grundsätzen die Zurücknahme an sich — ohne weiteres oder unter bestimmten Voraussetzungen — statthaft ist, nicht weiter in Betracht (so RG. 103, 104; RG. BayZfR. 1922, 47; RG. 106, 142; über ähnliche Rechtslage RG. 107, 293). Eine Ausnahme wird nur für den Fall anzuerkennen sein, daß die Beteiligten selbst die Unvollständigkeit oder Unrichtigkeit der Beurteilung der Verhältnisse durch die Behörde veranlaßt haben, insbesondere wenn sie zum Zwecke der Täuschung unrichtige Angaben bei der Begründung des Antrages gemacht haben; in diesem Falle wird die Behörde die Genehmigung ohne Rücksicht auf die rechtsvernichtenden Wirkungen ex tunc zurücknehmen können (ebenso Schanz, BayNotZ. 1920, 18; Kratzer, BayGemVZ. 1923, 251 und die MinE. vom 1. Mai 1924 Nr. 6022 aa 12). Die sachlichen Erfordernisse einer rechtlich bedeutsamen arglistigen Täuschung müssen vorhanden sein, RG. 83, 433. Über die Zulässigkeit der Zurücknahme vor Bekanntgabe des ablehnenden Bescheides an die Beteiligten vgl. Erl. zu § 5.

β) Wird die Genehmigung versagt, so steht fest, daß aus dem Rechtsgeschäft keinerlei Ansprüche und Verbindlichkeiten erwachsen sind: die Beteiligten werden von den übernommenen Verpflichtungen frei; es können — z. B. wenn während des Schwebezustandes der Vertrag teilweise vollzogen worden ist — Ansprüche aus ungerechtfertigter Bereicherung unter ihnen entstanden sein (RG. 103, 104; RG. BayZfR. 1922, 47). Die Zurücknahme der erteilten und den Beteiligten bekanntgegebenen Versagung der Genehmigung ist hier ebensowenig wie bei der Erteilung zulässig. Dabei ist unerheblich, ob die Entscheidung rechtskräftig, d. h. ob die Beschwerdefrist abgelaufen oder ob die Versagung der Genehmigung von der Beschwerdeinstanz bestätigt (§ 5) ist; denn auch solange die Beteiligten die Möglichkeit der Anfechtung der Entscheidung im Beschwerdeweg haben, dürfen sie in ihrer Entschließung, ob sie von dem Rechtsbehelf Gebrauch machen wollen, durch die Behörde nicht beeinträchtigt werden. Demgemäß darf von der erstinstanziell zuständigen Behörde — im Gegensatz zu der Befugnis des MEA. (I 118) — die Versagung der Genehmigung auch nicht auf die Beschwerde eines Beteiligten zurückgenommen und alsdann die Genehmigung erteilt werden; die einmal getroffene Entscheidung kann vielmehr nur im ordentlichen Instanzenzug abgeändert werden (RG. 103, 104).

Die Wirkungen der Genehmigung oder Nichtgenehmigung des Rechtsgeschäftes sind daher rechtsbegründend oder rechtsvernichtend; sie beschränken sich aber immer nur auf das Rechtsgeschäft, dessen Abschluß im einzelnen Fall der Genehmigung unterstellt wurde. Wo zur Erreichung eines rechtsgeschäftlichen Erfolges mehrere Rechtsakte erforderlich sind, wie z. B. bei der Grundstücksveräußerung der schuldrechtliche Vertrag (Kauf, Tausch) und die Auflassung als dingliches Rechtsgeschäft, muß geprüft werden, ob sich die Genehmigung nur auf den schuldrechtlichen oder auch auf den dinglichen Vertrag erstreckt (Anm. 2). Soweit hiernach z. B. nur der schuldrechtliche Vertrag genehmigt ist und die Entscheidung über die Auflassung noch aussteht, ist die zuständige Behörde in ihrer Entscheidung ebenso frei wie bei jedem anderen Rechtsgeschäft; denn aus der Genehmigung des schuldrechtlichen Vertrages folgt noch kein Recht der Parteien auf Genehmigung der Auflassung. Dies gilt nach RG. 106, 142 aber auch dann, wenn die Genehmigung zur Auflassung im voraus erteilt, diese selbst aber noch nicht vollzogen ist: bis zur Vornahme des dinglichen Rechtsgeschäfts kann die Verwaltungsbehörde die im voraus erteilte Genehmigung zur Auflassung widerrufen, sofern nach allgemeinen Verwaltungsgrundsätzen die Abänderung ergangener Verfügungen durch die Behörde selbst zulässig ist (wegen der Einschränkung dieses allgemein geltenden Grundsatzes § 31 WMBek. Anm. 2 I 227).

Die Genehmigung selbst ist nicht die Erklärung einer rechtsgeschäftlichen Zustimmung, sondern ein Staatshoheitsakt mit zivilrechtlicher Wirkung (so auch Bendix, LZ. 1918, 670). Die Vorschriften der §§ 183, 184 BGB. finden hier wenigstens nicht unmittelbar Anwendung (RG. 106, 142). Die Erteilung oder Versagung der Genehmigung ist — von der Ausnahmeregelung des § 3 abgesehen — grundsätzlich (vgl. aber § 3 Anm. 1) dem pflichtgemäßen freien Ermessen der Verwaltungsbehörde einheimgegeben; sie ist lediglich an die Voraussetzung geknüpft, daß eine übereinstimmende Willenserklärung, ein Vertrag, vorliegt. Fehlt es an dieser Voraussetzung, so entbehrt die Entscheidung der Behörde der rechtsbegründenden oder rechtsvernichtenden Wirkung. Im übrigen ist den Vertragsteilen ein Anspruch auf Erteilung der Genehmigung eingeräumt (vgl. § 3 Anm. 1).

Die Erteilung einer allgemeinen Genehmigung im voraus widerspricht der VO. und ist darum unzulässig (Schanz, BayNotZ. 1920, 83).

4. Die Zuständigkeit der Verwaltungsbehörde regelt Ziff. 3 der VollzBek. Eine Genehmigung, die von der unzuständigen Behörde erteilt oder verweigert wird, hat nicht die sonst an die Entscheidung geknüpften rechtsbegründenden oder rechtsvernichtenden Wirkungen.

5. Die Erteilung der Genehmigung unter Auflagen steht einer teilweisen Versagung gleich; sie ist deshalb auch durch die Beschwerde anfechtbar (§ 5). Die Entscheidung, ob und unter welchen Auflagen die Genehmigung im Einzelfall erteilt werden soll, ist dem pflichtgemäßen Ermessen (Anm. 3) der zuständigen Behörde anheimgegeben. Die Genehmigung unter Auflagen ist keine Genehmigung etwa in dem Sinne, daß bei Nichterfüllung der Auflagen das Rechtsgeschäft als nicht genehmigt anzusehen wäre; eine solche Auffassung würde die Rechtsunsicherheit vermehren statt beseitigen. Bei Nichterfüllung einer oder aller Auflagen bleibt vielmehr das Rechtsgeschäft gültig, der mit der Auflage beschwerte Vertragsteil ist aber nach § 7 Abs. 1 Ziff. 2 VO. strafbar.

Der Kreis der Auflagen ist an sich unbeschränkt; nur muß die Auflage im Rahmen der mit der VO. verfolgten Ziele (s. Vorbem.) liegen. Das ist z. B. auch dann der Fall, wenn dem Erwerber die Hinterlegung einer Sicherheit aufgegeben wird, die verfällt, falls er innerhalb bestimmter Frist das Anwesen weiter veräußert; die Verwaltungsbehörde kann hier vor Erteilung der Genehmigung die Eingehung einer entsprechenden Verpflichtung von dem Erwerber verlangen (a. M. Bourier,

BayNotZ. 1920, 344 für den Fall hypothekarischer Sicherstellung, die auch hier nicht für zweckmäßig angesehen wird). Eine selbstverständliche Grenze findet das Recht der Verwaltungsbehörde in den vertraglichen Beziehungen der Parteien zueinander: diese dürfen auch nicht im Wege der Auflage z. B. durch Erhöhung oder Ermäßigung des Kaufpreises verändert werden; wohl aber kann die Behörde vor Erteilung der Genehmigung den Beteiligten die Abänderung von Vertragsbestimmungen nach genau begrenzter Richtung mit dem Beifügen aufgeben, daß sie, falls die Änderung nicht in der gewünschten Weise erfolge, die Genehmigung verweigern werde.

Ob die Auflage im Rahmen der VO. sich hält, steht ausschließlich zur Entscheidung der Verwaltungsbehörde; weder dem Zivilrichter noch dem Strafrichter steht ein Nachprüfungsrecht zu. Die Beschwerdeinstanz (§ 5) hat dagegen nicht nur das Recht, sondern auch die Verpflichtung, ungesetzliche Auflagen zu beseitigen.

6. Gebührenrecht. Die Erteilung sowohl wie die Versagung der Genehmigung sind nach Art. 143, 144, 175 KostG. gebührenpflichtig; die Festsetzung der Höhe der Gebühr hat unter Berücksichtigung des Umfanges und der Schwierigkeit der Sache, ihrer Bedeutung für das bürgerliche Leben und der Leistungsfähigkeit des Pflichtigen zu erfolgen. Soweit es sich um genehmigungsfreie Rechtsgeschäfte handelt, sei es weil die erforderliche Grundstücksgröße nicht vorliegt, sei es weil das Rechtsgeschäft aus einem der in § 2 aufgeführten Gründe der Genehmigung nicht bedarf, wird aus dem Gesichtspunkte des Art. 3 Ziff. 1 KostG. (I 226) eine Gebühr nicht erhoben werden können, weil die Feststellung dieser Voraussetzung, soweit die Verwaltungsbehörde darum angegangen wird, ohne Rücksicht auf die Interessen der Beteiligten aus Gründen der allgemeinen Rechtssicherheit (Anm. 3) erfolgt.

Exkurs zu § 1: Genehmigungszwang und Vorkaufsrecht.

Neben der behördlichen Kontrolle des Grundstücksverkehrs durch die VO. vom 15. März 1918 wurde schon in der Vorkriegszeit in Bayern die Zertrümmerung landwirtschaftlicher Grundstücke dadurch bekämpft, daß den Gemeinden und bestimmten anderen juristischen Personen ein gesetzliches Vorkaufsrecht beim Verkauf geschlossen bewirtschafteter landwirtschaftlicher Grundstücke an gewerbsmäßige Güterhändler eingeräumt wurde (Art. 1—4 des Güterzertrümmerungsgesetzes vom 13. August 1910 GVBl. S. 627). Dieses Vorkaufsrecht, das heute noch besteht, wurde späterhin von einer Reihe von Bundesstaaten eingeführt. Reichsrechtlich sind neuerdings zwei weitere Grundlagen für die Ausübung eines gesetzlichen Vorkaufsrechts geschaffen worden:

1. das Reichssiedlungsgesetz (RSG.) vom 11. August 1919 (RGBl. S. 1429) gewährt in § 4 dem gemeinnützigen Siedlungsunternehmen auf die in seinem Bezirke belegenen landwirtschaftlichen Grundstücke bestimmter Größe ein gesetzliches Vorkaufsrecht, für das in den §§ 5—11 nähere Bestimmungen getroffen sind.
2. das Reichsheimstättengesetz (RHStG.) vom 10. Mai 1920 (RGBl. S. 962) räumt dem Ausgeber der Heimstätte ein besonderes Vorkaufsrecht ein, wenn der Heimstätter in irgend einer Form (Kauf, Tausch, Schenkung) sich einem Dritten gegenüber — gewisse

nahe Angehörige ausgenommen — zur Veräußerung der Heimstätte verpflichtet hat (§§ 11, 14—16).

Im Vollzuge des Reichssiedlungsgesetzes wurde in Bayern durch die MinBek. vom 5. September 1919 (MABl. S. 209) die „Bayer. Landessiedlung" in München (Behörde als Verwaltungsabteilung, Bayer. Landessiedlung G. m. b. H.*) als Geschäftsabteilung) als gemeinnütziges Siedlungsunternehmen im Sinne des RSG. aufgestellt. Der Bayer. Landessiedlung, deren Geschäftskreis sich auf ganz Bayern erstreckt, wurde — und zwar der Geschäftsabteilung — ein gesetzliches Vorkaufsrecht auf alle landwirtschaftlichen Grundstücke in der Größe von mehr als ein Hektar und auf Teile solcher Grundstücke eingeräumt (§ 3). Die Ausübung dieses Vorkaufsrechtes und der Vollzug der VO. vom 15. März 1918 greifen in manchen Punkten ineinander über, weshalb eine Erläuterung der Beziehungen beider Gesetze zweckmäßig erscheint (vgl. auch Abs. VI der AusfBest. zu § 1 VO.).

1. Das Vorkaufsrecht der Bayer. Landessiedlung G. m. b. H.*) ist dinglich; es bedarf der Eintragung weder um zu entstehen, noch um gegen redliche Dritte zu wirken. Im einzelnen sind die nachstehenden Bestimmungen der §§ 5—11 RSG. für seinen Inhalt maßgebend.

§ 5.

Das Vorkaufsrecht hat den Vorrang vor allen anderen eingetragenen und gesetzlichen Vorkaufsrechten. Es bedarf der Eintragung in das Grundbuch nicht.

§ 6.

I Das Vorkaufsrecht kann ausgeübt werden, sobald der Eigentümer mit einem Dritten einen Kaufvertrag[1] über die im § 4[2] bezeichneten Grundstücke oder Grundstücksteile abgeschlossen hat.

II Die Ausübung des Vorkaufsrechts ist ausgeschlossen, wenn der Eigentümer das Grundstück an eine Körperschaft des öffentlichen Rechtes[3], an seinen Ehegatten oder an eine Person verkauft hat, die mit ihm in gerader Linie oder bis zum dritten Grade der Seitenlinie verwandt oder bis zum zweiten Grade verschwägert ist.

III Soweit landwirtschaftlich genutzte Grundstücke (einschliesslich Staatsdomänen) von gemeinnützigen Siedlungsgesellschaften zum Zwecke der Ansiedlung übernommen werden, haben die Pächter ein Vorkaufsrecht[4] für ein bei der Verteilung etwa übrigbleibendes Restgut oder für Parzellen, die geeignet sind, Inventar und sonstiges Betriebskapitel des zur Siedlung übergebenen landwirtschaftlichen Grundstücks möglichst zu verwerten.

§ 7.

I Die Frist[5] zur Ausübung des Vorkaufsrechts beträgt drei Wochen von dem Tage ab, an dem der Vorkaufsberechtigte die Mitteilung des Eigentümers oder des Dritten von dem Inhalt des zwischen ihnen geschlossenen Vertrags empfangen hat. Ist das Grundstück oder der veräusserte Teil grösser als 200 Hektar, so beträgt die Frist sechs Wochen.

II Die Mitteilung des Eigentümers oder des Dritten wird durch die Mitteilung des Grundbuchamts ersetzt.

---

*) Seit 1920 ist der Name in „Bayerische Siedlungs- und Landbank G. m. b. H." abgeändert.

III Der Vorkaufsberechtigte ist befugt, innerhalb der Frist das Grundstück oder den veräusserten Teil zu besichtigen. Wird er von dem Eigentümer oder dem Dritten an der Ausübung dieses Rechtes gehindert, so läuft die Frist von dem Tage ab, an dem das Hindernis fortfällt.

§ 8.

I Auf das Vorkaufsrecht sind die §§ 505 bis 509, § 510 Abs. 1, § 1098 Abs. 2, §§ 1099 bis 1102 des Bürgerlichen Gesetzbuchs entsprechend anzuwenden. Das Vorkaufsrecht erstreckt sich auch auf das mitverkaufte Zubehör.

II Hat der Käufer eine Nebenleistung übernommen, die nicht in Geld zu schätzen ist, so hat der Eigentümer dem Vorkaufsberechtigten gegenüber keinen Anspruch auf die Erfüllung dieser Nebenleistung und der Vertragsstrafen, die zu ihrer Erfüllung ausbedungen sind.

III Teilt im Falle des § 1099 des Bürgerlichen Gesetzbuchs der Dritte dem Berechtigten den Inhalt des Kaufvertrags mit, so hat dies die im § 7 bestimmte Wirkung.

§ 9.

I Erwirbt das gemeinnützige Siedlungsunternehmen in Ausübung des Vorkaufsrechts ein Grundstück oder den Teil eines Grundstücks, so erlöschen die eingetragenen Vorkaufsrechte und Vormerkungen, die ein Recht auf Auflassung erhalten sollen (§ 883 des Bürgerlichen Gesetzbuchs).

II Verwendet das gemeinnützige Siedlungsunternehmen das Grundstück oder einen Teil davon innerhalb 10 Jahren nicht für Siedlungszwecke, so darf es eine anderweite Veräusserung erst vornehmen, wenn es das Grundstück oder den Grundstücksteil den Personen vergeblich zum Kaufe angeboten hat, deren Rechte gemäss Abs. 1 erloschen sind.

§ 10.

Das Grundbuchamt soll die Eintragung des Eigentumsüberganges solange aussetzen, bis ihm die Nichtausübung des Vorkaufsrechts nachgewiesen wird.[6]

§ 11.

Die Vorschriften der §§ 5 bis 10 sind sinngemäss anzuwenden auf andere Verträge, die auf die Veräusserung eines Grundstücks gegen Entgelt gerichtet sind, auf die Übereignung im Wege der Zwangsversteigerung[1] *und auf die freihändige Veräusserung durch den Konkursverwalter. Der Zuschlag darf nicht vor Ablauf der im § 7 Abs. 1 bezeichneten Frist erteilt werden, es sei denn, dass der Vorkaufsberechtigte sein Recht vorher ausgeübt oder dem Vollstreckungsgerichte gegenüber erklärt hat, es nicht ausüben zu wollen.*

1. Die Ausübung ist, abweichend von sonstigen Vorkaufsrechten, nach § 11 darüber hinaus auch zulässig bei Zwangsversteigerung, ja sogar bei allen auf entgeltliche Veräußerung gerichteten Verträgen (Tausch, Einbringen in eine Gesellschaft). RG. 104, 42 verneint die Zulässigkeit der Ausdehnung des Vorkaufsrechts auf Fälle, in denen der Inhaber einer G. m. b. H., deren Vermögen nur aus einem Grundstück besteht, seine sämtliche Geschäftsanteile einem anderen abtritt. Daß die Einbeziehung der Tauschverträge eine unter Umständen unerträgliche Benachteiligung der Vertragschließenden herbeiführen kann und eine Beiseiteschiebung der Verträge bedeutet (Mayer, BayNotZ. 1921, 367) ist richtig, vermag aber gegenüber dem klaren Wortlaut nicht eine andere Auslegung des Gesetzes zu begründen.

2. An Stelle des § 4 RSG. tritt § 3 der MinBek. vom 5. Sept. 1919, wonach das Vorkaufsrecht für alle landw. Grundstücke in der Größe von mehr als 1 ha und für Teile solcher Grundstücke gilt. Über Ausdehnung des Vorkaufsrechts auf Vorkaufsfälle, die bereits vor Entstehung dieses Rechts eingetreten sind, vgl. RG. 105, 360 (nur Kaufverträge kommen in Betracht, die erst nach Begründung des Vorkaufsrechts abgeschlossen wurden).

3. Begriff I 169.

4. Dieses Vorkaufsrecht ist nicht dinglicher, sondern persönlicher Natur; es gelten deshalb hiefür nur die §§ 505—514 BGB. Die Fortdauer des Pachtvertrages bis zur Ausübung des Rechtes ist nicht erforderlich; das Gesetz rechnet im Gegenteil damit, daß die Pacht beim Erwerb schon zu Ende gegangen ist. Restgut ist ohne Rücksicht auf die Größe derjenige Teil des landw. Grundstücks, der nach dem Aufteilungsplan des Siedlungsunternehmens bei der Aufteilung des Grundstücks in einzelne Siedlungen übrig bleibt, RG. 104, 324.

5. Ausschlußfrist. Die Mitteilungspflicht des Eigentümers gründet sich auf § 8 Abs. 1 in Verbindung mit § 510 Abs. 1 BGB.; sie wird ersetzt durch die Mitteilung des Grundbuchamts (Abs. 2). Sie umfaßt die Mitteilung des vollständigen Inhalts des abgeschlossenen Vertrages (BayObLG. 2. Juli 1921, BayNotZ. 1922, 112); hängt die Rechtswirksamkeit des abgeschlossenen Vertrages von einer behördlichen Genehmigung ab, so erstreckt sich die Mitteilungspflicht auch hierauf. Deshalb beginnt die Mitteilungspflicht des Eigentümers bei Rechtsgeschäften, die dem Genehmigungszwang der VO. vom 15. März 1918 unterstellt sind, erst mit der Genehmigung des Vertrages durch die zuständige Behörde; notwendig ist alsdann aber auch die Mitteilung der tatsächlichen Genehmigung, RG. 106, 321. Die von Schlier, BayZfR. 1921, 91 aufgeworfene Streitfrage ist hiernach zu beantworten; zutreffend Schumann, BayZfR. 1921, 142.

Ist der Kaufvertrag formlos geschlossen, so ist er einstweilen (§ 313 BGB.) unwirksam; hier beginnt die Verpflichtung des Eigentümers zur Mitteilung erst mit der Auflassung und Eintragung des Käufers im Grundbuch. Wird die Mitteilung schon vor der Auflassung gemacht, so müßte sie streng genommen nach der Auflassung wiederholt werden; es wird jedoch genügen, wenn zu dieser Mitteilung später die Kenntnis des Vorkaufsberechtigten von der geschehenen Auflassung und damit von der Gültigkeit des Kaufvertrages hinzutritt.

6. Nachweis durch öffentliche oder öffentlich beglaubigte Urkunden und Vorlage eines Handelsregisterauszuges ist nicht erforderlich (Gutachten des RG. vom 3. Juli 1919 BayNotZ. 1919, 320). Das Grundbuchamt ist jedoch befugt, in Zweifelsfällen weitere Nachweise auch mit den Mitteln der §§ 29, 33 GBO. zu verlangen.

7. Dazu Heß, BayNotZ. 1921, 169.

2. Die Ausübung des Vorkaufsrechts setzt einen rechtswirksamen, bindenden Vertrag voraus. Solange daher ein nach der VO. vom 15. März 1918 genehmigungspflichtiges Rechtsgeschäft noch nicht genehmigt ist, solange also der Schwebezustand (§ 1 Anm. 3) andauert, kann die Landessiedlung ihr Vorkaufsrecht nicht ausüben; denn solange die endgültige Bindung der Parteien noch nicht feststeht, kann auch der Vorkaufsberechtigte keine Ansprüche geltend machen, da sein Gestaltungsrecht dadurch bedingt ist, daß der Eigentümer an einen Dritten rechtsgültig veräußert hat. Die Ausübung des Vorkaufsrechts durch die Landessiedlung hat daher in diesem Falle vorgängige Genehmigung des Vertrages durch die Verwaltungsbehörde zur Voraussetzung (RG. V 24. Februar 1923, DJZ. 1923, 632 = RG. 106, 321). Wird die Genehmigung versagt, steht also die Unwirksamkeit des Rechtsgeschäfts endgültig fest, so ist für die Ausübung des Vorkaufsrechts kein Raum; mit Recht ist in RG. 106, 321 darauf hingewiesen, daß man weit über den Rahmen des Siedlungsgesetzes hinausgehen würde, wollte man auch für den Fall der Unwirksamkeit des Rechtsgeschäftes der Landessiedlung ein unbedingtes Ankaufsrecht zugestehen.

Ist hiernach auch die Ausübung des Vorkaufsrechtes vor der Genehmigung des Rechtsgeschäfts nicht möglich, so hindert dies dennoch die Landessiedlung nicht, schon vorher zu erklären, daß sie das Vorkaufsrecht nicht ausübe. Nur in diesem Sinne wird man die Anweisung der AusfBest. (zu § 1 Abs. VI) auffassen dürfen, wonach die Erklärung der Landessiedlung vor der Entscheidung über die Genehmigung herbeizuführen ist. Eine Verpflichtung der Verwaltungsbehörde, die Entscheidung über die Genehmigung bis zum Eintreffen dieser Erklärung auszusetzen, ist nicht anzuerkennen (so nunmehr auch Gutmann, Mitt. d. Bayer. Notarvereins 1924, 108).

Bei Ausübung tritt der Verkaufsberechtigte lediglich in den obligatorischen Kaufvertrag in der Weise ein, daß zwischen ihm und dem Verkäufer ein Kauf unter den gleichen Bedingungen zustande kommt, wie er zwischen dem Verkäufer und dem Käufer vereinbart war. Die Ausübung des Rechts hat nicht den Eigentumsübergang zur Folge; dazu bedarf es noch der Auflassung zwischen dem Verkäufer (richtiger: Eigentümer zur Zeit des Verkaufs) und dem Vorkaufsberechtigten, BayObLG. 2. Juli 1921, BayNotZ. 1922, 112.

Die der Durchführung eines Siedlungsverfahrens dienenden Rechtsgeschäfte sind nach § 29 RSG. von allen Abgaben befreit; über Auslegung dieser Vorschrift vgl. Cammerer, BayNotZ. 1922, 36.

Das Anwendungsgebiet der VO. vom 15. März 1918 und des RSG. decken sich insoweit, als für beide nur landwirtschaftliche Grundstücke in der Größe von mehr als ein Hektar oder Teile solcher Grundstücke in Betracht kommen. Auch für das RSG. ist der Begriff des Grundstücks nur im wirtschaftlichen Sinn zu verstehen; auch hier ist die wirtschaftliche Zusammengehörigkeit entscheidend (AusfBest. des Reichsarbeitsministers zu § 4 RSG. vom 26. September 1919, ZentrBl. f. d. D. R. S. 1143; oben § 1 Anm. 1). Auch das Vorkaufsrecht der Landessiedlung erstreckt sich hiernach auf Grundstücke, die nur ein Hektar oder weniger umfassen, sofern sie nur Bestandteile eines bisher zusammenbewirtschafteten, mehr als ein Hektar umfassenden Grundbesitzes sind. Bei der Veräußerung von landwirtschaftlichen Grundstücken fallen daher Genehmigungspflicht und Vorkaufsrecht der Bayer. Siedlungsbank stets zusammen (MinBek. vom 14. Juli 1922, StAnz. Nr. 166).

§ 2. Die Genehmigung ist nicht erforderlich bei Rechtsgeschäften

1. des Reichs, eines Bundesstaats, einer Gemeinde oder einer anderen Körperschaft oder Anstalt des öffentlichen Rechtes oder einer vom Staate als gemeinnützig anerkannten Vereinigung, die sich mit innerer Kolonisation, Grundentschuldung oder Errichtung von Wohnungen befaßt[1];
2. zwischen Ehegatten oder Personen, die untereinander in grader Linie verwandt oder verschwägert oder in der Seitenlinie bis zum zweiten Grade verwandt sind[2];
3. die nach anderen Vorschriften der Genehmigung durch den Landesherrn oder eine Verwaltungsbehörde bedürfen und diese erhalten haben;
4. bei denen die zuständige Behörde bescheinigt, daß es einer Genehmigung nicht bedarf.

AusfBest. hierzu:

Zu § 2: I Aus der Erwägung, den Grundstücksverkehr und die Behörden nicht unnötig zu belasten, sieht § 2 eine Reihe von Ausnahmen für unbedenkliche Geschäfte vor. Die persönlichen oder sachlichen Voraussetzungen, die diese Geschäfte von der Genehmigung befreien, sind, wo sie für das Grundbuchamt nicht ohne weiteres erkennbar sind, durch öffentliche Urkunde, insbesondere durch amtliche Auskünfte nachzuweisen.

II Ziff. 1 bezieht sich auf Geschäfte, bei denen das Reich, ein Bundesstaat usw. aktiv oder passiv, also z. B. als Käufer oder als Verkäufer beteiligt ist.

III Ziff. 3 betrifft Rechtsgeschäfte, die bereits nach anderen Vorschriften, sei es auf gesetzlicher oder (z. B. bei Stiftungen) satzungsmäßiger Grundlage der Genehmigung einer Verwaltungsbehörde bedürfen. Diese Verwaltungsbehörde darf sich bei Erteilung ihrer Genehmigung natürlich mit den Zielen der Bundesratsverordnung vom 15. März 1918 nicht in Gegensatz setzen. Der Fall der Ziff. 3 ist nicht gegeben, wenn die betreffende Verwaltungsbehörde (z. B. der Stadtrat einer unmittelbaren Stadt) selbst als Vertragspartei oder Vertreterin der Vertragspartei tätig gewesen ist.

1. Wegen des Begriffes der öffentlichen Körperschaften und Anstalten, wegen des Begriffes der Gemeinnützigkeit vgl. Teil I S. 169 und 98. Es genügt, wenn e i n e der in Ziff. 1 genannten Personen am Rechtsgeschäft beteiligt ist.

2. §§ 1589, 1590 BGB. Wird ein Verwandter als Grundstückserwerber lediglich zu dem Zwecke der Umgehung der VO. vorgeschoben, so findet Ziff. 2 nach dem Inhalt und der Zweckbestimmung der VO. (s. Vorbem.) keine Anwendung (Schanz, BayNotZ. 1921, 73).

3. Diese Bescheinigung ist in erster Linie für den Fall vorgesehen, daß ein Grundbuchamt ein Rechtsgeschäft für genehmigungspflichtig hält, die zuständige Verwaltungsbehörde dagegen nicht (Schanz, BayNotZ. 1920, 45). Weiterhin kommt in Betracht der Fall, daß die erforderliche Grundstücksgröße nicht vorliegt, wobei insbesondere die Vorfrage der „einheitlichen Bewirtschaftung" (§ 1 Anm. 1) zu entscheiden ist.

§ 3. Die Genehmigung darf nur versagt[1] werden, wenn das Grundstück zum Betriebe der Land- oder Forstwirtschaft bestimmt ist und wenn[2]

1. durch die Ausführung des Rechtsgeschäfts die ordnungsmäßige Bewirtschaftung des Grundstücks zum Schaden der Volksernährung gefährdet erscheint oder
2. das zum Betriebe der Landwirtschaft bestimmte Grundstück an jemanden überlassen wird, der die Landwirtschaft nicht im Hauptberuf ausübt oder früher ausgeübt hat, oder
3. das Rechtsgeschäft zum Zwecke oder in Ausführung einer unwirtschaftlichen Zerschlagung des Grundstücks erfolgt oder
4. durch die Ausführung des Rechtsgeschäfts die Aufhebung der wirtschaftlichen Selbständigkeit eines landwirtschaftlichen Betriebs durch Vereinigung mit einem anderen zu besorgen ist oder
5. die Übereignung eines Grundstücks unter Ausnutzung der Notlage des Eigentümers zu unbilligen Bedingungen, insbesondere einem erheblich hinter dem Werte zurückbleibenden Preise erfolgen soll.

AusfBest. hierzu:

Zu § 3: I Der Fall der Ziff. 1 liegt z. B. vor, wenn der Erwerber zu einer die Erzeugung wichtiger Nahrungsmittel beeinträchtigenden Betriebsweise übergeht, so, wenn er statt des bisherigen Ackerbaues Weidewirtschaft betreibt oder Äcker und Wiesen forstlicher Benutzung zuführt.

II Die Ziff. 2 will den Übergang landwirtschaftlichen Besitzes an Nichtlandwirte nicht durchweg ausschließen. Die Genehmigung zu solchem Übergang darf aber nur ausnahmsweise und nur dann erteilt werden, wenn kein Interesse der Allgemeinheit dadurch verletzt wird und Landwirte als Bewerber nicht vorhanden sind. Sogenannten Kriegsgewinnlern wird in der Regel die Genehmigung zu versagen sein.

III Ob eine Zerschlagung im Sinne der Ziff. 3 unwirtschaftlich ist, beurteilt sich nicht nach privatwirtschaftlichen, sondern nach volkswirtschaftlichen Gesichtspunkten. Sie ist daher unwirtschaftlich auch dann, wenn sie zu einer Überteuerung der Grundstücke führt.

1. Die dem pflichtgemäßen Ermessen der zuständigen Behörde anheimgegebene Entscheidung darüber, ob die beantragte Genehmigung zu versagen oder zu erteilen ist, wird hier nach zwei Richtungen eingeschränkt:

1. Soweit es sich um Grundstücke handelt, die nicht dem Betriebe der Land- oder Forstwirtschaft dienen, also z. B. städtische Grundstücke, die für gewerbliche, insbesondere industriellen Zwecke bestimmt sind, darf die Genehmigung überhaupt nicht versagt werden; deren Einbeziehung unter die VO. (§ 1 Anm. 1) erfolgte lediglich, um der Verwaltungsbehörde Gelegenheit zu geben, zu prüfen, ob nicht ein land- oder forstwirtschaftliches Grundstück in Frage kommt (MinBek. vom 25. Oktober 1922, StAnz. Nr. 251). Soweit dies nicht der Fall ist, muß die Genehmigung erteilt werden.

2. Für Grundstücke, die der Land- oder Forstwirtschaft dienen — hieher zählen wohl auch Grundstücke, die gärtnerischen Zwecken nicht nur vorübergehend zu dienen bestimmt sind — gilt der gleiche Grundsatz mit der Erweiterung, daß die Versagung nur beim Vorliegen der in Ziff. 1—5 bezeichneten Voraussetzungen gestattet ist.

Die Beteiligten haben also einen Anspruch auf Genehmigung und zwar

a) unbedingt, sofern ein landwirtschaftliches Grundstück nicht vorliegt (worüber allerdings die Verwaltungsbehörde ausschließlich befindet, § 1 Anm. 1);
b) beim Mangel der in § 3 aufgezählten Voraussetzungen auch bei Rechtsgeschäften über landwirtschaftliche Grundstücke.

Dieser Anspruch ist bei Aberkennung im Wege der Beschwerde (§ 5) verfolgbar.

2. Die Voraussetzungen der Ziff. 1—5 sind nicht erweiterungsfähig: aus anderen Gründen darf also die Genehmigung bei landwirtschaftlichen Grundstücken nicht versagt werden. Auch dem aus nationalen Gesichtspunkten unerwünschten Aufkauf von Grundstücken durch Ausländer kann im Rahmen dieser VO. nicht entgegengetreten werden (vgl. Erl. zu § 9). Das hindert jedoch nicht, daß die einzelne Ziffer dem Grundgedanken der VO. entsprechend (s. Vorbem.) ausgelegt wird. Wenn daher z. B. einwandfrei feststeht, daß der Käufer das Grundstück lediglich zum Zwecke der Weiterveräußerung (Güterhandel) erworben hat, so liegt ein Fall der Ziff. 1 vor, denn eine ordnungsgemäße Bewirtschaftung ist durch den Käufer — dies ist entscheidend — überhaupt nicht beabsichtigt. Das gleiche gilt, wenn ein Landwirt als Erwerber nur vorgeschoben, die wirtschaftliche Ausnutzung des Grundstücks aber einem Nichtlandwirt überlassen wird: hier kommt Ziff. 2 nicht zur Anwendung, weil eine Umgehung der VO. vorliegt

(Schanz, BayNotZ. 1921, 73); im übrigen wäre auch die Überlassung der Ausbeute genehmigungspflichtig (S. 224). Die Zusammenstellung der Voraussetzungen ist ziemlich willkürlich; auch die Preisgestaltung verdient die Beachtung der Verwaltungsbehörde, allerdings nur soweit sie den Interessen des Eigentümers abträglich ist (Ziff. 5); lediglich zur Erwirkung günstigerer Bedingungen für den Verkäufer darf die Versagung der Genehmigung nicht benutzt werden, RG. BayZfR. 1921, 174. Hervorzuheben ist, daß schon die Voraussetzung einer einzigen Ziffer die Versagung der Genehmigung rechtfertigt (vgl. für das bisherige Recht BayNotZ. 1919, 155).

Die Verwaltungsbehörde ist grundsätzlich in ihren Entschlüssen frei: sie muß nicht unter allen Umständen die Genehmigung versagen; sie kann vielmehr, wenn es die pflichtgemäße Prüfung der Verhältnisse erlaubt, auch beim Vorliegen einer der Voraussetzungen des § 3 die Genehmigung erteilen. Sie kann auch, bevor sie die Versagung ausspricht, einzelne Vereinbarungen beanstanden (§ 1 Anm. 5), sie kann auch von der Befugnis, die Genehmigung unter Auflagen zu erteilen (§ 1 Satz 2) Gebrauch machen, z. B. die zweckmäßige Aufteilung eines Grundstückes durch Auferlegung entsprechender Verpflichtungen sichern, wobei allerdings zu beachten ist, daß die Sicherstellung der Auflage ohne zivilrechtliche Folgen ist (§ 1 Anm. 5).

Neben der Grundstücksveräußerung kommt bei landwirtschaftlichen Grundstücken am häufigsten die Verpachtung in Frage; für die Pacht gelten neben den Bestimmungen dieser VO. die Vorschriften der Pachtschutzordnung vom 2. Dezember 1920 (GVBl. S. 480) in der Fassung der VO. vom 3. August 1922, 12. März 1923 und 26. Februar 1924 (GVBl. S. 411, S. 147 und S. 61). Zur Reichspachtschutzverordnung vom 13. Februar 1924 (RGBl. I S. 68) vgl. Kasper JW. 1924, 754 u. Böckenhoff ebenda S. 785. In Betracht kommen — ohne Rücksicht auf die Größe — Grundstücke, die zum Zwecke landwirtschaftlicher, obstbaulicher oder gewerbsmäßiger gärtnerischer Nutzung verpachtet oder verliehen sind (vgl. dazu Metzler, Haberstumpf, BayZfR. 1923 S. 13 und S. 62). Der Pachtschutz erstreckt sich ähnlich § 1 dieser VO. auch auf sonstige Vereinbarungen, die die Übertragung des Genusses der Erzeugnisse eines Grundstücks gegen Entgelt zum Gegenstand haben. Durch die VO. vom 26. Februar 1924 (dazu Schunk, BayZfR. 1924 S. 7 und 104) ist der Geltungsbereich der Pachtschutzordnung insofern wesentlich eingeschränkt worden, als alle Pachtverträge, die nach dem 1. März 1924 abgeschlossen werden, außerhalb des Pachtschutzes stehen. Damit entfällt ein großer Teil der Schwierigkeiten, die sich aus dem Nebeneinanderbestehen der PSchO. und der VO. vom 15. März 1918 ergeben haben (dazu Schunk a. a. O. S. 106); Pachtverträge, die im Wege des Vergleichs oder durch Beschluß des PEA. zustande gekommen sind, bedürfen m. E. der Genehmigung der Bezirksverwaltungsbehörde, sofern es sich um Grundstücke über ein Hektar handelt. Über Ausdehnung der PSchO. auf andere Rechtsverhältnisse s. G.RspKr. 43, 60.

Wegen der Verpachtung landwirtschaftlicher Grundstücke im allgemeinen vgl. MinBek. vom 14. April 1920, StAnz. Nr. 88.

Bei „nicht gewerbsmäßiger gärtnerischer Nutzung", d. h. bei Befriedigung des eigenen Bedarfs durch den Gartenbesitzer gelten die Bestimmungen der Kleingarten- und Kleinpachtlandordnung vom 31. Juli 1919

(RGBl. S. 1371), VollzBek. vom 13. April 1920 (StAnz. Nr. 89) und vom 30. April 1923 (StAnz. Nr. 103). Da hiefür hauptsächlich sog. Schrebergärten und Laubenkolonien in Frage kommen, dürfte regelmäßig schon mit Rücksicht auf die Grundstücksgröße die VO. vom 15. März 1918 nicht zur Anwendung gelangen.

§ 4. I Ist im Grundbuch auf Grund eines nicht genehmigten Rechtsgeschäfts eine Rechtsänderung eingetragen, so kann die zuständige Behörde, falls nach ihrem Ermessen die Genehmigung erforderlich war, das Grundbuchamt um die Eintragung eines Widerspruchs ersuchen. § 54 Abs. 1 der Grundbuchordnung bleibt unberührt.

II Ein nach Abs. 1 eingetragener Widerspruch ist zu löschen, wenn die zuständige Behörde darum ersucht oder wenn die Genehmigung erteilt ist.

AusfBest. hierzu:

Zu § 4: Da die Unwirksamkeit des nicht genehmigten Rechtsgeschäftes durch die auf Grund des Geschäftes erfolgte Eintragung der Rechtsänderung im Grundbuche nicht geheilt wird, so wird das Grundbuch durch die Eintragung — z. B. auf Grund einer nicht genehmigten Auflassung oder Nießbrauchsbestellung — unrichtig. Nach § 54 Abs. 1 der Reichsgrundbuchordnung hat das Grundbuchamt in diesem Falle, soferne die Eintragung unter Verletzung gesetzlicher Vorschriften vorgenommen ist, von Amts wegen einen Widerspruch einzutragen. § 4 läßt diese Verpflichtung des Grundbuchamtes unberührt, gibt aber daneben auch noch der zuständigen Behörde das Recht, ihrerseits die Eintragung eines Widerspruchs zu verlangen, wenn nach ihrem Ermessen auf Grund eines nicht genehmigten Rechtsgeschäftes zu Unrecht eine Eintragung erfolgt ist.

Ein Rechtsgeschäft, zu dem die erforderliche Genehmigung nicht erteilt ist, ist unwirksam im Sinn einer schwebenden Unwirksamkeit, solange die Genehmigung noch nicht erteilt ist (§ 1 Anm. 3); wird während dieses Schwebezustandes das Grundstück aufgelassen und die Eintragung vollzogen, so wird zwar das Grundbuch unrichtig (§ 54 GBO. daher anwendbar), durch die nachträgliche Genehmigung gemäß § 1 VO. wird aber die Auflassung voll wirksam (Macher, DJZ. 1920, 716), ein Verstoß gegen § 134 BGB. mit der Folge absoluter Nichtigkeit (so KGJ. 51, 161; Skalweit, JW. 1919, 494, KG. JW. 1924, 831 [11]) ist nicht anzuerkennen (vgl. § 1 Anm. 3). Die hier vertretene Auffassung ergibt sich aus § 4, wo die nachträgliche Erteilung der Genehmigung als möglich vorausgesetzt ist (ebenso Schanz, BayNotZ. 1920, 16); wie hier nunmehr auch RG. 24. November 1923 JW. 1924, 810 [18]: das Rechtsgeschäft erlangt durch nachträgliche Genehmigung Rechtswirksamkeit, dies gilt auch für die Auffassung.

Die Vorschrift des § 4 ist von Bedeutung in jenen Fällen, in denen das Grundbuchamt die Genehmigungsbedürftigkeit des Geschäfts bei der Eintragung nicht ersehen konnte, z. B. weil ein über ein Hektar großes Grundstück in Teilen von je weniger als ein Hektar, die auf verschiedenen Grundbuchblättern eingetragen sind, aufgelassen ist oder in denen die alsbaldige Feststellung der Unrichtigkeit beim Grundbuchamt auf Schwierigkeiten stößt (Begr.).

§ 5. Wird das Rechtsgeschäft nicht oder unter Auflagen genehmigt, so steht jedem Teile binnen zwei Wochen seit der Bekanntmachung der Entscheidung an ihn die Beschwerde zu; die Entscheidung über die Beschwerde ist endgültig. Soll die Genehmigung versagt

oder unter einer Auflage erteilt werden, so sind beide Teile, soweit tunlich, zu hören.

VollzBek. vom 5. Sept. 1919 Ziff. 4:

Die Beschwerden nach § 5 und nach § 6 der Bundesratsverordnung werden von der vorgesetzten Regierung, Kammer des Innern, entschieden. Die Beschwerde ist in beiden Fällen innerhalb der Frist von 14 Tagen bei der Behörde einzulegen, die den beschwerenden Bescheid erlassen hat.

Wird die Genehmigung ohne Auflage erteilt, so ist die Entscheidung unanfechtbar; ein Bedürfnis zur Eröffnung der Beschwerde besteht hier nicht, weil dem Antrage der Beteiligten entsprochen ist. Der Schwebezustand ist mit der Genehmigung beseitigt; die rechtsgeschäftliche Bindung der Vertragsteile ist eine endgültige geworden (§ 1 Anm. 3). Eine Zurücknahme der Genehmigung durch die Verwaltungsbehörde ist nach Eröffnung an die Beteiligten ausgeschlossen.

Wird dagegen dem Antrag nicht oder nur teilweise — Genehmigung unter Auflagen — stattgegeben, so steht jedem Vertragsteil das Recht der Beschwerde an die Regierung, Kammer des Innern, offen. Beschwerdefrist: zwei Wochen seit Eröffnung; diese erfolgt zweckmäßigerweise durch Postzustellungsurkunde, eingeschriebenen Brief oder gegen Empfangschein. Die Notwendigkeit, die Entscheidung den Beteiligten unter urkundlichem Nachweis der Mitteilung oder Aushändigung zuzustellen, ergibt sich aus allgemeinen Verwaltungsgrundsätzen (vgl. MinE. vom 22. November 1863 Nr. 8 und Cammerer, BayNotZ. 1921, 348). Solange ein Bescheid der im § 5 bezeichneten Art den Beteiligten nicht oder nicht im Wege förmlicher Zustellung bekannt gemacht ist, kann die Verwaltungsbehörde den Bescheid abändern oder zurücknehmen und eine neue Verfügung erlassen (RG. 102, 1). Einzulegen ist die Beschwerde bei der Behörde, die den beschwerenden Bescheid erlassen hat. Beschwerdestelle ist die der Bezirksverwaltungsbehörde vorgesetzte Regierung, Kammer des Innern.

Die Erteilung einer Beschwerdebelehrung ist in der VO. nicht vorgeschrieben, aber zweckmäßig. Fehlt sie, so wird die Beschwerdefrist dennoch in Lauf gesetzt, da ein allgemeiner Rechtsgrundsatz, wonach jeder Entscheidung eine Rechtsmittelbelehrung anzufügen sei, nicht besteht. Ist die Beschwerdebelehrung unrichtig, so dürfen bei Beachtung dieser Belehrung den Beteiligten dennoch keinerlei Rechtsnachteile daraus erwachsen (VGH. 41, 72; ebenso Kratzer, BayGemVZ. 1923, 254).

Die Entscheidung der Regierung, K. d. J., ist endgültig, d. h. mit einem ordentlichen Rechtsmittel nicht mehr anfechtbar. Die Aufsichtsbeschwerde gegen diese Beschwerde ist an sich zulässig, zumal es sich beim Vollzug der VO. um ein gewöhnliches Verwaltungsverfahren handelt, für das ein besonderes Rechtsverfahren, etwa wie vor dem MEA. (I 71) nicht vorgesehen ist. Dennoch kann das Ministerium als Oberaufsichtsbehörde die Entscheidung der Regierung nicht abändern oder aufheben, weil diese Möglichkeit im Widerspruch mit den Absichten der VO. und den Anforderungen an die Rechtssicherheit des Verkehrs steht, die auf eine rasche Beseitigung des Zustandes der schwebenden Unsicherheit drängen (ähnlich Kratzer, BayGemVZ. 1923, 254).

Bei ihrer Entscheidung ist die Beschwerdeinstanz in dem gleichen Umfang inhaltlich gebunden wie die Bezirksverwaltungsbehörde (§ 3

Anm. 1); im übrigen gilt auch für sie das pflichtgemäße Ermessen. Eine ausschlaggebende Bedeutung kommt ihrer Auffassung über die Genehmigungspflicht, über Zulässigkeit der Versagung ebenso zu wie der Entscheidung der unteren Behörde: eine Nachprüfung durch das ordentliche Gericht, das Grundbuchamt usw. findet in keinem Falle statt.

§ 6. [I] **Die zuständige Behörde kann dem Eigentümer oder Besitzer von lebendem oder totem Inventar, das zu einem landwirtschaftlichen Grundstück gehört oder sich auf ihm befindet, die Veräußerung oder die Entfernung des Inventars oder einzelner Stücke von dem Grundstück untersagen, wenn hierdurch die ordnungsmäßige Bewirtschaftung des Grundstücks zum Schaden der Volksernährung gefährdet werden würde. Gegen die Untersagung ist die Beschwerde zulässig. Die Entscheidung über sie ist endgültig.**

[II] **Die Vorschrift gilt nicht bei Maßregeln im Wege der Zwangsvollstreckung.**

Zu §§ 5 und 6: Die Genehmigungsgesuche sind von den beteiligten Behörden mit tunlichster Beschleunigung zu erledigen.

Verwaltungsanordnung, gegen die binnen zwei Wochen nach Bekanntgabe Beschwerde zur Regierung zulässig ist (Ziff. 4 der VollzBek., abgedr. bei § 5 VO.). Die Befugnis zur Untersagung erstreckt sich auch auf die Entfernung oder Veräußerung *einzelner* Inventarstücke. *Voraussetzung* ist in jedem Falle: Gefährdung der ordnungsgemäßen Bewirtschaftung des Grundstücks als Folge der Inventarwegschaffung.

Zuwiderhandlungen gegen das Verbot sind nach § 7 strafbar. Rechtsgeschäfte, die über die Inventargegenstände, deren Entfernung verboten ist, abgeschlossen werden, sind nach § 134 BGB. nichtig; auch der gutgläubige Erwerber kann Eigentum an diesen Gegenständen nicht erwerben.

Eine weitergehende Einflußnahme auf die Bewirtschaftung der *landwirtschaftlichen Grundstücke* steht den Bezirksverwaltungsbehörden zu auf Grund der VO. über die *Sicherung der Landbewirtschaftung* vom 4. Februar und 11. April 1919 (RGBl. S. 179, 387) und den AusfBest. vom 31. März 1915 (MABl. 1915 Kriegsbeilage S. 348). Hiernach kann die Bezirksverwaltungsbehörde, in deren Bezirk das Grundstück oder der größere Teil des Grundstücks liegt, die Nutzungsberechtigten auf kurze Frist zu einer Erklärung darüber auffordern, ob und mit welchen Früchten sie ihre gesamte Ackerfläche bestellen wollen oder welche Stücke davon unbestellt bleiben sollen. Soweit der Nutzungsberechtigte die Bestellung nicht übernimmt oder die Möglichkeit der Bestellung nicht glaubhaft macht oder wenn der Nutzungsberechtigte die Aufforderung unbeantwortet läßt oder nicht erreicht werden kann, ist die Bezirksverwaltungsbehörde (nach Anhörung der Bezirksbauernkammer vgl. Art. 5 Ziff. 9 des Gesetzes über die Bauernkammern vom 20. März 1920 und der in einer Arbeitsgemeinschaft mit dieser verbundenen Vertretung der landwirtschaftlichen Arbeitnehmer Art. 28 dieses Gesetzes) befugt, die *Nutzung* des Grundstücks mit Zubehör ganz oder zum Teil auf längstens sechs Jahre *dem Berechtigten zu entziehen* und dem Kommunalverband oder einer Gemeinde ohne oder gegen Entschädigung des Berechtigten zu übertragen. Nach der zum 1. Juli 1924 beabsichtigten Auflösung der Kommunalverbände (VO. vom 24. Juni 1919, GVBl. S. 320) werden vermutlich die Bezirke und unmittelbaren Städte an deren Stelle treten. Bei Rückgabe des Grundstücks hat die Bezirksverwaltungsbehörde auf Antrag die Auseinandersetzung zwischen den Beteiligten durchzuführen; gegen deren Entscheidung kann jeder Beteiligte innerhalb eines Monats nach Zustellung die Entscheidung des ordentlichen Gerichts anrufen. Dies gilt auch, soweit es sich um die Festsetzung oder Ablehnung einer Entschädigung oder um die Ersatzleistung des Nutzungsberechtigten für Grundstücksverbesserungen handelt. Im übrigen ist gegen die Nutzungsentziehung durch die Bezirksverwaltungsbehörde binnen einer Frist von zwei Wochen Beschwerde zur vorgesetzten Regierung, Kammer des Innern, zulässig, die endgültig entscheidet.

Die VO. findet nach § 7 entsprechende Anwendung auf die Bewirtschaftung der Wiesen und Weiden sowie auf städtische, zur landwirtschaftlichen oder gärtnerischen Nutzung geeignete Grundstücke.

Über mögliche Kollisionen zwischen Gerichten und Verwaltungsbehörden durch Doppelbehandlung nach der VO. vom 11. April 1919 und der Pachtschutzordnung vgl. das interessante Beispiel bei Schunk, BayZfR. 1924, 40, der eine Verständigung zwischen Bezirksverwaltungsbehörden und Pachteinigungsämter empfiehlt. Bei der Seltenheit der Fälle der VO. vom 11. April 1919 wird es zweckmäßig sein, wenn die Bezirksverwaltungsbehörden die Einleitung eines Verfahrens nach dieser VO. den PEA. von sich aus mitteilen.

§ 7. I Mit Gefängnis bis zu einem Jahre und mit Geldstrafe bis zu fünfzigtausend Mark oder mit einer dieser Strafen wird bestraft,

1. wer ohne die erforderliche Genehmigung ein Grundstück aufläßt oder sich auflassen läßt oder den Besitz eines Grundstücks einem anderen überträgt oder von einem anderen erwirbt;
2. wer die bei Erteilung der Genehmigung gemachten Auflagen nicht erfüllt;
3. wer Inventar veräußert, entfernt oder an sich bringt, wenn ein Verbot nach § 6 vorliegt.

II Ist die Handlung fahrlässig begangen, so tritt Geldstrafe bis zu dreitausend Mark ein.

Die Höchststrafe ist nach der VO. vom 6. Februar 1924 (RGBl. I S. 44) zehntausend Goldmark, die Mindeststrafe drei Mark.

§ 8. I Die Landeszentralbehörden erlassen die Bestimmungen zur Ausführung dieser Verordnung; sie bestimmen insbesondere, welche Behörde die zuständige Behörde und die Verwaltungsbehörde im Sinne dieser Verordnung ist.

II Die Landeszentralbehörden bestimmen für ihr Gebiet den Tag des Inkrafttretens der §§ 1 bis 7 dieser Verordnung, sie können die Inkraftsetzung auf bestimmte Gebietsteile und einzelne Bestimmungen beschränken und zeitlich begrenzen; sie können die Grundstücksgröße abweichend vom § 1 bestimmen und die Vorschriften der Verordnung auf Berechtigungen ausdehnen, für welche die auf Grundstücke sich beziehenden Vorschriften gelten.

Bayer. VollzBek. vom 5. September 1919 (MABl. S. 212) und AusfBest. vom gleichen Tage (MABl. S. 213); vgl. auch Vorbem. a. E. In zweifelhaften Fällen soll nach den AusfBest. das Gutachten des Bezirksausschusses erholt werden.

§ 9. Weitergehende landesrechtliche Bestimmungen bleiben unberührt.

Möglich wäre hiernach die Ausdehnung des Genehmigungszwanges (mit der Möglichkeit der Versagung) auch auf städtische Grundstücke (§ 3 Anm. 1) oder auf Grundstücke jeder Größe. Während des Währungsverfalls wäre eine solche Erweiterung der behördlichen Kontrolle des Grundstücksvertrags mit Rücksicht auf den Aufkauf deutscher Grundstücke durch Ausländer wünschenswert gewesen. Über eine Möglichkeit der Wiedergutmachung der Unterlassung derartiger im nationalen Interesse gelegenen Maßnahmen vgl. § 3 meines Gesetzentwurfs zur Geldentwertung (Teil I S. 5, 7).

Eine sichere Durchführung der VO. wäre, insbesondere soweit die Grundsätze des § 3 in Betracht kommen, dann gewährleistet, wenn für die berufsmäßige Ausübung der Landwirtschaft ein Befähigungsnachweis gefordert werden könnte: nur wer den vorgeschriebenen Befähigungsnachweis erbringt, gilt als Landwirt im Sinne dieser VO.

§ 10. Diese Verordnung tritt mit dem Tage der Verkündung in Kraft. Der Bundesrat bestimmt den Zeitpunkt ihres Außerkrafttretens.

Inkrafttreten mit dem Tage der Verkündung bedeutet mit Beginn dieses Tages (RG. 91, 340). In Bayern ist die VO. erst mit dem 15. September 1919 (§ 8 Abs. 2) in Kraft getreten. S. Vorbem.

---

9. Die Bestimmungen des BGB. über die Miete (§§ 535—580).

Vorbemerkung.

Im Verhältnis der zivilrechtlichen Bestimmungen der modernen Wohnungsnotgesetzgebung zu dem Mietrecht des Bürgerlichen Gesetzbuchs kommt diesem nach wie vor die überragende Stellung zu. Ohne die Grundsätze des BGB. ist das Wohnungsnotrecht weder zu verstehen noch zur Ausführung zu bringen. Als Leitsatz kann gelten, daß die Rechtssätze des BGB. auch im Geltungsgebiete des MSchG., des RMG. und des WMG. samt deren landesrechtlicher Ausgestaltung nur insoweit nicht zur Anwendung kommen, als das Wohnungsnotrecht ausdrücklich eine andere Rechtsnorm aufstellt. Nur soweit dies der Fall und nur soweit der Wirkungskreis der neueren Gesetze reicht, können die Grundsätze des BGB. nicht oder nur in beschränktem Umfang zur Geltung kommen.

Möglich — und für ein begrenztes Maß wahrscheinlich — ist die Entwicklung, daß einzelne Rechtssätze des modernen Notrechts einen dauernden Einfluß auf die künftige Gestaltung des bürgerlichen Mietrechts auszuüben vermögen. Ob und inwieweit dies der Fall sein wird, hängt von der allgemeinen Entwicklung des Wohnungsmarktes, der Fortentwicklung des sozialen Gedankens — insbesondere hinsichtlich der Beschränkung (I 3) oder Teilung des Eigentumsbegriffs (II 10) — sowie von der Gestaltung der politischen Verhältnisse ab. Als richtunggebende Gesichtspunkte des geltenden Wohnungsnotrechts lassen sich feststellen: die Beschränkung des Individualinteresses zugunsten der Interessen der Gesamtheit, die Zurückdrängung des Einzelwillens zugunsten des Gemeinschaftswillens; die rechtliche Erscheinungsform ist die Durchdringung der Privatrechtsordnung mit öffentlichen Rechtsnormen.

Die Rechtsentwicklung ist noch nicht abgeschlossen: manches, was unter einseitig orientiertem politischem Druck eine Rechtsform gefunden hat, wird auf ein bescheideneres Maß zurückgeführt werden müssen; vieles aber wird als soziales Recht erhalten bleiben und die Zielrichtung für eine Rechtsentwicklung geben, die über die Fesseln des BGB. hinaus zu einem selbständigen, in sich abgeschlossenen Wohnungsrecht führt. Vorbedingung ist eine organische Entwicklung der neuen Gedanken auf dem Boden des alten Rechtes, dessen Grundzüge im folgenden kurz dargestellt werden sollen.

§ 535. Durch den Mietvertrag wird der Vermieter verpflichtet, dem Mieter den Gebrauch der vermieteten Sache während der Mietzeit zu gewähren. Der Mieter ist verpflichtet, dem Vermieter den vereinbarten Mietzins zu entrichten.

§ 536. Der Vermieter hat die vermietete Sache dem Mieter in einem zu dem vertragsmäßigen Gebrauche geeigneten Zustande zu überlassen und sie während der Mietzeit in diesem Zustande zu erhalten.

1. **Mietrechtsverhältnis.** Schuldrechtsverhältnis ohne Dinglichkeit, aber insbesondere unter dem Einfluß des Wohnungsnotrechts (I 3) mit Neigung zur Verdinglichung. Relatives, nur die Vertragsteile bindendes Rechtsverhältnis; daher Ablehnung (vgl. RG. 64, 182; RG. LZ. 1914, 1028; RG. 102, 231; OLGRspr. 25, 14; 41, 115) der Annahme eines Gemeinschaftsverhältnisses zwischen mehreren Mietern eines Hauses (II 58) und nur beschränkte Anerkennung des Umlegungsverfahrens für Betriebs- und Instandsetzungskosten (II 108).

Begründung durch schuldrechtlichen Vertrag oder Staatsbefehl (Zwangsmietvertrag I 158). Gesetzliches Mietrecht der Familienangehörigen § 19 Abs. 2 MSchG. (I 77). Kontrahierungszwang für Räume, die zu Wohnzwecken geeignet sind (§ 4 WMG., I 156, 162). Genehmigungszwang für Mietvertragsabschluß (§ 31 MSchG., I 95, 219). Recht der Inanspruchnahme von Räumen durch die Ortspolizeibehörde §§ 4, 5 WMG. Soweit (I 159) vertragsmäßige (I 157) Begründung des Mietverhältnisses, Anwendung der allgemeinen Vorschriften des BGB. über Anfechtung wegen Irrtum (über die Vertrauenswürdigkeit des Pächters, RG. 102, 225) § 119 BGB., wegen arglistiger Täuschung (RG. LZ. 1914, 1620; RG. 86, 334) § 123; über Verletzung von Verbotsgesetzen: § 134 (KGRspr. 28, 140; 38, 85); über Verstoß gegen die guten Sitten § 138 (RG. LZ. 1917, 1123; RG. 103, 35; insbesondere II 217). Anwendung der Bestimmungen über gegenseitige Verträge §§ 320—327 (RG. 62, 225; 65, 29; 105, 387), insbesondere RG. 105, 167, wo ausdrücklich ausgeführt ist, daß die Sonderbestimmungen der §§ 553, 554 die Anwendung des § 326 auch dann nicht ausschließen, wenn die Übergabe der Miet[Pacht]sache an den Mieter [Pächter] bereits verwirklicht ist).

Veränderung durch Vertragsschluß: Gebrauchsüberlassung an einen Dritten § 549 BGB., § 29 MSchG. (I 91) oder durch Rechtsabtretung (I 91). Sonderregelung des Wohnungstausches I 171, 223. Zustimmungszwang der Ortspolizeibehörde auch bei Veränderungen tatsächlicher Natur, soweit Wohnräume in Betracht kommen I 218. Wegen Veränderung einzelner Rechte und Pflichten durch Einführung des gesetzlichen Miete §§ 1, 20 RMG.

Aufhebung durch Vertrag, durch Zeitablauf (§ 564 I), durch einseitige, auf Beendigung des Mietverhältnisses gerichtete Erklärung eines Vertragsteiles: durch Kündigung (§ 564 II). Die Kündigungsbefugnis des Vermieters ist im Geltungsbereich des MSchG. (I 12) erheblich eingeschränkt und zum Teil durch die Aufhebungsklage gemäß §§ 2—4 MSchG. ersetzt (I 11).

2. **Begriff.** Miete ist zeitweise Gebrauchsüberlassung gegen Entgelt. Gegenstand der Miete sind nur Sachen im Sinne des BGB., d. s. körperliche Gegenstände (§ 90 BGB.; RG. 70, 22), gleichviel ob beweglich oder unbeweglich (Grundstücke). Über Besonderheiten der Grundstücksmiete §§ 537, 544, 551, 556, 559—563, 565, 566, 571—579 BGB., wegen der Einbeziehung der Gebäude (Räume) § 580 BGB. Das Notrecht erstreckt sich grundsätzlich nur auf Gebäude oder Gebäudeteile (I 22, 151, 188; II 20); Wohnräume werden regelmäßig einer strengeren Behandlung als Nichtwohnräume (Geschäftsräume, Fabriken, Kontors usw.) unterworfen, z. B. § 19 Abs. 4, § 29 MSchG., § 4 WMG. Wegen der Erschwerung der Umwandlung von Wohnräumen in Geschäftsräume I 151, 188; wegen der Sonderbehandlung der Werkwohnungen, Genossenschaftswohnungen vgl. §§ 20—23 MSchG., §§ 13, 15, WMG. Das Gebrauchsrecht des Mieters umfaßt den Anspruch auf Überlassung der Mietsache, Duldung und Gewährleistung des Gebrauchs durch den Vermieter (positive Leistungspflicht, positive Fürsorgepflicht des Vermieters).

Die Gegenleistung des Mieters besteht in der Leistung des vereinbarten Entgeltes, das begrifflich in Leistungen jeder Art, insbesondere auch in Diensten oder Waren, Früchten oder Anteilen an dem mit der Mietsache oder dem Geschäft erzielten Ertrag (RG. JW. 1914, 403) bestehen kann. Zulässig ist auch die Übernahme der Lasten und Hypothekenzinsen durch den Mieter eines Hauses (KGRspr. 21, 198). Tatsächlich aber besteht sie regelmäßig in einer Geldleistung; hierauf sind sowohl die Bestimmungen des BGB. als auch die des RMG. (II 29) zugeschnitten. Die Höhe des Mietzinses bemißt sich nach der Vereinbarung (s. Ziff. 7). Der Mietzins kann auch in einer festen Summe für die ganze Dauer des Mietverhältnisses vereinbart sein. Zulässig ist es, die Bestimmung des Mietzinses einem der Vertragsteile (§ 315 BGB.) oder einem Dritten (§ 317 BGB.) zu überlassen; ist die Bestimmung späterer vertraglicher Festsetzung vorbehalten, so bestimmt nach § 316 BGB. der Vermieter die Höhe des Mietzinses (vgl. RG. LZ. 1914, 1027 = BayZfR. 1914, 169). Im Geltungsbereich des RMG. (II 1) ist die Beseitigung des vertragsmäßigen Mietzinses durch einseitige Erklärung der gesetzlichen Miete durch einen Vertragsteil jederzeit möglich (II 20).

Sonderstellung bei Vermietung für besondere Zwecke zu vorübergehendem Gebrauch § 25 MSchG. (I 86).

3. **Zwingendes und nachgiebiges Recht.** Im BGB. gilt der Grundsatz der vertraglichen Abänderung der mietrechtlichen Bestimmungen;

als zwingende und deshalb der Parteiverabredung entzogene Vorschriften sind nur verhältnismäßig wenige anzusehen.

Eine Einschränkung oder Beseitigung des § 540 (Verbot der Ausschließung der Haftung des Vermieters für Mängel, die er arglistig verschweigt) und des § 544 (Kündigungsrecht des Mieters bei gesundheitsgefährlichem Zustand der Wohnung) ist rechtlich ausgeschlossen und daher nichtig. Die Vorschriften der §§ 559—563 über das gesetzliche Pfandrecht des Vermieters sind nur insofern zwingend, als der Vermieter über die Norm des Gesetzes hinaus eine Erweiterung oder Erleichterung des Pfandrechts sich nicht ausbedingen kann; er kann wohl auf sein Recht ganz oder teilweise verzichten, er kann aber nicht durch Vereinbarung das Verbot des Widerspruchs nach § 560 Satz 2 zu seinen Gunsten beseitigen oder die Untergangsgründe für das Pfandrecht (§ 560 Satz 1, § 561 Abs. 2 Satz 2) ändern, weil hierin eine Erweiterung eines gesetzlich abgegrenzten Rechtes liegen würde. Als zwingendes Recht wird man auch das Gebot der Formeinhaltung des § 566, ferner die Vorschrift des § 567 anzusehen haben (Bekämpfung der Erbmiete). Alle anderen Bestimmungen der §§ 535—579 enthalten nachgiebiges, d. h. der vertraglichen Änderung zugängliches Recht. Deshalb kann das Kündigungsrecht des Mieters aus § 542 vertraglich — unter Beachtung des § 540 — ausgeschlossen werden (§ 543); das gleiche gilt für die Rechtsnormen der §§ 549, 552 (Satz 2), 553, 554, 555, 565, 569, 571, aber auch für die Sonderregelung der §§ 571—579 für den Fall der Grundstücksveräußerung oder Belastung, da die Festlegung des Vertragsendes den Parteien überlassen ist, diese daher auch durch Verzicht des Mieters auf die Schutzvorschriften der §§ 571 ff. die Beendigung des Rechtsverhältnisses aus dem gleichen Grunde herbeiführen können wie die Fortführung durch Vereinbarung zwischen Vermieter und Erwerber nach § 578 möglich ist.

Über die vertragliche Abwandlung des Gesetzesrechts durch die Mietvertragsformulare der Hausbesitzervereine I 32; wegen der rechtlichen Beurteilung der Mietverträge des Münchner Grund- und Hausbesitzervereins vgl. Mittelstein, SeuffBl. 76, 257 und 416; Levinger, ebenda S. 414; Straub, BayZfR. 1911, 253 und Mittelstein, Miete S. 96. Ein formularmäßiger Mietvertrag, auch wenn er weitgehend die Interessen des Vermieters schützt, ist deshalb allein noch nicht nach § 138 I BGB. nichtig, RG. Recht 1913 Nr. 2229. Entscheidender Einfluß wird in Zeiten der Wohnungsnot der allgemeinen Wohnungsmarktlage (I 100) auch bei der rechtlichen Beurteilung der formularmäßigen Einschränkung der Mieterrechte einzuräumen sein. Dies gilt insbesondere auch für die Zulässigkeit der sog. Wohnungsentschädigung (Auszugsgeld): die Umstände des einzelnen Falles sind zu berücksichtigen (LG. Deggendorf, SeuffBl. 78, 572 und LG. München I, ebenda Bd. 76, 144 und 217; ferner AG. Würzburg, JW. 1921, 44).

Einschränkung der dispositiven Normen durch das Notrecht. Neben der Beschränkung des Kündigungsrechtes des Vermieters (Erl. 1) sind im Geltungsbereich des MSchG. (I 12) und des RMG. (II 1) vertragliche Verzichte auf die den Beteiligten nach diesen Gesetzen zustehenden Rechte sowie die Festlegung besonderer Nachteile bei Ausübung dieser Rechte unwirksam (I 125, II 82). Bei Einführung der gesetzlichen Miete

Wiederherstellung der gesetzlichen Regelung des BGB. auch bei entgegenstehender Vertragsabrede (II 83).

4. Nebenleistungen. Rechtsverbindungen. Nebenleistungen im allgemeinen Sinn sind solche besondere Leistungen eines Vertragsteiles, die neben der gesetzlichen Verpflichtung und in wirtschaftlicher Unterordnung unter die Hauptleistung vereinbart werden, z. B. Übernahme der Reinigung gemeinschaftlich benutzter Treppen oder des Hofes und Bürgersteiges (LG. Berlin, JW. 1922, 823) durch den Mieter nach Ortsgebrauch oder auf Grund besonderer Vereinbarung oder Lieferung von Wasser, Gas oder elektrischen Strom, von Heizdampf, Warmwasser, Dampfkraft durch den Vermieter usw. Ob solche Leistungen des Vermieters durch den Mietzins abgegolten sind oder besonders vergütet werden müssen, ist Tatfrage. Die Lieferung von Wasser wird bei Anschluß des Miethauses an eine gemeindliche Wasserleitung in der Regel ohne besondere Vergütung vom Vermieter zu bewirken sein. Das gleiche gilt für die Bedienung von Sammelheizungs- und Warmwasserversorgungsanlagen, sofern im Mietvertrag nichts anderes vereinbart ist. Für den Geltungsbereich des RMG. vgl. die Sonderregelung der §§ 12, 13 RMG. (II 57, 58); wegen des hier umgrenzten Begriffes der Nebenleistungen s. II 33, 92. Wegen des möglichen Wegfalls der Nebenleistungen bei Einführung der gesetzlichen Miete vgl. § 20 RMG.

Rechtsverbindungen sind gewillkürte Verbindungen von Rechtssätzen verschiedener Einzelschuldverhältnisse. Als Vertragsverbindungen können sie als mehrere selbständige, nur äußerlich verbundene Rechtsgeschäfte ohne inneren Zusammenhang erscheinen; alsdann folgt jedes Rechtsgeschäft den für seinen Typus geltenden Regeln. Besteht eine gewisse Abhängigkeit unter den mehreren Rechtsgeschäften, so kann diese eine einseitige oder eine gegenseitige sein, je nachdem nur das eine oder auch das eine und das andere Rechtsgeschäft abhängig ist. Die Abhängigkeit zu bestimmen, steht im Belieben der Parteien. Über das sog. zusammengesetzte Rechtsgeschäft vgl. RG. 79, 439; 97, 221; 103, 298 und 381; RG. LZ. 1924, 199. Liegt nicht eine Mehrheit von Rechtsgeschäften, sondern ein einheitlicher, in sich abgeschlossener Vertrag vor, der trotz tatsächlicher und wirtschaftlicher Einheit unter mehrere der im BGB. geregelten Vertragstypen fällt, so kann man bei dieser Typenverbindung unterscheiden zwischen gemischten Verträgen und erweiterten Vertragstypen. Bei der ersten Art handelt es sich um die Verbindung vollständiger Vertragstypen, während im letzteren Fall nur die Einbeziehung von dem beherrschenden Vertragstypus untergeordneten Einzelansprüchen in Frage kommt.

Bei den gemischten Verträgen erstreckt sich die Typenvermengung auf mehrere schuldrechtliche Organismen als solche: der Vertrag ist nicht bloß hinsichtlich bestimmter Einzelansprüche, sondern als schuldrechtlicher Organismus mehreren der im Gesetz geordneten Vertragstypen einzuordnen. Die Typenverbindung ist eine einseitige, wenn nur der eine Vertragsteil sich zu mehreren Hauptleistungen verpflichtet, während der andere Teil hiefür nur eine einheitliche Gegenleistung verspricht; für jede Hauptleistung ist der entsprechende Vertragstypus maßgebend, dessen Normen kommen unverändert zur Anwendung. Wenn jemand z. B. Wohnung mit Beköstigung verspricht, so gelten hinsichtlich des Gebrauchsrechts der Wohnung die Vorschriften über Miete, bezüglich der Gewährung der Verpflegung jene über den Kauf, wobei eine Kollision dieser Rechtsnormen, z. B. hinsichtlich der Aufhebung des Rechtsverhältnisses nicht ausgeschlossen ist. Die Ausscheidung der einheitlichen Gegenleistung auf die verschiedenen Hauptleistungen läßt sich nach dem Verhältnis des Wertes der Hauptleistungen zueinander ermitteln (vgl. §§ 537, 472, 473). Besteht die Typenvermengung auf beiden Seiten, so liegt eine zweiseitige Typenvermengung vor. Je nach dem Grade, in dem die Typenvermengung auf der einen oder anderen Seite möglich ist, könnte noch eine graduelle Scheidung vorgenommen werden; dabei kann je nach dem Umständen, unter denen das Rechtsgeschäft zustande gekommen ist und je nach dem Charakter des Rechtsgeschäfts und dem damit verfolgten Zweck auch ein bloß erweiterter Vertragstypus vorliegen. Wesentlich ist dabei die Unterordnung der einen der verbundenen Leistungen unter die andere, also der Gesichtspunkt der Haupt- und Nebenleistung. Die hauptsächliche Leistung bestimmt den Charakter des Rechtsgeschäfts und damit den Vertragstypus, dessen Normen grundsätzlich zur Anwendung kommen. Zu den Regeln dieses Grundtypus treten hinsichtlich der Nebenleistungen ergänzend — und soweit es der Charakter des Rechtsgeschäfts zuläßt oder erfordert auch einschränkend — die Vorschriften aus dem anderen Vertragstypus in entsprechender Anwendung hinzu. Art und Umfang der heranzuziehenden Normen bestimmt sich nach dem Gesamtzweck des Vertrages, wie er aus dem Willen der Vertragschließenden und aus den den Vertragsabschluß begleitenden Umständen zu ermitteln ist. Weder die unmittelbare Anwendung der Regeln eines jeden Vertragstypus (Kombinationstheorie) noch die Einpressung des Vertrages in die Form eines einzigen Vertragstypus (Absorptionstheorie) läßt sich ohne gewaltsame Einschränkung der Interessen der Vertragsteile durchführen. Es ist auch nicht angängig, jede Typenverbindung als einen Vertrag siu generis zu behandeln; diese Methode würde überall da, wo eine umfassende vertragliche Regelung nicht vorliegt, zu Willkürlichkeiten und meist wohl auch zu unbrauchbaren Ergebnissen führen.

Die praktische Auswirkung dieser Gesichtspunkte zeigt sich an dem Beispiel des Hausmeistervertrages (I 18). Hat z. B. der Mieter eines Hauses nach Abschluß des Mietvertrages dem Vermieter gegenüber die Besorgung der Hausmeisterdienste gegen Erlaß der Miete, also gegen freie Wohnung übernommen, so ist der Vertrag lediglich als Fortsetzung des Mietverhältnisses unter Abänderung der Entgeltsleistung, also als Mietvertrag anzusehen. Die Vorschriften über den Dienstvertrag kommen hier nur hilfsweise und nur insoweit zur Anwendung, als sie nicht mit dem Charakter des Rechtsverhältnisses (Mietverhältnis) in Widerspruch stehen; für die Aufhebung des Mietverhältnisses zufolge Kündigung der Dienstleistungen aus wichtigem Grunde (§ 626) ist hier ebensowenig Raum wie für die Kündigung nach § 623. Wird dagegen eine Person von vorneherein als Hausmeister angestellt und ihr vertragsgemäß als ganzes oder teilweises Entgelt für die Dienstleistung eine Wohnung zur unentgeltlichen Benutzung zugewiesen, so liegt ein als Dienstvertrag zu behandelnder Vertrag vor, da die Hauptleistung die Dienstleistung bildet, der gegenüber die Verpflichtung des Dienstherrn zur Überlassung der Wohnung zurücktritt. Eine bloße Vertragsverbindung endlich, die beiden Vertragstypen unterzuordnen ist, liegt dann vor, wenn der Vermieter mit seinem Mieter gleichzeitig einen Dienstvertrag abschließt und jede Vergütung besonders normiert wird.

Über die Bedeutung der Einheit des Rechtsverhältnisses vgl. I 21, 47, II 19; ferner RG. JW. 1924, 801 [8].

5. **Abgrenzung gegenüber anderen Rechtsverhältnissen.** Ob Miete oder ein anderes Rechtsverhältnis im einzelnen Fall vorliegt, ist bei der Einstellung des Wohnungsnotrechts besonders wichtig: nur auf Mietverhältnisse findet das MSchG. und das RMG. Anwendung (I 18, II 2, 63); Umgehungen dieser Gesetze (§ 49 MSchG., § 19 RMG.) werden häufig durch die Wahl einer anderen Rechtsform als die der Miete versucht werden (I 18, 125, II 82).

Miete und Pacht: ihre engen Beziehungen erhellen aus dem System des BGB. (§§ 581 ff.); die Pacht umfaßt außer dem Gebrauch auch noch den Fruchtgenuß, sie ist begrifflich nicht bloß an Sachen, sondern auch an Rechten möglich, kann also als eine nach Gegenstand und Zweck erweiterte Abart der Miete bezeichnet werden (Mittelstein S. 21). Im Gegensatz zur Miete verpflichtet der Pachtvertrag in der Regel den Pächter die Pachtsache in Gebrauch zu nehmen, da die Nichtbenutzung regelmäßig eine Verschlechterung oder Entwertung zur Folge hat; insoweit läge eine Verletzung der Obhutspflicht des Pächters vor. Über Unterscheidungsmerkmale I 20. Ob die Eignung der Räume (die Betriebsfertigkeit) durch Überlassung des Inventars seitens des Verpächters oder durch einen Dritten, durch den Pachtvertrag oder durch einen besonderen mit ihm zusammenhängenden Kaufvertrag erfolgt, ist für die rechtliche Beurteilung als Pacht dann unerheblich, wenn es sich bei den verschiedenen Rechtsgeschäften um ein sog. zusammengesetztes, d. h. einheitlich gewolltes Rechtsgeschäft handelt (RG. Warn.Rspr. 1924, 127, Ruth JW. 1924, 804 Fußnote; dagegen Crohne JW. 1924, 792). Die Verpachtung eines geschäftlichen Unternehmens liegt nur dann vor, wenn es in der Verfassung, in der es übergeben ist oder doch wenigstens in wesentlich unverändertem Zustand Erträge abwerfen kann (RG. JW. 1924, 802 [10]). Vgl. auch RG. JW. 1924, 803 [11]. Jagdpacht ist Rechtspacht, RG. 98, 101. Über Pachtschutzordnung s. II 235; ein gewerblicher Pachtschutz durch besonderes Reichsgesetz ist in Aussicht genommen.

Miete und Leihe (§ 598). Miete ist entgeltlich, Leihe unentgeltlich. Leihe verpflichtet nur zur Duldung, Miete zu positiver Fürsorgepflicht des Vermieters. Vorzeitiger Einzug des Mieters unter Zustimmung des Vermieters ist trotz mangelnden Entgeltes nicht Leihe, sondern Miete. — Ausdehnung des einheitlichen Rechtsverhältnisses auf die Vorbenutzung (KGRspr. 33, 321; insbes. RG. BayZfR. 1923, 173). Mit dem Beziehen entsteht ein Vertragsverhältnis, das den Mieter auch vor Abschluß des Mietvertrages so lange zur Benutzung berechtigt, bis das Scheitern des Vertrages feststeht (KGRspr. 33, 313).

Miete und Dienstvertrag. Ob das eine oder andere vorliegt, ist Tatfrage (s. Ziff. 4). Die Grundsätze des Dienstvertrages, insbesondere § 618 (Haftung des Dienstberechtigten für schlechte Räume) finden auch Anwendungen auf Dienstwohnungen, die der Staat oder eine sonstige öffentliche Körperschaft (I 169) den eigenen Beamten als

Teil des Gehalts gewährt (RG. BayZfR. 1912, 282 und 1917, 257; RG. 91, 21; RG. 102, 6; ferner Josef, Gruch. 64, 285). RMG. und MSchG. finden auf Dienstwohnungen keine Anwendung (I 19, II 3); wegen der Berechnung der gesetzlichen Miete für Dienstwohnungen des bayerischen Staates II 19, 116, 118: Zur VO. über die Benutzung und Unterhaltung der bayerischen Staatsgebäude vom 28. Februar 1851 vgl. Mauerer, BayZfR. 1919, 6 und 27; über Vergütung für Beheizung und Beleuchtung MinBek. 14. März 1924 StAnz. Nr. 65.

Miete und Beherbergungsvertrag s. I 21, dazu Keidel, SeuffBl. 69, 413; RG. BayZfR. 1908, 203 und 1914, 230; OLG. Hamburg, LZ. 1920, 665 und RG. 103, 9. Noch weniger als beim Beherbergungsvertrag läßt sich beim Gastaufnahmevertrag des Schank- und Speisewirts die Gebrauchsüberlassung als wesentliches Merkmal des Vertrages ansehen: es handelt sich hier um ein einheitliches, eigenartiges Schuldverhältnis, vgl. RG. 65, 12; OLG. Augsburg BayZfR. 1907, 438; RG. LZ. 1914, 679; 1916, 876 und 1920, 647; OLG. Hamburg LZ. 1920, 445; RG. 104, 45; RG. 105, 202. Über den Besuch einer Vergnügungsstätte RG. BayZfR. 1910, 334; eines Kaffees OLG. Hamburg LZ. 1924, 136. Zu der ganzen Frage Tuma, BayZfR. 1910, 231 und Goldscheider, Gruch. 60, 367; für mietrechtliche Behandlung Ruth ArchZivPrax. Bd. 121, 318.

Miete und Wohnungsrecht. Das dingliche Recht, ein Gebäude oder einen Gebäudeteil ausschließlich zu bewohnen (§ 1093) ist **keine Miete**; es ist eine beschränkte persönliche Dienstbarkeit, deren rechtliche Gestaltung zum Teil den Grundsätzen des Nießbrauchs folgt. Durch das Wohnungsrecht wird zwischen dem Wohnberechtigten und dem Grundeigentümer wie beim Nießbrauch ein gesetzliches Schuldverhältnis begründet. Daneben besteht zwischen dem Besteller des Rechts und dem Wohnberechtigten ein vertragliches Schuldverhältnis, dessen Inhalt den reichsrechtlichen Vorschriften über das Wohnungsrecht insolange vorgeht, als Besteller und Grundstückseigentümer identisch sind. Hauptfall des Wohnungsrechts: der Altenteilsvertrag bei bäuerlichen Gutsüberlassungen (II 18), für dessen Inhalt in Art. 32—48 bayer. AG. z. BGB. dispositive Vorschriften landesrechtlich aufgestellt sind. Der Altenteilsvertrag verpflichtet sowohl zur Bestellung des dinglichen Rechts als auch zur Gewährung der Wohnung.

Über die Genossenschaftsmiete im besonderen I 19 und Rieß, Gruch. 61, 91; ferner LG. Berlin III ZtschrfW. in Bayern 1922, 300 und LG. Bremen JW. 1923, 1056 [2].

6. Gebrauch der Mietsache. Das Gebrauchsrecht auf Zeit bildet den wesentlichen Inhalt der Miete, die Gebrauchsgewährung auf die Dauer des Rechtsverhältnisses die Leistungsverpflichtung des Vermieters. Diese Leistung besteht nicht nur in der Gestattung des Gebrauchs, die die Pflicht zur Überlassung der Mietsache (Rostock Seuff.-Arch. 29 Nr. 22) in sich schließt, sondern auch — wie § 536 als Folgerung aus § 535 hervorhebt — in der Gewährleistung des Gebrauchszustandes, also in einer positiven Fürsorgetätigkeit des Vermieters (RG. 102, 232). Diese Erhaltungspflicht — nach dem Sprachgebrauch des RMG. umfassend die Tragung der Betriebs- und Instandhaltungskosten — gibt der Miete das Gepräge; die Überlassung tritt demgegenüber zurück, wenngleich ihr eine besondere Bedeutung für den Beginn der Mietzeit zukommt (RG. LZ. 1918, 154). Die Erhaltung der Mietsache in dem zum vertragsmäßigen Gebrauch geeigneten Zustand ist eine absolute Leistungspflicht des Vermieters: sie ist rechtlich unabhängig von der Gegenleistung des Mieters, von der Höhe des Mietzinses. Nur in den Grenzen des § 242 kann auch die Bewirkung dieser Leistung unter Umständen eine andere rechtliche Beurteilung erfahren (II 63); im übrigen erstreckt sie sich auf die Vornahme aller Ausbesserungen und auf die Tragung der hiefür aufzuwendenden Kosten. Dies gilt auch für den Geltungsbereich des RMG. (II 84).

Die Verpflichtung des Vermieters zur Gewährung des vertragsmäßigen Gebrauchs ist nicht schon mit der Überlassung der Mietsache in gebrauchsfähigem Zustand erfüllt; der Vermieter hat vielmehr während der ganzen Dauer des Mietverhältnisses für die Erhaltung dieses Zustandes, also für die Beseitigung des der vertragsmäßigen Benutzung widersprechenden Zustandes zu sorgen (Dauerrechtsverhältnis). Darüber hinaus haftet der Vermieter solange, als seine Verpflichtung zur Gewährung des Gebrauchs der Räume anhält, z. B. wenn der Mieter nach Beendigung des Mietverhältnisses beim Auszug bei der Benutzung der schadhaften Treppe Schaden leidet (RG. BayZfR. 1913, 354).

Der Umfang des Gebrauchsrechts des Mieters, bestimmend für die positive Leistungspflicht des Vermieters, richtet sich in erster Linie nach dem Vertrag (RG. 90, 65; OLG. Hamburg SeuffBl. 72, 848) und dem tatsächlichen Zustand der Räume zur Zeit des Vertragsschlusses: Der Zweck des Rechtsgeschäftes, der Zuschnitt des Hauses (KGRspr. 33, 295), örtliche Gewohnheiten, soweit sie nicht den Anforderungen der Verkehrssicherheit widersprechen (RG. 90, 65), ferner die Größe der Wohnung sowie die Höhe des Mietzinses sind zu berücksichtigen. Nimmt der Mieter die Mietsache entgegen — eine Verpflichtung zur Abnahme besteht für ihn nicht, DJZ. 1907, 283 —, so trifft ihn nicht nur die Obhutspflicht gegenüber der Mietsache, sondern auch die Verantwortung für die ordnungsgemäße Ausübung des Gebrauchsrechts. Maßgebend (§ 242) ist der Zweck, zu dem die Räume vermietet sind. Die Abnutzung als Folge des normalen Gebrauchs geht zu Lasten des Vermieters (§ 548). Veränderungen in der Wohnung und sonstigen Räumen sind, auch soweit sie Eingriffe in die Substanz der Mietsache darstellen, insoweit zulässig, als sie den gewöhnlichen Bedürfnissen des Mieters entsprechen, der Erhöhung der Gebrauchsfähigkeit der Räume dienen und die Interessen des Vermieters, insbesondere mit Rücksicht auf die Rückgabepflicht (§ 556), nicht wesentlich beeinträchtigen. Von diesem Gesichtspunkt aus ist z. B. die Ersetzung eines Ofens durch einen anderen oder die Versetzung des Ofens an einen anderen Platz als zulässig zu erachten; auch die Veränderung bestehender oder Neueinrichtung von Lichtanlagen (Gas- oder elektrischen Lichtanlagen) ist unter diesem Gesichtspunkt zu beurteilen. Der Gesichtspunkt der baulichen Änderung ist nicht immer ausschlaggebend. Zur ordnungsgemäßen Gebrauchsausübung zählt auch die Mitbenutzung der Räume durch die Angehörigen des Mieters, soweit sie zum Hausstand (I 29) des Mieters gehören, durch das Dienstpersonal und das Hilfspersonal (Waschfrau, Näherin), vgl. Fuchs, Gruch. 63, 277 ff.

über die Zulässigkeit der Anpassung des Betriebes an die jeweiligen Verhältnisse (vertragswidriger Gebrauch?) Karlsruhe Rspr. 41, 116.

Das Gebrauchsrecht des Mieters schließt jede mittelbare oder unmittelbare Störung durch den Vermieter aus: dieser ist — von besonderen Anlässen abgesehen — nicht befugt, die Mieträume beliebig zu betreten (RG. 68, 161; 106, 270); er hat jedoch ein Recht (Arnold, SeuffBl. 63, 333) darauf, daß nach Kündigung des Mietverhältnisses oder zum Zwecke des Grundstücksverkaufs die Räume in angemessenen Zeiträumen und zu angemessener Stunde zur Besichtigung durch Miet- oder Kauflustige vom Mieter geöffnet werden; der Mieter hat unter Umständen dafür zu sorgen, daß jemand zu Hause ist (OLG. Dresden. Seuff.-Arch. 68 Nr. 36). Auch bei Vornahme von Reparaturen sind Störungen des Gebrauchs auf das unbedingt notwendige Maß zu beschränken (RG. 102, 232; mit Recht weist aber OLG. Jena DJZ. 1922, 636 darauf hin, daß das Maß der Belastung des Mieters gegenüber früher ein größeres geworden ist. Eine Beeinträchtigung des vertragsmäßigen Gebrauchs durch Dritte, insbesondere auch durch andere Mieter desselben Hauses, braucht sich der Mieter regelmäßig nicht gefallen zu lassen, auch dann nicht, wenn der Vermieter die störende Einwirkung nachbarrechtlich dulden muß. Die Fernhaltung von Konkurrenzgeschäften ist nicht ohne weiteres Pflicht des Vermieters (OLG. Augsburg. BayZfR. 1905, 166; Dresden Rspr. 27, 141; RG. LZ. 1914, 1028). Die Duldung des Fernsprechanschlusses wird dem Vermieter nur insoweit zugemutet werden können, als dadurch nicht erhebliche Interessen gefährdet werden (vgl. OLG. Braunschweig LZ. 1920, 868; LG. Stuttgart, JW. 1923, 785; LG. Frankfurt, JW. 1924, 66 [2]). Der Fernsprechanschluß entspricht einem allgemeinen Bedürfnis des Verkehrs, bei Privatpersonen ebenso wie bei Geschäftsleuten; die Versagung der Zustimmung zur Einrichtung — auch unter Benutzung des Hausdaches durch Anbringen von Gestängen und Stützen (a. M. OLG. Braunschweig a. a. O.) — ist nur dann gerechtfertigt, wenn erhebliche, dieses Verkehrsbedürfnis überwiegende Interessen des Hausbesitzers in Frage stehen. Für den Anschluß an den Rundfunkverkehr gilt das Gleiche mit der Einschränkung, daß ein allgemeines Verkehrsbedürfnis hiefür derzeit noch nicht anzuerkennen ist, so daß z. B. dem Radio-Amateur die Anbringung einer Dach-(Hoch-)Antenne vom Hausbesitzer im allgemeinen derzeit untersagt werden kann, während er dem Geschäftsmann bei nachweisbarem Bedürfnis (Elektrizitätsfirma, Nachrichtenbüro usw.) den Radioanschluß wohl nicht verbieten kann. Eine die Sicherheit des Daches gefährdende Häufung von Antennen kann auch in diesem Falle die Untersagung des Rundfunkanschlusses rechtfertigen. Unter ähnlichem Gesichtspunkt ist die Einrichtung des elektrischen Lichtes zu beurteilen (OLG. Hamburg LZ. 1916, 255). Wegen der Anbringung von Firmen- und Reklameschildern vgl. Eckstein, SeuffBl. 78, 127; Wolff, ebenda S. 317; RG. 80, 281; LG. Berlin III KGBl. 19, 39); wegen der Fahrstuhlbenutzung RG. Gruch. 63, 750; RG. Recht 1914 Nr. 187; RG. BayZfR. 1914, 444; Köln Rspr. 33, 306; KGRspr. 33, 295.

Dem Mieter eines Gebäudes oder eines Raumes stehen auch ohne ausdrückliche Vereinbarung Eingänge (Haupteingang und sonstige Eingänge), Höfe, Treppen, Personenaufzug, Vorplätze usw. zur Mitbenutzung zur Verfügung; sie gelten ohne weiteres als mitvermietet.

Das gleiche gilt von allen zum gemeinschaftlichen Gebrauch der Mieter (Hausbewohner) bestimmten Räumen, wie Waschküche, Trockenboden, Abort usw. Bei Wohnungen erstreckt sich das Gebrauchsrecht des Mieters auch auf das Zubehör, wie Zimmer- und Hausschlüssel (dazu JW. 1913, 510, 614, 615, 759), Winterfenster und Nebenräume (auf dem Boden und im Keller). Auch hinsichtlich dieser der Mitbenutzung durch den Mieter offenstehenden Teile des Gebäudes und des Zubehörs hat sich der Vermieter jeder Störung zu enthalten, der tatsächlichen (Erschwerung oder Verhinderung des Mitgebrauchs) sowohl wie der rechtlichen (Teilkündigung I 39).

Die Verpflichtung des Vermieters zur Gewährleistung des gebrauchsfähigen Zustandes der Mietsache ist namentlich bei der Grundstücksmiete eine Verpflichtung von weittragender Bedeutung; durch vertragliche Abmachung sucht ihr der Vermieter soweit nur irgend möglich zu entgehen und sie auf den Mieter abzuwälzen. Abwandlungen des Gesetzesrechts sind, soweit nicht zwingendes Recht (Ziff. 3) in Frage kommt, zulässig (vgl. insbesondere RG. Recht 1913 Nr. 2229 und RG. JW. 1917, 967); bei Entrichtung der gesetzlichen Miete sind sie hinfällig (II 83 ff.). Über die Auslegung solcher Vereinbarungen, z. B. Übernahme der Instandhaltung durch den Mieter RG. BayZfR. 1912, 459; RG. JW. 1918, 88; vgl. ferner Rspr. 28, 145; 33, 306; 36, 112; 41, 115; SeuffBl. 76, 143; LG. Berlin, JW. 1920, 1045 und JW. 1922, 822; Übernahme der Versicherung der Mietsache Giese, JW. 1915, 1391.

Die gesetzliche Erhaltungspflicht des Vermieters umfaßt: die Vornahme der unter dem Gesichtspunkt der vertragsmäßigen Gebrauchsgewährung notwendigen Instandsetzungsarbeiten, die Bestreitung der hiefür erforderlichen Aufwendungen, die Bereitstellung und Instandhaltung der erforderlichen und zur Zeit des Vertragsschlusses vorhandenen Einrichtungen für Wasser-, Licht- und Wärmezuleitung sowie die Verpflichtung zur Vornahme bestimmter Verrichtungen (z. B. Beleuchtung und Reinigung bestimmter Hausteile, Schließung des Hoftores, RG. 103, 372). Weitergehende Verpflichtung möglich auf Grund Vereinbarung (s. Nebenleistungen Ziff. 4). Im einzelnen gilt folgendes:

a) Pflicht zur Mängelbeseitigung; unerheblich, ob große oder kleine Mängel, sofern sie nur eine nicht unerhebliche Beeinträchtigung des nach Lage des Falles zu ermittelnden vertragsmäßigen Gebrauchs zur Folge haben. Ortssitte gilt nur insoweit, als feststeht, daß beide Teile sich ihr unterworfen haben (Braunschweig Rspr. 41, 112). Tatfrage ist, wann Abnutzungsmängel (§ 548) einen Zustand des Verbrauchtseins bedingen, dessen Beseitigung vom Vermieter gefordert werden kann; nach dem Zweck der Vermietung und der Art des Gebrauchs richtet sich auch Art und Umfang der Abhilfemaßnahmen, auch der Zustand zur Zeit der Übergabe der Räume kommt hier in Betracht (z. B. die Reparatur eines Ofens kann nicht mit dem Hinweis darauf verweigert werden, daß noch andere brauchbare Öfen in der Wohnung vorhanden seien). Die wirtschaftliche Leistungsfähigkeit der Vertragsteile hat unter allen Umständen außer Betracht zu bleiben.

Die Verpflichtung des Vermieters zur Mängelbeseitigung beschränkt sich nicht nur auf die Räume des Mieters (Haftung für zu dünne Fenstergläser, Hamburg Rspr. 33, 300) als solche: sie umfaßt auch die Instandhaltung der Eingänge, der Zugänge (Brücke, RG.

Recht 1913 Nr. 489) und insbesondere der Treppen. Die Haftung des Vermieters für die Verkehrssicherheit dieser dem allgemeinen Verkehr dienenden Bestandteile des Hauses auf Grund des Mietvertrages ist eine sehr weitgehende: der Vermieter haftet nicht nur für einen ordnungsgemäßen Zustand der Treppe und ist daher zur Beseitigung schadhafter Treppenstufen, Erneuerung schadhaften Geländers verpflichtet, er haftet vielmehr auch für das Nichtvorhandensein von Hindernissen, die die Benutzung der Zugänge und Treppen gefährden (OLG. Braunschweig Rspr. 36, 131; RG. SeuffBl. 77, 503; RG. BayZfR. 1913, 400; 1917, 234; 1918, 352; 1920, 326; RG. LZ. 1914, 1029; 1915, 832; 1919, 320; 1922, 713). Demgemäß ist der Vermieter verpflichtet, gefährliche Öffnungen zu beseitigen oder doch, wo solche ortsüblich und unter gewissen Vorsichtsmaßnahmen benutzbar (wie Kelleröffnungen), durch deutliche Bezeichnung, nötigenfalls auch durch Anbringung eines Geländers zu sichern. Er haftet weiterhin dafür, daß verkehrsstörende Gegenstände in diesen Gebäudeteilen nicht aufgestellt werden, mag die Aufstellung durch ihn oder einen Dritten, z. B. einen Mieter des Hauses erfolgt sein. Seine Verpflichtung geht dahin, alles zu beseitigen, was die Sicherheit des Verkehrs gefährdet: er darf dahin gehende Handlungen Dritter nicht dulden (RG. BayZfR. 1914, 300). Wenn aber der Vermieter das Hindernis nicht kennt, so entfällt seine Haftung: der Vermieter haftet nicht, wenn z. B. das Mädchen des Mieters ohne Wissen des Vermieters auf die dunkle Kellertreppe ein Becken gestellt (RG. Warn. 1909 Nr. 313, vgl. auch RG. Recht 1917 Nr. 594). Der Vermieter haftet für Verschulden seines Hausmeisters nach § 278 BGB. (nicht § 831 BGB.) in gleichem Umfang wie für eigenes Verschulden. Neben dieser vertraglichen Haftung besteht für den Vermieter auch eine außervertragliche Haftung, die nicht nur dem Mieter, sondern jedem Dritten gegenüber begründet ist, der begründeten Anlaß hat, die Zugänge und Treppen des Hauses aufzusuchen. Die Rechtsprechung hat in dieser Richtung als allgemeinen Rechtssatz entwickelt, daß derjenige, der in seiner Herrschaft unterstehenden Wegen und Räumen einen allgemeinen Verkehr eröffnet, dafür zu sorgen hat, daß dieser Verkehr ungefährdet erfolgen kann (RG. Gruch. 56, 934; RG. 68, 161). Dieser Grundsatz gilt allgemein, also auch für die Instandhaltung der Zugänge und Treppen eines Hauses; er gilt neben der vertraglichen Verpflichtung und bedeutet eine Verstärkung und Individualisierung der Vertragspflicht (RG. 88, 433). Dabei hat das RG. den Gedanken der allgemeinen Rechtspflicht, niemand körperlich zu verletzen auch anerkannt für jene Fälle, in denen eine Verkehrseröffnung nicht vorliegt (RG. 68, 161; 89, 384; 90, 65 und 409; 92, 359; 95, 61; RG. BayZfR. 1923, 173). Haftung aus Vertrag und unerlaubter Handlung bestehen nebeneinander (RG. LZ. 1914, 1900; RG. 103, 263).

Die Pflicht zur Mängelbeseitigung besteht ohne Rücksicht auf ein Verschulden des Vermieters: sie ist Vertragspflicht und deshalb auch dann zu erfüllen, wenn Dritte den Mangel schuldhaft verursacht haben, z. B. durch Einwerfen der Fenster usw. Verschulden des Mieters oder seiner Erfüllungsgehilfen (§ 278) kann den Vermieter befreien, sofern dieser das Verschulden nachweist. Auch Mitverschulden des Mieters (§ 254) schwächt die Leistungspflicht ab.

b) Die Verpflichtung zur Kostentragung ist eine Folge der Pflicht zur Mängelbeseitigung. Sie ist grundsätzlich unbeschränkt, also nicht abhängig von der Höhe des Mietverhältnisses (II 63, 84). Treu und Glauben (§ 242) bestimmen auch hier den Umfang der Leistungspflicht im einzelnen; dieser Gesichtspunkt gilt insbesondere auch für die Verpflichtung des Vermieters ein durch Brand ganz oder teilweise zerstörtes Gebäude wiederherzustellen: die Wiederinstandsetzung darf nicht mit Kosten verbunden sein, deren Aufwendung ihm nach Treu und Glauben nicht zuzumuten ist (RG. WarnRspr. 1910 Nr. 146; RG. LZ. 1919, 153). Wegen des Gesichtspunktes der Beendigung des Mietverhältnisses durch den Untergang der Mietsache vgl. Arnold, SeuffBl. 63, 331; RG. 62, 225; RG. JW. 1905, 718; RG. 89, 206 (zeitweilige Unmöglichkeit der Gebrauchsausübung ist der gänzlichen [dauernden] Unmöglichkeit der Erfüllung des Mietvertrages gleichzuachten, wenn dem Mieter die Verlegung seines Gewerbebetriebs in die ihm angebotenen Ersatzräume nicht zugemutet werden kann).

c) Bereitstellung und Instandhaltung der Einrichtungen, die die reine Raumnutzung erhöhen. Soweit der Mieter diese Einrichtungen selbst angebracht hat, kommt eine Erhaltungspflicht für den Vermieter regelmäßig nicht in Frage. Unerheblich ist, ob die Einrichtung ursprünglich bei Überlassung vorhanden war oder später angebracht wurde; wesentlich ist, daß sie dem vertragsmäßigen Mietgebrauch zu dienen bestimmt ist. Öfen und Herde sind vom Vermieter instandzuhalten, soweit ordnungsgemäße Abnutzung (§ 548) den Mangel verursacht hat. Ordnungsgemäße Instandhaltung der Heizanlagen, der Wasseranlagen, der Lichtanlagen ist Sache des Vermieters. Vorsichtsmaßnahmen sind unter Umständen vom Mieter zu treffen; dies gilt insbesondere, wenn er die Anlage selbst errichtet hat (Schutz gegen Frostgefahr, Hamburg Rspr. 41, 115). Wegen der Unterhaltungspflicht hinsichtlich der Fahrstühle, Aufzüge usw. s. Eingang zu dieser Ziffer. Über die möglicherweise verkehrsübliche Verpflichtung des Vermieters zur Überwachung des Verkehrs im Hause (durch den Pförtner) RG. Recht 1921 Nr. 1135.

d) Übernahme bestimmter Verrichtungen wie Zufuhr von elektrischem Strom, Wasser, Gas; Beheizung und Bedienung der Heizanlagen (vgl. Hamburg Rspr. 40, 310) sind Nebenleistungen des Vermieters, deren Vergütung im einzelnen Fall entweder im Mietzins inbegriffen (so regelmäßig für die Wasserlieferung in Wohnungen) oder gesondert berechnet wird (Warmwasserversorgung) oder deren Kosten vom Mieter selbst zu tragen sind (Beleuchtung). Die Beleuchtung gemeinschaftlich von mehreren Mietparteien benutzter Raumteile, insbesondere der Eingänge und Treppen, ist nicht als bürgerlichrechtliche Verpflichtung des Vermieters anzusehen, es sei denn, daß eine Vertragspflicht aus polizeilichen Anordnungen oder aus dem Vorhandensein einer vom Hauswart bedienten Beleuchtungsanlage gefolgert werden kann. Soweit dies nicht der Fall, ist eine Haftung des Vermieters aus unerlaubter Handlung (§ 823) begründet: wer Wege und Räume dem allgemeinen Verkehr öffnet, hat für deren gefahrlose Benutzung für die Dauer des regelmäßigen Verkehrs Sorge zu tragen. Dies gilt auch für selten benutzte Einrichtungen wie Speicherleitern (RG. Recht 1921 Nr. 1335). Hier Haftung nicht nur gegenüber dem Mieter, sondern auch gegenüber jeder Person, die Anlaß hat, die Räume aufzusuchen (Zugänge: Rostock Rspr. 34, 107; Hamburg Rspr. 36, 112; Breslau Rspr. 36, 134; Treppen: OLG. Nürnberg BayZfR. 1907, 242; Rostock Rspr. 34, 106; RG. WarnRspr. 1921 Nr. 96; RG. BayZfR. 1922, 97).

Einschränkung der Haftung durch vertragliche Vereinbarung (Verzicht des Mieters, Selbstbeleuchtung) wirkt nur dem Vertragsgegner gegenüber; Aufnahme einer entsprechenden Bestimmung in der einen Bestandteil bildenden Hausordnung wirkt gegen alle Mieter (RG. Gruch. 56, 934; 60, 1012); der Vermieter haftet aber auch in diesem Falle für die Überwachung der Durchführung der Mieterpflichten (RG. LZ. 1916, 1239). Fortbestand der außervertraglichen Haftung auch bei Einführung der gesetzlichen Miete (§ 20 RMG.); Tatfrage, ob die vertragliche Regelung offenbar von Einfluß auf die Bemessung des Mietzinses war. Die Reinigung der Zugänge, Hofräume (Kiel Rspr. 40, 309), Hausfluren und Treppen ist Vertragspflicht des Vermieters, soweit nicht etwas anderes vereinbart ist. In jedem Falle besteht für diesen eine außervertragliche Haftung ebenso wie hinsichtlich der Treppenbeleuchtung. Die Reinigung umfaßt die Streupflicht bei Winterglätte (OLG. Hamburg Rspr. 36, 50; Darmstadt, Jena Rspr. 36, 132 und 133; RG. Gruch. 61, 784; RG. WarnRspr. 1919 Nr. 12 und 13; RG. BayZfR. 1920, 152; RG. 102, 269). Über die gewöhnliche Reinigung der Treppen, Boden- und Kellerräume trifft die Hausordnung regelmäßig nähere Bestimmungen. Die Reinigung der Herde und Öfen ist Sache des Mieters, jene der Kamine Sache des Vermieters (Feuerpolizei).

Einschränkung der Vermieterleistung bei Sammelheizung und Warmwasserversorgung ist auf Grund des § 13 RMG. (II 57) möglich.

Der Verpflichtung des Vermieters zur Gewährung des Mietgebrauchs entspricht keine Verpflichtung des Mieters, die Sache dem Vermieter abzunehmen oder sie in Gebrauch zu nehmen. Eine solche Verpflichtung müßte besonders vereinbart sein. Der Mieter braucht auch nicht seine Möbel in die gemietete Wohnung einzubringen. Soweit jedoch die Abnahme erfolgt und damit dem Vermieter die Obhut entzogen ist, muß der Mieter dafür Sorge tragen, daß die Räume nicht Schaden leiden. Die Obhutspflicht geht auf ihn über und zwar gleichviel, ob er die Räume bezogen hat oder nicht. Er hat diese Verpflichtung mit Sorgfalt (§ 553) zu erfüllen; bei einer Wohnung ist, auch wenn sie unbenutzt bleibt, für Lüftung und entsprechende Reinigung zu sorgen. Der Obhutspflicht entspringt die im BGB. § 545 besonders geregelte Mängelanzeigepflicht des Mieters. Neben der allgemeinen Obhutspflicht hat der Mieter, wenn er die Räume benutzt, beim Gebrauch die vertragsmäßigen Grenzen innezuhalten. Wegen des Begriffes des vertragsmäßigen Gebrauchs s. oben; vertragswidriger Gebrauch liegt mit Rücksicht auf das der Miete zugrunde liegende Vertrauensverhältnis insbesondere in der unbefugten (§ 29 MSchG., § 549 BGB.) Gebrauchsüberlassung an Dritte.

7. **Mietzins.** Die Höhe des Mietzinses zu bestimmen, ist Sache der Parteien (s. oben). Eine Veränderung des vereinbarten Mietzinses bedarf grundsätzlich der übereinstimmenden Willenserklärung beider Vertragsteile. Will der Vermieter den Mietzins erhöhen, so ist dies bei Widerspruch des Mieters nur durch Kündigung oder vertragsmäßige

Beendigung des Mietverhältnisses und Neuabschluß des Vertrages unter Änderung der Mietzinshöhe möglich. Für eine vor Eintritt der Auflösung des Mietverhältnisses (Kündigungsfrist § 565) liegende Zeit kann der Vermieter einseitig eine Erhöhung des Mietzinses nicht durchsetzen. Wird dem Mieter trotz Beendigung des Mietverhältnisses eine Räumungsfrist (§ 721 ZPO., I 100) bewilligt, so gilt nach § 557 der vereinbarte Mietzins als Mindestentschädigung für die Dauer der Vorenthaltung; die Geltendmachung weiteren Schadens, z. B. bei Möglichkeit der Erzielung einer höheren Miete, ist nicht ausgeschlossen, sofern die Vorenthaltung vom Mieter zu vertreten ist (die Unmöglichkeit, anderweit ein Unterkommen zu finden, wird in diesem Falle vom Mieter zu vertreten sein). Ob und bis zu welchem Zeitpunkt zufolge Kündigung die Beendigung des Mietverhältnisses eingetreten ist, ob und welche Entschädigung im Falle des § 557 vom Mieter zu leisten ist, unterliegt der Beurteilung des ordentlichen Gerichts.

Diese Zuständigkeitsabgrenzung gilt auch unter Berücksichtigung der Änderungen, die das MSchG. und das RMG. gebracht haben. Das MSchG. beseitigt das Kündigungsrecht des Vermieters nur zum Zwecke der Mietzinssteigerung (sog. unechte Kündigung); auch die Aufhebungsklage ist in diesem Falle nicht zugelassen (§§ 2—5 MSchG.). Für den Geltungsbereich des MSchG. (I 12 sowie hinsichtlich der Zuschuß-[Beihilfe-]bauten (I 99) die MinBek. vom 23. Februar 1924 StAnz. Nr. 49) ist daher eine einseitige Mietzinserhöhung durch den Vermieter ausgeschlossen. Diese Lücke wird zum Teil — hinsichtlich der Zuschußbauten muß der Vermieter nach Ziff. 4 und 6 der „Bestimmungen" II 165, 167 sich entsprechende Erhöhung des Mietzinses vertraglich vorbehalten — durch das RMG. ausgefüllt: für den Geltungsbereich dieses Gesetzes (II 1) kann die Erhöhung des Mietzinses auf die gesetzliche Miete durch Erklärung eines Vertragsteiles nach § 1 RMG. einseitig herbeigeführt werden. Nur der Streit über die Höhe, d. i. über die Ergebnisse der Berechnung der gesetzlichen Miete ist dem ordentlichen Gericht entzogen und dem MEA. übertragen, im übrigen bleibt die Zuständigkeit des ordentlichen Gerichts aufrechterhalten (II 27). Die vom MEA. festgestellte oder festgesetzte Miete gilt als Vertragsmiete (§ 15 RMG.).

Die zu zahlende gesetzliche Miete wird in Bayern auf Grund der VO. vom 28. März 1924 (II 103) für jeden Monat jeweils durch das Staatsministerium für Soziale Fürsorge bestimmt (II 113 ff.).

Soweit das RMG. nicht gilt (II 63), ist auch eine Erhöhung der vereinbarten Miete unter dem Gesichtspunkt der clausula r. s. st. möglich; über das Verhältnis der Mietzinserhöhung zur Vertragsauflösung s. II 63.

Über die Anwendung der §§ 157, 242 auf die Auslegung von Mietverträgen und der darin enthaltenen Klauseln über Mietzinssteigerung RG. Gruch. 65, 469. Zeitpunkt der Entrichtung des Mietzinses I 94; Bemessung des Mietzinses I 93, II 26. Über Verknüpfung von Kaufpreis und Mietzins RG. 104, 153.

Wegen der Rechtsbehandlung der Mietzinssteigerung nach der MSchVO. I, 26; die Zuständigkeit des MEA. war hier auf die Entscheidung über Fragen des Mietverhältnisses beschränkt, die mit der Aufgabe des MEA. im Vollzuge der MSchVO. in innerem und sachlichem Zusammenhang stehen (RG. 101, 116; RG. 107, 284), daher verneint hinsichtlich der im Mietvertrag vorgesehenen Verpflichtung des Vermieters zur Grundstücksübereignung RG. 107, 300. Über die Zulässigkeit der Ausdehnung des Mieterschutzes auf Grund des § 5a MSchVO. auch über den Rahmen des § 6 MSchVO. hinaus Kiefersauer-Scherer S. 34 und nunmehr auch RG. 107, 220 (bejahend), vgl. auch RG. 103, 309.

8. **Gliederung des Stoffes im BGB.** Inhalt des Mietvertrages §§ 535, 536; Rechtsbehelfe des Mieters bei Beeinträchtigung des vertragsmäßigen Gebrauchs §§ 537—544; allgemeine Verpflichtung des Mieters zur Anzeige von Mängeln § 545; Verpflichtung des Vermieters zur Tragung der Lasten § 546; Ersatzanspruch des Mieters bei Verwendungen § 547; Veränderungen der Mietsache durch den Gebrauch, Überlassung des Gebrauchs an Dritte, vertragswidriger Gebrauch §§ 548 bis 550. Entrichtung des Mietzinses §§ 551, 552; Rechtsbehelfe des Vermieters bei Gefährdung der Mietsache, vertragswidrigem Gebrauch und Nichtentrichtung des Mietzinses §§ 553—555; Rückgabepflicht des Mieters §§ 556, 557.

Verjährung der Ersatzansprüche § 558; Pfandrecht des Vermieters bei Grundstücksmiete §§ 559—563.

Beendigung des Mietverhältnisses durch Zeitablauf und Kündigung §§ 564—567; stillschweigende Verlängerung § 568, Kündigung wegen Todes oder wegen Versetzung des Mieters §§ 569, 570.

Rechtsverhältnisse bei Veräußerung oder Belastung eines vermieteten Grundstücks §§ 571—579.

Raummiete (= Grundstücksmiete) § 580.

9. **Übergangsrecht.** (Vgl. I 26, 151, 153, 167). Auch wenn man, wie hier, grundsätzlich der MSchVO. den Schutz der Mieter, der WMVO. dagegen grundsätzlich die Bekämpfung der Raumnot zuweisen will, so darf dennoch insbesondere seit der abschließenden Regelung des Kündigungsrechts durch das MSchG. die scharfe Trennung nicht übertrieben werden: die Erfolge der Wohnungsmangelbekämpfung sind zum Teil bedingt durch die Mieterschutzbestimmungen, sie sind beide Teile des Wohnungsnotrechtes, dessen Grundsätze in verschiedenen Gesetzen verteilt sind. Die §§ 5a, 6 MSchVO. lassen hinsichtlich der Wohnungen und der anderen Mieträume (dazu RG. 107, 220 = JW. 1924, 799) Maßnahmen zum Schutze der Mieter, § 9 WMVO. solche zur Behebung oder Milderung der Wohnungsnot zu, ohne im einzelnen die Wahl der Mittel zu beschränken oder vorzuschreiben. Durch die Einführung der gesetzlichen Miete nach § 1 RMG. ist übrigens ein großer Teil des Mieterschutzrechtes der MSchVO. — Hintanhaltung ungerechtfertigter Mietsteigerungen durch die sog. uneigentliche Kündigung — gegenstandslos geworden; die Reste des Mieterschutzes außerhalb des MSchG. liegen zumeist auf dem Gebiete des Wohnungsmangelrechts; auch aus diesem Grunde dürfen — den Rechtsgedanken künftiger Rechtsvorschriften nach dem Vorbild in RG. BayZfR. 1923, 209 (II 68) vorwegnehmend — die beiden Rechtsgebiete nicht zu scharf gegeneinander abgegrenzt werden. Eine Ausdehnung des reichsrechtlichen Mieterschutzgesetzes ist jedoch nach dem 1. Juli 1923 ausgeschlossen (I 167), ebenso Ruth JW. 1924, 799 Fußnote). Die Ausdehnung des Mieterschutzes auf Grund des § 6 WMG. ist nicht schlechthin (so Ruth JW. 1924, 799 und 804 Fußnote), sondern nur insoweit unzulässig, als sie mit den Grund-

sätzen des Reichsgesetzes vom 1. Juni 1923 in Widerspruch steht; Beschränkungen der Zwangsvollstreckungen sind demnach, soweit das MSchG. keine ausdrückliche Regelung trifft, z. B. für die Räumungspflicht des Untermieters gegenüber dem Hauptvermieter nach §556 Abs. 3 BGB., auch jetzt noch zulässig (vgl. §33 Abs. 4 MSchG.).

§ 537. I Ist die vermietete Sache zur Zeit der Überlassung an den Mieter mit einem Fehler behaftet, der ihre Tauglichkeit zu dem vertragsmäßigen Gebrauch aufhebt oder mindert, oder entsteht im Laufe der Miete ein solcher Fehler, so ist der Mieter für die Zeit, während deren die Tauglichkeit aufgehoben ist, von der Entrichtung des Mietzinses befreit, für die Zeit, während deren die Tauglichkeit gemindert ist, nur zur Entrichtung eines nach den §§ 472, 473 zu bemessenden Teiles des Mietzinses verpflichtet.

II Das Gleiche gilt, wenn eine zugesicherte Eigenschaft fehlt oder später wegfällt. Bei der Vermietung eines Grundstücks steht die Zusicherung einer bestimmten Größe der Zusicherung einer Eigenschaft gleich.

I. Rechtsschutz des Mieters bei Beeinträchtigung (Minderung oder Entziehung) des vertragsmäßigen (nicht nur gewöhnlichen) Gebrauchs der Mietsache.

Voraussetzung: Sachmangel, d. i. Fehler, der die Tauglichkeit zu dem vereinbarten Gebrauch aufhebt (Abs. 1) oder Nichtvorhandensein einer zugesicherten Eigenschaft (Abs. 2). Entstehungszeit: Fehler zur Zeit der Überlassung oder nachträglich während der Mietzeit; Fehlen oder Wegfall der zugesicherten Eigenschaft. Sonderregelung des § 538 bei ursprünglichem Sachmangel, vorhanden bereits bei Vertragsschluß, bei Vertretung oder Verzug des Vermieters. Verschulden des Vermieters ist nicht vorausgesetzt; Verschulden des Mieters (vgl. RG. LZ. 1917, 189) schränkt den Anspruch auf das Ausmaß des § 324 ein, RG. 98, 286.

Mangelnde Tauglichkeit: sie muß geeignet sein, den Gebrauch nicht nur unerheblich (OLG. Bamberg BayZfR. 1910, 947 und §§ 535, 536 Erl. 6) zu beeinträchtigen; andererseits genügt die Befürchtung einer Gefahr (RG. BayZfR. 1923, 173; RG. SeuffArch. 76 Nr. 78; RG. 81, 200). Beziehung zur Mietsache, örtliche Lage usw. in jedem Fall erforderlich; unter diesem Gesichtspunkt ist der Einfluß behördlicher Anordnungen zu würdigen, soweit diese nicht nur die Fruchtziehung berühren und daher nur für Pachtverhältnisse in Betracht kommen (RG. 79, 92; 87, 277; 88, 96; RG. LZ. 1917, 1064; LZ. 1918, 40, 155 und 262; RG. 89, 203; 91, 54; 93, 144; 94, 267; vgl. auch RG. Recht 1916 Nr. 1484, ferner OLG. Celle LZ. 1915, 1041; Hamburg LZ. 1916, 258; Königsberg Rspr. 33, 302 und SeuffArch. 71 Nr. 6; LG. Königsberg JW. 1916, 781; Colmar Recht 1916 Nr. 1096; Dresden Rspr. 36, 51 und SeuffArch. 73, 368; Karlsruhe Rspr. 38, 123; Hamburg Rspr. 39, 178). Auch bloß zur Mitbenutzung überlassene Gebäudeteile oder Hofräume, Zugänge (RG. LZ. 1916, 1425) kommen hier in Betracht, vgl. auch Hamburg Rspr. 33, 300 (Haftung für zu dünne Fensterscheiben).

Eigenschaft: unerheblich, ob durch den Wegfall oder das Fehlen der Gebrauch an sich beeinträchtigt wird. Als Zusicherung ist nur die vom Mieter vertragsmäßig verlangte und vom Vermieter in vertragsmäßig bindender Form abgegebene Erklärung anzusehen; Angabe des Verwendungszweckes für sich allein nicht genügend (RG. SeuffBl. 78, 289; RG. BayZfR. 1917, 116; RG. WarnRspr. 1918 Nr. 138; OLG. Colmar Recht 1913 Nr. 337; vgl. aber auch RG. LZ. 1918, 382). Eigenschaften im Sinne des § 537 sind nicht nur natürliche Eigenschaften, sondern auch solche tatsächliche und rechtliche Verhältnisse, die zufolge ihrer Beschaffenheit und vorausgesetzten Dauer nach den Verkehrsanschauungen einen Einfluß auf die Wertschätzung der Sache auszuüben pflegen, RG. BayZfR. 1913, 252 = SeuffBl. 78, 289 (Bebauungsmöglichkeit), RG. 95, 175 (Brauereifreiheit, dazu LZ. 1918, 1365). Baumbestand einer Gummiplantage als Grundstückseigenschaft RG. 101, 64.

Wirkung: Mietzinsbefreiung oder Mietzinsminderung kraft Gesetzes (RG. Recht 1919 Nr. 410); durch ein vertragliches Aufrechnungsverbot (dazu § 28 MSchG., I 89) wird die Rechtsfolge nicht ausgeschlossen. Beschränkung der Rechtsfolge auf die Dauer der Gebrauchsbeeinträchtigung (Abs. 1) RG. JW. 1913, 980. Umfang der Minderung: Herabsetzung des Mietzinses auf den Betrag, der bei dem Vorhandensein des Mangels bei Vertragsabschluß berücksichtigt worden wäre; bei leicht zu beseitigenden Mängeln daher nur Herabsetzung um den Betrag, den der Mieter hätte aufwenden müssen, wenn er nach § 538 II den Mangel selbst beseitigt hätte. Im Falle des Abs. 2 befreit den Mieter nur die völlige Aufhebung der Tauglichkeit, sonst nur Minderung; Tatfrage. Anspruch auf Erfüllung aus dem Vertrag besteht unabhängig neben § 537.

Der Rechtsschutz ist dem Mieter in den Fällen der §§ 539, 545 II versagt. Möglich auch Verzicht durch vorbehaltlose Zahlung des vollen Mietzinses oder durch Nichtgeltendmachung trotz Kenntnis.

Zu der ganzen Frage Dörr, LZ. 1917, 947 (unterscheidet nach reparablen und irreparablen Fehlern).

II. Unabhängig von den Rechtsbehelfen der §§ 537 ff. gibt dem Mieter im Geltungsbereich des RMG. das Verwaltungszwangsverfahren die §§ 6, 8 RMG. die Möglichkeit, im Rahmen und aus dem Gesichtspunkt der allgemeinen Wohnungswirtschaft die notwendige Instandsetzung durchzusetzen (II 44, 51).

§ 538. **I Ist ein Mangel der im § 537 bezeichneten Art bei dem Abschlusse des Vertrags vorhanden oder entsteht ein solcher Mangel später infolge eines Umstandes, den der Vermieter zu vertreten hat, oder kommt der Vermieter mit der Beseitigung eines Mangels in Verzug, so kann der Mieter, statt die im § 537 bestimmten Rechte geltend zu machen, Schadensersatz wegen Nichterfüllung verlangen.**

II Im Falle des Verzugs des Vermieters kann der Mieter den Mangel selbst beseitigen und Ersatz der erforderlichen Aufwendungen verlangen.

I. Das BGB. gibt dem Mieter — abgesehen von der Mietzinsermäßigung nach § 537 — einen Anspruch auf Schadensersatz wegen Nichterfüllung, d. i. Ersatz des positiven Interesses an dem Vorhandensein der zugesicherten Eigenschaft bzw. der Mangelfreiheit, also nicht Ersatz des sog. negativen Vertragsinteresses (RG. WarnRspr. 1918 Nr. 138). Gleichgültig, ob der Schaden vor oder erst aus Anlaß der Auflösung des Mietverhältnisses entstanden ist (Keidel, SeuffBl. 69,

317); unerheblich, ob der Anspruchsberechtigte selbst oder einer seiner Angehörigen verletzt ist, sofern nur dem Vertragsteile selbst Schaden erwachsen ist (RG. 77, 99; 81, 214; 90, 65). Umfang des Anspruchs §§ 249 ff.; der entgangene Gewinn des § 242 umfaßt auch rein tatsächliche Gewinne (RG. LZ. 1916, 1292). Eine Verpflichtung des Mieters zur Selbstbeseitigung des Mangels besteht nicht; gleichwohl nimmt RG. 100, 42 mitwirkendes Verschulden (§ 254) des Mieters an, wenn er „Maßnahmen unterläßt, die ihm zur Abwendung des Schadens zu Gebote stehen und deren Ergreifung ihm nach Lage der Sache und nach den geltenden Verkehrsanschauungen billigerweise zuzumuten war" (vgl. auch RG. BayZfR. 1912, 460 und RG. 82, 372). Wegen der Zulässigkeit der vertraglichen Ausschließung der Haftung des Vermieters und der Ausdehnung dieser Abrede auch auf die Ausgleichungsansprüche des Mieters gegen den Vermieter RG. LZ. 1916, 1020; über die Auslegung solcher Vereinbarung (RG. 94, 138: Beschränkung auf ersichtliche Mängel; auch KGRspr. 33, 299).

Voraussetzung des Schadensersatzanspruchs ist entweder Vorhandensein des Mangels beim Vertragsschluß (Garantie der Gebrauchsfähigkeit, unabhängig vom Verschulden des Vermieters) oder späterer Mangel, vom Vermieter nach §§ 276, 278 vertretbar oder Verzug des Vermieters (§§ 284, 285) mit der Beseitigung des Mangels.

Bei Verzug des Vermieters außerdem: Befugnis des Mieters zur Beseitigung des Mangels, Ersatzanspruch des Mieters für Aufwendungen (Abs. 2). Dieser Anspruch ist nicht eine Forderung aus auftragloser Geschäftsführung, sondern eine Forderung aus dem Mietverhältnis RG. BayZfR. 1912, 460. Der Umstand, daß der Mieter zur Beseitigung des Mangels nicht verpflichtet ist, schließt nicht aus, daß in der Nichtausübung des Rechts ein mitwirkendes Verschulden gefunden wird (§ 254 setzt nicht Verletzung einer besonderen Rechtspflicht voraus) RG. Recht 1920 Nr. 3342.

Die Erhebung des Schadensersatzanspruchs ist auch noch nach Geltendmachung des Anspruchs aus § 537 möglich und zulässig; erst durch Erfüllung des einen Anspruchs geht der andere verloren RG. LZ. 1918, 621. Das Unterlassen des Widerspruchs gegen die Hinausschiebung der verlangten Instandsetzung enthält keinen Verzicht des Mieters auf die Durchführung RG. 89, 384; 90, 65.

II. Sonderregelung des § 28 RMG. bei vertraglichem Ausschluß der Aufrechnungsbefugnis des Mieters (I 89). Über die Bedeutung des Aufrechnungsverzichts im allgemeinen Hollaender, Recht 1913, 131.

§ 539. Kennt der Mieter bei dem Abschlusse des Vertrags den Mangel der gemieteten Sache, so stehen ihm die in den §§ 537, 538 bestimmten Rechte nicht zu. Ist dem Mieter ein Mangel der im § 537 Abs. 1 bezeichneten Art infolge grober Fahrlässigkeit unbekannt geblieben oder nimmt er eine mangelhafte Sache an, obschon er den Mangel kennt, so kann er diese Rechte nur unter den Voraussetzungen geltend machen, unter welchen dem Käufer einer mangelhaften Sache nach den §§ 460, 464 Gewähr zu leisten ist.

Einschränkung des Rechtsschutzes (§ 537) und der Rechte (§ 538) des Mieters bei Kenntnis oder verschuldeter Unkenntnis des Mangels. Erforderlich bei Kenntnis tatsächliches Wissen: dringender Verdacht für sich allein nicht ausreichend (vgl. aber Erl. zu § 540). Teilkenntnis beschränkt die Anwendung des § 539 auf den mangelhaften Teil (RG. LZ. 1919, 867). Maßgebend ist die Kenntnis zur Zeit des Vertragsschlusses.

Kenntnis des Mangels verwirkt die Rechte aus §§ 537, 538. Sie bleiben dem Mieter gewahrt bei grobfahrlässiger Unkenntnis dann, wenn der Vermieter die Abwesenheit des Fehlers zugesichert oder ihn arglistig verschwiegen hat; bei wissentlicher Annahme der mangelhaften Sache dann, wenn der Mieter sich seine Rechte bei der Annahme vorbehalten hat.

Trotz § 539 bleibt der Erfüllungsanspruch des Mieters gewahrt; auch die Haftung des Vermieters aus Vertrag oder unerlaubter Handlung wird trotz Vorliegen der Voraussetzungen des § 539 nicht ausgeschlossen RG. BayZfR. 1911, 283; RG. Recht 1920 Nr. 619.

§ 540. Eine Vereinbarung, durch welche die Verpflichtung des Vermieters zur Vertretung von Mängeln der vermieteten Sache erlassen oder beschränkt wird, ist nichtig, wenn der Vermieter den Mangel arglistig verschweigt.

Arglistiges Verschweigen erfordert, daß der Vermieter in Kenntnis des Mangels und im Bewußtsein der Unkenntnis des Mieters (z. B. bei einem polizeilichen Benutzungsverbot, Dresden Rspr. 33, 301) die Unkenntnis in Täuschungsabsicht ausnutzt. Auch die Unterdrückung oder Vorenthaltung von bloßen Zweifeln kann bei Kenntnis der Erheblichkeit einer Tatsache für die Entschließungen des Vertragsgegners arglistig sein RG. LZ. 1918, 837. Rückwirkung auf den ganzen Mietvertrag ist nach § 139 zu beurteilen. Maßgebender Zeitpunkt ist der Vertragsabschluß.

Im übrigen ist vertragliche Beschränkung der Mängelhaftung des Vermieters zulässig; Abgrenzung der Tragweite durch Auslegung (s. § 538 Erl. I). Unwirksam Verzicht im Falle des § 544. Wiederherstellung der gesetzlichen Haftung des Vermieters durch Einführung der gesetzlichen Miete nach § 20 RMG. (II 84).

§ 541. Wird durch das Recht eines Dritten dem Mieter der vertragsmäßige Gebrauch der gemieteten Sache ganz oder zum Teil entzogen, so finden die Vorschriften der §§ 537, 538, des § 539 Satz 1 und des § 540 entsprechende Anwendung.

Die Vorschrift bezieht sich nicht nur auf Mängel, die bereits zur Zeit der Überlassung der Sache an den Mieter bestehen (so RG. 65, 29), sondern auch auf jene Mängel, die erst später entstanden sind (Verweisung auf § 537). Nur wirkliche Kenntnis von dem Rechte des Dritten, nicht auch verschuldete Unkenntnis des Mieters beschränkt den Rechtsschutz: § 539 Satz 2 kommt hier nicht zur entsprechenden Anwendung. Ob die vorbehaltlose Annahme trotz Kenntnis des Rechtes des Dritten die Haftung des Vermieters ausschließt, ist mangels gesetzlicher Regelung nach den Umständen des einzelnen Falles zu würdigen.

Mangel im Recht ist insbesondere dann gegeben, wenn das Recht des Vermieters bereits zur Zeit des Vertragsabschlusses zeitlich beschränkt ist (Nießbrauch, Mietrecht): hat der Mieter beim Vertragsabschluß diese zeitliche Beschränkung nicht gekannt und wird ihm infolge des Erlöschens des Rechtes des Vermieters der Gebrauch der Mietsache entzogen, so hat er gegen den Mieter die Rechte aus den §§ 537, 538. Vgl. RG. 63, 66, insbesondere auch RG. 65, 29, wo von dem Grundstückseigentümer gefordert wird, daß er seine eigenen Vermögensverhältnisse und deren voraussichtliche Gestaltung bei der Vermietung insoweit überblickt, daß das Mietverhältnis nicht durch eine Zwangsversteigerung des Grundstücks beeinträchtigt wird.

Der Anspruch des Mieters auf Erfüllung, d. i. auf Beseitigung der den Mieter störenden Rechte des Dritten bleibt unberührt.

§ 542. I **Wird dem Mieter der vertragsmäßige Gebrauch der gemieteten Sache ganz oder zum Teil nicht rechtzeitig gewährt oder wiederentzogen, so kann der Mieter ohne Einhaltung einer Kündigungsfrist das Mietverhältnis kündigen. Die Kündigung ist erst zulässig, wenn der Vermieter eine ihm von dem Mieter bestimmte angemessene Frist hat verstreichen lassen, ohne Abhilfe zu schaffen. Der Bestimmung einer Frist bedarf es nicht, wenn die Erfüllung des Vertrags infolge des die Kündigung rechtfertigenden Umstandes für den Mieter kein Interesse hat.**

II **Wegen einer unerheblichen Hinderung oder Vorenthaltung des Gebrauchs ist die Kündigung nur zulässig, wenn sie durch ein besonderes Interesse des Mieters gerechtfertigt wird.**

III **Bestreitet der Vermieter die Zulässigkeit der erfolgten Kündigung, weil er den Gebrauch der Sache rechtzeitig gewährt oder vor dem Ablaufe der Frist die Abhilfe bewirkt habe, so trifft ihn die Beweislast.**

Die außerordentliche Kündigungsbefugnis, in normalen Zeiten ein wichtiger Rechtsbehelf des Mieters, versagt in Zeiten außerordentlicher Wohnungsnot infolge der Schwierigkeiten andere Räume, insbesondere Wohnungen, zu erhalten. Der Mieter ist hiernach durch die tatsächlichen Verhältnisse in der Ausübung seiner Rechte beinahe ebenso eingeschränkt wie der Vermieter durch die rechtliche Einschränkung seines Kündigungsrechtes (I 11).

Erweiterung gegenüber den Rechten aus §§ 537, 538: auch sonstige, außerhalb von Sach- oder Rechtsmängeln liegende Umstände begründen das Kündigungsrecht. Verhältnis zu § 323: bei nur teilweiser Unmöglichkeit (dazu RG. 89, 206) ist § 542 für den Mieter günstiger; bei gänzlicher vom Vermieter zu vertretender Unmöglichkeit ist § 323 für den Mieter günstiger, weil der Vermieter den Anspruch auf die Gegenleistung verliert (RG. 62, 225).

Die Ausübung des Kündigungsrechtes aus § 542, die auch durch Kündigung auf einen bestimmten Zeitpunkt zulässig ist (Mittelstein, SeuffBl. 76, 504 gegen Longard, DJZ. 1911, 332), setzt nicht unerhebliche (Abs. 2) Gebrauchsbeeinträchtigung (vgl. § 537 Erl. I) durch nicht rechtzeitige Vertragserfüllung oder spätere Entziehung (dazu RG. BayZfR. 1912, 358) voraus. Verschulden des Vermieters ist nicht vorausgesetzt, wie aus § 543 Abs. 2 erhellt (RG. Recht 1915 Nr. 1766; RG. LZ. 1917, 189); Verschulden des Mieters bei nicht rechtzeitiger Einräumung des Gebrauchs (RG. JW. 1911, 359; RG. 98, 286) verwirkt dessen Kündigungsrecht. Weitere Voraussetzung: Abhilfeverlangen unter Fristsetzung, sofern nicht Abs. 1 Satz 3 gegeben ist oder der Vermieter zur Abhilfe außerstande ist (OLG. Stuttgart Recht 1920 Nr. 882) oder

Abhilfe ernstlich und endgültig vom Vermieter verweigert wird (RG. BayZfR. 1918, 149; vgl. auch München Rspr. 33, 303; Hamburg Rspr. 33, 304; KGRspr. 36, 52). Über die Beurteilung einer nachträglichen Abschwächung durch Erklärungen des Mieters (Verzicht) vgl. RG. BayZfR. 1920, 300. Notwendig ist die Fristsetzung auch nach der Verurteilung des Vermieters zur Beseitigung des Mangels RG. BayZfR. 1918, 149. Auch ohne nähere Angaben von Tag oder Stunde ist die Angemessenheit der Frist anerkannt worden bei Aufforderung zur unverzüglichen (§ 121) Abhilfe RG. 75, 354; OLG. Stuttgart Recht 1920 Nr. 881.

Schadensersatzansprüche aus § 538 können auch wegen Verhältnisse geltend gemacht werden, die in die Zeit vor der Auflösung des Mietverhältnisses durch die Kündigung fallen, aber erst später hervortreten (RG. 64, 381). Der Mieter darf aber den Vermieter darüber, ob er wirklich kündigen wird oder nicht, nicht unverhältnismäßig lange im Zweifel lassen, wenn er nicht gegen Treu und Glauben verstoßen will (RG. 82, 373); andernfalls wäre sein Schadensersatzanspruch auf die Zeit bis zur rechtzeitigen Kündigung zu beschränken. Über die Wirkungen einer nach Ablauf der Frist vorgenommenen Beseitigung des Mangels vgl. OLG. Frankfurt JW. 1918, 107 [5].

§ 543. I Auf das dem Mieter nach § 542 zustehende Kündigungsrecht finden die Vorschriften der §§ 539 bis 541 sowie die für die Wandelung bei dem Kaufe geltenden Vorschriften der §§ 469 bis 471 entsprechende Anwendung.

II Ist der Mietzins für eine spätere Zeit im voraus entrichtet, so hat ihn der Vermieter nach Maßgabe des § 347 oder, wenn die Kündigung wegen eines Umstandes erfolgt, den er nicht zu vertreten hat, nach den Vorschriften über die Herausgabe einer ungerechtfertigten Bereicherung zurückzuerstatten.

Ausschluß der Kündigungsbefugnis des Mieters bei Kenntnis (grobfahrlässiger Unkenntnis) des Mangels der Sache (§§ 539, 541), bei vorbehaltloser Annahme (§ 539). Vereinbarungen des Ausschlusses des Kündigungsrechtes sind nur nach Maßgabe des § 540 unwirksam. Vermietung mehrerer Sachen kommt für die Grundstücksmiete nicht in Frage.

Die Vorschrift des Abs. 2 entspricht § 327. Vorauszahlung des Mietzinses ist auch bei der gesetzlichen Miete nicht Pflicht des Mieters (I 94).

§ 544. Ist eine Wohnung oder ein anderer zum Aufenthalte von Menschen bestimmter Raum so beschaffen, daß die Benutzung mit einer erheblichen Gefährdung der Gesundheit verbunden ist, so kann der Mieter das Mietverhältnis ohne Einhaltung einer Kündigungsfrist kündigen, auch wenn er die gefahrbringende Beschaffenheit bei dem Abschlusse des Vertrags gekannt oder auf die Geltendmachung der ihm wegen dieser Beschaffenheit zustehenden Rechte verzichtet hat.

Auch das gegenüber § 542 erweiterte Kündigungsrecht ist für die Dauer der gegenwärtigen Wohnungsnot praktisch nahezu wertlos. Ausübung nicht Pflicht des Mieters; auch wenn Voraussetzungen gegeben, wäre zu prüfen, ob dem Mieter die Umzugs- und Prozeßkosten zuzumuten sind RG. BayZfR. 1912, 460. Für die Dauer der Wohnungsnot wäre weiterhin die schwierige Beschaffung einer Wohnung in Betracht zu ziehen. Anwendbar ist neben § 544 auch § 543 Hamburg Rspr. 33, 305.

Gesundheitsgefährdung muß objektiv gegeben sein; die Wohnung muß also den allgemeinen gesundheitlichen Anforderungen nicht entsprechen. Nicht unerheblich ist, ob Mangel leicht behebbar RG. 88, 168 (Würdigung im Zeitpunkt der Ausübung der Kündigungsbefugnis); bei täglich benötigten Räumen braucht sich der Mieter auf wochenlange Ausbesserungsarbeiten nicht einzulassen RG. Recht 1919 Nr. 1382. Gesundheitsgefährdung kann auch auf Einflüsse aus anderen Räumen des Hauses zurückzuführen sein RG. SeuffBl. 72, 243. Nur erhebliche Gesundheitsgefährdung kommt in Betracht, d. i. eine solche, die die Wahrscheinlichkeit einer nachhaltigen Beeinträchtigung der Gesundheit voraussetzt RG. 51, 210.

Ausübung des Rechtes auch möglich durch Räumung der Wohnung, auch wenn Kündigung nach dem Vertrag nur durch eingeschriebenen Brief möglich ist RG. Recht 1916 Nr. 1485. Erforderlich ist im Gegensatz zu § 542 weder eine Fristbestimmung zur Abhilfe noch Anzeige des Mangels; Kenntnis des Mangels schließt das Recht nicht aus RG. LZ. 1916, 543. Verlust des Kündigungsrechtes, wenn der Mieter den Mangel selbst verschuldet hat.

§ 545. **I Zeigt sich im Laufe der Miete ein Mangel der gemieteten Sache oder wird eine Vorkehrung zum Schutze der Sache gegen eine nicht vorhergesehene Gefahr erforderlich, so hat der Mieter dem Vermieter unverzüglich Anzeige zu machen. Das Gleiche gilt, wenn sich ein Dritter ein Recht an der Sache anmaßt.**

II Unterläßt der Mieter die Anzeige, so ist er zum Ersatze des daraus entstehenden Schadens verpflichtet; er ist, soweit der Vermieter infolge der Unterlassung der Anzeige Abhilfe zu schaffen außerstande war, nicht berechtigt, die im § 537 bestimmten Rechte geltend zu machen oder nach § 542 Abs. 1 Satz 3 ohne Bestimmung einer Frist zu kündigen oder Schadensersatz wegen Nichterfüllung zu verlangen.

Die Anzeigepflicht ist Ausfluß der dem Mieter obliegenden Sorgfaltspflicht bei Ausübung des Gebrauchsrechts (Obhutspflicht I 32; ferner RG. 84, 222; RG. BayZfR. 1915, 352; RG. Gruch. 61, 633; RG. 93, 39). über Obhutspflicht des Mieters bezüglich eines nicht vermieteten, aber vertragsmäßig mitbenutzten Zimmers vgl. RG. BayZfR. 1920, 205. Begrenzt wird die Obhutspflicht durch § 548. Zu weitgehend RG. BayZfR. 1922, 173: der Mieter müsse sich auch während der Dauer des Mietverhältnisses darüber ausweisen, daß ihn kein Verschulden trifft, wenn er die Sache nach Beendigung des Mietverhältnisses nicht in dem Zustande zurückgeben kann, in dem sie sich nach ordnungsmäßigem Gebrauche befindet.

Die Anzeigepflicht beschränkt sich nicht nur auf Gefährdungen oder Beeinträchtigungen des Gebrauchs, wohl aber auf Mängel, die sich zeigen; zu Nachforschungen ist der Mieter ebensowenig wie der Vermieter (RG. 68, 161) verpflichtet. Die Anzeigepflicht entfällt bei Mängeln, die dem Vermieter offensichtlich sind (RG. Recht 1913 Nr. 2271). Zur Beseitigung der Mängel ist der Mieter nicht verpflichtet Arnold, SeuffBl. 63, 344.

Räumlich umfaßt die Obhutspflicht und damit die Mängelanzeigepflicht des Mieters alles, worauf sich die Gebrauchsausübung, wenn auch nur in Form eines Mitbenutzungsrechtes (z. B. Hof, Zugang, Treppen, Hausflur) erstreckt (so auch RG. 106, 133).

§ 546. Die auf der vermieteten Sache ruhenden Lasten hat der Vermieter zu tragen.

Privatrechtliche Lasten wie Hypothekenzinsen zählen ebenso hieher wie öffentliche Steuern und Abgaben (II 39), soweit sie den Eigentümer als solchen treffen. Prämien für Feuerversicherung zählen nicht hieher (OLG. Marienwerder LZ. 1919, 821). Einquartierungslast trifft im Frieden regelmäßig den Hauseigentümer (Vermieter), im Kriege den Nutzungsberechtigten (Mieter usw.) persönlich (München Rspr. 38, 146). Wegen Aufhebung des Kriegslastengesetzes ab 22. März 1924 s. Gesetz vom 19. März 1924 RGBl. I, 285.

§ 547. I Der Vermieter ist verpflichtet, dem Mieter die auf die Sache gemachten notwendigen Verwendungen zu ersetzen. Der Mieter eines Tieres hat jedoch die Fütterungskosten zu tragen.

II Die Verpflichtung des Vermieters zum Ersatze sonstiger Verwendungen bestimmt sich nach den Vorschriften über die Geschäftsführung ohne Auftrag. Der Mieter ist berechtigt, eine Einrichtung, mit der er die Sache versehen hat, wegzunehmen.

Verwendungen im Sinne des § 547 sind nur solche zur Erhaltung der Sache in ihrer Gebrauchsfähigkeit im Gegensatz zu den Gebrauchsaufwendungen, die der Mieter machen muß, um persönlich die Mietsache gebrauchen zu können, z. B. für Reinigen der Herde und Öfen (Arnold, SeuffBl. 63, 331); die Kosten für den Gebrauchsaufwand trägt der Mieter endgültig. Der Ersatzanspruch umfaßt nach dem Gesetz

1. notwendige, d. i. zur Erhaltung der Gebrauchsfähigkeit erforderliche Verwendungen: sie sind ohne weiteres vom Vermieter zu ersetzen;
2. sonstige Verwendungen sind, sofern sie nicht ausschließlich im Interesse des Mieters gelegen waren (§ 687, KG. und Celle Rspr. 27, 143 und 144), nur nach Maßgabe der §§ 677—687 vom Vermieter zu erstatten. In den Fällen des § 683 und 684 Satz 2 kann der Mieter Ersatz für Verwendungen, die er nach den Umständen ohne Verschulden bei sorgfältiger Überlegung für erforderlich halten konnte, wie ein Beauftragter nach § 670 verlangen (vgl. Braunschweig Rspr. 41, 113). In allen anderen Fällen haftet der Vermieter nach den Vorschriften über ungerechtfertigte Bereicherung (§ 684 Satz 1);
3. Sonderregelung des § 538 Abs. 2: Aufwand bei Mängelbeseitigung.

Über Verwendungsersatznormen im allgemeinen §§ 256, 257; Verjährung des Ersatzanspruchs § 558.

Einrichtungen, d. s. bewegliche Sachen, die mit einer anderen (Hauptsache) derart verbunden sind, daß sie erkennbar bleiben (Öfen, Fenster, elektrische Leitungen), dürfen vom Mieter auch gegen den Willen des Vermieters weggenommen werden; erforderlich ist nur Wiederherstellung des früheren Zustandes (§ 258). Ob die Einrichtung wesentlicher oder unwesentlicher Bestandteil geworden oder die Verbindung nur eine vorübergehende war (dazu RG. 106, 49; RG. BayZfR. 1914, 229), ist unerheblich. Abwendung durch Werterſatz (§ 997) ist hier ausgeschlossen; nur schikanöse Rechtsausübung ist unzulässig (§ 226). Über Auslegung von Vereinbarungen, wonach Neuanschaffungen des Mieters unentgeltlich auf den Vermieter übergehen Dresden Rspr. 41, 113.

Über den Verwendungsanspruch der Gemeinden s. II 46; Ersatzanspruch der Umzugskosten kann dem Mieter im Geltungsbereich des MSchG. nach § 4 MSchG. (auch § 33) zuerkannt werden (I 42).

§ 548. Veränderungen oder Verschlechterungen der gemieteten Sache, die durch den vertragsmäßigen Gebrauch herbeigeführt werden, hat der Mieter nicht zu vertreten.

Die Obhutspflicht des Mieters (vgl. § 545) reicht nur soweit, als sie die ordnungsgemäße Gebrauchsausübung nicht beeinträchtigt; soweit diese Veränderungen oder Verschlechterungen zur Folge hat, kann der Mieter hiefür vom Vermieter nicht haftbar gemacht werden. Der Umfang des vertragsmäßigen (nicht des gewöhnlichen) Gebrauchs ist im einzelnen Fall nach allgemeinen Auslegungsgrundsätzen zu ermitteln (vgl. KGRspr. 36, 53). Ortssitten können nur insoweit berücksichtigt werden, als sich ihr beide Vertragsteile erkennbar unterworfen haben.

Veränderungen oder Verschlechterungen der Mietsache als Folgen eines Gebrauchs, der die Grenzen der Vereinbarung überschreitet oder die Obhutspflicht verletzt, sind vom Mieter zu vertreten. Haftung nach §§ 276, 278; vertragswidriger Gebrauch im besonderen § 549 Abs. 2. Zu weitgehende Ausweispflicht verlangt RG. BayZfR. 1922, 173 vom Mieter: er müsse sich während der Dauer des Mietverhältnisses darüber ausweisen, daß ihn die Schuld am Schadensfall nicht treffe; vgl. dazu auch Hamburg Rspr. 28, 151 und Rspr. 33, 309.

Vertragliche Abwandlung des Haftungsgrundsatzes zugunsten des Mieters (OLG. Marienwerder LZ. 1919, 921) oder des Vermieters (LG. Berlin JW. 1920, 1045) ist zulässig. Auslegung bemißt sich nach den Umständen des einzelnen Falles; die Abrede, die Räume seien in dem nämlichen Zustand wie übernommen vom Mieter zurückzugeben, wird regelmäßig die Anwendung des § 548 zugunsten des Mieters nicht ausschalten können.

Vgl. auch § 556.

§ 549. I Der Mieter ist ohne die Erlaubnis des Vermieters nicht berechtigt, den Gebrauch der gemieteten Sache einem Dritten zu überlassen, insbesondere die Sache weiter zu vermieten. Verweigert der Vermieter die Erlaubnis, so kann der Mieter das Mietverhältnis unter Einhaltung der gesetzlichen Frist kündigen, sofern nicht in der Person des Dritten ein wichtiger Grund vorliegt.

II Überläßt der Mieter den Gebrauch einem Dritten, so hat er ein dem Dritten bei dem Gebrauche zur Last fallendes Verschulden zu vertreten, auch wenn der Vermieter die Erlaubnis zur Überlassung erteilt hat.

Dem Mieter ist grundsätzlich jede Art der Gebrauchsausübung gestattet, die sich innerhalb der Grenzen des Vertrages hält und berechtigte Interessen des Vermieters nicht verletzt. Dieser Gesichtspunkt gilt auch für die Anwendung der Ausnahmeregel des § 549: der Vermieter hat kein berechtigtes Interesse, der Weitervermietung eines Teiles der Räume zu widersprechen, sofern und soweit der ursprüngliche Mieter für den vollen Mietzins haftet RG. 74, 176; dieser, dem Grundgedanken des § 242 entsprechende Gesichtspunkt gilt in besonderem Maße in Zeiten erhöhter Raumnot RG. LZ. 1922, 303. Grundlose Verweigerung der Erlaubnis verpflichtet unter Umständen den Vermieter zu Schadensersatz KGRspr. 27, 147.

Für Wohnräume, d. i. für Räume, die tatsächlich zu Wohnzwecken verwendet werden, gilt an Stelle des § 549 die Sonderregelung des § 29 MSchG. (I 90); für Nichtwohnräume dagegen nur § 549.

§ 549 verbietet, vorbehaltlich anderweitiger Vereinbarung, dem Mieter die tatsächliche oder rechtliche Überlassung des Gebrauchs an Dritte ohne Erlaubnis des Vermieters. Die Erlaubnis ist keine Zustimmung im Sinne der §§ 182 ff. (RG. 81, 59), sie beseitigt lediglich die Vertragswidrigkeit des Gebrauchs im Verhältnis zwischen Mieter und Vermieter; ihre Erteilung oder Versagung läßt daher die Gültigkeit des mit der Überlassung verbundenen Rechtsgeschäfts zwischen dem Mieter und dem Dritten unberührt. Die Erlaubnis entfällt bei behördlicher Zuweisung eines Wohnungsuchenden (I 92), wohl auch in den Fällen des § 4 Abs. 3 und 4 WMG. (I 162).

Grundsätzlich ist die tatsächliche und rechtliche, die entgeltliche oder unentgeltliche Raumüberlassung erlaubnispflichtig; Einschränkung: beim Mangel eines Interessenwiderstreites, z. B. bei Gestattung nur zur Aufbewahrung ungefährlicher Sachen ist die Erlaubniserholung entbehrlich (Oldenburg Rspr. 1, 405). Die gleiche Einschränkung gilt auch für die Mitbenutzung der Räume durch Personen, die zum Haushalt des Mieters gehören, z. B. Familienangehörige, Gesinde, gleichviel, ob zu dauerndem oder vorübergehendem Gebrauch (I 29; dazu Fuchs, Gruch. 63, 277). Dieser Gesichtspunkt gilt — schon mit Rücksicht auf die gegenwärtige allgemeine Wirtschaftsnot und den Wohnungsmangel — grundsätzlich auch für die Aufnahme von bisher getrennt lebenden Familienangehörigen; der Mieter ist daher z. B. ohne Erlaubnis des Vermieters befugt, seine Mutter bei sich aufzunehmen, ja er darf auch den Mann seiner Tochter zu sich ins Haus nehmen. Voraussetzung ist lediglich, daß der Mieter sich seines Gebrauchsrechtes, d. h. der Herrschaft über die Mieträume im ganzen nicht begibt: die Familienangehörigen dürfen — was nach Lage des einzelnen Falles zu beurteilen ist — die Mieträume nicht so benutzen, daß sie das Herrschaftsrecht des Mieters, wenn auch nur für Teile der Wohnung, ausschließen; das ist z. B. der Fall, wenn ein förmliches Untermietverhältnis vorliegt oder wenn die Angehörigen ihren bisher selbständig geführten Haushalt ohne Rücksicht auf den des Mieters in abgesonderten Räumen fortsetzen. Die bloße Zuweisung eines Teiles der Wohnung zum eigenen Gebrauch oder das Einbringen eigener Möbel durch die Angehörigen beseitigt an sich noch nicht die Herrschaftsgewalt des Mieters. In vielen Fällen wird man überdies eine stillschweigende Erteilung der Erlaubnis durch den Vermieter annehmen dürfen (ebenso nunmehr Ruth, JW. 1924, 761).

Hauptanwendungsfall: Untervermietung, d. i. entgeltliche Gebrauchsüberlassung durch den Mieter (Untervermieter) an einen Dritten

(Untermieter). Der Untermietvertrag ist von der Erteilung der Erlaubnis des Vermieters (Hauptvermieter) rechtlich nicht abhängig (s. oben), es sei denn, daß die Erlaubniserteilung ausdrücklich oder stillschweigend als Vertragsbedingung aufgenommen ist. Auch abgesehen von dem letzteren Fall (Vertragsbedingung) erachtet RG. 81, 59 den Untervermieter bei Nichterteilung der Erlaubnis durch den Hauptvermieter dem Untermieter gegenüber als schadensersatzpflichtig, auch wenn dieser die Mietereigenschaft des Untervermieters gekannt hat: Verpflichtung zur Leistung zieht Haftung für die Leistungsfähigkeit nach sich (RG. 69, 357; Hamburg Rspr. 28, 149; vgl. auch RG. 65, 33); will der Untervermieter für die Erlaubnis nicht einstehen, so muß er die Wirksamkeit des Vertrags von der Erteilung der Erlaubnis als Bedingung abhängig machen. Die Haftung des Mieters als Untervermieter beschränkt sich jedoch immer nur auf die Mangelfreiheit seines eigenen Rechts; wird das Grundstück zwangsweise versteigert und dadurch dem Untervermieter die Weitergewährung des Gebrauchs unmöglich, so hat er dies dem Untermieter gegenüber nicht zu vertreten (RG. 65, 29). Wegen der gesetzlichen Miete bei Untermiete § 14 RMG. (II 59); wegen der Unzulässigkeit der Erhebung von Zuschlägen zur Hauptmiete wegen Untervermietung s. II 37, 88 und LG. II Berlin JW. 1923, 778. Das Mieterschutzgesetz gilt nach Maßgabe des § 24 (I 85). Der Untermieter ist bei Aufhebung des Hauptmietvertrages nach der Sondernorm des § 556 Abs. 3 dem Hauptvermieter gegenüber zur Rückgabe der Mietsache verpflichtet (vgl. dazu RG. 67, 372; ferner LG. Hamburg JW. 1923, 782).

Ungerechtfertigte (Abs. 1 Satz 2) Versagung der Erlaubnis — ausdrücklich oder stillschweigend durch Nichtbeantwortung der Anfrage — gibt dem Mieter nur ein Kündigungsrecht mit gesetzlicher Frist — ein unzulänglicher Rechtsbehelf in Zeiten drückender Raumnot (Geschäftsräume). Für Wohnräume kann nach § 29 MSchG. das MEA. die Erlaubnis an Stelle des Vermieters erteilen (I 92). Auf Verlangen hat der Vermieter den Grund der Verweigerung der Erlaubnis (persönliche Eigenschaften, Lebenswandel, Beruf, Zahlungsfähigkeit) dem Mieter anzugeben; an die Gründe ist er gebunden (RG. JW. 1918, 302), sie sind für den Mieter maßgebend (RG. 74, 176) und zwar auch dann, wenn sie unaufgefordert dem Vermieter mitgeteilt wurden (RG. 92, 118). Abweichende Vereinbarungen sind grundsätzlich in dem Sinne auszulegen, daß das Kündigungsrecht des Mieters aufrecht erhalten bleibt (RG. 64, 296; 74, 176); für § 29 MSchG. gilt § 49 MSchG.

Unerlaubte, daher vertragswidrige Gebrauchsüberlassung an Dritte macht den Mieter nicht nur bei Verschulden, sondern auch für zufälligen Schaden haftbar (§§ 276, 287); das gleiche gilt bei erlaubter Gebrauchsüberlassung: § 549 Abs. 2 bedeutet nur eine Folgerung aus § 278, deren Klarstellung geboten schien, keine selbständige Rechtsnorm. Abs. 2 ist auch auf das durch den sog. Zwangsmietvertrag nach § 4 WMG. begründete Mietverhältnis anzuwenden (I 92, 159); die dort gegebene Begründung deckt sich im wesentlichen mit dem von Josef Recht 1924, 44 neuerdings Vorgebrachten. Gegen die Anwendung des § 549 Abs. 2 aus dem Gesichtspunkt der freien Willensentschließung Brandis ArchZivPrax. Bd. 1 n. F. S. 194.

Wegen der Rechtsabtretung vgl. I 91; hier handelt es sich, wenn der bisherige Mieter ganz aus dem Vertrag ausscheidet, um Aufhebung des alten Mietvertrages und Begründung eines neuen, wenn auch mit dem Inhalt und für die Restdauer des alten Vertrages OLG. Rspr. 40, 311 Anm. 1 und KGRspr. 43,70; RG. 102, 398. Über die mögliche Entlastung des bisherigen Mieters bei Neuabschluß oder Abänderung des ursprünglichen Vertrages durch Vereinbarung zwischen dem eingetretenen neuen Mieter und dem Vermieter vgl. RG. 102, 398. Ein Sonderfall der Rechtsabtretung ist, wie I 171 betont, der in § 8 WMG. geregelte Wohnungstausch: an Stelle der zivilrechtlich notwendigen Zustimmung des Vermieters zum Eintritt des neuen Mieters an Stelle des bisherigen tritt die Entscheidung des MEA. Die Rechtswirkung ist, daß die eine Tauschpartei in den Mietvertrag der anderen Tauschpartei eintritt, d. h. es gilt für den Tauschgegner der Inhalt des bisherigen Mietvertrages, wie er zwischen dem Vermieter und dem alten Mieter bestanden hat. Zur Festsetzung eines Zwangsmietvertrages (so Erlaß des Reichsarbeitsministers V 3 Nr. 2135/24 vom 28. März 1924) besteht weder ein Bedürfnis noch auch eine gesetzliche Unterlage, da die Voraussetzungen des § 4 WMG. nicht gegeben sind und eine ausdehnende Anwendung dieses Ausnahmegesetzes schon aus allgemeinen Rechtsgründen nicht zu rechtfertigen ist. Auch ohne Konstruktion einer Schuldübernahme oder eines Vorvertrages (so Auerbach JW. 1924, 790) ist das Bestehen einer mietrechtlichen Verpflichtung zwischen Tauschpartner und Vermieter unter dem Gesichtspunkt der Rechtsabtretung zufolge Entscheidung des MEA. nach § 8 WMG. anzuerkennen. Die Formvorschrift des § 566 wird auf den Eintritt des neuen Mieters in den Mietvertrag nicht notwendig anzuwenden sein (a. M. offenbar Starke JW. 1924, 798 Fußnote; die Rechtsprechung des RG. hat zu der Frage noch nicht ausdrücklich Stellung genommen RG. 13. Nov. 1923 a. a. O.).

§ 550. **Macht der Mieter von der gemieteten Sache einen vertragswidrigen Gebrauch und setzt er den Gebrauch ungeachtet einer Abmahnung des Vermieters fort, so kann der Vermieter auf Unterlassung klagen.**

Vertragswidriger Gebrauch setzt ein Verschulden des Mieters nicht voraus (RG. LZ. 1920, 436). Die Abmahnung muß erkennen lassen, worin der Vermieter einen seine Rechte verletzenden Mißbrauch der Mietsache erblickt; eine allgemeine Beschwerde begründet die Unterlassungsklage ebensowenig wie das Kündigungsrecht im Falle des § 553 (RG. 77, 117).

Statt auf Unterlassung zu klagen, kann der Vermieter noch während der Dauer des Mietverhältnisses Schadensersatz vom Mieter verlangen RG. 105, 395 (der Ersatzanspruch erwächst nicht erst mit der Beendigung des Mietvertrages, er steht vielmehr mit den einzelnen Abschnitten seiner eigenen Vertragserfüllung in zeitlicher Verbindung).

§ 551. **I Der Mietzins ist am Ende der Mietzeit zu entrichten. Ist der Mietzins nach Zeitabschnitten bemessen, so ist er nach dem Ablaufe der einzelnen Zeitabschnitte zu entrichten.**

II Der Mietzins für ein Grundstück ist, sofern er nicht nach kürzeren Zeitabschnitten bemessen ist, nach dem Ablaufe je eines Kalendervierteljahres am ersten Werktage des folgenden Monats zu entrichten.

Der Zeitpunkt der Entrichtung (Zahlung) des Mietzinses richtet sich nach dem Vertrag; nur soweit dieser keine abweichende Bestimmung enthält, nach der Regel des § 551. Eine Ausnahme von der Regel der nachträglichen Zahlung (Abs. 1) gilt auch nicht für die gesetzliche Miete: das RMG. enthält keinerlei Bestimmungen über die Vorauszahlung oder Nachzahlung (I 94, II 110). Auch auf Grund des § 27 Abs. 2 StNOB. (II 127) ist bisher eine abweichende landesrechtliche Anordnung noch nicht ergangen.

Über den begrifflichen Unterschied zwischen „Bemessen" und „Entrichten" des Mietzinses s. II 26.

Die gesetzliche Miete ist auf Verlangen eines Vertragsteiles monatlich zu entrichten (§ 30 MSchG. I 93, II 110). Die gesetzliche Miete und der vereinbarte Mietzins kann vom Mieter in wöchentlichen Raten bezahlt werden; der Vermieter kann dies aber nicht verlangen (Anordnung des bayer. Generalstaatskommissars vom 26. Okt. 1923 II 118).

§ 552. Der Mieter wird von der Entrichtung des Mietzinses nicht dadurch befreit, daß er durch einen in seiner Person liegenden Grund an der Ausübung des ihm zustehenden Gebrauchsrechts verhindert wird. Der Vermieter muß sich jedoch den Wert der ersparten Aufwendungen sowie derjenigen Vorteile anrechnen lassen, welche er aus einer anderweitigen Verwertung des Gebrauchs erlangt. Solange der Vermieter infolge der Überlassung des Gebrauchs an einen Dritten außerstande ist, dem Mieter den Gebrauch zu gewähren, ist der Mieter zur Entrichtung des Mietzinses nicht verpflichtet.

Die Vertragsleistung des Vermieters geht nur dahin, dem Mieter die Räume in gebrauchsfähigem Zustand zur Verfügung zu halten; diese Erfüllung wird nicht unmöglich dadurch, daß der Mieter aus einem in seiner Person liegenden Grund an der Ausübung des Gebrauchs verhindert ist. § 323 mit der Folge des Verlustes des Mietzinsanspruchs des Vermieters kommt daher nicht in Frage: diese Folgerung stellt § 552 Satz 1 für den Mietzins ausdrücklich fest, soweit dieser die Gebrauchsgewährung als solche (nicht die Verrichtungsleistungen § 535 Anm. 6d) umfaßt. Ausnahme von diesem Grundsatz: Satz 3; Billigkeitsrücksichten tragen die Regelung des Satzes 2.

Den Gegensatz zu den in der Person des Mieters liegenden Gründen bilden diejenigen, die in der Person des Vermieters und diejenigen, die in objektiven, d. h. weder die Person des Vermieters noch die des Mieters betreffenden Umständen liegen RG. 79, 92. Behördliche Aufenthaltsbeschränkungen begründen, sofern sie nicht allgemein, sondern nur für Ortsfremde erlassen sind, keine Befreiung München Rspr. 39, 150; über Zuzugsverbot Königsberg Rspr. 33, 302. § 552 gibt dem Vermieter ein Recht auf Benutzung, das er erst durch ausdrückliches Verlangen des Mieters auf Gebrauchsüberlassung verliert (RG. BayZfR. 1912, 358); der Vermieter ist zur anderweitigen Verwertung nur befugt, aber nicht verpflichtet (RG. BayZfR. 1923, 92). Bei (zufälligem) Untergang der Mietsache wird der Gebrauch unmöglich, der Mietzins entfällt daher nach § 323 (vgl. RG. LZ. 1923, 313, das § 552 zur Begründung der gleichen Rechtsfolgerung heranzieht).

Die zwangsweise Erfassung des Wohnraumes durch die sog. Zwangswirtschaft läßt § 552 unberührt; man kann auch nicht in der Anwendung des § 552 eine „Prämie für den grundlos ausziehenden Mieter" (so Wollweber, JW. 1923, 40) erblicken, da gerade die allgemeine Wohnungsnot in der Regel jeden Wohnungswechsel auch für den Mieter unmöglich macht oder doch erheblich erschwert.

§ 553. **Der Vermieter kann ohne Einhaltung einer Kündigungsfrist das Mietverhältnis kündigen, wenn der Mieter oder derjenige, welchem der Mieter den Gebrauch der gemieteten Sache überlassen hat, ungeachtet einer Abmahnung des Vermieters einen vertragswidrigen Gebrauch der Sache fortsetzt, der die Rechte des Vermieters in erheblichem Maße verletzt, insbesondere einen Dritten den ihm unbefugt überlassenen Gebrauch beläßt, oder die Sache durch Vernachlässigung der dem Mieter obliegenden Sorgfalt erheblich gefährdet.**

I. Außerordentliches, fristloses Kündigungsrecht des Vermieters bei Mißbrauch des Mieters. Der Begriff des vertragswidrigen Gebrauchs ist der gleiche wie in § 550: Verschulden ist nicht vorausgesetzt. Auch bezüglich der Abmahnung gelten die Ausführungen zu § 550. Das Gesetz unterscheidet zwei Fälle:

1. Fortsetzung eines die Rechte des Vermieters erheblich verletzenden vertragswidrigen Gebrauchs durch den Mieter oder den Dritten (gleichviel ob die Überlassung an diesen erlaubt oder verboten ist; Abmahnung muß hier an den Dritten gerichtet werden). Maßgebend in beiden Fällen ist der dem Mieter nach Gesetz und Vertrag gestattete Gebrauch; bei Überlassung an einen Dritten muß dem Mieter eine angemessene Frist zur Entfernung des Dritten gewährt werden (RG. BayZfR. 1920, 76).

2. Erhebliche Gefährdung der Mietsache durch schuldhafte Verletzung der dem Mieter obliegenden (Erl. zu § 548) Obhutspflicht, mag sie vom Mieter oder dem Dritten ausgehen. Auch in diesem Falle ist Abmahnung notwendig RG. 104, 26.

Weiterhin wird man über die §§ 553, 554 hinaus in Fällen, in denen besondere vertragliche Beziehungen ein engeres verständiges, friedliches Zusammenwirken erfordern, das außerordentliche Kündigungsrecht jedem Vertragsteile beim Vorliegen eines wichtigen Grundes dann zubilligen müssen, wenn sich unter den Parteien ein Feindschaftsverhältnis von derartiger Schärfe entwickelt, daß ein solches Zusammenwirken unmöglich wird: allgemeiner Grundgedanke aus § 626 (RG. 94, 234).

Wegen der Entfernung des Untermieters und der hiebei auf den Mieter (Untervermieter) zu nehmenden Rücksichten vgl. RG. JW. 1920, 140.

Voraussetzung der fristlosen Kündigung ist die Fortsetzung eines vertragswidrigen Gebrauchs trotz Abmahnung gerade wegen dieses Gebrauchs; andere als die in der Abmahnung gerügten Vertragswidrigkeiten können die Kündigung nicht begründen RG. LZ. 1920, 346.

Die Anwendung des § 326 wird durch die Sondernormen der §§ 553, 554 nicht ausgeschlossen, bildet vielmehr deren Ergänzung, soweit die Voraussetzungen nicht erfüllt sind. Dabei ist — abweichend von Mittelstein S. 171 — die Überlassung der Mietsache als nicht entscheidend erklärt RG. 105, 167.

Der Vermieter kann trotz Ausübung des Kündigungsrechts Ersatz des Schadens, der infolge der vorzeitigen Beendigung des Mietverhältnisses entstanden ist, wie im Falle des § 542 verlangen. Dabei wird der Anspruch wegen Mietausfalls nicht nur auf die Zeit bis zum Ablauf der Kündigungsfrist (so OLG. Stuttgart Recht 1915 Nr. 850) zu beschränken sein; erforderlich ist lediglich ursächlicher Zusammenhang zwischen dem die Kündigung veranlassenden Umstand und der Nichtvermietung nach der Kündigung OLG. Frankfurt LZ. 1913, 248.

II. Im Geltungsbereich des MSchG. (I 12) ist das Kündigungsrecht des Vermieters beschränkt: an Stelle der Kündigung aus § 553 tritt die Aufhebungsklage nach § 2 MSchG., wobei allerdings die Voraussetzungen für die Aufhebung des Mietverhältnisses gegenüber § 553 zugunsten des Vermieters nicht unerheblich erweitert wurden (I 29). Zeitpunkt der Aufhebung § 5 MSchG. (I 45).

§ 554. **I Der Vermieter kann ohne Einhaltung der Kündigungsfrist das Mietverhältnis kündigen, wenn der Mieter für zwei aufeinander folgende Termine mit der Entrichtung des Mietzinses oder eines Teiles des Mietzinses im Verzug ist. Die Kündigung ist ausgeschlossen, wenn der Mieter dem Vermieter befriedigt, bevor sie erfolgt.**

II Die Kündigung ist unwirksam, wenn sich der Mieter von seiner Schuld durch Aufrechnung befreien konnte und unverzüglich nach der Kündigung die Aufrechnung erklärt.

I. Außerordentliches, fristloses Kündigungsrecht des Vermieters bei Zahlungsverzug des Mieters. Verzug setzt nach § 284 Mahnung oder Fälligkeit voraus; nach dem Kalender zu berechnen (Abs. 2 Satz 2) ist der Fälligkeitstag, wenn er auf ein ungewisses, noch in der Zukunft liegendes Ereignis abgestellt wird und auf eine gewisse, von diesem Ereignis ablaufende Frist (anzuwenden auf Kündigung RG. 103, 33). Der Mieter hat nur Vorsatz und Fahrlässigkeit zu vertreten; er kommt mit der Mietzinszahlung so lange nicht in Verzug (§ 285) als er, ohne die im Verkehr erforderliche Sorgfalt zu verletzen, zur Verweigerung der Zahlung berechtigt zu sein glaubt, mag auch seine Auffassung (z. B. hinsichtlich der Aufrechnung, § 28 MSchG.) objektiv nicht zutreffen RG. LZ. 1917, 43. Erforderlich ist Verzug mit dem Mietzins oder einem im Verhältnis zu der betreffenden Mietzinsrate nicht unerheblichen Teil des Mietzinses (RG. 86, 334; Braunschweig Rspr. 33, 311; vgl. auch hinsichtlich § 266 RG. LZ. 1924, 231) für zwei aufeinander folgende Termine. Nicht notwendig Verzug zu zwei verschiedenen Zeitpunkten: der Verzug für die zwei aufeinander folgenden Termine kann auch auf einmal eintreten RG. 85, 296.

Beseitigung des Kündigungsrechts durch Beendigung des Verzugs, ferner (Abs. 1 Satz 2) durch Befriedigung, d. i. völlige Leistung sämtlicher rückständiger Raten. Über Einzahlung auf Postscheckkonto mit Zustimmung des Vermieters RG. 99, 257. Der Befriedigung gleichzuachten ist ein Angebot des Mieters, das den Vermieter in Annahmeverzug versetzt (§§ 293, 294) RG. 85, 415.

Aufhebung einer bereits erklärten Kündigung durch Aufrechnung nach Abs. 2. Zulässigkeit der Aufrechnung ist vorausgesetzt; über die Erweiterung und zugleich Einschränkung der Aufrechnungsbefugnis des Mieters nach § 28 MSchG. s. I 89. Bei gegebener Aufrechnungslage wäre an sich nach § 389 die Kündigung des Vermieters unrechtmäßig;

§ 554 Abs. 2 schränkt diese Wirkung ein, insofern die unverzügliche Erklärung der Aufrechnung verlangt wird.

Ob in der vorbehaltlosen Annahme eines Teiles der rückständigen Miete ein Verzicht des Vermieters auf das Kündigungsrecht zu finden ist, kann nur nach den Umständen des einzelnen Falles ermittelt werden; ein allgemeiner Rechtssatz besteht nicht RG. 82, 51. Ebensowenig kann ein Verzicht ohne weiteres daraus abgeleitet werden, daß der Vermieter nicht sofort nach Eintritt der Kündigungsbefugnis die Aufhebung des Vertrages verlangt; er muß aber die Kündigung innerhalb einer angemessenen Frist erklären (RG. Recht 1914 Nr. 1556).

Vertragliche Abänderungen sind zulässig, auch soweit sie dem Vermieter das Kündigungsrecht auch schon bei Nichtentrichtung einer einzigen Rate zuerkennen (OLG. Oldenburg SeuffArch. 74 Nr. 206 und Recht 1920 Nr. 1858); vgl. dazu LG. Berlin JW. 1922, 601, wonach in der Geltendmachung eines solchen Rechts ein Verstoß gegen die guten Sitten gefunden werden kann. Auch hier kann ein nur geringfügiger Rückstand die Kündigungsbefugnis des Vermieters nicht auslösen RG. 82, 51. Auch die Einschränkungen des Abs. 1 Satz 2 und die Abs. 2 sowie der Grundsatz der verschuldeten Nichtzahlung (RG. JW. 1916, 1584) werden hier regelmäßig zur Anwendung gebracht werden können.

Hinsichtlich des Schadensersatzanspruchs gilt das gleiche wie für § 542, vgl. RG. 76, 367; RG. LZ. 1916, 1187.

II. Im Geltungsbereich des MSchG. (I 12) ist die Anwendung des § 554 ausgeschaltet; es gilt § 3 MSchG. mit teilweise veränderten Voraussetzungen: ihr Vorhandensein begründet die Aufhebungsklage des Vermieters (I 34, 45).

§ 555. **Macht der Vermieter von dem ihm nach den §§ 553, 554 zustehenden Kündigungsrechte Gebrauch, so hat er den für eine spätere Zeit im voraus entrichteten Mietzins nach Maßgabe des § 347 zurückzuerstatten.**

Vgl. § 543 Abs. 2, § 327 Satz 1. Über Inanspruchnahme des bisherigen Mieters wegen des Mietausfalls während der vereinbarten Vertragsdauer und über Befriedigung des Vermieters aus den eingebrachten Sachen des späteren Mieters vgl. RG. LZ. 1916, 1187.

§ 556. **I Der Mieter ist verpflichtet, die gemietete Sache nach der Beendigung des Mietverhältnisses zurückzugeben.**

II Dem Mieter eines Grundstücks steht wegen seiner Ansprüche gegen den Vermieter ein Zurückbehaltungsrecht nicht zu.

III Hat der Mieter den Gebrauch der Sache einem Dritten überlassen, so kann der Vermieter die Sache nach der Beendigung des Mietverhältnisses auch von dem Dritten zurückfordern.

Die Rückgabe hat unmittelbar nach Beendigung des Mietverhältnisses einzutreten; über die Verpflichtung des Mieters zur Benachrichtigung des Vermieters OLG. Hamburg Recht 1922 Nr. 1552. Landesrechtliche Räumungsfristen (Art. 93 EG. z. BGB., dazu Goldbach, SeuffBl. 74, 234) bleiben unberührt. Richterliche Räumungsfrist § 721 ZPO. (I 100). Der Zustand der Räume ist immer nur derjenige zur Zeit der Rückgabe; ob und inwieweit der Mieter für Veränderungen und Verschlechterung haftet, bemißt sich nach § 548 (vgl. hieher auch Mittelstein, JW. 1917, 979 gegen OLG. Hamburg). Auch vertragliche Vereinbarungen sind in diesem Sinne auszulegen LG. München SeuffBl. 76, 143. Mit Recht wird aber von Damme, DJZ. 1920, 843 darauf hingewiesen, daß in Zeiten wirtschaftlicher Not eine Einschränkung der Mieterpflichten den Anforderungen der Billigkeit entspricht. Über besondere Maßnahmen bei Todesfällen zur Beruhigung der späteren Mieter Zweibrücken Rspr. 33, 309.

Das Verbot der Zurückbehaltung bei Grundstücksmiete (Abs. 2) ist als Ausnahme von der Regel des § 273 streng auszulegen; daher keine Ausdehnung auf tatsächliche Besitzinnehabung oder Besitz zufolge eines anderen Rechtstitels als eines Mietvertrages, insbesondere unanwendbar bei Grundstücksleihe RG. 85, 136, und gegenüber der Eigentumsklage des Vermieters RG. JW. 1914, 923. Anerkannt ist das Verbot der Zurückbehaltung wegen eines Anspruches auf vereinbarte Entschädigung bei vorzeitiger Aufkündigung des Pacht(Miet)vertrages durch RG. 26. März 1924, JW. 1924, 796 [2].

Rückgabeanspruch des Vermieters gegen den Dritten auf Grund positiver Vorschrift, obwohl zwischen Vermieter und Dritten keinerlei Rechtsbeziehungen bestehen; er entsteht erst mit Beendigung des Mietverhältnisses. Die Rückgabepflicht des Mieters selbst (Abs. 1) wird dadurch nicht berührt. Vgl. die ähnliche Regelung im § 31 Abs. 2 MSchG.

Die Durchführung der Rückgabepflicht im Wege der Selbsthilfe ist dem Vermieter untersagt RGStr. SeuffBl. 63, 206; 69, 187.

Über Kostenpflicht in Räumungsprozessen v. Balta, BayZfR. 1922, 148.

Ist das Mietverhältnis durch Aufhebungsurteil beendigt, so ist nach § 5 MSchG. nicht nur der Zeitpunkt der Aufhebung, sondern auch der Zeitpunkt der Rückgabe der Mietsache in der Urteilsformel festzustellen: die Durchführung eines besonderen Räumungsprozesses ist damit dem Vermieter erspart (I 45). Wegen der Beschränkungen der Zwangsvollstreckung, die auch außerhalb des besonderen Aufhebungsverfahrens im Rahmen des § 27 MSchG. (I 88) Platz greifen, vgl. die §§ 6, 13, 16, 18 MSchG. Über die Erstreckung des Mieterschutzes bei Werkwohnungen auf die Zeit nach Auflösung des Dienst- oder Arbeitsverhältnisses §§ 20—23 MSchG.

§ 557. Gibt der Mieter die gemietete Sache nach der Beendigung des Mietverhältnisses nicht zurück, so kann der Vermieter für die Dauer der Vorenthaltung als Entschädigung den vereinbarten Mietzins verlangen. Die Geltendmachung eines weiteren Schadens ist nicht ausgeschlossen.

Vgl. § 535 Anm. 7. Vorenthaltung setzt regelmäßig mittelbaren oder unmittelbaren Besitz des Mieters voraus, entfällt daher bei Untergang der Mietsache RG. 99, 230; RG. BayZfR. 1922, 70. Sie liegt nicht vor, wenn der Vermieter die Rückgabe nicht wünscht RG. 103, 289; KGRspr. 36, 56. Aus welchem Grunde die Rückgabe unterbleibt, ist unerheblich; ein Verschulden des Mieters ist nicht Voraussetzung für die Anwendung des Satzes 1, wohl aber für jene des Satzes 2 (RG. WarnRspr. 1921 Nr. 125). Auch die Bewilligung von Räumungsfristen (I 100) oder die Unmöglichkeit, ein anderes Unterkommen zu finden, schützt den Mieter nicht vor Schadensersatzansprüchen des Vermieters.

Im Gegensatz zu § 568 findet eine Wiederherstellung des Mietrechtsverhältnisses nicht statt; zu vergüten ist der bisherige, d. h. bis zur Beendigung des Mietverhältnisses bezahlte Mietzins (OLG. Hamburg SeuffArch. 73 Nr. 9).

Bis zur Zuweisung eines Ersatzraumes kann der Mieter auch nach erfolgter Aufhebung des Mietverhältnisses durch Aufhebungsurteil verbleiben; für diesen Fall wäre, da das Mietverhältnis beendet ist, § 557 an sich anwendbar (vgl. für das bisherige Recht OLG. Düsseldorf JW. 1923, 773); § 6 Abs. 3 MSchG. setzt dagegen für diesen Fall durch positive Norm die Verlängerung des Mietverhältnisses fest und § 557 damit außer Wirksamkeit (I 50). Durch die Ausdehnung dieser Vorschrift auch über den Geltungsbereich des MSchG. hinaus (§ 27 MSchG.), hat die Anwendung des § 557 eine beträchtliche Einschränkung erfahren (I 88). Im übrigen gilt § 557 mit der Maßgabe, daß in den Fällen der §§ 19 Abs. 3 und 21 S. 2 die Höhe der Entschädigung als „Vergütung" durch das MEA. bindend festgesetzt wird; soweit § 6 Abs. 3 MSchG. nicht anwendbar ist, z. B. bei staatlichen Gebäuden (§ 32 MSchG.) oder bei Abhängigmachung der Zwangsvollstreckung von der Zahlung eines Geldbetrages (§ 22 MSchG.), sind die Rechtsbeziehungen zwischen Mieter und Vermieter nach jenen zwischen Eigentümer und unmittelbarem Besitzer (§§ 985 ff. BGB.) zu beurteilen (vgl. Ruth ArchZivPrax. Bd. 1 n. F 348).

§ 558. **I Die Ersatzansprüche des Vermieters wegen Veränderungen oder Verschlechterungen der vermieteten Sache sowie die Ansprüche des Mieters auf Ersatz von Verwendungen oder auf Gestattung der Wegnahme einer Einrichtung verjähren in sechs Monaten.**

II Die Verjährung der Ersatzansprüche des Vermieters beginnt mit dem Zeitpunkt, in welchem er die Sache zurückerhält, die Verjährung der Ansprüche des Mieters beginnt mit der Beendigung des Mietverhältnisses.

III Mit der Verjährung des Anspruchs des Vermieters auf Rückgabe der Sache verjähren auch die Ersatzansprüche des Vermieters.

Kurze Verjährungsfristen im Interesse einer beschleunigten Feststellung der Ersatzansprüche mit dem Ziele einer endgültigen Auseinandersetzung zwischen Mieter und Vermieter (vgl. Kiel Rspr. 43, 55). Ausdehnung auf Ansprüche aus dem Eigentum und aus unerlaubter Handlung RG. 62, 329; RG. 66, 363; 87, 281; vgl. auch RG. 95, 302. Über Anwendung auf Ersatzansprüche wegen der Schäden, die an nicht zu den Mieträumen, aber der Mitbenutzung des Mieters unterstehenden Teilen des Miethauses (Treppen, Fluren) durch schuldhafte Verletzung der Mieterpflichten entstanden sind vgl. RG. 75, 116.

Über Beginn der Verjährung im allgemeinen (RGRspr. 39, 154; Dresden Rspr. 41, 117); bei Untergang der Mietsache (Abbrennen des vermieteten Zirkusgebäudes) RG. 96, 300. Unterbrechung der Verjährung durch Erhebung der Klage bei nachträglicher Erhöhung des Schadensbetrages RG. BayZfR. 1923, 172. Über die Zulässigkeit der Erhebung der Einrede der Arglist gegen die Verjährungseinrede vgl. RG. 64, 220; 78, 134; 85, 108.

§ 559. **Der Vermieter eines Grundstücks hat für seine Forderungen aus dem Mietverhältnis ein Pfandrecht an den eingebrachten**

Sachen des Mieters. Für künftige Entschädigungsforderungen und für den Mietzins für eine spätere Zeit als das laufende und das folgende Mietjahr kann das Pfandrecht nicht geltend gemacht werden. Es erstreckt sich nicht auf die der Pfändung nicht unterworfenen Sachen.

§ 560. Das Pfandrecht des Vermieters erlischt mit der Entfernung der Sachen von dem Grundstück, es sei denn, daß die Entfernung ohne Wissen oder unter Widerspruch des Vermieters erfolgt. Der Vermieter kann der Entfernung nicht widersprechen, wenn sie im regelmäßigen Betriebe des Geschäfts des Mieters oder den gewöhnlichen Lebensverhältnissen entsprechend erfolgt oder wenn die zurückbleibenden Sachen zur Sicherung des Vermieters offenbar ausreichen.

§ 561. I Der Vermieter darf die Entfernung der seinem Pfandrecht unterliegenden Sachen, soweit er ihr zu widersprechen berechtigt ist, auch ohne Anrufen des Gerichts verhindern und, wenn der Mieter auszieht, die Sachen in seinen Besitz nehmen.

II Sind die Sachen ohne Wissen oder unter Widerspruch des Vermieters entfernt worden, so kann er die Herausgabe zum Zwecke der Zurückschaffung in das Grundstück und, wenn der Mieter ausgezogen ist, die Überlassung des Besitzes verlangen. Das Pfandrecht erlischt mit dem Ablauf eines Monats, nachdem der Vermieter von der Entfernung der Sachen Kenntnis erlangt hat, wenn nicht der Vermieter diesen Anspruch vorher gerichtlich geltend gemacht hat.

§ 562. Der Mieter kann die Geltendmachung des Pfandrechts des Vermieters durch Sicherheitsleistung abwenden; er kann jede einzelne Sache dadurch von dem Pfandrechte befreien, daß er in Höhe ihres Wertes Sicherheit leistet.

§ 563. Wird eine dem Pfandrechte des Vermieters unterliegende Sache für einen anderen Gläubiger gepfändet, so kann diesem gegenüber das Pfandrecht nicht wegen des Mietzinses für eine frühere Zeit als das letzte Jahr vor der Pfändung geltend gemacht werden.

Die §§ 559—563 regeln das dem Vermieter kraft Gesetzes zustehende Pfandrecht an den eingebrachten Sachen des Mieters; die allgemeinen Vorschriften über das Pfandrecht an beweglichen Sachen (§§ 1204 ff.) finden Anwendung (§ 1257; RG. 105, 408). Einbringung in Grundstücks- bzw. Gebäudeteile, die der Mitbenutzung durch den Mieter offen stehen (Treppen, Hofraum), genügt zur Entstehung des Pfandrechts (Meikel, SeuffBl. 69, 413). An Gegenständen, die nicht dem Mieter gehören, erwirbt der Vermieter auch bei gutem Glauben kein Pfandrecht (Francke, SeuffBl. 66, 41 und 357). Zum Einbringen ist nur Willensfähigkeit, nicht aber Geschäftsfähigkeit erforderlich (Klein, SeuffBl. 76, 519).

Entstehung im Zeitpunkt des Einbringens, auch bei vorzeitigem Einzug des Mieters (Rspr. 33, 321); bei genehmigungspflichtigen Mietverträgen entsteht ohne Genehmigung kein Pfandrecht (§ 31 MSchG.; für das bisherige Recht nimmt OLG. Frankfurt Recht 1922 Nr. 970 einen Schwebezustand an, mit dessen Beseitigung durch Erteilung der Zustimmung das Vermieterpfandrecht rechtswirksam wird). Erlöschen des Pfandrechts: § 560 (RG. 71, 418; 98, 345; RG. SeuffBl. 78, 574); die zurückbleibenden Sachen reichen zur Sicherung des Vermieters offenbar aus, wenn sie einen solchen Wert darstellen, daß sie ohne weitere

Prüfung und ohne Vornahme zeitraubender Untersuchung den Eindruck (vgl. II 86) hervorrufen, der Vermieter wird durch sie für seine Forderungen hinlänglich gedeckt sein. Beim Bestehen mehrerer Mietverträge (§ 535 Anm. 4) ergreift das Vermieterpfandrecht wegen der einen Mietsache nur die in diese eingebrachten Sachen (Gastwirtschaft — Wohnräume OLG. Hamburg LZ. 1918, 1366).

§ 561 gibt dem Vermieter ein selbständiges, von § 229 unabhängiges Selbsthilferecht: § 231 ist nicht anwendbar, jede Art der Verhinderung — auch Freiheitsberaubung, jedoch nicht Maßnahmen, durch die unbeteiligte Dritte gefährdet werden RG. Recht 1915 Nr. 1534 — ist erlaubt (vgl. ObLG. SeuffBl. 71, 320). Abs. 2 findet keine Anwendung auf den Fall, daß der Gerichtsvollzieher die Sachen zum Zwecke der Versteigerung für den Pfandgläubiger wegschafft (Kraus, BayZfR 1905, 172; OLG. Nürnberg BayZfR. 1906, 230; Lippmann, SeuffBl. 72, 761). Das Recht des Vermieters zum Verkauf und die Art des Verkaufs bemißt sich nach den §§ 1228 ff. (dazu Kraus, BayZfR. 1905, 489). Außergerichtliche Geltendmachung des Herausgabeanspruchs möglich durch Erhebung des Widerspruchs gegen eine gegen den Vermieter gerichtete einstweilige Verfügung KGRspr. 27, 156.

Abwendung der Geltendmachung des Pfandrechts durch Sicherheitsleistung § 562; Beschränkung der Geltendmachung gegenüber Pfändungspfandgläubigern des Mieters § 563 (dazu Sinsheimer, LZ. 1915, 887).

§ 564. I Das Mietverhältnis endigt mit dem Ablaufe der Zeit, für die es eingegangen ist.

II Ist die Mietzeit nicht bestimmt, so kann jeder Teil das Mietverhältnis nach den Vorschriften des § 565 kündigen.

§ 565. I Bei Grundstücken ist die Kündigung nur für den Schluß eines Kalendervierteljahrs zulässig; sie hat spätestens am dritten Werktage des Vierteljahrs zu erfolgen. Ist der Mietzins nach Monaten bemessen, so ist die Kündigung nur für den Schluß eines Kalendermonats zulässig; sie hat spätestens am fünfzehnten des Monats zu erfolgen. Ist der Mietzins nach Wochen bemessen, so ist die Kündigung nur für den Schluß einer Kalenderwoche zulässig; sie hat spätestens am ersten Werktage der Woche zu erfolgen.

II Bei beweglichen Sachen hat die Kündigung spätestens am dritten Tage vor dem Tage zu erfolgen, an welchem das Mietverhältnis endigen soll.

III Ist der Mietzins für ein Grundstück oder für eine bewegliche Sache nach Tagen bemessen, so ist die Kündigung an jedem Tage für den folgenden Tag zulässig.

IV Die Vorschriften des Abs. 1 Satz 1, Abs. 2 gelten auch für die Fälle, in denen das Mietverhältnis unter Einhaltung der gesetzlichen Frist vorzeitig gekündigt werden kann.

Aus der Reihe der Beendigungsgründe — übereinstimmende Willenserklärung, Rücktritt nach Gesetz (§§ 326, 361) oder Vertrag (§ 346), Ankauf des Hauses durch den Mieter (vgl. Rostock Rspr. 3887), Unmöglichkeit usw. — hebt das Gesetz zwei hervor:

1. Ablauf der Mietzeit: nur möglich, wenn das Mietverhältnis auf bestimmte Zeit eingegangen ist, mag die Mietzeit kalendermäßig oder nach anderen Merkmalen (Saison, Sommer, Fest-

lichkeiten) bestimmt sein. Ist nur eine Mindestdauer festgelegt, so ist die Mietzeit unbestimmt; das gleiche gilt regelmäßig dann, wenn die Parteien vereinbart haben, das Mietverhältnis solle solange dauern, als es ihnen gefällt.

Der Ablauf der Mietzeit hat ohne weiteres die Beendigung des Rechtsverhältnisses zur Folge. Einschränkung dieser Rechtsfolge im Geltungsbereich des MSchG. (I 12): trotz Ablauf der Mietzeit wird das Mietverhältnis — und zwar auf unbestimmte Zeit I 25 — kraft Gesetzes fortgesetzt, es sei denn, daß der Mieter nach Maßgabe des § 1 Abs. 2 MSchG. sich selbst auf die Beendigung des Mietverhältnisses beruft. Über die Ausschaltung des vertraglich vorbehaltenen Rücktrittsrechts zugunsten des Mieters vgl. § 1 Abs. 2 Satz 2 MSchG. (I 25).

2. Kündigung bei Mietverhältnissen auf unbestimmte Zeit. Kündigung ist die dem anderen Vertragsteile gegenüber abgegebene Erklärung, daß das Mietverhältnis ein Ende finden soll; sie ist eine einseitige (RG. 104, 308), empfangsbedürftige Willenserklärung mit dem Ziele der Vertragsauflösung, mag diese dabei sofort oder nach Gesetz oder Vertrag erst nach Ablauf einer bestimmten Frist eintreten. Eine Kündigung ist daher begrifflich unmöglich bei Vertragsschluß auf bestimmte Zeit mit der Abrede, daß, wenn nicht eine bestimmte Frist vor Ablauf „gekündigt" werde, der Vertrag als verlängert gelte; hier bedeutet die „Kündigung" die Erklärung, daß ein neuer Mietvertrag nicht abgeschlossen werden soll, die Beendigung des alten Rechtsverhältnisses wird durch Zeitablauf herbeigeführt (RG. 86, 60; 97, 80; 107, 300; OLG. Frankfurt JW. 1920, 1042; Naumburg LZ. 1922, 561; Stuttgart Rspr. 42, 155). Die Kündigungserklärung braucht sich als solche nicht zu bezeichnen; es genügt die erkennbare Absicht der Beendigung des Mietverhältnisses (OLG. Hamburg Recht 1919 Nr. 42): eine vom Vermieter einseitig erklärte sofortige Steigerung des Mietzinses kann daher als Kündigung angesehen werden (LG. Deggendorf SeuffBl. 78, 572). Die Kündigungserklärung muß klar erkennen lassen, daß der Erklärende die Beendigung des Vertragsverhältnisses herbeiführen will; deshalb macht die Beifügung einer Bedingung die Kündigung wirkungslos (RG. Bay.-ZfR. 1915, 164). Das Recht zur Kündigung kann vertraglich von der Verwirklichung eines bestimmten Tatbestandes abhängig gemacht werden (RG. 91, 308). Eine Bedingung, deren Erfüllung ausschließlich vom Willen des Kündigungsempfängers abhängt, dürfte rechtsgültig sein (vgl. OLG. Hamburg SeuffArch. 74 Nr. 4). Die Rechtswirkung der Kündigung ist eine endgültige; der Widerruf der Kündigung ist daher — sofern er nicht gleichzeitig (§ 130) mit der Kündigung dem anderen Teile zugeht — wirkungslos (RG. JW. 1913, 487 [8]); erklärt der Kündigende später, daß alles beim alten bleiben solle, so kommt durch die stillschweigende Annahme der Erklärung durch den Vertragsgegner eine Verlängerung des bisherigen Mietvertrages zustande (RG. Recht 1914 Nr. 1812). Über stillschweigende Kündigung des Mieters durch käufliche Übernahme der Mietsache vgl. RG. BayZfR. 1920, 28; über Teilkündigung I 39 (für Teilkündigung ferner LG. Neiße JW. 1922, 828; gegen Teilkündigung AG. Heidelberg Bad. Rspr. 22, 126).

Kündigung auf einen vor Beginn des Mietverhältnisses liegenden Zeitpunkt oder zu dessen Beginn ist als unzulässig zu erachten, da nicht der Abschluß des Mietvertrages, sondern der Beginn der Mietzeit das Mietverhältnis in Kraft setzt; wann die Kündigung ausgesprochen wird, ist unerheblich (vgl. Arnold SeuffBl. 63, 357; Mittelstein, Miete S. 427; dagegen Fürst, Recht 1905, 589; Kupfer, BayZfR. 1919, 276 und Reichel, LZ. 1923, 523). Über das Wirksamwerden einer verspäteten Kündigung zum nächstfolgenden Termin OLG. Hamburg Seuff.-Arch. 72 Nr. 174.

Das Gesetz unterscheidet zwischen befristeter und fristloser Kündigung. Fristeinhaltung ist geboten in erster Linie bei der gewöhnlichen (ordentlichen) Kündigung der §§ 564 II, 565, weiterhin aber auch in den Fällen der §§ 566, 567, 569, 570 einerseits, der §§ 549, 1056, 1423, 1663, 2135, § 57 ZVG., § 19 KO. andererseits. Fristlose Kündigung steht dem Mieter (§§ 542, 544) und dem Vermieter (§§ 553, 554) zu. Die Nichteinhaltung der gebotenen Frist macht die Kündigung je nach den Umständen des einzelnen Falles wirkungslos oder wirksam für den nächsten zulässigen Termin (I 26).

Der Beweggrund ist bei der ordentlichen Kündigung rechtlich unerheblich; er braucht auch nicht angegeben zu werden. Auch bei der außerordentlichen Kündigung müssen lediglich die gesetzlichen Gründe (Tatbestandsmerkmale) vorhanden sein; nach Treu und Glauben muß aber der Kündigende dem anderen Teile den Grund offenbaren, wenn er sich nicht schadensersatzpflichtig machen will. Die Kündigung ohne Grundangabe ist aber auch in diesem Falle rechtswirksam.

Die gesetzlichen Kündigungsfristen bei der Grundstücksmiete (Abs. 1 und 3 des § 565) gelten nicht nur für die ordentliche, sondern auch für die außerordentliche, aber befristete Kündigung (insbes. §§ 549, 566, 567, 569, 570). Bei vertraglich vereinbarten Kündigungsfristen (vgl. hiezu Ude, Gruch. 56, 705) wird in Zweifelsfällen davon auszugehen sein, daß die Parteien deren Verkürzung — durch die Werktagefrist — nicht beabsichtigt haben (OLG. Hamburg SeuffBl. 72, 1061; dagegen [für Anwendung der Dreitagefrist] OLG. Augsburg BayZfR. 1906, 47). Bei Vereinbarung der Kündigungsfrist von einem Monat kann nicht unterstellt werden, daß nur vom ersten zum ersten des Monats gekündigt werden darf; auch die Fünfzehn-Tagefrist des Abs. 1 Satz 2 gilt hier nicht OLG. München SeuffBl. 73, 254. Die Vereinbarung einer Frist von „vollen" sechs Monaten vor Ablauf des Mietverhältnisses hat die Bedeutung, daß zwischen dem Zeitpunkt des Zuganges der Kündigung und dem Schluß des Tages, an dem das Mietverhältnis endigen soll, volle sechs Monate liegen sollen, selbst wenn der Tag, an dem die Kündigung zugehen muß, ein Sonntag ist (OLG. Hamburg HansGZ. 1913 Beibl. 34).

Die Kündigungsbefugnisse der Vertragsteile haben, soweit das Recht des Vermieters in Betracht kommt, eine erhebliche Rechtsbeschränkung im Geltungsbereich des MSchG. (I 12) erfahren: das vertragliche wie das gesetzliche, das ordentliche wie das außerordentliche Kündigungsrecht des Vermieters ist — von den Sondervorschriften der §§ 19 und 26 MSchG. abgesehen — auf gesetzlich genau abgegrenzte Tatbestände (§§ 2—4 MSchG.) und auf die Rechtsform der Aufhebungsklage verwiesen. Das ordentliche Kündigungsrecht ist beschränkt auf die Voraussetzungen des § 4 MSchG. zur Erlangung des Mietraumes, von dem außerordentlichen Kündigungsrecht des Vermieters ist § 553 durch § 2 MSchG., § 554 durch § 3 MSchG. ersetzt. Die gesetzlichen Kündigungsfristen haben Bedeutung für den Zeitpunkt der Aufhebung des Mietverhältnisses § 5 MSchG.; sie treten insoweit an die Stelle vertraglicher Fristen (I 46).

Über die Bedeutung der gesetzlichen und vertraglichen Kündigungsfristen für den Zeitpunkt des Inkrafttretens der gesetzlichen Miete (§ 1 RMG.) s. II 26 und Kiefersauer, BayZfR. 1922, 138.

§ 566. Ein Mietvertrag über ein Grundstück, der für längere Zeit als ein Jahr geschlossen wird, bedarf der schriftlichen Form. Wird die Form nicht beobachtet, so gilt der Vertrag als für unbestimmte Zeit geschlossen; die Kündigung ist jedoch nicht für eine frühere Zeit als für den Schluß des ersten Jahres zulässig.

§ 566 gibt keinerlei Formvorschrift für Verträge von längerer als einjähriger Dauer: der nicht in schriftlicher Form abgeschlossene Grundstücksmietvertrag ist gültig, er wird nur hinsichtlich der Mietzeit kraft Gesetzes in einen Mietvertrag auf unbestimmte Zeit (§ 564 Abs. 2) umgewandelt. Damit erhält jede der Parteien das gesetzliche Kündigungsrecht der §§ 564, 565 mit der Einschränkung, daß für eine frühere Zeit als für den Schluß des ersten Jahres nicht gekündigt werden kann. Alle anderen Vertragsbestimmungen des nicht schriftlichen Mietvertrages bleiben aufrecht erhalten; die Vertragsteile sind hieran insolange gebunden, als der Vertrag besteht. Änderungen oder Ergänzungen des schriftlichen Mietvertrages können rechtsgültig auch ohne Einhaltung der Form vereinbart werden (LG. München I LZ. 1916, 1270); auch bei Verträgen von mehr als einjähriger Dauer sind nur mündliche Zusätze gültig (RG. LZ. 1916, 1293). Über die Formbedürftigkeit einer Nebenabrede, die die Vertragsdauer auf einen Zeitraum festsetzt, dessen Ende durch ein Ereignis bestimmt wird, von dem ungewiß ist, ob es bis zum Ablauf eines Jahres eintreten wird KGRspr. 40, 313. Da der Mietvertrag als auf unbestimmte Dauer abgeschlossen gilt, muß der Vertrag, wenn er mit der ursprünglich vereinbarten Mietzeit endigen soll, zu diesem Termin nach § 565 gekündigt werden, sofern der Vertrag nicht durch Vereinbarung beider Teile zu diesem Zeitpunkt gelöst wird: der Ablauf der Mietzeit als solcher hat nicht die Rechtswirkung des § 564 Abs. 1 (bestr. wie hier offenbar RG. 86, 34). Die Rechtsfolgen des § 566 können durch Vereinbarung nicht ausgeschlossen werden RG. Recht 1917 Nr. 1609.

Voraussetzung: Grundstücksmiete (§ 580) und Mietzeit über ein Jahr. Keine Anwendung findet § 566 mangels Schutzbedürfnisses auf einen Vorvertrag zu einem langfristigen Grundstücksmietvertrag (RG. 86, 30) und auf einen Vertrag, durch den der Grundstückserwerber (Vermieter) für länger als ein Jahr auf die Kündigung verzichtet (RG. 103, 381; a. M. LG. Frankfurt JW. 1922, 826): § 566 soll ein Gegengewicht gegen § 571 schaffen, der einen Grundstückskäufer verpflichtet, laufende Mietverträge gleichsam wie Grundstückslasten zu übernehmen und zu erfüllen; der Erwerber soll in die Lage versetzt werden, die Mietbelastungen an der Hand der vorhandenen Urkunden zu prüfen und sich so vor nachträglicher Überraschung durch ihm nicht bekanntgegebene langfristige Verträge zu schützen. Eine Ausdehnung der Vorschrift auf andere Tatbestände ist nicht zulässig; insbesondere findet § 566 keine

Anwendung auf einen unbestimmte Zeit abgeschlossenen Vertrag, der länger als ein Jahr besteht (Mittelstein, JW. 1916, 178 gegen LG. Aachen JW. 1916, 1041).

Der Mietvertrag mit länger als einjähriger Mietdauer begründet ein gesetzliches Kündigungsrecht für jeden Vertragsteil, wenn er der schriftlichen Form im Sinne des § 126 entbehrt. Mündliche Nebenabreden zum schriftlichen Vertrag haben diese Rechtsfolge nur dann, wenn — ähnlich wie im Falle der Nichtigkeit nach § 139 — nicht anzunehmen ist, daß die Vertragsteile den Vertrag auch ohne die Nebenabrede abgeschlossen haben würden. Ähnliches gilt für mündliche Ergänzungsabreden. § 139 ist, da eine Nichtigkeit nicht eintritt, nicht anwendbar Hamburg Rspr. 33, 314; vgl. auch RG. 86, 34. Ein mündlicher Vertrag mit der Verabredung späterer schriftlicher Beurkundung (vgl. RG. Recht 1920 Nr. 2361) ist gültig, sofern die Gültigkeit von der schriftlichen Beurkundung nicht ausdrücklich abhängig gemacht ist: § 566 findet Anwendung (RG. 104, 131). Über die Erfordernisse der Schriftform vgl. RG. 105, 60 und 292; 106, 330; 107, 291; RG. WarnRspr. 1919 Nr. 163 (Rspr. 39, 176 Anm.): durch Briefwechsel kann sich der Vermieter wirksam zur nachträglichen Verlängerung der Mietdauer verpflichten. Bei Widerspruch zweier Vertragsurkunden gilt nur das, was sie übereinstimmend enthalten (KGRspr. 27, 159); beide Urkunden sind gültig, wenn die Durchstreichung einzelner Worte in einer Urkunde nur aus Versehen unterblieben ist (RG. WarnRspr. 1918 Nr. 43). Zu weitgehend RG. 18. Dez. 1923 JW. 1924, 796 [1], wo für ausreichend erachtet ist, wenn statt einer einzigen Urkunde mehrere Blätter vorliegen, von denen das eine vom Vermieter, das andere vom Mieter unterzeichnet ist; dagegen mit Recht Henle Fußnote. Bei Behalten und Nichtunterzeichnen des übersandten Vertragsentwurfs ist die Vorschrift des § 126 nicht erfüllt (RG. LZ. 1917, 1176). Die Berufung auf § 566 verstößt regelmäßig — wie im Falle des § 125 — nicht gegen Treu und Glauben; über Ausnahmefälle vgl. RG. 96, 313; 97, 219; 103, 381; 107, 180 und 357. Hervorzuheben ist, daß § 566 auch auf jene Fälle Anwendung findet, in denen die Parteien einen Vertrag von nur einjähriger Dauer nicht gewollt haben und niemals geschlossen haben würden; eine Auslegung des Parteiwillens kommt hier nicht in Frage (RG. 86, 34). Über Verbindung eines Mietvertrages mit der Einräumung eines Vorkaufsrechtes am Grundstück vgl. RG. 107, 39. Ist die Schriftform verabredet, so findet § 566 keine Anwendung Hamburg Rspr. 33, 312; KGRspr. 33, 315 und Rspr. 39, 176; RG. Recht 1922 Nr. 832.

Die Vorschrift des § 566 ist gewahrt, wenn der Dritte kraft der im schriftlichen Mietvertrag erklärten Gestattung des Vermieters in den Vertrag mit dem Hauptmieter eingetreten ist RG. 10. Oktober 1912 Recht 1913 Nr. 2560; wiederholt RG. 13. Nov. 1923 JW. 1924, 798 [5] (vgl. auch die Erl. zu § 549 a. E.).

Auf Vormietverträge, d. h. Verträge, die erst auf den Abschluß eines Mietvertrages abzielen, findet § 566 keine Anwendung: weder der Wortlaut noch der Grundgedanke dieser Vorschrift kommt hier zur Geltung RG. 86, 30; RG. JW. 1922, 285; RG. 104, 131; RG. Bay. ZfR. 1923, 119.

Im Geltungsbereich des MSchG. (I 12) ist auch hier der Vermieter den gleichen Kündigungsbeschränkungen wie im Falle des § 564 Abs. 2 unterworfen (s. daselbst).

Wegen des Einflusses der bisherigen MSchVO. vgl. Tauber, JW. 1917, 807; Wurzmann und Goldmann, JW. 1917, 895.

§ 567. Wird ein Mietvertrag für eine längere Zeit als dreißig Jahre geschlossen, so kann nach dreißig Jahren jeder Teil das Mietverhältnis unter Einhaltung der gesetzlichen Frist kündigen. Die Kündigung ist unzulässig, wenn der Vertrag für die Lebenszeit des Vermieters oder des Mieters geschlossen ist.

Ausschaltung der Erbmiete und ähnlicher Rechtsverhältnisse. § 567 schließt nicht aus, daß solche Verträge im einzelnen Fall gegen die guten Sitten verstoßen und deshalb nichtig sind; besondere Verhältnisse können indes eine ungewöhnlich langdauernde Bindung des Vermieters im Interesse des Mieters rechtfertigen RG. LZ. 1915, 518; RG. 67, 101. § 567 hat keine rückwirkende Kraft RG. 66, 216; 95, 108.

Das gesetzliche Kündigungsrecht greift nur dann Platz, wenn der Vertrag von vornherein für eine längere Zeit als 30 Jahre geschlossen, also mindestens ein Vertragsteil auf mehr als 30 Jahre gebunden ist (RG. 73, 341).

Im Geltungsbereich des MSchG. ist das Kündigungsrecht des Vermieters gesetzlich ausgeschlossen — vgl. aber § 4 MSchG. —, das des Mieters praktisch wegen der Raumnot undurchführbar.

§ 568. Wird nach dem Ablaufe der Mietzeit der Gebrauch der Sache von dem Mieter fortgesetzt, so gilt das Mietverhältnis als auf unbestimmte Zeit verlängert, sofern nicht der Vermieter oder der Mieter seinen entgegenstehenden Willen binnen einer Frist von zwei Wochen dem anderen Teile gegenüber erklärt. Die Frist beginnt für den Mieter mit der Fortsetzung des Gebrauchs, für den Vermieter mit dem Zeitpunkt, in welchem er von der Fortsetzung Kenntnis erlangt.

Gesetzliche Fiktion des Einverständnisses des Vermieters mit der Fortsetzung des Mietverhältnisses; dazu Korsch, JW. 1915, 747. Abschluß eines neuen Vertrages liegt nicht vor, sondern Fortsetzung des früheren Rechtsverhältnisses, auch wenn einzelne Vertragsbestimmungen geändert werden KGRspr. 38, 92; vgl. auch KGRspr. 39, 173. Für die Nichtabgabe der hier vorgesehenen Erklärung ist nur Willens-, nicht Geschäftsfähigkeit erforderlich (Klein, SeuffBl. 76, 517). Voraussetzung: Fortsetzung des Gebrauchs durch den Mieter und Unterlassen einer gegenteiligen Erklärung des Vermieters binnen bestimmter Frist. Wirkung: Mietverhältnis auf unbestimmte Zeit (§§ 564, 565).

Besteht der Vermieter auf der Beendigung des Mietverhältnisses, so gilt § 557; Forderung eines höheren Mietzinses ist als entgegenstehende Willenserklärung anzusehen OLG. Hamburg SeuffArch. 73 Nr. 9 = Rspr. 36, 65.

Im Geltungsbereich des MSchG. entfällt die Anwendung des § 568, sofern nicht der Mieter durch Erklärung nach § 1 Abs. 2 MSchG. die Beendigung des Mietverhältnisses selbst herbeiführt (I 24). Unterläßt es der Mieter, den Eintritt der Beendigung des Mietverhältnisses (§ 564 Abs. 1) zu verhindern, so kann dennoch im Wege des § 568 eine Fortsetzung des Mietverhältnisses — hier wie dort auf unbestimmte Zeit — herbeigeführt werden, sofern nur der Vermieter nicht widerspricht.

Gesetzliche Fiktion der Fortsetzung des Mietverhältnisses: § 6 Abs. 3 (I 50); gesetzliches Mietverhältnis § 19 Abs. 2 MSchG. (I 76).

Über Gebrauchsfortsetzung bei einer Regelung nach § 5a MSchVO. vgl. Flachs, JW. 1922, 210; ferner LG. München JW. 1922, 827.

§ 569. Stirbt der Mieter, so ist sowohl der Erbe als der Vermieter berechtigt, das Mietverhältnis unter Einhaltung der gesetzlichen Frist zu kündigen. Die Kündigung kann nur für den ersten Termin erfolgen, für den sie zulässig ist.

Der Tod des Mieters gibt — ohne Rücksicht auf die Todesart — dem Vermieter und dem Erben des Mieters ein außerordentliches, befristetes Kündigungsrecht. Die Ausübung dieses Rechtes ist beschränkt auf den ersten rechtlich zulässigen Termin, vorausgesetzt, daß in diesem Zeitpunkt die Möglichkeit besteht, von der Kündigungsbefugnis Gebrauch zu machen RG. 74, 38. Die Vorschrift ist abänderbar Müller, SeuffBl. 66, 25. Das Kündigungsrecht des Erben ist ein durch den Vertrag des Erblassers geschaffenes Recht; daher ausschließliches Recht des Nachlaßverwalters oder des Testamentsvollstreckers an Stelle des Erben (RG. 74, 35; Kreß, SeuffBl. 74, 229; a. M. OLG. Augsburg BayZfR. 1908, 90). Über die Rechtsausübung bei mehreren Mietern, von denen einer stirbt RG. 90, 328; Francke, SeuffBl. 77, 161 und oben I 74.

Eine eigenartige Sonderregelung für den Fall des § 569 findet sich in § 19 MSchG.: vertragliche Bindungen über § 569 hinaus sollen Erbe und Vermieter nicht binden; andererseits wird bestimmten Familienangehörigen des Mieters ein Vorzugsrecht hinsichtlich der Weiterbenutzung der Räume auch dem Erben gegenüber eingeräumt. Die Sonderregelung greift bei Geschäftsräumen nur in beschränktem Umfang Platz (§ 19 Abs. 4 MSchG.) I 73 ff.

§ 570. Militärpersonen, Beamte, Geistliche und Lehrer an öffentlichen Unterrichtsanstalten können im Falle der Versetzung nach einem anderen Orte das Mietverhältnis in Ansehung der Räume, welche sie für sich oder ihre Familie an dem bisherigen Garnison- oder Wohnorte gemietet haben, unter Einhaltung der gesetzlichen Frist kündigen. Die Kündigung kann nur für den ersten Termin erfolgen, für den sie zulässig ist.

Das Kündigungsrecht der Beamten usw. — ein besonderer Anwendungsfall der clausula r. s. st., Romberg, Gruch. 53, 635 — gilt nur bei Versetzung nach einem anderen Ort (dazu Neuhaus, DJZ. 1910, 363; Eckstein, SeuffBl. 75, 607; Mittelstein, SeuffBl. 76, 503; ferner Kraus, BayZfR. 1905, 103; Francke, a. a. O. 1906, 478; Dennler, a. a. O. 1907, 127 und Hagen, a. a. O. 1907, 380). Rückversetzung ist als Versetzung anzusehen RG. BayZfR. 1916, 69. Über Versetzung eines Angestellten RG. LZ. 1915, 1000. Nur wirkliche — wenn auch nicht verwirklichte Rostock Rspr. 28, 155 — Versetzung gewährt die Kündigungsbefugnis; bloß in Aussicht stehende Versetzung genügt nicht Hamburg Rspr. 36, 114.

In Zeiten starker Wohnungsnot ohne besondere praktische Bedeutung; wegen der besonderen Regelung des Beamtenwohnungstausches in Bayern s. I 221 und das besonders für Landesbeamte eingerichtete Ausgleichsverfahren MinE. vom 27. Mai 1924 StAnz. Nr. 124.

§ 571. I Wird das vermietete Grundstück nach der Überlassung an den Mieter von dem Vermieter an einen Dritten veräußert, so tritt der Erwerber an Stelle des Vermieters in die sich während der Dauer seines Eigentums aus dem Mietverhältnis ergebenden Rechte und Verpflichtungen ein.

II Erfüllt der Erwerber die Verpflichtungen nicht, so haftet der Vermieter für den von dem Erwerber zu ersetzenden Schaden wie ein Bürge, der auf die Einrede der Vorausklage verzichtet hat. Erlangt der Mieter von dem Übergange des Eigentums durch Mitteilung des Vermieters Kenntnis, so wird der Vermieter von der Haftung befreit, wenn nicht der Mieter das Mietverhältnis für den ersten Termin kündigt, für den die Kündigung zulässig ist.

§ 572. Hat der Mieter des veräußerten Grundstücks dem Vermieter für die Erfüllung seiner Verpflichtungen Sicherheit geleistet, so tritt der Erwerber in die dadurch begründeten Rechte ein. Zur Rückgewähr der Sicherheit ist er nur verpflichtet, wenn sie ihm ausgehändigt wird oder wenn er dem Vermieter gegenüber die Verpflichtung zur Rückgewähr übernimmt.

§ 573.*) Eine Verfügung, die der Vermieter vor dem Übergange des Eigentums über den auf die Zeit der Berechtigung des Erwerbers entfallenden Mietzins getroffen hat, ist insoweit wirksam, als sie sich auf den Mietzins für das zur Zeit des Überganges des Eigentums laufende Kalendervierteljahr bezieht; erfolgt der Übergang des Eigentums innerhalb des letzten halben Monats eines Kalendervierteljahrs, so ist die Verfügung auch insoweit wirksam, als sie sich auf den Mietzins für das folgende Kalendervierteljahr bezieht. Eine Verfügung über den Mietzins für eine spätere Zeit muß der Erwerber gegen sich gelten lassen, wenn er sie zur Zeit des Überganges des Eigentums kennt.

§ 574.*) Ein Rechtsgeschäft, das zwischen dem Mieter und dem Vermieter in Ansehung der Mietzinsforderung vorgenommen wird, insbesondere die Entrichtung des Mietzinses, ist dem Erwerber gegenüber wirksam, soweit es sich nicht auf den Mietzins für eine spätere Zeit als das Kalendervierteljahr bezieht, in welchem der Mieter von dem Übergange des Eigentums Kenntnis erlangt; erlangt der Mieter die Kenntnis innerhalb des letzten halben Monats eines Kalendervierteljahrs, so ist das Rechtsgeschäft auch insoweit wirksam, als es sich auf den Mietzins für das folgende Kalendervierteljahr bezieht. Ein Rechtsgeschäft, das nach dem Übergange des Eigentums vorgenommen wird, ist jedoch unwirksam, wenn der Mieter bei der Vornahme des Rechtsgeschäfts von dem Übergange des Eigentums Kenntnis hat.

§ 575. Soweit die Entrichtung des Mietzinses an den Vermieter nach § 574 dem Erwerber gegenüber wirksam ist, kann der Mieter gegen die Mietzinsforderung des Erwerbers eine ihm gegen den Vermieter zustehende Forderung aufrechnen. Die Aufrechnung ist

*) In der Fassung des Gesetzes vom 8. Juni 1915 (RGBl. S. 327) zur Einschränkung der Verfügungen über Miet- und Pachtzinsforderungen (vgl. Staudinger, Gesamtnachtrag 1922 S. 154).

ausgeschlossen, wenn der Mieter die Gegenforderung erworben hat, nachdem er von dem Übergange des Eigentums Kenntnis erlangt hat, oder wenn die Gegenforderung erst nach der Erlangung der Kenntnis und später als der Mietzins fällig geworden ist.

§ 576. I Zeigt der Vermieter dem Mieter an, daß er das Eigentum an dem vermieteten Grundstück auf einen Dritten übertragen habe, so muß er in Ansehung der Mietzinsforderung die angezeigte Übertragung dem Mieter gegenüber gegen sich gelten lassen, auch wenn sie nicht erfolgt oder nicht wirksam ist.

II Die Anzeige kann nur mit Zustimmung desjenigen zurückgenommen werden, welcher als der neue Eigentümer bezeichnet worden ist.

Die §§ 571—579 dienen dem Schutze des Mieters gegen Beeinträchtigung seiner Vertragsrechte durch rechtsgeschäftliche Verfügungen des Vermieters über das Grundstück; ein entsprechende Anwendung dieser Vorschriften auf andere Rechtsverhältnisse ist ausgeschlossen RG. Bay.-ZfR. 1921, 211. Erwirbt der Mieter das Grundstück, so erlischt das Rechtsverhältnis Rostock Rspr. 38, 87. Grundsatz: das dingliche Recht des Grundstückserwerbers versagt gegenüber dem obligatorischen Nutzungsrecht des Mieters; Ablehnung des gemeinrechtlichen Satzes: „Kauf bricht Miete." Schutz der Vertragsrechte des Mieters in zwei Fällen: §§ 571 bis 577 regeln den Fall, daß das Grundstück vor der Veräußerung oder Belastung (§ 577) bereits überlassen war, § 578 den Fall, daß vor der Überlassung des Grundstücks an den Mieter das Grundstück veräußert oder belastet ist und der Sondernachfolger des Vermieters diesem gegenüber die Erfüllung der sich aus dem Mietverhältnis ergebenden Verpflichtungen übernommen hat. § 579 regelt den Fall, daß der Erwerber des Grundstücks weiterveräußert oder belastet.

Wegen der besonderen Stellung des Grundstückserwerbers im Geltungsbereich des MSchG. vgl. § 1 Abs. 3 MSchG. und I 25.

Nach § 571 Abs. 1 entstehen durch den Übergang des Eigentums auf den Grundstückserwerber in dessen Person unmittelbar kraft Gesetzes, also selbständig und unabhängig von der Rechtsstellung des Vorgängers, gleiche Rechte und Pflichten in Bezug auf das Mietverhältnis; eine Rechtsnachfolge findet nicht statt (RG. 68, 10; 94, 282; 102, 177). Voraussetzung ist eine rechtsgültige Veräußerung des Grundstücks an einen Dritten durch den Vermieter. Erforderlich ist Eigentumsübergang durch Veräußerung (§§ 873, 925) oder durch Aneignung bei Eigentumsaufgabe (§ 928; OLG. Hamm SeuffArch. 76 Nr. 79; RG. 103, 166); ferner Veräußerung durch den Vermieter, auch wenn dieser als ein im Grundbuch eingetragener Nichteigentümer vermietet hat, sofern nur der Dritte auf Grund des öffentlichen Glaubens des Grundbuchs (§ 892) Eigentum erwirbt; denn die Gebrauchsüberlassung ist keine Verfügung im Sinne der §§ 892, 893 (RG. 106, 111). Die Veräußerung muß nach der Überlassung, d. i. nach der Erlangung des Mietbesitzes durch den Mieter erfolgen (vgl. RG. Gruch. 63, 605 = JW. 1919, 379[6]); unerheblich, ob der Mieter zur Zeit der Veräußerung den Mietbesitz wieder verloren hat, sofern nur nicht eine Aufhebung des Mietverhältnisses inmitte liegt. Kenntnis des Grundstückserwerbers von dem Mietvertrag ist unerheblich.

Wirkung: Erwerb der Rechte und Übernahme der Verpflichtungen durch den Grundstückserwerber, soweit solche während der Dauer seines Eigentums entstehen. Die Mietzinsansprüche vor allem gehen kraft Gesetzes auf den Erwerber über, soweit sie während der Dauer seines Eigentums fällig werden, gleichviel für welchen Zeitabschnitt sie gelten. Vorauserhebungen und Vorauszahlungen von Mietzinsen, die vertragsgemäß erfolgen, entgehen dem Grundstückserwerber; dies gilt auch für den Fall, daß der volle Mietzins vor dem Erwerb entrichtet ist RG. 94, 279. Aber auch alle sonstigen Rechte aus dem Vertrag stehen dem Erwerber nach dem Eigentumsübergang zu: Kündigungsrechte — einschl. der Kündigungsbeschränkungen durch Vertrag oder das MSchG., vgl. § 1 Abs. 3 MSchG. —, Recht auf Gestattung der Überlassung an Dritte, Recht auf gesetzliche Miete § 1 RMG., Pfandrechte, unter Umständen im gleichen Rang mit dem fortbestehenden Pfandrecht des Vermieters. Verpflichtungen aus dem Mietvertrag: Gewährleistung des vertragsmäßigen Gebrauchsrechtes, Schadensersatzverpflichtungen, soweit in der Person des Erwerbers begründet, Verpflichtungen aus Optionsabkommen (Recht des Mieters auf Verlängerung des Vertragsverhältnisses) RG. 103, 349, nicht dagegen Ansprüche aus einem Vormietvertrag, da dieser erst auf Begründung eines Mietverhältnisses abzielt (Mittelstein, SeuffBl. 72, 144).

Erfüllung des Mietvertrages ist nach Eigentumsübergang Sache des Erwerbers; der Vermieter ist nach Maßgabe des Abs. 2 auch weiterhin dem Mieter gegenüber schadensersatzpflichtig, falls der Erwerber seine Verpflichtungen aus dem Mietvertrage nicht erfüllt: Umwandlung der vertraglichen Haftung kraft Gesetzes in bürgschaftsähnliche Mithaftung für Schaden (RG. Gruch. 60, 853); keine Haftung des bisherigen Hauseigentümers wegen Vertragserfüllung (RG. 102, 177). Die Befreiung des Vermieters von dieser Haftung ist möglich: er teilt die Veräußerung dem Mieter mit, der alsdann kündigen muß (und darf), wenn er die Haftungsbefreiung des Vermieters verhindern will. Infolge der tatsächlichen Schwierigkeiten der Raumbeschaffung ist dieser Rechtsbehelf praktisch wertlos, so daß derzeit eine Weiterhaftung des Vermieters nicht oft in Frage kommen wird. Der Vermieter als Grundstücksveräußerer kann hiernach aus der gegenwärtigen Raumnot auf Kosten des Mieters Vorteile ziehen.

§ 572 regelt den häufig bei der Pacht vorkommenden Fall, daß der Mieter für die Erfüllung seiner Vertragsverpflichtungen Sicherheit geleistet hat.

Die §§ 573—575 schwächen die Rechtsfolgen des aus dem § 571 Abs. 1 abzuleitenden Satzes, daß Mietzinsforderungen, die nach dem Eigentumsübergang fällig werden, dem Erwerber in vollem Umfang zustehen, teils im Interesse des Vermieters, teils im Interesse des Mieters ab (München Rspr. 33, 318); auch diese Vorschrift darf nicht auf andere Fälle ausgedehnt werden Hamburg und Celle Rspr. 33, 319 und 320.

§ 576 endlich enthält eine Sondervorschrift zugunsten des Mieters (nachgebildet dem § 409; dazu Klein, SeuffBl. 74, 597; 75, 462); vgl. OLG. Frankfurt SeuffArch. 77 Nr. 179.

§ 577. **Wird das vermietete Grundstück nach der Überlassung an den Mieter von dem Vermieter mit dem Rechte eines Dritten belastet, so finden die Vorschriften der §§ 571 bis 576 entsprechende Anwendung, wenn durch die Ausübung des Rechtes dem Mieter der vertragsmäßige Gebrauch entzogen wird. Hat die Ausübung des Rechtes nur eine Beschränkung des Mieters in dem vertragsmäßigen Gebrauche zur Folge, so ist der Dritte dem Mieter gegenüber verpflichtet, die Ausübung zu unterlassen, soweit sie den vertragsmäßigen Gebrauch beeinträchtigen würde.**

Unter der Voraussetzung, daß durch das Recht des Dritten dem Mieter der vertragsmäßige Gebrauch entzogen werden würde, ist hier die Belastung des Grundstücks mit einem Rechte der Grundstücksveräußerung gleichgestellt. In Betracht kommen: Erbbaurecht (§ 1012), Nießbrauch (§ 1030; a. M. Eckstein, SeuffBl. 77, 571; vgl. auch RG. 80, 316; 81, 146; RG. LZ. 1914, 1616; RG. 86, 135; 93, 122; 106, 109; Rspr. 39, 239 und 240; ferner Goldmann, LZ. 1915, 958; Buka, LZ. 1919, 423; Kretzschmar, Gruch. 65, 432) und Wohnungsrecht (§ 1093). Voraussetzung ist auch hier wie im Falle des § 571, daß das Grundstück vor der Belastung dem Mieter bereits überlassen war.

Wird durch das Recht des Dritten dem Mieter der vertragsgemäße Gebrauch nur beschränkt — dies ist bei Grunddienstbarkeiten (§ 1018) oder anderen beschränkten persönlichen Dienstbarkeiten (§ 1090) als eines Wohnungsrechts der Fall —, so erwirbt der Mieter einen persönlichen Anspruch gegen den Dritten auf Unterlassung und eine Einrede gegen den dinglichen Anspruch des Dritten (§ 1004 Abs. 2, §§ 1027, 1090 Abs. 2).

§ 578. **Hat vor der Überlassung des vermieteten Grundstücks an den Mieter der Vermieter das Grundstück an einen Dritten veräußert oder mit einem Rechte belastet, durch dessen Ausübung der vertragsmäßige Gebrauch dem Mieter entzogen oder beschränkt wird, so gilt das Gleiche wie in den Fällen des § 571 Abs. 1 und des § 577, wenn der Erwerber dem Vermieter gegenüber die Erfüllung der sich aus dem Mietverhältnis ergebenden Verpflichtungen übernommen hat.**

Vor Überlassung kann der Mieter gegen die Folgen der Veräußerung oder Belastung nur durch Vertrag zwischen Vermieter und Erwerber geschützt werden; einen gesetzlichen Schutz des Mieters durch gesetzliche Bindung des Erwerbers an den Mietvertrag hat der Gesetzgeber versagt. Auch ohne Schuldübernahme (§ 415) sind bestimmte Rechtsfolgen an die Erfüllungsübernahme geknüpft.

§ 579. **Wird das vermietete Grundstück von dem Erwerber weiter veräußert oder belastet, so finden die Vorschriften des § 571 Abs. 1 und der §§ 572 bis 578 entsprechende Anwendung. Erfüllt der neue Erwerber die sich aus dem Mietverhältnis ergebenden Verpflichtungen nicht, so haftet der Vermieter dem Mieter nach § 571 Abs. 2.**

§ 579 behandelt den Fall der Weiterveräußerung oder Belastung durch den Grundstückserwerber.

§ 580. **Die Vorschriften über die Miete von Grundstücken gelten auch für die Miete von Wohnräumen und anderen Räumen.**

Wegen der Beschränkung des Wohnungsnotrechts auf Gebäude und Gebäudeteile s. I 22, 151, 188; II 20; vgl. auch oben § 535 Anm. 2

Die Raumnutzung als solche wird nach dem Sprachgebrauch des BGB. nur als Nutzung eines Teiles des Grundstückes behandelt. Die Vorschriften des BGB. finden daher keine Anwendung auf Räume in Schiffen (Kajüten, Wirtschaftsräume) und Wohnwagen. Zum Begriffe der Baulichkeiten des Grundstücks ist nicht erforderlich, daß diese Bestandteile des Grundstücks (§ 95) sind. Aus der Zusammenstellung von Räumen und Wohnräumen in § 580 folgt nicht, daß nur Innenräume Gegenstand der Grundstücksmiete sein können: auch die Vermietung von Außenwandflächen, von Dachflächen usw. ist Grundstücksmiete.

Wohnräume werden vermietet als Einzelzimmer — mit oder ohne Möbel(Geräte=)ausstattung — oder als mehrere Räume, mögen sie zu einer selbständigen (I 41, 162), d. h. für sich abgeschlossenen und nur dem Inhaber zugänglichen Wohnung zusammengefaßt oder ohne Zusammenhang untereinander vermietet sein. Unerheblich ist, ob die Räume den nämlichen oder verschiedenen Stockwerken oder Gebäuden (Vorder- oder Rückgebäude) angehören.

Andere Räume im Sinne des § 580 sind solche, die nicht Wohnzwecken dienen, z. B. Läden, Werkstätten, Fabriken, Wirtschaften, Theater, Lager- und Speicherräume.

Bei der Miete von Wohn- und anderen Räumen können sich aus der Verbindung von beiden Arten von Räumen Schwierigkeiten dann ergeben, wenn die Räume je nach ihrer Zweckbestimmung verschiedener rechtlicher Beurteilung zu unterstellen sind. Eine solch unterschiedliche Behandlung von Wohn- und anderen Räumen findet sich z. B. in den §§ 19, 29 MSchG. und in § 10 RMG. Für die rechtliche Würdigung aller dieser Verbindungen entscheidet, sofern es sich nicht überhaupt um mehrere selbständige Verträge (§ 535 Anm. 4) handelt, der Wille der Vertragsteile hinsichtlich des rechtlichen Zusammenhangs im allgemeinen, der Gedanke der überragenden Gebrauchsausübung, der überwiegenden Zweckverwendung im besonderen vgl. KG. JW. 1923, 767 (I 21, 47, 155, II 19).

Wegen der Befreiung vom Mieterschutz bei Vermietung zu vorübergehendem Gebrauch für besondere Zwecke vgl. § 25 MSchG. (I 86).

Nachtrag.

I. Im Interesse der Förderung der privaten Wohnungsbautätigkeit (II 160) hat die bayer. Staatsregierung in dankenswerter Weise durch Verordnung vom 23. Juni 1924 (StAnz. Nr. 144) auf Grund des § 64 VerfU. nachstehende steuerliche Erleichterungen rückwirkend ab 1. Januar 1924 gewährt:

> „**Für Gebäude mit Mietwohnungen, die in den Jahren 1924 und 1925 neu aufgeführt wurden oder neu aufgeführt werden, beginnt die Haussteuerpflicht mit Ablauf der dem Jahre, in dem der Neubau vollendet wurde, folgenden zehn Kalenderjahre. Gleiches gilt für Eigenheime, die in den Jahren 1924 und 1925 neu aufgeführt wurden, wenn Ausmaß und Ausstattung das beim Mittelstand übliche Maß überschreiten.**"

Die VO. bildet eine wirksame Ergänzung der unmittelbaren finanziellen Förderung des Wohnungsbaues durch staatliche Baudarlehen (II 157 ff.); bei der gegenwärtigen Kreditnot und der Finanznot des Staates könnte ihr unter Umständen ein besserer Erfolg als der unmittelbaren Unterstützung des Wohnungsbaues beschieden sein. Inhaltlich bedeutet die Verordnung eine Ausdehnung der Steuerfreijahre für den Kleinwohnungsbau (§ 33 HStG., oben II 142) auf Mietwohnungen überhaupt, d. h. ohne Rücksicht auf die Größe der einzelnen Wohnungen, auf Eigenheime unter Beschränkung auf die Mittelstandswohnung. Eine nähere Umgrenzung des Begriffes der Mittelstandswohnung (II 162) werden wohl noch die Vollzugsvorschriften bringen. Da diese Begrenzung nur für Eigenheime, also für selbständige Bauten gilt, steht dem Vermieter, der in seinem Miethaus wohnt, ohne Rücksicht auf die Größe seiner Wohnung, der Anspruch auf die Steuerfreijahre zu: eine Bevorzugung des Miethausbaues, die wohnungspolitisch durchaus gerechtfertigt erscheint. Die Haussteuerfreiheit umfaßt die Befreiung von der Haussteuer und der Zweckabgabe (II 148) während der Steuerfreijahre; von der Mietzinssteuer sind Neubauten bereits nach § 29 StNVO. (II 134, 152) befreit. Keine Ausdehnung der VO. auf durch Umbau oder Einbau neu geschaffene Räume, z. B. Stockwerksaufbauten, Dachgeschosse (I 99); die Steuerfreiheit bezieht sich nur auf diejenigen Gebäudeteile, für die die Voraussetzungen der VO. gegeben sind (vgl. KG. JW. 1924, 834[15]). Unerheblich ist im übrigen, ob der Neubau mit oder ohne Inanspruchnahme staatlicher Baudarlehen errichtet worden ist. Streitigkeiten werden nach Art. 10 Ziff. 26 VGG. (II 143) entschieden.

Die Steuerfreijahre der VO. gelten zunächst nur für Neubauten, die in den beiden Jahren 1924 und 1925 aufgeführt, d. i. wohl bezugsfertig (II 35) geworden sind.

II. BayMinBek. über die Julimiete vom 28. Juni 1924.

(StAnz. Nr. 148.)

Auf Grund der Verordnung des Gesamtstaatsministeriums über die gesetzliche Miete vom 28. März 1924 (StAnz. Nr. 75) wird hiermit nach Einvernahme des „Landesausschusses für Mietzinsbildung" bestimmt, daß die gesetzliche Miete für den Monat Juli in gleicher Weise wie die gesetzliche Miete für den Monat Juni berechnet wird. Die Bekanntmachung vom 27. Mai 1924 (StAnz. Nr. 123), Junimiete betreffend, behält auch für den Monat Juli Gültigkeit.

Die Junimiete (II 116) gilt unverändert auch für den Monat Juli; eine Änderung des Hundertsatzes der Mietzinssteuer ist demnach auch für den Monat Juli nicht zu erwarten.

Die in Aussicht gestellten näheren Anordnungen zur Durchführung des § 6 Abs. 2 RMG. (II 117) sind bis zum Abschluß der Druckarbeiten noch nicht ergangen.

Sachregister.

Die Zahlen verweisen auf die Seiten.

C.

D.

E.

H.

U.

V.

FSC
www.fsc.org
MIX
Papier | Fördert
gute Waldnutzung
FSC® C083411

Kolibri 360 GmbH
Ferdinand-Jühlke-Straße 7
99095 Erfurt, Deutschland
produktsicherheit@kolibri360.de